航空运输概论

孙继湖　主　编
朱新华　副主编

中国民航出版社

图书在版编目（CIP）数据

航空运输概论/孙继湖主编. —北京：中国民航出版社，2009.9（2015.11重印）
ISBN 978-7-80110-935-4

Ⅰ.①航⋯　Ⅱ.①孙⋯　Ⅲ.①航空运输-教材　Ⅳ.①F56

中国版本图书馆 CIP 数据核字（2009）第 171264 号

航空运输概论

孙继湖　主编

责任编辑	刘庆胜
出　　版	中国民航出版社 (010) 64279457
地　　址	北京市朝阳区光熙门北里甲31号楼 (100028)
排　　版	中国民航出版社录排室
印　　刷	北京金吉士印刷有限责任公司
发　　行	中国民航出版社 (010) 64297307　64290477
开　　本	787×1092　1/16
印　　张	17.75
字　　数	395 千字
版 印 次	2009 年 10 月第 1 版　2015 年 11 月第 18 次印刷
书　　号	ISBN 978-7-80110-935-4
定　　价	62.00 元

官方微博　http://weibo.com/phcaac
淘宝网店　http://shop106992650.taobao.com
电子邮箱　phcaac@sina.com

编辑委员会

主　任：吴桐水

副主任：李江民　曹建雄　顾佳丹　王全华

委　员：(按姓氏笔画排序)

马崇贤　王明远　车尚轮　田留文

冯　刚　陈　明　周如成　唐　兵

徐杰波　徐　强　浦照洲　蓝新国

魏振中

编 辑 部

名誉主编：魏振中

主　　编：陈　燕

执行主编：（按姓氏笔画排序）

付晓云　白　燕　孙继湖　孙惠君
陆　东　陈　芳　陈彦华　竺志奇

编辑部成员：（按姓氏笔画排序）

万　青	王静芳	王娟娟	文　军
孔令宇	史合义	孙燕平	闫世昌
李玉红	李　红	李建华	李瑞林
肖瑞萍	张乐发	张　英	张辉（上海）
张辉（广州）	陈小代	陈文玲	陈　怡
杨省贵	周石田	袁锦华	徐　青
曹允春	戚久宏	崔　岩	曾晓燕
廉秀琴	臧忠福	樊春雷	穆铁贵

前 言

中国民航运输业是改革发展、经济腾飞浪潮中的朝阳产业，在当前国民经济生产建设中占有不可或缺的地位，具有高科技含量、风险敏感性、国际一体化和跨地区经营等特点，应运而生的中国航空销售代理企业由 1985 年产生的第一家，迅猛发展到现今具有认可资质的万余家，为航空公司节约了大量的营业网点的建设、管理、销售等费用，极大地拓宽了航空公司的销售渠道，使旅客、货主直接受益。

按照民航局的要求，中国航空运输协会具有负责规范航空运输销售代理市场秩序，引导其快速、健康、稳定发展的职能。在不断的积累经验和理论探讨的基础上，中国航空运输协会以加强代理人培训、提高从业人员素质为己任，针对航空运输销售代理管理、培训和考核的体系，制定了"统一大纲和教材、统一施教标准、统一收费标准、统一考试、统一颁发证书"的"五个统一"管理规定，做到有章可循、有据可依。

此套航空运输销售代理培训教材正是"五个统一"的重要举措之一，涵盖了航空运输销售代理的国际客货运输专业和国内客货运输专业的基本内容，具备如下特点：

（一）容量丰富、内容更新。即在原有教材的基础上汲取精华、去旧添新，根据代理工作的特点，以国际间通行的业务准则为基本依据，增加了生产实践中普遍运用的新规定、新技术和新方法，在"质"与"量"的双方面都有突破。

（二）操作性强、实用性高。本教材在满足中国航空运输企业销售工作的客观要求的同时，将理论知识和客观实践融会贯通，突出从业人员应知应会的内容，并增加案例分析等实用内容，做到理论与实践相结合，规定与应用相接轨。

（三）该教材作为中国航空运输协会授权培训与考核的唯一指定教材，教员以此为依据编写教材或讲义，并作为考核评定标准；学员既可将其作为学习用书，又可作为业务查阅手册，是教与学结合的良性互动教材。

此套航空销售代理人培训教材是中国航空运输协会召集中国民航大学、中国民航管理干部学院、中国民航飞行学院、民航上海中等专业学校、广州民航职业技术学院、中国国际航空公司、中国国际货运航空公司、中国东方航空公司、中国南方航空公司、上海航空公司、海南航空公司等具有较高理论素养和丰富实践经验的教授和专家精心编写而成，摒弃了单纯的教条模式，系统而全面地介绍了民航业务。

此套教材在编写过程中参考了 IATA 的国际通用标准和各大航空公司及院校的现有教材，在编写完成后经过了民航业内专家顾问的审阅和评定，同时也得到了民航有关领导的支持和帮助，在此表示热忱感谢。

中国民航业的高速发展具有行业知识更新快、变动多、变化大等特点，作为权威的教材，在日后的教学使用中应不断查漏补缺、添新去旧、整合更替，也希望读者不吝赐教，使其日臻完善。

中国航空运输协会
2009 年 9 月 29 日

目　录

第一章　现代交通运输概述 ……………………………………………… (1)
 第一节　交通运输的产生与发展 ……………………………………… (1)
  一、交通运输的产生 ……………………………………………… (1)
  二、交通运输在国民经济中的重要性 …………………………… (2)
  三、交通运输的发展 ……………………………………………… (3)
 第二节　现代交通运输方式及其特征 ………………………………… (5)
  一、现代交通运输方式 …………………………………………… (5)
  二、各种运输方式的技术经济特征 ……………………………… (6)
  三、我国各种运输方式的发展概况 ……………………………… (7)

第二章　航空运输系统概述 ……………………………………………… (9)
 第一节　航空运输的概念 ……………………………………………… (9)
  一、航空运输的概念 ……………………………………………… (9)
  二、航空运输特性 ………………………………………………… (10)
 第二节　航空公司 ……………………………………………………… (11)
  一、航空公司常用指标 …………………………………………… (11)
  二、航空公司的主要部门 ………………………………………… (15)
  三、货运航空 ……………………………………………………… (21)
  四、通用航空 ……………………………………………………… (22)
 第三节　民用机场 ……………………………………………………… (24)
  一、商业性机场的结构 …………………………………………… (25)
  二、机场的分类 …………………………………………………… (27)
  三、机场的级别 …………………………………………………… (29)
 第四节　空中交通管理系统 …………………………………………… (32)
  一、空中交通管制系统 …………………………………………… (32)
  二、空域及其划分 ………………………………………………… (37)

第五节　航空运输保障企业 …………………………………………… (40)
　　一、中国航空油料集团公司 ………………………………………… (40)
　　二、中国航空器材集团公司 ………………………………………… (40)
　　三、中国民航信息网络股份有限公司 ……………………………… (42)

第三章　航空运输管理体系 …………………………………………… (47)
　第一节　国际航空运输管理机构 ………………………………………… (47)
　　一、国际民用航空组织(ICAO) …………………………………… (47)
　　二、国际航空运输协会(IATA) …………………………………… (50)
　　三、国际机场理事会(ACI) ………………………………………… (52)
　　四、世界联合旅游代理协会(UFTAA) …………………………… (54)
　　五、国际航空电信协会(SITA) …………………………………… (54)
　第二节　中国民用航空运输管理体制 …………………………………… (55)
　　一、中国民航管理体制的改革历程 ………………………………… (55)
　　二、中国民用航空局的主要职责 …………………………………… (58)
　　三、中国民用航空局管理机构体系 ………………………………… (59)
　第三节　空中交通管理体制 ……………………………………………… (60)
　　一、中国民用航空局空中交通管理局的主要职责 ………………… (60)
　　二、中国民航空管系统行业管理体制 ……………………………… (61)
　　三、民航地区空中交通管理局的主要职责 ………………………… (62)

第四章　航空运输组织与管理 ………………………………………… (63)
　第一节　空中交通运营与管理 …………………………………………… (63)
　　一、空中交通管制服务(ATC) ……………………………………… (63)
　　二、航行情报服务(FIS) …………………………………………… (65)
　　三、告警服务(AS) ………………………………………………… (65)
　第二节　航空公司生产组织管理 ………………………………………… (65)
　　一、航班计划 ………………………………………………………… (66)
　　二、市场销售 ………………………………………………………… (71)
　　三、飞行的组织与实施 ……………………………………………… (71)
　第三节　航空货物运输管理 ……………………………………………… (72)
　　一、航空货运市场 …………………………………………………… (72)
　　二、航空货运市场的组织方式 ……………………………………… (73)
　　三、航空货运生产组织与管理 ……………………………………… (73)
　第四节　国际航空运输管理 ……………………………………………… (74)

第五章 航空公司的经营与战略 (76)
第一节 航空公司的经营与成本 (76)
一、航空公司成本概述 (76)
二、航空公司的成本结构——国际民航组织分类方法 (77)
三、国内航空公司的成本分类 (81)
第二节 航空公司成本控制方法 (84)
一、航空公司成本的影响因素 (84)
二、航空公司成本管理和控制的方法 (85)
第三节 航空公司的战略选择与制定 (89)
一、低成本战略 (89)
二、机队管理 (92)
三、航线网络 (96)
四、收益管理 (99)

第六章 世界航空运输的发展现状及趋势 (103)
第一节 世界航空运输的发展概况 (103)
一、自由化 (103)
二、波动的石油价格 (104)
三、流量增长率的下降 (105)
四、东亚/太平洋航空公司的增长 (105)
五、收入的下降 (106)
第二节 放松管制 (106)
一、管制时代的航空运输业 (106)
二、放松管制 (107)
三、放松管制的影响 (108)
第三节 天空开放与航权 (111)
一、天空开放概念的产生及由来 (111)
二、天空开放进程 (112)
三、航权概念及分类 (114)
第四节 航空联盟 (119)
一、联盟狂潮 (119)
二、航空公司战略联盟的发展现状 (120)
三、全球航空公司战略联盟的形成背景 (121)
四、航空公司战略联盟的主要类型 (124)
五、世界主要航空联盟介绍 (126)
第五节 航空公司的兼并与重组 (129)
一、航空公司企业兼并的历史轨迹 (129)

V

二、航空公司企业兼并的主要动因 …………………………………………（131）
　　三、兼并重组的典型案例 ………………………………………………（134）

第七章　中国民航发展的历程与现状 …………………………………………（140）
第一节　中国民航的发展历程 ……………………………………………（140）
　　一、起步阶段(1949—1978) ……………………………………………（140）
　　二、成长阶段(1979—1990) ……………………………………………（141）
　　三、起飞阶段(1991—2004) ……………………………………………（142）
　　四、高速发展阶段(2005—　) …………………………………………（143）
第二节　航空公司与航空运输市场 ………………………………………（145）
　　一、我国航空公司概述 …………………………………………………（145）
　　二、我国航线网络 ………………………………………………………（145）
　　三、我国主要航空公司简介 ……………………………………………（148）
第三节　机场布局与航空枢纽建设 ………………………………………（159）
　　一、我国机场发展现状与规划 …………………………………………（159）
　　二、我国航空枢纽建设现状 ……………………………………………（162）
第四节　中国新一代空管系统建设 ………………………………………（169）
　　一、新一代民用航空运输系统概述 ……………………………………（170）
　　二、系统建设目标 ………………………………………………………（170）
　　三、系统建设实施路径 …………………………………………………（171）
第五节　中国民航未来发展展望 …………………………………………（172）
　　一、中国民航未来发展面临的机遇和挑战 ……………………………（172）
　　二、民航运输业发展预测 ………………………………………………（174）
　　三、民航未来发展的思路 ………………………………………………（175）

第八章　综合交通运输体系发展 ………………………………………………（178）
第一节　综合交通运输体系 ………………………………………………（178）
　　一、综合交通运输体系的概念 …………………………………………（178）
　　二、我国综合交通运输体系建设 ………………………………………（182）
第二节　多式联运概述 ……………………………………………………（185）
　　一、多式联运的概念和特征 ……………………………………………（185）
　　二、多式联运的基本形式 ………………………………………………（187）
　　三、我国多式联运的发展状况 …………………………………………（188）
　　四、国际多式联运概述 …………………………………………………（190）
第三节　高速铁路的发展与航空运输 ……………………………………（193）
　　一、中长期铁路网规划 …………………………………………………（193）
　　二、高铁对民航的影响 …………………………………………………（194）

三、民航的应对措施 …………………………………………………… (196)

第九章　航空物流 ………………………………………………………… (203)
　第一节　航空物流的基本理论 ……………………………………………… (203)
　　一、物流的概念及内涵 …………………………………………………… (203)
　　二、物流的发展 …………………………………………………………… (205)
　　三、航空物流概念 ………………………………………………………… (208)
　　四、航空物流产品及其实现 ……………………………………………… (208)
　　五、航空物流的特点 ……………………………………………………… (210)
　第二节　航空货运与物流体系运作模式 …………………………………… (211)
　　一、传统货运模式 ………………………………………………………… (211)
　　二、综合运输模式 ………………………………………………………… (216)
　　三、综合物流模式 ………………………………………………………… (219)
　　四、供应链管理咨询服务模式 …………………………………………… (223)
　第三节　世界航空物流发展现状 …………………………………………… (225)
　　一、世界著名航空物流运输企业 ………………………………………… (225)
　　二、世界主要货运机场 …………………………………………………… (230)
　　三、航空物流与临空经济 ………………………………………………… (234)
　第四节　我国航空物流的发展现状 ………………………………………… (238)
　　一、我国航空物流业发展概况 …………………………………………… (239)
　　二、主要航空物流运输企业 ……………………………………………… (241)
　　三、主要航空物流园介绍 ………………………………………………… (244)

附录一　中国航空运输协会章程 …………………………………………… (248)
附录二　中国民用航空旅客、行李国内运输规则 ………………………… (253)

参考文献

第一章　现代交通运输概述

　　交通运输业是国民经济的基础性和先导性产业，它在整个社会机制中起着纽带作用。铁路运输、公路运输、水路运输、航空运输和管道运输是现代社会中交通运输的主要方式。由多种运输方式共同组成的综合运输网络已成为现代经济和社会发展中不可缺少的重要组成部分，在国民经济建设和社会发展中起着极其重要的作用。当前铁路、公路、水路、航空和管道运输正朝着高速、重载、自动化、信息化、专业化和综合化的方向发展，各种运输方式的作用正伴随着工业化进程和经济社会发展水平的提高而发生重大变化。

第一节　交通运输的产生与发展

一、交通运输的产生

　　交通运输，是人们使用各种运输工具和设备，把人和物有目的地从一个地方运送到另一个地方的生产活动。交通运输业是国民经济的基础性、先导性产业，是国民经济的命脉，是社会经济发展的基本需要和先决条件。运输既是衔接生产和消费的重要纽带，又是政治、经济、文化、军事等方面联系交往的沟通手段。

　　交通运输是一项古老的活动，是工业、农业等物质生产过程能够顺利进行的必要条件，是人类社会物质生产的重要组成部分。资本主义生产社会化和商品流通的发展，特别是18世纪后期蒸汽机和其他机械设备的相继发明，引发了工业生产技术的革命，促使交通运输工具（方式）走上了机械化的道路，一个服务于流通领域的独立物质生产部门——公用运输应运而生。

　　交通运输与人类社会的发展同步发展和变化，并且不断利用人类发明的各种技术和文明。同时，在交通运输发展过程中，也产生了各种先进的方法和技术，促进了交通运输的不断发展和交通运输方式的变革。从最古老的人力搬运、驯化动物驮运的畜力运输、荡桨划船和利用风力的帆船运输、到蒸汽机机车和船舶运输，再到内燃机船舶和车辆运输、电力机车、喷气飞机运输，充分体现了人类文明和科学技术在交通运输领域的发展轨迹。交通运输方式也从先前的人力、畜力运输发展到现在的铁路、公路、水运、航空以及管道运输五种基本交通运输方式分工协作的综合运输阶段。

二、交通运输在国民经济中的重要性

（一）交通运输在国民经济中的地位

国民经济各部门包括物质生产部门和非物质生产部门，统称为产业部门。为社会提供初级产品，满足人类最基本的食品需要的农业为第一产业；为社会提供加工产品和建筑物，满足人类生活需要的工业、采掘业、水电业、建筑业等为第二产业；为人类提供除满足物质需要以外的更高级需要的其他行业和部门为第三产业。在我国，第三产业又划分为流通部门和服务部门，交通运输业属于第三产业的流通部门。

交通运输是国民经济的命脉，现代社会的生存基础和文明标志，社会经济的基础设施和重要纽带，现代工业的先驱和国民经济的先行部门，资源配置和宏观调控的重要工具，国土开发、城市和经济布局形成的重要因素。交通运输对促进社会分工、大工业发展和规模经济的形成，巩固国家的政治统一和加强国防建设，扩大国际经贸合作和人员往来发挥着重要作用。总之，交通运输在经济、社会、政治和国防等具有重要的战略地位。

（二）交通运输在国民经济中的作用

运输生产是社会再生产过程中的重要环节，交通运输业的发展影响着社会生产、流通、分配和消费的各个环节，它对人民生活、政治、国防建设和国际交流都有着重要作用。

（1）交通运输业是社会生产的必要条件，但并不只是被动地、静止地为社会生产服务。交通运输网的展开、方便的运输条件有助于新资源的开发利用和地区经济的发展，扩大原料供应范围和产品销售市场，从而促进社会生产的发展。

（2）交通运输业担负着社会产品和商品流通的任务。运输费用在生产费用中占有较大比重，发展交通运输业，不断降低运输费用，缩短社会产品和商品流通时间，可以节省社会生产费用，提高社会生产效率和经济效益。因此，加快交通运输业的发展，建设一个发达的交通运输体系，不仅可以满足国民经济和人民生活的运输需要，也将促进生产发展，加速资金周转，最终促进社会劳动生产率的提高。

（3）交通运输业是国土资源开发的先导性产业。我国西部地区生产力相对落后，经济欠发达，其中的一个主要原因是交通闭塞、流通不畅。交通运输的发展，不仅可以促进欠发达地区或边远地区的资源开发，而且可以优化资源配置，调整产业结构，推动社会经济发展，还可以改善投资环境，加速工业化、城镇化进程，同时又可加快人流、物流、信息流，促进第三产业的发展和社会文明的进步。开发国土资源，交通要先行，这已是社会各界的广泛共识。

（4）交通运输业具有平时为经济建设服务，战时为军事服务的功能。在战争中，它是联系前方和后方，调动部队运送武器弹药和粮食等物质的保证。因此，交通运输业具有准军事性质，是国家军事实力的重要组成部分。

（5）交通运输还是带动一系列相关产业的龙头产业。铁路、公路、港口、机场、管道等的大规模建设，促进了建筑业的崛起；交通运输业的巨大能源消耗，又促进了煤炭和石油工业的兴旺；铁路和运输机械对金属的需求，是采矿和冶金工业取得迅猛发展的基本动因之一；而各种运输工具的大量生产，则极大地推动了机械加工和制造业的发展；交通运输及其相关产业的现代化又为电子信息产业提供了广阔的市场；交通运输业的发展还直接促进了旅游业和物流业两大新兴支柱产业的形成和发展。

（6）交通运输也是国际交流的重要桥梁和纽带，可以促进各国之间的商品流通、经济发展和人民之间的友好往来，以及国际旅游业的发展，是经济全球化的重要保证。

三、交通运输的发展

纵观交通运输业的发展史，在不同的历史时期，世界各国交通运输业的发展侧重点和起主导作用的运输方式有所不同，但从世界范围内考察，整个交通运输业的发展可划分为五个阶段和四次革命。每个阶段以一种或几种运输工具为标志，每次革命都给人类社会带来了深刻影响，都加快了经济发展和社会文明进程。

（一）水路运输阶段

在原始社会，早期的运输方式是手提手搬、背扛肩挑，后来发展到绳拖棍撬。随着活动范围的扩大，为了求得生存和发展，人类研制出了最早的交通工具——筏和独木舟，以后逐渐出现了车，进而出现了最原始的航线和道路。船和车的发明与使用，使运输进入了新的发展阶段，这就是交通运输史上的第一次革命。船和车的使用，使得邮递业、客运业、货运业发展起来，逐渐出现了专门从事运输的商人，运输业开始萌芽。车的出现，促进了道路的发展。如我国秦朝时，就修筑了全国统一的道路，形成了以咸阳为中心的向外辐射的"驰道"。陆路交通发展的同时，水路运输发展尤为迅速，随着人类对河流和海洋的认识深化、造船技术的进步、新航路的开辟、指南针的使用、人工运河的开凿，内河运输和沿海海洋运输迅速发展，我国商代就掌握了木板造船技术，隋代开凿了世界上最早、规模最大的大运河，盛唐时开辟了"海上丝绸之路"。在地中海地区，古代腓尼基人曾以造船和航海而著称于世。这个时期船舶主要靠人力拉纤、划撑，以小帆船为主。

14世纪以后，出现了以风力为动力的远程三桅帆船。凭借这些大帆船以及改进了的航海设备和航海技术，欧洲人离开了自己的海岸，开辟新航路，进行环球航行，发现了新大陆，开创了"地理大发现"时代，揭开了世界历史的新篇章，对世界政治、经济、文化产生了巨大深刻的影响。这一时期，水路运输同以人力、畜力为动力的陆路运输工具相比，无论从运输能力和运输成本，还是从方便程度上比较，都处于优势地位。在水路运输中，海上运输又具有其独特地位。由于远隔重洋，海上运输几乎不能被其他运输方式所替代。所有这些都使水路运输在运输业的早期发展阶段起主导作用，三桅帆船也就成为交通运输业第二次革命的标志。

(二) 铁路运输阶段

两次交通运输的革命，使得交通运输业有了巨大的发展，但运输工具的动力还是仅靠畜力、人力和风力。18世纪80年代到19世纪初，蒸汽机相继用于船舶和火车上。蒸汽机的发明是人类历史上一个重要的里程碑。由于动力的改变，交通运输业有了突飞猛进的发展。1807年，世界上第一艘蒸汽机船"克莱蒙特"号在纽约哈德逊河下水。1825年，从英国斯托克顿到达灵顿的第一条铁路正式通车运营，这标志着交通运输史上第三次革命的到来，也宣告了铁路时代的开始。

由于铁路能够高速、大量地运输旅客和货物，几乎垄断了当时的运输，成为当时最新、最好的交通运输工具。欧美各国掀起了铁路建设的高潮，并扩展到亚非拉地区。这一时期，由于动力的改变，轮船摆脱了以前航海依赖信风的现象，实现了在任何季节都能航行，水路运输也得到较快发展。

(三) 公路、航空和管道运输阶段

20世纪30—50年代，在铁路运输快速发展的同时，随着汽车工业的发展，公路运输悄然兴起（1886年，德国人本茨发明了现代意义上的汽车）。公路运输机动灵活、迅速方便，不仅在短途运输方面具有明显的优势，而且随着大载重专用货车、各种完善的长途客车和高速公路的出现，在中长途运输方面也显示出了优越性。

1903年12月17日，美国莱特兄弟制造的装有内燃发动机和螺旋桨的飞机，首次进行了持续的、有动力的、可操纵的载人飞行，开辟了人类航空史上的新纪元，从此人类真正插上了翅膀，实现了飞翔天空的夙愿。飞机的发明及其发展，给世界带来了巨大的变化，是人类20世纪最伟大的成就之一。由于航空运输在速度上占有绝对优势，在旅客运输方面，特别是在长途旅客运输方面占有重要地位，同时航空货运也得到迅速发展。一百多年来，航空运输业获得了巨大的发展。飞机的发明，为人类交通运输开辟了一个新坐标，催生了航空运输业，是人类交通运输史上的第四次重大革命。从1909年德国开辟第一个定期旅客航班开始，随着航空科技的不断突破和航空市场需求的不断增长，商业航空已发展成为一个宏大的全球经济社会基础性产业。航空运输业的兴起，在经济价值上建立了一种全新的投入—产出关系，将空气空间纳入了社会资源体系，向社会经济提供了新的富源，人类物化和活化的劳动因流通的加速而实现增值，它扩大了劳动力和资本的使用范围，促进了国际分工和国际贸易，极大地提高了社会生产力水平和经济效率；在社会与文化功能上，建立了一种新的高效率的文明传播通道，大大拓展了人们的视野，使得相距遥远的人群和不同的民族能够比较容易地交流知识、思想、情感、艺术、宗教、风俗等等，加深彼此的了解与沟通，共同推进人类的文明，共享人类文明进步的成果。

随着石油工业的发展，管道运输开始崭露头角（19世纪60年代，美国出现了第一条木制的专供输油的管道），由于管道运输具有成本低、输送方便、有连续性的特点，目前成为原油、成品油、天然气、矿砂和煤浆等化工流体的重要运输方式之一。这一阶段，铁路运输、水路运输也有长足的发展，但公路、航空、管道这三种运输方式发挥的作用显著增强，成为交通运输业发展的第三阶段的重要特点。

（四）综合运输阶段

到了20世纪50年代，人们开始认识到在交通运输业的发展过程中，水运、铁路、公路、航空和管道五种运输方式是相互制约、相互影响的，许多国家开始有计划地进行综合运输，协调各种运输方式之间的关系，其重点是在整体上合理地进行铁路运输、水路运输、公路运输、航空运输和管道运输之间的分工。发挥各种运输方式的优势，合理规划运输的布局和提高运输的质量，构建海陆空立体交通的综合运输体系是综合运输发展阶段的主要趋势。

（五）综合物流阶段

进入20世纪80年代，世界经济进入后工业化时代，交通运输业也进入了综合物流阶段。这意味着交通运输业已经与商品生产和流通领域的各个环节紧密地结合在一起，融为一体。交通运输业进入综合物流时代是一个质的飞跃，是交通运输业发展的崭新阶段，具有强烈的时代特征，它标志着交通运输业摆脱了孤立地从本系统经济利益出发思考和观察问题的传统、陈旧、狭隘的观念和实际运作方式，而真正成为以市场为导向、以满足客户要求为宗旨、以系统总效益最优为目标、主动适应社会经济发展需要的行业。

第二节 现代交通运输方式及其特征

一、现代交通运输方式

现代交通运输业包括铁路运输、水路运输、公路运输、航空运输和管道运输这五种基本运输方式。虽然随着科学技术的进步，新型运输工具不断涌现，但是这些新型运输工具适用的范围仍未完全脱离原有的五种基本运输方式的范畴。因此，就交通运输业的总体而言，现代交通运输业仍是由铁路运输、水路运输、公路运输、航空运输和管道运输这五种基本运输方式构成。由于这五种基本运输方式在运载工具、线路设备和运营方式等方面各不相同，并且各有其不同的技术经济特征，因而各有其适用的范围，但这几种运输方式在交通运输发展过程中是同时并存的。

五种基本运输方式由于其各自的特点，在适用范围上也有其各自的优势。

铁路运输：国土幅员辽阔的大陆国家是陆地交通运输的主力，适合经常、稳定的大宗货物运输，特别是中长途货物运输；适合于中短途、短途城际和现代快速市郊旅客运输的需要。

公路运输：在中短途运输中效果最突出，特别是"门到门"的运输更具优越性，可以补充和衔接其他运输方式，如担负铁路、水路运输达不到的区域以及起终点的接力运输。

水路运输：特别适合于大宗货物的长途运输，尤其是远洋运输，不仅是国际贸易的主要运输方式，也是国民经济的重要组成部分。

航空运输：适用于长途旅客运输、货物运输及邮件运输，包括国际和国内运输，在通用航空运输方面（摄影、人工降雨、林业播种、抗灾救护等）更显优势。

管道运输：是流体能源非常适宜的运输手段，尤其是输送油类等危险品，由于管道埋于地下，受地面干扰少，运送此类物品较为安全。

二、各种运输方式的技术经济特征

五种现代基本运输方式，在满足人或物的空间位移的要求上都具有同一性，即安全、迅速、经济、便利、舒适，但各种运输方式所采用的技术手段、运输工具和组织形式等却不相同。因此，形成的技术性能（速度，重量，连续性，保证货物的完整和旅客的安全、舒适程度等）、对地理环境的适应程度和经济指标（如能源和材料消耗多少、投资多少、运输费用大小、劳动生产率高低等）是不同的。

由于对运输的要求是安全、迅速、经济、便利，所以，各种运输方式的技术经济特征可以依据上述要求进行界定。

首先是送达速度。技术速度决定运载工具在途中运行的时间，而送达速度除了运行时间外，还包括途中的停留时间和始发、终到两端的作业时间。对旅客和收、发货人而言，送达时间具有实际的意义。铁路运输的送达速度一般高于水路运输和公路运输。但在短途运输方面，其送达速度反而低于公路运输。航空运输在速度上虽然占有极大的优势，但必须将旅客前往机场的路程时间考虑在内，这样比较才具有实际意义。

在评价某种运输方式的速度指标时，还应适当考虑运输的频率（或间隔时间）和运输经常性对送达速度的影响。

其次是投资方面。各种运输方式由于其技术设备的构成不同，不但投资总额大小各异，而且投资期限和初期投资的金额也有相当大的差别。

例如，铁路技术设备（线路、机车车辆、车站等）需要投入大量的人力物力，投资额大而且工期长。相对而言，水路运输是利用天然航道进行的，其设备的投资远较铁路运输为低，投资主要集中在船舶、码头。比较各种运输方式的投资水平，还需要考虑运输密度和运载工具利用率等因素。

再次是运输成本。一般来说，水路运输及管道运输成本最低，依次为铁路运输和公路运输，航空运输成本最高。但是各种运输方式的成本水平是受各种各样因素影响的。

最后还应从能源、运输能力、运输的经常性和机动性等方面考察各种运输方式的特性。例如，从能源的角度来看，铁路运输由于可以采用电力牵引，在这个方面就占有优势。从运输能力的角度来看，水路运输和铁路运输都处于优势的地位。从运输的经常性的角度来看，铁路运输受季节和气候的影响最小。而就运输的机动性而言，则公路运输最好。

铁路运输的各项经济指标，虽然比沿海和长江干线航运差一些，但比公路运输优越得多，作为陆上的运输方式，成本和能耗都是比较低的。从技术性能看，铁路运行速度快，运输能力大，受自然条件的影响较小，连续性较强，又可适应各种运输需要。铁路运输的缺点是投资大，建设周期长。

水路运输的经济指标在各种运输方式中是比较好的，并且它的运输工具主要航行在自然水道上。水上航道的通过能力限制较少，单位运量大，运费低，劳动生产率高，运距长，可到达全世界任何一个港口。水路运输的缺点是受自然条件限制较大，连续性较差，速度慢。

公路运输的经济指标虽然比其他运输方式差，但是它的投资少、机动灵活，可以减少中转环节，实现"门到门"的运输，货物送达速度快，并可深入到工矿企业、广大农村和边远地区，这是其他运输方式所不能比拟的。

航空运输具有速度快、在两点间运输距离短、基本建设周期短、投资较少、灵活性大、可跨越各种天然障碍等特点，它在长途和国际旅客运输中占有特殊的地位。航空运输的主要问题是机舱容积和载重都比较小，成本高，运价也比地面运输为高，而且在一定程度上还受气候条件的限制，从而影响了运输的准确性与经常性。

管道运输目前已成为世界各国陆上油、气运输的主要运输方式。管道在油、气运输中具有投资少、成本低、劳动生产率高等一系列优点，是油、气运输的主要运输方式。

三、我国各种运输方式的发展概况

改革开放 30 年来，我国交通运输业实现了全面快速发展，以公路、铁路、航空、水运等为主的综合运输网络初步形成，交通运输量和港口吞吐量大幅增长，交通运输设施和装备水平显著提高，现代管理和信息化应用水平明显提升。交通运输业无论从运输里程、运输量，还是从技术装备水平等各个方面都实现了跨越式发展，步入了纵横交错、多种运输方式共同发展的新阶段。

改革开放 30 年来，尤其是 20 世纪 90 年代以来，国家将加快交通运输发展作为优先发展的战略目标，实现了交通基础设施规模总量的快速增长。交通运输设施网络里程从 1978 年的 123.5 万公里增加到 2007 年的 456.1 万公里，是 1978 年的 3.7 倍，平均每年增长 4.6%。其中，公路里程从 1978 年的 89.0 万公里增加到 2007 年的 196.2 万公里（不含村道），是 1978 年的 2.2 倍，平均每年增长 2.8%；铁路里程从 1978 年的 5.2 万公里增加到 2007 年的 7.8 万公里，是 1978 年的 1.5 倍，平均每年增长 1.4%；管道输油气里程从 1978 年的 0.8 万公里增加到 2007 年的 5.4 万公里，是 1978 年的 6.6 倍，平均每年增长 6.7%；2007 年主要港口生产用码头泊位 11404 个，比 1978 年增加 10669 个，其中沿海万吨级以上泊位 967 个，增加 834 个；民航航线里程从 1978 年的 14.9 万公里增加到 2007 年的 234.3 万公里，是 1978 年的 15.7 倍，平均每年递增 10.0%，2007 年我国境内民用航空定期航班通航机场达到 148 个（不含香港和澳门），定期航班通航城市146个，比1978年增加78个。

表1-1 我国五种运输方式线路长度　　　　　　　（单位：万公里）

年份	合计	铁路	公路	内河	民航	管道
1978	123.5	5.2	89.0	13.6	14.9	0.8
1980	125.4	5.3	88.8	10.9	19.5	0.9
1985	139.5	5.5	94.2	10.9	27.7	1.2
1990	171.8	5.8	102.8	10.9	50.7	1.6
1995	247.6	6.2	115.7	11.1	112.9	1.7
2000	311.9	6.9	140.3	11.9	150.3	2.5
2005	416.6	7.5	192.5	12.3	199.9	4.4
2006	428.7	7.7	192.5	12.3	211.4	4.8
2007	456.0	7.8	196.2	12.3	234.3	5.4

资料来源：《中国统计年鉴2008》。

表1-2 我国五种运输方式客货运量和周转量比例（2007年）

运输方式	客运量（万人）	所占比例（％）	旅客周转量（亿人公里）	所占比例（％）	货运量（万吨）	所占比例（％）	货物周转量（亿吨公里）	所占比例（％）
总计	2227761		21592.6		2275822		101419	
铁路	135670	6.09	7216.3	33.42	314237	13.81	23797	23.46
公路	2050680	92.05	11506.8	53.29	1639432	72.04	11355	11.20
水运	22835	1.03	77.8	0.36	281199	12.36	64285	63.39
民航	18576	0.83	2791.7	12.93	402	0.02	116	0.11
管道	—	—	—	—	40552	1.78	1866	1.84

资料来源：《中国统计年鉴2008》。

第二章 航空运输系统概述

第一节 航空运输的概念

1903年，美国的莱特兄弟在卡罗来纳成功地驾驶第一架飞机飞上了天空，人类的活动终于突破了重力和二维空间的限制，有了更加广泛的自由。自此以后，以飞机为代表的航空器首先在军事领域得到广泛应用，继而在人类社会生活的各个方面发挥着日益重要的作用。到目前为止，航空运输和铁路运输、道路运输、水上运输、管道运输等其他运输方式一起，构成整个运输业。从肩扛手提到木牛流马再到火车飞机，运输方式的质的飞跃给人类社会的进步带来了巨大的物质财富和生活方式的深刻变革，促进了历史发展和社会进步。

一、航空运输的概念

使用各类航空器从事除了军事性质以外的所有的航空活动称为民用航空。民用航空又分为商业航空和通用航空。商业航空也即航空运输。

航空运输是指承运人使用航空器把旅客、行李、货物、邮件实现位移的全部活动。与其相联系的另外一个概念是公共航空运输，它是指公共航空运输企业以取酬为目的，使用民用航空器运送旅客、行李或货物。航空运输具有快速、机动的特点，是现代旅客运输尤其是远程旅客运输的重要方式，也是国际贸易中的贵重物品、鲜活货物和精密仪器所不可或缺的运输方式。

航空运输既包括国内客货运输，也包括国际客货运输，既含有生产经营过程中的管理关系，又含有平等的民事法律关系，它的所有活动都是由《民用航空法》等一系列法律法规、部门规章、技术规范和标准性文件与关于民航方面的国际条约、双边协议等所调整规范，同时也受民商法、经济法等相关法律法规调整规范。

根据不同的分类标准，航空运输可划分为不同的种类。

（一）从航空运输的性质出发

从航空运输的性质出发，一般把航空运输分为国内航空运输和国际航空运输两大类。所谓国内航空运输，是指运输的出发地点、经停地点和目的地点均在中华人民共和国境内的运输。而所谓国际航空运输，是指无论运输有无间断或者有无转运，运输的出发地点、约定的经停地点和目的地点之一不在中华人民共和国境内的运输。

（二）从航空运输的对象出发

从航空运输的对象出发，可分为航空旅客运输、航空旅客行李运输和航空货物运输三类。较为特殊的是航空旅客行李运输，既可附属于航空旅客运输，亦可看做一个独立的运输过程。航空邮件运输是特殊的航空货物运输，一般情况下优先运输，受《邮政法》及相关行政法规、部门规章等调适，不受《民用航空法》相关条文规范。

（三）包机运输

包机运输是指民用航空运输使用人为一定的目的包用公共航空运输企业的航空器进行载客或载货的一种运输形式，其特点是包机人需要和承运人签订书面的包机运输合同，并在合同有效期内按照包机合同自主使用民用航空器，包机人不一定直接参与航空运输活动。

二、航空运输特性

（一）商品性

航空运输所提供的产品是一种特殊形态的产品——"空间位移"，其产品形态是改变航空运输对象在空间上的位移，产品单位是"人公里"和"吨公里"。

（二）服务性

航空运输业属于第三产业，是服务性行业。它以提供"空间位移"的多寡反映服务的数量，又以服务手段和服务态度反映服务的质量。这一属性决定了承运人必须不断扩大运力满足社会上日益增长的产品需求，遵循"旅客第一，用户至上"的原则，为产品使用人提供安全、便捷、舒适、正点的优质服务。

（三）国际性

航空运输已成为现代社会最重要的交通运输形式，是国际间政治往来和经济合作的纽带。这里面既包括国际间的友好合作，也包含着国际间的激烈竞争，在服务、运价、技术标准、经营管理和法律法规的制订实施等方面，都要受国际统一标准的制约和国际航空运输市场的影响。

（四）准军事性

人类的航空活动首先投入军事领域，而后才转为民用。现代战争中制空权的掌握是取得战争主动地位的重要因素。因此，很多国家在法律中规定，航空运输企业所拥有的机群和相关人员在平时服务于国民经济建设，作为军事后备力量，在战时或紧急状态时，民用航空即可依照法定程序被国家征用，服务于军事上的需求。

（五）资金、技术、风险密集性

航空运输业是一个高投入的产业，无论运输工具，还是其他运输设备都价值昂贵、成本巨大，因此其运营成本非常高。航空运输业由于技术要求高，设备操作复杂，各部门间互相依赖程度高，因此其运营过程中风险性大。

（六）自然垄断性

由于航空运输业投资巨大，资金、技术、风险高度密集，投资回收周期长，对航空运输主体资格限制较严，市场准入门槛高，加之历史的原因，使得航空运输业在发展过程中形成自然垄断。

第二节　航空公司

航空公司是进行航空运输飞行，向社会提供航空运输服务的企业组织，是航空运输系统的核心环节之一。

一、航空公司常用指标

（一）航线与航路

航线是飞机预定要飞行的路线，是飞机在任何两个地点确定的飞行线路。航路是由民航主管部门批准建立的一条由导航系统划定空域构成的空中通道，在这个通路上空中交通管理机构要提供必要的空中交通管制和航行情报服务。

航线可分为国际航线、国内航线和地区航线三大类。

1. 国际航线

指飞行的路线连接两个国家或两个以上国家的航线。在国际航线上运输是国际运输，一个航班如果始发站、经停站、终点站有一点在外国领土上的都叫做国际运输。

2. 地区航线

指在一国之内，各地区与有特殊地位的地区之间的航线，如我国内地与港、澳、台地区的航线。

3. 国内航线

国内航线是在一个国家内部的航线，又可以分为干线和支线。

国内干线：联结国内航空运输中心的航线，这些航线的起止点都是重要的交通中心城市，在这些航线上航班数量大、密度高、客流量大，如京—广、京—沪等航线。

国内支线：指各中小城市与干线上的交通中心联系起来的航线，支线上的客流密度远小于干线，支线上的起止点中有一方是较小的机场，因而支线上使用的客机大都是100座级以下的中小型飞机。

（二）航段

航段是航班从起飞到下一次着陆之间的飞行路段。直达航线只有一个航段，非直达航线则有两个或两个以上航段，如乌鲁木齐—武汉—广州航线，就是由乌鲁木齐—武汉、武汉—广州两个航段所组成。一个航段，其两端都在国内的称为国内航段，有一端或两端在国外的称为国际航段。同一条航线上的不同航段，由于其所处地理位置不同、经济环境不同，空运业务量的大小也不相同。因此，有必要将航线分解为航段，通过航段运量统计来观察每个航段上空运业务量的大小和运输能力的利用情况，以便更准确地反映航空运输生产状况，为规划航线、安排航班、调配运力提供统计信息。

（三）航班

航班是飞机由始发站起飞到终点站结束的运输飞行。每个航班按照业务的需要编以不同的号码，称为航班号。航班主要有三种形式：正班飞行、加班飞行和专包机飞行。正班飞行是民航运输的基本形式，其他各种形式是必要的补充。

1. 正班

即定期航班。指按向社会公布的航班时刻表，按照规定的航线、机型、日期、时刻运营的航班。

2. 加班

指根据市场需求，按定期航班的航线和航班号在不同时间临时增加的航班。

3. 包机

指承运人根据与包机人所签订的包机合同，按约定的起飞时间、航线所进行的运输飞行。按包用形式，可分为整机包用，全座舱包用和部分舱位、部分座位的包用等（包机架次的统计是指整机包用的架次）。承运人利用包机的回程（或去程）运载客货，称为回程（或去程）利用。

4. 专机

指按国家规定的重要包机飞行。

（四）旅客运输量

旅客运输量指运输飞机所载运的旅客实际人数，不管有无客票或是否免票，也不按售出客票数统计，成人和儿童各按一人计算，婴儿因不占座位不计人数。

（五）货邮运输量

货邮运输量指运输飞机所载运货物的重量，包括信袋和快件。原始数据以公斤为计量单位，汇总时以吨为计量单位。统计方法与旅客运输量相同，即每一特定航班（同一航班）的货物只应计算一次，不能按航段重复计算，但对既有国内航段又有国际航段的货物，则同时统计为国内货物和国际货物。不定期航班运送的货物则每一特定航班只计算一次，即使是既有国内航段飞行又有国际航段飞行的也只计算一次。

（六）客座率与载运率

客座率指旅客周转量与可提供座公里之比，综合反映旅客座位的利用程度，即销售状况，故也称作客运销售率。公式如下：

$$客座率 = \frac{旅客周转量}{可供座公里}$$

载运率指运输总周转量与可提供吨公里之比，综合反映飞机运载能力的利用程度。公式如下：

$$载运率 = \frac{运输总周转量}{可供吨公里}$$

（七）起飞架次

起飞架次指飞机在航空运输飞行过程中的起飞次数。

（八）飞行班次

飞行班次指航空运输的飞行次数。通常以一周为时间段计算飞行班次。

$$飞行班次 = 2\sum（航班计划中的每周班次 \times 执行周数）$$

上式中的2是倍数，因为航班计划是双向的，来回算一个班次，而飞行班次是单向的，一个航班班次等于两个飞行班次。

正班和加班的一个飞行班次是指航线从始发点到终点的一次飞行，以航班号为准，只要是同一航班，无论其经停点多少，只统计为一个班次。一条航线的去程和回程分别为两个航班号的，各按一个班次统计。

专包机飞行，按任务和架次统计，即一次专包机任务由一架飞机完成，无论航线多长、经停点多少及是否按原航线返回，均统计为一个班次。但如果中间更换了包机人，则按两个班次计算。一个任务由两架飞机完成或由一架飞机分两次完成，均按两个班次统计。

上述飞行以外的运输飞行统计为其他飞行，如利用公务调机、训练等飞行载运客货的飞行等。其他飞行不计班（架）次。

（九）飞行小时

飞行小时也称轮挡小时，指从飞机飞行前撤除机轮挡木起至飞机着陆停稳后安放机轮挡木止的全部时间，即为飞机地面滑行时间与空中飞行时间之和。一个航班的飞行时间，等于该航班各航段飞行小时的总和。原始数据以时、分为计量单位，汇总时，以小时为计量单位取整数填报。飞行小时也有统计为空中时间，指从起飞轮子离地到飞机着陆轮子着地的全部时间。飞行小时反映了运输生产飞行的任务量，是航空公司进行人、财、物平衡的参考，也是航空公司其他许多指标的计算依据，如空勤人员的飞行定额、航油消耗定额、飞机和发动机检修周期等。

（十）飞行里程

飞行里程指运输飞行自起点至终点的飞行公里数，为航线中各航段距离的总和。飞行里程一般有三种含义：

（1）实际飞行里程，指飞机里程表记录的里程。

（2）地面里程，指飞机起讫两点间地面距离的里程。

（3）计费里程，即营运里程，指统一规定的收费里程。

（十一）旅客周转量

旅客周转量是反映航空公司承运的旅客人数和运送距离的复合指标。计量单位为客公里（或称人公里）和吨公里，公式如下：

$$旅客周转量（客公里）=\sum[航段旅客运输量（客）\times 航段距离（公里）]$$

或

$$旅客换算周转量（吨公里）=\sum[航段旅客输入量（客）\times 旅客折算重量（吨/客）\times 航段距离（公里）]$$

式中，成人旅客换算重量按 0.09 吨计算（含手提行李），儿童、婴儿分别按成人重量的 1/2 和 1/10 计算。航段距离按民航局统一规定的收费距离。

（十二）货邮周转量

货邮周转量是反映航空公司承运的货邮重量和运送距离的复合指标。计量单位为吨公里，汇总时以万吨公里为计量单位。公式如下：

$$货邮周转量（吨公里）=\sum[航段货邮运输量（吨）\times 航段距离（公里）]$$

（十三）运输总周转量

运输总周转量是反映航空公司承运的旅客、货物、行李、邮件的综合性指标，体现航空运输总的工作量，以吨公里为计量单位，汇总时以万吨公里为计量单位。公式如下：

$$运输总周转量=旅客换算周转量+货邮周转量$$

（十四）可用吨公里

可用吨公里指飞机可提供业载与航段距离的乘积，也称最大可能周转量，即最大运输能力。公式如下：

$$可用吨公里 = \sum [可提供业载 \times 航段距离（公里）]$$

式中，可提供业载指飞机每次运输飞行时，按照有关参数计算出的飞机在该航段上允许装载的最大商务载量。原始数据按吨公里计量，汇总时，以万吨公里为计量单位。

（十五）可用客公里

可用客公里是指飞机可提供座位数与飞行里程的乘积，即客运能力。公式如下：

$$可用客公里 = \sum [可提供座位数（座） \times 航段距离（公里）]$$

式中，可提供座位数是指可以出售的最大座位数。原始数据按座公里计量，汇总时以万人公里为计量单位。

二、航空公司的主要部门

航空公司的主要运营活动是航班飞行、市场销售、地面运输服务及机务维修保障等。航空公司的部门结构通常由四大体系构成：市场销售体系、飞行运行体系、地面服务体系和支持保障体系。

（一）网络收益部

网络收益部的主要职责是：

（1）制定航线网络规划，组织实施航线网络效果评估，制定优化方案。

（2）航权事务管理，制定政府间航空会谈方案，通告航空会谈结果。

（3）开展新航线市场调研、落实航权申请、协调新开航各类综合保障协议的签署、发布新开国际航线业务公告等及相关事务的协调工作。

（4）制定航班计划、落实长期航班申请及执行计划安排。

（5）航班号资源管理，安排公司正班、加班、包机航班号及卡车航班号。

（6）运营管理，组织正班、加班、包机航班运营。

（7）办理随机押运人员的乘机手续。

（8）包机销售，制定包机销售协议，进行客户关系拓展与维护，对客户价值实施评估。

（9）申请（协调）正班及不定期航班时刻；申请正班航班落地许可并负责发布信息。

（10）收益分析，统计并分析销售协议执行情况，对航线进行收益评估，制定促销措施。

（11）舱位管理，制定航班舱位分配方案，制定舱位预订原则，组织运力协调，舱位安排及调整。

（12）销售价格审批，销售价格系统的维护，监督销售价格执行，销售文件管理等工作。

（13）收益管理系统信息监控与维护。

（14）收入、执行机型、航班情况等收益相关数据的统计工作。

（15）航班运力采购，制定、落实企业采购方案及合作协议。

（16）公司联盟事务合作工作，负责洽谈、签署 SPA，研究行业政策、法规，发布相关信息。

（二）市场销售部

市场销售部的主要职责是：

（1）根据公司战略目标制定市场战略目标；制定公司销售策略；建立健全市场销售管理制度。

（2）组织公司销售指标的落实工作，参与分解、动态调整年度销售指标，跟进各营销单位销售指标进度。

（3）负责公司销售人员管理，组织制定销售人员激励政策，负责销售人员的配置（规划方案、推荐人选），落实销售人员培训。

（4）负责公司销售管理，实施公司市场销售情况分析，制定、下达销售指导意见并负责监督营销单位落实；负责区域间销售协调；组织长期销售政策制定与评估；实施对营销单位销售发展的支持工作。

（5）负责公司大客户销售工作，制定大客户及行业客户发展规划，组织大客户销售，审核服务方案，协调服务标准，监控协议管理及客户档案管理。

（6）负责公司产品的规划、设计及宣传推广工作。

（7）负责公司市场品牌推广工作，组织市场推广活动，实施营销广告宣传。

（8）负责公司客户服务工作，组织客户培训，进行客户数据库管理及数据挖掘，监控客户满意度。

（9）参与公司电子商务管理。

（10）负责公司销售渠道管理工作。

（11）实施销售奖励费用管理。

（12）负责公司市场研究工作，组织市场信息收集，市场调研，市场预测，竞争对手分析，销售策略研究，研究行业法规和政策。

（三）各区域营销中心

各区域营销中心的主要职责是：

（1）在区域范围内推广落实公司标准销售流程。

（2）根据公司销售策略，研究、制定区域销售策略。承担公司下达的区域销售指标任务，负责在区域内分解并监督检查任务落实情况。

（3）制定针对地区或代理的具体政策，对政策的执行结果进行评估，作为制定新政策的依据。

（4）提出区域产品/服务的需求；按公司统一标准使用、推广产品资源；提出产品、服务改进需求。

（5）协调并统一管理区域销售政策和价格；协调运力、客货源，使之与市场需求相匹配；跟踪各地指标进度，对区域内的销售指标进行内部调整。

（6）指导、制定区域内大客户的拓展、服务计划，具体实施客户拓展计划；多渠道了解当地竞争对手的动态，为总部销售提供市场信息，实施现有客户的深入开发与潜在客户开发。

（7）协调区域内航空客货运市场营销资源，组织、实施区域市场营销活动。

（8）根据公司渠道发展政策，拓展区域销售渠道并负责渠道维护和管理。

（9）负责所辖区域的数据统计、经营分析工作。

（10）负责公司大客户在区域内的维护和保障。

（11）根据公司的服务标准，负责区域内客户服务、业务咨询等工作。

（12）负责所辖地区的具体客户拓展、销售、维护工作。

（13）负责区域内舱位使用的协调工作。

（14）负责区域内长期运价的制定，报公司批准后统一协调区域内的运价；区域内的中短期运价由各营销点直接对公司总部协调。

（15）根据公司总体品牌政策，在区域内推广公司品牌，提高品牌效应。

（16）负责在区域内贯彻执行公司运输业务政策及规范，并负责监督检查实施情况；协调、管理区域范围内的地面操作监管和安全工作。

（四）航空安全技术管理部

航空安全技术管理部的主要职责是：

（1）负责公司安全情况的调研和风险管理，掌握真实、有效的安全数据，提出保证航空安全的具体措施，主持分析公司航空安全形势和风险，定期撰写和汇报各类安全工作报告和计划，发布安全警报。

（2）负责制定修订各类手册、标准、程序和大纲。依据局方法规，结合公司实际情况，制定和修订编制 MEL、飞行技术检查标准和程序、飞行人员训练大纲、运行手册、应急处置手册、特殊运行手册等，并确保其可行性，为公司提供科学、合法的运行依据。负责飞行手册、飞行资料的翻译工作。

（3）负责运行规范管理。依据中国政府及所运行国家的法律、法规、条令、条例和国际民航组织、国际航协相关标准、政策以及公司航线、机队的变化，完成运行规范的编写、修订、增补及申请、报批，并制定、修订本公司的运行政策、规章、运行诸手册，编发运行通告，确保公司飞机在中国国内、国外及地区运行的合法性。

（4）制定和实施公司飞行员训练计划。根据公司总体运行水平和发展要求，制定公司飞行员各类训练计划和培训，确定和监督外部培训合作，改进和优化训练，保证训练计划的完成。

（5）负责组织实施飞行、机务、客货运输的安全监察和安全审计，监督检查各类手册、安全规章和指示的落实情况，查处违章事件，提出改进措施和处理意见。

（6）负责制定各类飞行技术检查标准和程序。依据民航局 CCAR121 部、61 部等各种规定，结合公司实际情况，编制各类飞行技术检查标准和程序，并确保其可行性，为公司提供科学、合法的运行依据。熟知公司现行使用的技术标准手册，并进行正确的解释。

（7）负责开展飞行品质监控。制定飞行数据的监控标准，开展飞行品质监控，发布趋势分析报告，审核、监督各类超限事件的调查和处理。评估飞行技术水平，确定规律性和共性的问题，制定整改措施，评估改进训练的建议。

（8）负责组织调查客货运输和飞机不安全事件和事故征候的事实，审批上报安全信息，分析事件原因，提出处理意见，制定纠正措施。协助局方开展事故调查。

（9）负责对各类飞行技术检查工作进行监督管理。了解飞行技术检查安排，实施掌握进度，依据各类相关的民航规章制度，监控飞机技术检查的公平性、准确性，确保检查结果真实、有效，提高安全水平和运行质量。

（10）负责建立并完善飞行技术人员档案、证照，进行实时监控，确保公司飞行人员的技术档案完整，信息更新及时、准确。

（11）负责航空安全管理体系建设，建立和保持公司安全管理体系，评估和保证其有效性，监督落实安全责任制。

（12）负责航空安全教育和信息管理，建立公司安全文化，组织开展安全培训，管理安全信息档案，指导、监督、检查公司航空安全教育计划的开展情况。

（五）机务工程部

机务工程部的主要职责是：

（1）根据民航局关于机务维修的法规规章、条例条令、函件和指令，负责机务维修管理工作，制定关于机务维修的方针、政策、标准和程序，并监督各相关单位的执行情况。

（2）制定机队维修方案/工程技术标准、工程设计方案，实时监控飞机发动机状况，及时提供工程技术支援。

（3）制定公司航空器及机载设备的维修方案，严格执行适航指令，保证航空器的持续适航性。

（4）协调外站维修工作，组织外站抢修，审核批准外站排故方案；参与重大、疑难故障研究和事故调查工作。

（5）负责公司机务维修代理、送修厂家及航材供应商的评估和选择工作，根据授权代表公司签订航线维修代理、航空器验收、备件联营、航空器及其机载设备送修等协议或合同，负责协议或合同的履行情况的监督检查工作。

（6）监督和审核批准公司所有航空器及其机载设备的各类维修工作，组织实施飞机、发动机的监修、监造和新机验收工作。

（7）负责航材设备管理工作，制定航材设备管理的政策和程序，制定航材订货和控制送修计划；负责飞机、发动机及零部件的索赔工作以及剩余航材和报废航材的处理工作。

（8）承办公司航空器的注册和注销工作，办理航空器"三证"、航线维修许可证，管理和控制单机档案，组织飞机年检。

（9）负责公司法定机务技术文件的订购、接收、分发及相关管理工作，负责航空器单机技术档案的管理和控制工作。

（10）负责制定维修可靠性方案，进行可靠性管理工作。

（11）参与公司飞机的引进工作，负责公司航空器的技术选型及机载设备的选装。

（六）运行控制中心

运行控制中心的主要职责是：

（1）负责按计划、安全有序地监督、控制、协调公司的生产运行工作。

（2）负责公司生产运行的现场指挥工作，负责飞机出现紧急情况下的组织、指挥和协调工作。

（3）负责公司航行事务、飞机性能、航行情报资料、运力资源、飞行机组资源的管理工作，负责掌握公司航班飞行动态，以及负责公司及日常飞行和生产运行中的现场计划、组织、指挥、控制、协调和签派业务工作。

（4）承办与国家有关航务管理部门、空中交通管制部门和机场管理机构签订机场使用权协议、签派服务代理协议工作。

（5）负责公司新辟航线航路的选择、申请，组织实施机场考察和试航工作。

（6）负责公司日常加班、包机、本场训练和特殊任务的时刻申请和组织协调工作。

（7）负责制定公司燃油政策，监控飞机性能，建立完善起飞全重、导航数据以及领航记录等方面的工作。

（8）负责航班正常性和航站放行正常性的统计、分析，编写运行生产日简报、运行生产月简报。

（9）负责各经停航站的航务指导和监督工作。

（10）参与各类飞行事故和事故征候的调查处理。

（11）负责公司国防动员日常工作，落实经济动员、交通备战、抗震、抢险救灾等方面的工作，检查下属单位的人民武装、人民防空等工作。

（七）飞行部

飞行部的主要职责是：

（1）根据公司整体航班计划，负责统一调配机组人员，下达各类飞行任务。

（2）负责掌握所属飞机航线、航班的运行状况和飞机组的配备情况，合理安排飞机组周转，保障航班正常运行。

（3）协助相关部门办理飞行人员的理论、技术培训工作。参与建立空勤人员飞行技术资料档案，参与检查飞行技术标准和规章制度的落实情况。

（4）制定飞机安全管理措施，开展航空安全教育与合规性检查，落实航空安全责任。

（5）参与事故征候、飞行差错等不安全事故的调查和处理工作，以及重大飞行事故的调查。

（6）负责公司航班的航前、航后各项数据的统计分析工作。

（八）服务管理部

服务管理部的主要职责是：

（1）根据国家和民航局的有关法律规定，负责组织制订公司运行政策，监督、协调公司生产运行；编写运行手册和运输业务手册，并及时修订、报批和分发。

（2）负责公司全面质量管理工作，制定公司服务质量方针目标，组织编制质量体系文件；监督检查各部门的工作质量和服务质量；负责组织协调各类投诉的处理工作。

（3）负责公司运行合格审定工作；协助政府对公司运行合格的持续性监察工作，负责与有关国家和地区航空管理当局协调公司有关运行事宜；负责组织、协调、监督公司运行所需的各项协议的签订，审查协议的运行符合性，监督执行情况。

（4）根据民航局、国际航协和国际民航组织的政策，制定、修改、报批客货运公布运价，负责下发运价通告，监督检查运价使用情况。

（5）负责国内外各类航空情报、飞行资料、运输业务资料的搜集、整理、翻译工作，按民航局、国际航协和国际民航组织最新规定修改各项规章手册。

（6）参加国际航协各类航空客货运输业务会议。

（7）参加公司各类商务合作和地面代理协议的谈判工作，根据授权签署有关协议，发布通告；监督检查相关部门地面代理协议的执行情况和地面服务质量情况。

（8）负责审核报批大额索赔案件，监督检查各航站损失理赔工作。

（9）负责职工和地面代理人的业务培训工作，参与职工技术标准的考核，管理运输业务岗位证书。

（10）负责各种手册及业务用图、表、单等的规范和印刷、发放；负责各类运输业务资料的征订、发放工作。

（11）参与各类飞行严重差错和事故征候的调查处理工作。

（九）其他职能管理部门

为了协调各部门的工作，航空公司还设立若干职能管理部门，统一行使某种职能管理。常见的职能管理部门有：规划部，负责对公司发展有长期影响的战略规划的研究，提出方案，制定计划；财务部，负责整个公司营运所需资金的筹集、分配、监督、管理及会计核算，管理公司的财务收入与支出；人力资源部，负责执行公司的各项人事分配政策和劳动保护政策,为各个岗位选择和安排适当人员,制定职工培训计划,组织职工培训等;信息部,负责收集、处理、提取、储存企业内外的有关信息,并维护和管理公司的计算机系统。

三、货运航空

国际上把货运航空公司主要分为三类。一类是传统的混合承运人,这类航空公司既经营客运业务,也经营货运业务;第二类是全货运航空公司,这类公司专业经营定期货运航班和包机业务,典型的代表是卢森堡货运航空公司(Cargolux);第三类是一体化承运人,这类承运人与第一类和第二类不同,他们提供门到门的一站式服务,提供限时保证服务,这类承运人在航空货运业异军突起,通过过去二十年的发展,以骄人的业绩成为了全球航空货运承运人的领头羊,这类公司的杰出代表是美国的联邦快递(FedEx)和联合包裹公司(UPS)。

值得注意的是,随着航空货运业的发展,第一类和第二类的界限变得日益模糊,传统的混合承运人开始把货运业务剥离出去,成立全资或者控股的独立货运公司。这些新成立的货运公司有自己的员工、飞行员和货机,不仅经营定期的货运航班,同时,通过向母公司购买,经营母公司的客机腹舱业务。如德国汉莎航空公司成立的汉莎货运,新加坡航空公司成立的新航货运,以及国内国航成立的国货航和东航成立的中货航就是这类新货运公司的代表。

表2-1 2007年全球航空公司货运周转量排名

排名	承运商名称	承运商类型	周转量(百万吨公里)
1	美国联邦快递	一体化承运商	15985
2	法荷联盟	混合承运商	11365
3	联合包裹	一体化承运商	9930
4	大韩航空	混合承运商	9678
5	汉莎航空公司	混合承运商	8451
6	新加坡航空公司	混合承运商	8029
7	香港国泰航空公司	混合承运商	7340
8	台湾中华航空公司	混合承运商	6299
9	卢森堡货运航空公司	全货运航空公司	5512
10	美国阿特拉斯航空公司	混合承运商	5387
11	英国航空公司	混合承运商	4891
12	台湾长荣航空公司	混合承运商	4784
13	日本航空公司	混合承运商	4773
14	中国国际航空公司	混合承运商	3686
15	韩国韩亚航空公司	混合承运商	3558

四、通用航空

那些在商业定期航班、航空运输或航空作业以外的飞行活动都称为通用航空，如农业、建筑、摄影、勘探、观测与巡视、搜索与救援、警备、新闻播报、人员与物品运送、体育竞赛、观光旅游、航空发展、实验飞行等方面的飞行活动。换句话说，只要不是买机票到机场搭乘固定航班的所有飞行活动都称为通用航空。

（一）通用航空的应用

1. 在应急医疗救援中的应用

（1）抗灾抢险，应急救援；
（2）医疗救助，伤患急救；
（3）灾区疏散，物资补给。

在出现洪涝、地震、飓风、火灾、车祸意外、重大医疗事故时，通用航空发挥了无比的能力与机动性，对生命财产的保障具有不可磨灭的功劳。应急救援能力已经成为世界各国现代化和政府综合反应能力的表征。

2. 在农林业中的运用

（1）航空护林，飞播造林；
（2）除草杀虫，飞机灭蝗；
（3）人工降雨，森林消防。

通用航空在农林业的运用极大地避免了自然灾害造成的损失，充分地保障了农业生产的成果。造林植被，防止土地流失及城市沙漠化，保障了经济的持续发展和成长。

3. 在商业和公务中的应用

（1）行政主管，公务飞行；
（2）客户服务，公关礼遇；
（3）售后服务，应急维修。

私密而安全的公务飞行使企业高层行政主管快速而机动地往返于客户、工厂和展览会议之间，最大程度地发挥速度与时间的优势，使企业具有最强的竞争性和获利率，为投资大众提供了最佳的投资报酬保障。

4. 在海上的运用

（1）海事救援，近海巡查；
（2）港口引港员运送；
（3）外海石油勘探人员运送；
（4）海洋环保巡逻。

通用航空在海上的运行提高了港口的装卸能量，使进出口能持续成长。海事救援减少了人员的伤亡和财物的损失。海洋环保确保了海洋生态的均衡，使近海渔业能持续生存。

5. 在工业中的运用

(1) 工程施工吊运,材料搬送;
(2) 电力输配线架设、巡逻与清洗维护;
(3) 林木砍伐,运送补给;
(4) 输油管线巡查。

重大和偏远地区的工程都可看到通用航空的贡献,在勘察、施工、验收等工期中,通用航空充分发挥了其快速反应的时效性和机动性。

6. 在国土开发与保护中的运用

(1) 航空摄影,土地丈量;
(2) 矿业探勘,地质测量;
(3) 国界巡逻,走私缉查。

土地规划,开发矿产资源,防止盗采盗伐都是经济发展的重要因素。正确规划,充分利用,围堵乱垦乱伐,保护自然生态景观,为后代子孙谋福利。

7. 在观光旅游事业中的运用

(1) 空中游览发挥优势,饱览山水秀丽景色;
(2) 景点开发,游客运送;
(3) 支线飞行连接干线航班,减少旅途奔波。

旅游是无烟工业,是地方发展的重要产业之一。通用航空可以让旅客走得更远,看得更多,玩得更开心,让偏远地方的旅游业能蓬勃发展,提高人民收入,增加地方税收。

8. 在公安保全中的运用

(1) 空中巡逻,追击嫌犯,确保治安;
(2) 交通巡查,疏导流量,确保道路通畅;
(3) 灾难指挥,疏散引导,保障人员安全。

通用航空在公安武警执行任务时可以发挥立体的打击力量,保障人民生命财产的安全,确保社会稳定发展。交通流畅,生产力自然提高,城市竞争力增加,吸引投资,加速经济发展与成长。

9. 在商业航空中的运用

(1) 私人飞行员的培训;
(2) 运输飞行员的养成。

全世界的商业航空飞行员绝大多数都是以通用航空的私人飞行驾照开始其飞行生涯的。通用航空支撑了商业航空的飞行员需求,以满足全球广大旅行者的飞行需要。

(二) 美国通用航空的发展

美国通用航空的发展,是在第一次世界大战以后,由过剩的航空器和飞行员所促成的。1926 年的《空中商务条例》制订了早期通用航空的规章。目前,美国约有 22.4 万架通用航空器(占航空器总数量的 96%),而固定航班商业航空的飞机则有

7100架（占航空器总数量的4%）。美国共有635000名持有执照的飞行员，其中通用飞行员就有373000名（占总数的59%）。美国现有19100个公共或私人机场，而固定航班商业航空仅在其中的651个机场运作。由于通用航空机场的建设成本小于高速公路2公里的造价，所以大量分布在美国各地的通用机场带动了小社区的发展，并缩短了城市和乡村的差距，共有5000余个城市社区靠通航机场与外地联系，以取得必要的物资。

在美国，通用航空除了公务机的商务飞行外，主要为应急服务，如救火、空中救护，以及测量和制图、执法、运输邮件和刊物、油气管线巡查和勘探、环境保护等有商业价值的飞行。另外，亦有包括体育、旅行、观光、训练等休闲性的飞行活动。由于多年来美国通用航空的全面蓬勃发展，吸引了许多爱好飞行的人士领取飞行执照，给商业航空提供了飞行员来源的保障。

（三）我国通用航空的发展现状

截止到2006年底，通用航空全行业飞机、直升机（含教学训练、机场校验飞机、直升机）数量为707架，其中直升机132架，比2005年增加92架。截止到2006年底，我国共有通用航空机场69个，临时机场（起降点）329个。

截至2006年底，民航全行业持有有效飞行驾驶员执照的飞行人员共16031人，其中持有航线运输驾驶员执照的6901人，商用驾驶员执照的7757人，私用驾驶员执照的1303人。

截止到2006年底，全国从事通用航空经营活动的企业已达69家，已批准筹建通用航空企业30家。

我国通用航空发展中存在的主要问题是机队发展落后，飞行人才和机务维修人才缺乏，低空空域不开放，通用航空发展所需要的通航机场等配套条件发展不完善。

在持续高速的经济发展下，通用航空的市场需求强劲而不可遏制，各类通用航空的参与方式和投资机会将源源不断地呈现在投资者面前。由于国际通用航空器制造业的量产能力，加上国际通用航空产业界各成员丰富的经营管理经验，中国这一开放中的市场成为全世界通用航空业者瞩目的焦点。通用航空工业和其周边产业是极其庞大而无限的经济机会。通用航空除了可减少城乡差距、平衡地区发展、提高应急反应、加强空中勤务能力、加速物流等社会效益外，更可增加许多新的投资就业机会。通用航空的经济活动将极大地促进中央和地方税收的增长，并吸引大量外资的投入，加速整体经济的发展。

第三节　民用机场

机场也称为航空站或者航站。它是在划定的一块区域上建造各种建筑物、设施，配备各种装置、设备，供飞机起飞、着陆、停放、加油、维修及组织飞行保障活动。

机场按使用性质分为军用机场、民用机场和军民合用机场。民用机场主要包括商业性运输机场和通用航空机场。此外还有体育运动机场、飞机制造厂和科研单位所用的试飞机场以及培养驾驶员所用的学校机场。

一、商业性机场的结构

商业性运输机场的主要功能有两个：为航班的飞机服务，提供起飞、着陆、地面作业、技术经停等活动，以及提供维护、通信导航、空中交通管制、航空气象、航空情报等各种技术服务；为旅客、货物及邮件的运输和商业服务。一般说来，商业性机场的结构很复杂，是由许多子系统构成的系统。从总体上看，机场由陆侧和空侧两大部分构成。

（一）陆侧

机场陆侧是指航站区及进出机场的地面交通，是与飞行区及机场其他部分相连的交接部，是为运输旅客、货物和邮件服务的场地和商业经营场所。航站区包括作为主体的航站楼及站坪、车道边、停车设施（停车场或停车楼）、站前地面交通及相应公共设施等。

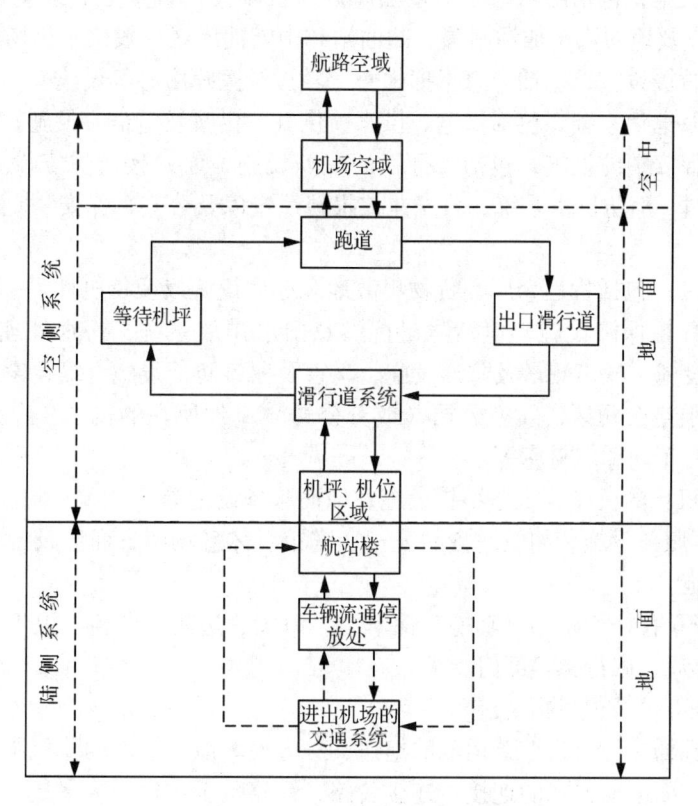

图 2.1 机场系统组成示意图

进出机场的地面交通系统通常为公路，但也包含了铁路、地铁（或轻轨）及水运码头等，其功能在于将旅客、货物和邮件及时地运进航站楼或运出航站楼。

（二）空侧

机场的空侧包括地面部分与机场空域，是为航班飞机服务的。地面部分也称飞机活动区或者控制区。它由跑道、滑行道和停机坪三个子系统组成。

停机坪（简称为机坪）是在陆地划定的一块供飞机进出停机位、停靠、上下客货、补充给养和能源、维护和检修以及驻留的场地，一般分为客机坪、货机坪、远机位坪、驻留机坪、过夜坪和维修坪等。靠近航站楼的停机坪通常称为站坪。在停机坪上划定若干块区域供飞机停放所用，称为机位。依照距离航站楼的远近，机位又分为近机位和远机位。

（三）商业机场的重要设施

机场还应包括以下重要设施。

（1）机场空中交通管理设施，包括空中交通管制、指挥塔台、航行情报、航空气象、机场通信和机场导航等设施。

（2）供油设施，包括卸油站、中转油库区、机场使用油库区、航空加油站、机坪管线加油系统以及地面汽车加油站等。卸油站和中转油库区一般位于机场边界之外。

（3）应急救援设施，包括应急指挥中心、救援及医疗中心等设施。

（4）动力及电信系统，包括供电、供水、供气、供暖及电信等设施。

（5）机场保安消防设施，包括飞行区的保安设施、航站楼的保安设施、货运区保安设施、消防站、消防供水系统、公安监控报警系统以及公安、保安、安检人员的业务和训练场所。

（6）货运区，包括货运仓库、货物集散地和办公设施以及货机坪。

（7）机场环境保障设施，包括防汛抗洪及雨水排放系统、污水处理与排放系统、污物垃圾处理设施、噪声测量及防治设施、鸟害及鼠害防治设施、绿化设施等。

（8）基地航空公司区，航空公司（或分公司）基地所在的机场，应为其安排停机坪、机库、维修车间和航材库等。

（9）属于机场的机库、机务维护设施及地面服务设施等。

（10）旅客服务设施，如航空食品公司、宾馆、休息场所、商店及餐饮、娱乐、游览、会务等设施。

（11）驻场单位区，包括多功能联检单位（海关、边防、商检、卫生及动植物检疫等）、银行、邮局、旅行社等部门。

（12）机场办公及值班宿舍。

大都市的机场往往成为综合运输的枢纽，一方面为航空运输的飞机服务，另一方面它可以实现与地面运输方式的连接，连接公路、铁路甚至水运，为聚集、疏散旅客、货物和邮件服务。近些年，有些地区将机场的周围发展成为航空城，设置贸易与商品加工区、高新技术开发区、保税区等，称为发展临空经济。

二、机场的分类

民用机场可以按照业务范围、在民航运输系统中的作用、所在地的状况以及乘机旅客的目的等，划分为四类。

（一）按航线业务范围划分

按航线业务范围划分，民用机场可分为国际机场、国内机场和地区机场。

1. 国际机场

国际机场是指国际航线出入境并设有海关、边防检查（移民检查）、卫生检疫、动植物检疫和商品检验等联检机构的机场。

国际机场又分为国际定期航班机场、国际定期航班备降机场和国际不定期航班机场。国际定期航班机场，指可安排国际通航的定期航班飞行的机场；国际定期航班备降机场，指为国际定期航班提供备降的机场；国际不定期航班机场，指可安排国际不定期航班飞行的机场。

2. 国内机场

供飞国内航线的飞机使用的机场。

3. 地区机场

指香港、澳门地区的机场。

（二）按机场在民航运输系统中所起的作用划分

机场是航空运输系统网络的节点，按照其在该网络中的作用，可以分为以下几类。

1. 枢纽机场

枢纽机场是指国际、国内航线密集的机场。旅客在此可以很方便地中转到其他机场。枢纽机场可以分为门户机场、大型枢纽机场、中型枢纽机场及小型枢纽机场。

门户机场是指国家对外开放的大型机场，具有较强的竞争力，是国家或地区的航空运输中心城市的机场，这样的城市是国家的政治、文化或经济中心，所在地区是国内、国际航线最密集的地区。这种机场是航空旅客中转的地方，往往是城市的交通枢纽，承担着占全国很大比例的旅客吞吐量及飞机起降架次。这种大城市可能有几个机场，相互分工、配合，形成一个城市的机场体系，满足航空公司的不同需求。这种机场往往是复合型的枢纽机场，首先它必须是国际旅客的枢纽机场，同时也是国内旅客的枢纽机场。

大型枢纽机场是地区航空运输中心城市的机场，这些中心城市是地区政治、文化、经济和科学技术的中心，是地区运输枢纽。

大型枢纽机场往往是大型航空公司的基地。这些航空公司常在大型枢纽机场周围选择备用机场。当大型枢纽机场空中及地面交通拥挤时，可以使用备用机场缓解大型枢纽机场的交通压力。有时，航空公司的目的地机场由于天气等原因航班飞机不能着陆，必须使用一些备用机场，一旦目的地机场允许着陆，航班飞机再飞达目的地机场。

2. 干线机场

干线机场是以国内航线为主，航线连接枢纽机场、直辖市和各省会或自治区首府，客运量较为集中，年旅客吞吐量不低于 10 万人次的机场。

3. 支线机场

支线机场是指省、自治区内经济比较发达的中小城市和旅游城市，或经济欠发达但地面交通不便的城市地方机场。客运量较少，年旅客吞吐量一般低于 10 万人次。这些机场的航线多为本省区航线或邻近省区支线。

上述是对商业机场即飞定期航班的机场进行的分类。

（三）按机场所在城市的地位、性质划分

依照机场所在城市的性质、地位，并考虑机场在全国航空运输网络中的作用，可将机场划分为Ⅰ、Ⅱ、Ⅲ、Ⅳ类。

1. Ⅰ类机场

全国政治、经济、文化中心城市的机场，是全国航空运输网络和国际航线的枢纽，运输业务量特别大，除承担直达客货运输外，还具有中转功能。北京首都机场、上海虹桥机场、广州白云机场即属于此类机场。

2. Ⅱ类机场

省会、自治区首府、直辖市和重要经济特区，开放城市和旅游城市或经济发达、人口密集城市的机场，可以全方位建立跨省、跨地区的国内航线，是区域或省区内航空运输的枢纽，有的可开辟少量国际航线。Ⅱ类机场也可称为国内干线机场。

3. Ⅲ类机场

国内经济比较发达的中小城市，或一般的对外开放和旅游城市的机场，能与有关省区中心城市建立航线。Ⅲ类机场也可称为次干线机场。

4. Ⅳ类机场

支线机场及直升机机场。

（四）按旅客乘机目的划分

旅客乘机目的的不同也会影响到机场的各项设施。根据旅客的乘机目的，机场通常可分为始发/目的地、经停（过境）、中转（转机）机场三类。

1. 始发/目的地机场

通常这类机场的始发和目的地旅客占旅客总数比例较高。目前国内机场大多属于这类机场。

2. 经停机场

这类机场往往位于航线的经停点上，没有或很少有始发航班飞机，这里的经停，一般为技术经停，例如给飞机加油等。飞机一般停驻时间较短。

3. 中转（转机）机场

在这类机场中，有相当大比例的旅客乘飞机到达后，立即转乘其他航线的航班飞机

飞往目的地。

除以上四种类别的划分标准外，从安全飞行角度还应考虑为预定着陆机场安排备降机场。

备降机场是指在飞行计划中事先规定的，当预定着陆机场不宜着陆时，飞机可前往着陆的机场。起飞机场也可以是备降机场。备降机场由民航局事先确定。如太原机场、天津机场和大连机场均为首都机场的备降机场。

三、机场的级别

根据发展战略、规划设计的实际情况等需要，需要对机场进行分级，主要对飞行区等级、跑道导航设施等级和航站业务量规模大小进行分级。

（一）飞行区等级

根据国际民航组织的规定，飞行区等级由第一要素代码（等级指标Ⅰ）和第二要素代字（等级指标Ⅱ）的基准代码划分，用来确定跑道长度或所需道面强度，即所能起降机型的种类和大小。

第一要素代码：即飞机基准飞行场地长度。基准飞行场地长度是指在标准条件下（即海拔高度为零，气温为15℃，无风，跑道坡度为零），以该机型规定的最大起飞全重为准的最短跑道长度或最小起飞距离。第二要素代字：选择可供使用的最大飞机的翼展或主起落架外轮外侧边间距要求较高者决定。依据跑道的这两个要素，确定飞行区等级。飞行区基准代码与代字参见表2-2。

表2-2 飞行区基准代码与代字 （单位：米）

第一要素		第二要素		
代码	基准飞行场地长度 L	代字	翼展长度 FL	主起落架外轮外侧间距 S
1	$L<800$	A	$FL<15$	$S<4.5$
2	$800 \leq L<1200$	B	$15 \leq FL<24$	$4.5 \leq S<6$
3	$1200 \leq L<1800$	C	$24 \leq FL<36$	$6 \leq S<9$
4	$L \geq 1800$	D	$36 \leq FL<52$	$9 \leq S<14$
		E	$52 \leq FL<65$	$9 \leq S<14$

首都国际机场的两条跑道均为4E级，说明首都国际机场的两条跑道能满足翼展长度大于52米，主起落架外轮外侧间距大于9米的飞机起降的要求。实际上，首都国际机场的两条跑道长度分别为3200米和3800米。如机场等级为3D，说明该机场的跑道长度大于1200米，能满足翼展长度大于36米而小于52米，主起落架外轮外侧间距大于9米而小于14米的飞机起降要求。

通常，4E级机场可起降波音747；4D级机场可起降图154、波音757、波音767；

4C级机场可起降波音737、麦道82；3C级机场可起降BAel46、运7、安24；2C级机场可起降伊尔14；2B级机场可起降肖特-360；1B级机场可起降运5；1A级机场可起降运12等型飞机。

（二）跑道导航设施等级

跑道导航设施等级是按配置的导航设施能提供飞机以何种进近程序飞行而划分的。它反映了飞行安全和航班正常率保障设施的完善程度。

1. 非仪表跑道

供飞机用目视进近程序飞行的跑道，代字为V。

2. 仪表跑道

供飞机用仪表进近程序飞行的跑道，可分为：

1）非精密进近跑道

装备相应的目视助航设备和非目视助航设备的仪表跑道，能满足直线进近提供方向性引导，代字为NP。

2）Ⅰ类精密进近跑道

装备仪表着陆系统和（或）微波着陆系统以及目视助航设备，能供飞机在决断高度低至60米和跑道视程低至800米时着陆的仪表跑道，代字为CAT Ⅰ。

3）Ⅱ类精密进近跑道

装备仪表着陆系统和（或）微波着陆系统以及目视助航设备，能供飞机在决断高度低至30米和跑道视程低至400米时着陆的仪表跑道，代字为CAT Ⅱ。

4）Ⅲ类精密进近跑道

装备仪表着陆系统和（或）微波着陆系统的仪表跑道。该系统可引导飞机直至跑道，并沿道面着陆及滑跑。它又根据对目视助航设备的需要程度分为A、B、C三类，分别以CAT ⅢA、CAT ⅢB、CAT ⅢC为代字。

跑道配置导航设备的标准，要根据机场性质、地形和环境、当地气象、起降飞机类型及年飞行量等因素进行综合研究确定。

美国纽约肯尼迪机场的四条主要跑道中，有的装了Ⅲ类精密进近系统，有的装了Ⅱ类精密进近系统；而英国伦敦希思罗机场的三条可供使用的跑道中，一条两端装有Ⅱ类精密进近系统，一条一端装有Ⅱ类而另一端装有Ⅲ类精密进近系统。

（三）航站业务量规模等级

按照航站的年旅客吞吐量（LK）或货邮吞吐量（HY）的数量划分机场等级。这些数量与航站规模及设施有关，反映了机场的繁忙程度和经济效益。

表2-3中提供了一种按航站业务量划分的标准。若年旅客吞吐量与年货邮吞吐量不属于同一等级时，建议可按较高者确定等级。

表 2-3　航站等级

航站等级	年旅客吞吐量 LK（万人次）	货邮吞吐量 HY（千吨）
小型	$LK < 10$	$HY < 3$
小中型	$10 \leqslant LK < 100$	$3 \leqslant HY < 20$
中型	$100 \leqslant LK < 500$	$20 \leqslant HY < 60$
大型	$500 \leqslant LK < 1000$	$60 \leqslant HY < 200$
特大型	$LK \geqslant 1000$	$HY \geqslant 200$

制定发展战略、编制规划时，往往将上述三种机场等级综合在一起。当三项等级不属于同一机场级别时，可视具体情况，建议经过专门批准后，按较高者确定机场规划级别。

表 2-4　飞行区等级

机场级别	飞行区等级	跑道的导航设施等级	航站等级
四级	3B、2C 及以下	V、NP	小型
三级	3C、3D	NP、CAT I	中小型
二级	4C	CAT I	中型
一级	4D、4E	CAT I、CAT II	大型
特级	4E 及以上	CAT I 及以上	特大型

美国是世界上机场最多的国家，其数量占世界机场的一半多。世界上繁忙的 400 个机场，它占三分之二多。据美国 FAA 统计，正在使用的机场有 19306 个，其中对公众开放的机场有 5314 个，不开放的机场有 13992 个。在开放的机场中，公共拥有的机场 4160 个，私人拥有的机场 1154 个。枢纽机场有 142 个。其中，大型枢纽机场有 31 个（每个机场登机旅客至少占全美国登机旅客的 1%），占全美国登机旅客的 69.6%；中型枢纽机场 37 个（每个机场登机旅客至少占全美国登机旅客的 0.25%，小于 1%），占全美国登机旅客的 19.3%；小型枢纽机场 74 个（每个机场登机旅客至少占全美国登机旅客的 0.05%，小于 0.25%），占全美国登机旅客的 7.7%。全美国最繁忙的 40 个机场，登机旅客为 483429800 人次。非主要机场 280 个，占登机旅客的 3.2%，其他商业机场 124 个，占登机旅客的 0.1%，备用机场 260 个，通用航空机场 2558 个。上述机场列入国家综合机场计划。还有 15942 个飞行活动少的机场，没有列入国家综合机场计划。

第四节　空中交通管理系统

一、空中交通管制系统

空中交通管制系统分为交通管制、导航、通信、飞行情报、气象等子系统。主要职责是：从停机坪拿开飞机的轮挡开始，为飞机滑行、起飞、爬升、巡航、下降、着陆、滑行到地面的停机坪加上轮挡为止的飞行全过程做好管制服务；主动、准确、及时和连续地进行管制飞行，预见可能发生的飞行问题并合理处置各种变化；维护飞行秩序，使飞机沿着较佳航迹飞行；保证飞行安全，防止飞机之间、飞机与障碍物之间相撞；对违反飞行管制的现象，查明情况并处理；科学地控制空中交通流量；有效地利用空域，提高空中交通流量。

（一）通信系统

空中交通管制部门对飞行的管制、航空公司对飞行的指示以及航空公司之间、空中交通管制部门与航空公司之间、航空公司与机场之间的航行业务电报、运输业务电报都要靠通信联络。凡是直接保证运输飞行的单位和部门及每一架飞机上，根据飞行需要设立了各种电台，构成了航空通信网络。

航空通信网络可以分成航空固定业务和航空移动业务。航空固定业务是在规定的地面固定的航空电台之间的通信业务。航空电台的工作方式有有线和无线。有线通信方式采用有线电话、有线电传；无线通信方式采用无线电话、无线电传和无线电报。各航空电台之间按照规定的波道、电路和约定的时间进行联络，构成了航空通信网络。航空移动业务是飞机的电台与地面对空台之间或者飞机电台之间的无线电通信业务。飞机从开车、滑行、起飞、航线飞行，直至着陆、滑行、关车为止，都必须与空中交通管制部门保持无线电通信联络。

机长应当及时地向空中交通管制部门报告飞机的位置和飞行情况；空中交通管制部门应当及时地向飞机提供管制服务和飞行情报服务；机长应当与航空公司飞行签派部门保持联系。飞行员遇到情况和问题应及时请示报告。

（二）无线电导航设备与系统

用于完成飞机导航任务的地面和飞机上的整套无线电导航设备及辅助设备称为无线电导航系统。

20世纪二三十年代时，引导飞机着陆仅仅靠目视，所以飞机的飞行活动只能在晴天的日子里进行。30年代末，飞机有了依靠仪表着陆的系统，即仪表着陆系统（ILS）。70年代起，又有了微波着陆系统（MLS）。90年代初，由于卫星导航技术日臻完善，采用卫星全球定位系统（Nay—star GPS）引导飞机着陆的呼声高涨。世界民航界，应用最广泛、技术发挥最充分的还是仪表着陆系统。

1. 仪表着陆系统

仪表着陆系统是一种引导飞机进行着陆的设备，通俗称法为盲降系统。它能在气象条件恶劣和能见度差的条件下为驾驶员提供引导信息，保证飞机安全进近和着陆。

为了着陆飞机的安全，目视着陆飞行条例（VFR）中规定，目视着陆的水平能见度必须大于4.8公里，云底高不小于300米，很大一部分机场的气象条件不能满足这个要求，这时着陆的飞机必须依靠ILS引导着陆。

仪表着陆系统由提供航向引导的航向信标、提供垂直引导的下滑信标和提供距离引导的指点信标三个系统组成。

1）航向信标系统

地面航向信标台发射的信号是由距跑道终端500～1000米（中心线上）发射的。这个信号在航向台上空的平面上形成两个区域，两个区域的分界线就是机场跑道着陆航向道，在飞机上的设备的配合下，引导飞机沿着陆航向道飞行。

2）下滑信标系统

地面下滑台发射下滑信号，下滑台发射的两个波束瓣的交叉区就是下滑道，引导飞机沿着下滑道下滑。

3）指点信标系统

指点信标系统是一种地面电台向空中飞机提供地标位置信息的设备。在进行仪表着陆时，机载指点标接收系统通常与仪表着陆系统协同工作。当飞机经指点标台上空时，飞行员能够正确判断飞机的位置，适时调整着陆方向、飞行高度和飞行的速度，顺利完成仪表穿云和着陆。

2. 微波着陆系统（MLS）

由于仪表着陆系统工作频率较低，且波束固定较宽，因此工作频道少，波束易受地形和气象的影响，精度低，只有一条航向、下滑道。这些缺点使ILS系统难于满足恶劣气象条件下安全着陆的要求，因此许多国家的主要机场已逐步设置使用微波着陆系统（MLS）。

微波着陆系统的频道容量相当于ILS的5倍，采用精密测距器（PDME）提供连续的精确距离信息。MLS还可装备数据分系统，以进行地—空的数据传输，传送当地气象条件、跑道长度等信息。

3. 卫星导航系统

1957年10月第一颗人造地球卫星发射成功以来，卫星技术在世界经济的各个领域中发挥了积极作用，尤其在空中交通领域可以有广泛应用。1973年，美国国防部建立了新一代卫星导航系统，即"全球定位系统（GPS）"，采用"多星、高轨、测时、测距"体制，具有全球覆盖、全天候、高精度、抗干扰能力强等优点，实现了三维实时导航、定位。GPS已经投入使用，但该系统还在完善，其应用领域在不断扩大。

1）GPS在空中交通管理中的应用

(1) 自动相关监视（ADS）

早期对飞机的监视，在高交通密度区靠雷达监视。在低交通密度区以至边远或海洋地区，只能靠飞行员利用高频（HF）无线电台用电报或话音发送飞机位置报告，由于缺乏可靠的通信手段，所以后者是非常不可靠的。因此，除雷达监视以外，缺乏其他监视手段。

雷达监视是地面独立的对空监视，从一次监视雷达发展到二次监视雷达，从 A/C 模式发展到未来的 S 模式，已成为国际上普遍采用的技术。

为了满足远程边远海洋地区监视的需要，采用可靠的空/地通信（例如卫星通信）自动地周期性地用数字式数据报告飞机位置，虽是非独立监视，但仍然是有效的监视技术，为此推荐了 ADS 技术。

ADS 是一种监视技术，由飞机将机上导航定位系统导出的数据通过数据链自动地发送，这些数据至少包括飞机识别、四维位置和所需附加数据。地面装备了通信终端和显示终端，其飞行数据处理系统（FDPS）将飞机位置点图形化地映射到显示屏幕上，使其能像雷达点迹一样地在雷达屏幕上显示出来，它可以提供交通冲突的检测和分辨。当发现双机接近的险情时，可以进行告警和由管制员进行干预，向一方发出解脱指令。

在某些缺乏二次监视雷达监视服务的区域，特别是海洋空域和某些边远地区装备二次监视雷达有困难的地方，ADS 可以替代二次监视雷达，其他区域在高密度工作的情况下，ADS 可以作为二次监视雷达的补充或者备用。

ADS 主要依靠导航数据源和空地数据链来实现。导航数据取自卫星导航或惯性导航设备，空地数据链利用卫星移动业务或甚高频数据链。飞机只需有一个 ADS 装置，采集飞机位置和其他导航数据按约定周期定时地传送给地面。

(2) 广播式自动相关监视（ADS—B）

ADS 是建立在地对空监视系统基础上的。20 世纪 80 年代后期发展的机载避撞系统（ACAS），是建立在空对空监视系统基础上的。

交通避撞系统（TCAS）是防止车辆和飞机之间或飞机相互之间在地面活动区相撞的地对地监视系统。若将 ADS、ACAS 和 TCAS 三种监视技术结合成一体的技术，这些运动着的飞机、车辆各自自发地广播自我位置报告，本机收到邻近飞机位置报告后，都能具有空对空相互监视作用。地面管制部门接收地面飞机和车辆的位置报告，就能起到地面活动监视作用。这就是广播式自动相关监视（ADS—B）。

在海洋和边远荒漠地区，可采用星基的双向数据链的 ADS。陆地和交通密度较高地区均可采用陆基较为简易的单向广播的 ADS—B。由于正规的 ADS 为合同制，必须由地面管制部分和飞机建立合同，是选址播发，称为 ADS—A，以便与广播式 ADS—B 相区别。

由于 ADS—B 对通信的要求较低，VHF 通信比卫星通信成本低，适合于通用航空的小飞机。但 VHF 通信大范围覆盖时要求地面布台较多，需要相当可观的投资。

2）GPS 有助于改善空中交通环境

GPS 对提高空域、航路、终端和机场的空中交通容量，加速飞机流动与改善空中交通环境都将发挥巨大作用。

(1) 空域

GPS 弥补了传统的地面导航台不能建在无岛洋区或荒漠边远地区的覆盖漏缺，有利于海洋飞行、低交通密度地区新航线和随机航线的开辟，克服了陆基导航系统在视距作用范围内布点不均匀、不连续等缺点。

GPS 可以实现全球不同区域、不同国家之间的无隙导航，全球统一体制的导航。

(2) 航路

传统的航路结构是在陆基导航系统的限制条件下实施的，航路结构受地面导航台点布局的束缚，只能采取折线的逐台飞行，加长了航距，浪费了飞行时间和费用。

GPS 直接给出飞机相对于地球表面的位置坐标，与航路结构和信号源位置无关，可以任意安排航线、建立随机航线、城市之间的直飞航线，在繁忙航线附近可建立平行航线，大大缩短航程，提高航路容量。

GPS 精度高，提高了空管部门对飞机的动态跟踪能力，并且能实现飞机的三维和四维导航功能。当飞机上采用 ADS 定期发送位置报告时，以 ADS 为基础的空中交通管制和雷达管制类同，提高了管制工作上的实时性。

ADS 连续的位置报告和在终端区时间间隔加密的位置报告，有利于短期流量管理和实时的管制应变能力，减少飞机留空时间和延误，有利于缩减飞行间隔后的空中交通冲突检测和实现 ATC 自动化，在推行高效优化的管理体制的同时保证了飞行安全。

空域和航路按所需导航性能（RNP）划分类型后，装备了 GPS 的飞机，随着导航精度的提高，可以进入高精度的空域和航路上飞行，提高空域容量和飞行效率。

(3) 终端和机场区域

GPS 的应用将适应终端环境和提高机场容量。GPS 或 MLS 进场着陆允许曲线进场，缩短最后进场的直线段，因此容易回避邻近的城市居民区，削弱噪声效果，减小机场超障的净空要求，发挥多机场终端和多平行跑道的功能，提高跑道起降架次和机场容量。

(4) 地面活动制导和管制系统（SMGCS）

GPS 用于机场地面活动制导和管制系统（SMGCS）。当飞机和车辆都安装了 GPS 及其位置报告系统（如 ADS—B）以后，对每架飞机和每辆专用车在停机坪、滑行道或跑道附近的行迹都能监视，防止相撞，避免跑道入侵。

增强后的 GPS 可以满足进场着陆的要求，例如，采用广域增强系统（WAAS）后，能实现 I 类精密进场。采用本地差分 DGPS，可以实现 II 类甚至 III 类精密进场着陆，改善空中交通环境，提高终端区与机场的容量。

3）GPS 有助于信息资源的利用

GPS 对空中交通管制部门以及飞机上驾驶舱内信息的显示和利用，不仅能增加信息容量，也能提高信息质量和利用率。

(1) 地面

在 ADS 或者 ADS-B 及 SMGCS 实现后，地面上对管制空域范围内飞机和机场专用车辆的位置报告、飞机的航向和速度等在显示终端上显示出来，通过显示终端看到管制区域内的交通形势和各种相关数据，加上可靠的空地通信手段，有利于管制员解决空中与地面冲突、增加交通流量、保障安全等监视和管制活动，提供充分的信息依据。

GPS 导航覆盖是连续和无隙的，如能有连续和无隙的通信手段与之配合，在不间断信息交换的情况下，就能实现飞机运行者选择最优的航迹，允许实施航路的"自由飞行"，实现空中交通的无缝隙服务。

（2）飞机

GPS 采用全球统一的 WGS—84 坐标制，在地球上直接定位，飞机便于使用高精度导航数据库、各种航图以及采用无纸的电子地图，与地形数据库结合实现地形区域导航。

近期推广使用的增强型近地警告系统（EGPWS）的最佳组合 GPS 加上精确的地形数据库，对避免管制区域内的飞机撞地（CFIT）能起到极大的保护作用。

GPS 除定位以外，尚有授时、测速和测定航向姿态的功能，增加飞机上的信息。目前的机载避撞系统（ACAS—Ⅱ）是基于 S 模式雷达应答原理工作的，未来的 ACAS—Ⅲ是基于 ADS—B，每架飞机各自广播 GPS 的位置数据而工作的。此系统接收附近飞机的位置报告，同时显示附近的其他飞机的动态点迹，可以增强飞行员自我间隔保持和避让能力，飞机之间的相互监视和避让能力，能避免与地面相撞。

（三）雷达系统

雷达（Radar）是指用无线电波来发现目标和确定距离的设备。

雷达发射电磁波，碰到空中目标（飞机）的反射，雷达接收到此反射信号，根据电磁波发射和返回的时间，在雷达站的平面显示器上就可以显示出目标的距离和方位。只用一次发射电波后靠接受目标反射回波得出目标的距离和方位等信息的雷达称一次雷达。如果回波是来自目标上的发射机转发的辐射电波，则称为二次雷达。

1. 一次雷达

一次雷达可分为地面雷达和机载雷达两大类。地面雷达主要用于空中交通管制系统中。如监视航路飞行或终端管制区飞行的一次监视雷达，用于引导飞机起飞与着陆的进场着陆雷达，用于监视机场地面的地面监视雷达和探测管制空域内气象条件的地面气象雷达等。机载雷达主要用于机上探测，如机载气象雷达、用于指示飞机高度的测高雷达和导航用的多普勒导航雷达等。

一次雷达的优点是可在雷达荧光屏显示器上用光点提供飞机的方位和距离，而不管飞机上是否装有应答机。缺点是不能识别飞机的代号和高度，且反射回波较弱，易受到固定目标的干扰。而二次雷达克服了一次雷达的不足。

一次雷达按管制区的使用一般可划分为机场监视雷达、航路监视雷达和精密进近雷达。

2. 二次监视雷达（SSR）

在空中交通管理系统中，还配置了二次监视雷达。与一次雷达相比，它可有更远的作用距离，它的最大作用半径为 370 公里（航道监视）或 100 公里（终端监视），高度覆盖约15公里，距离测量精度在10米以内，方位测量精度在几度之内。它发现地杂波、云雨等的概率较高。

二次监视雷达与一次雷达配合使用，二者可互补对方的不足。当飞机不装备二次雷达应答器或者应答器发生故障时，可借助一次雷达发现目标。另一个不容忽视的因素是出于防务的需要，空管系统随时有可能被纳入空防系统，这时必须依靠一次雷达来发现入侵目标。此外，空管人员还能利用一次雷达及时发现异常的危险气候现象，及时调度以避免事故，也提高了探测目标的可靠性。

空管中的二次监视雷达是获取空域内目标数据的重要手段之一，具有十分重要的地位，美国称为空中交通管制雷达信标系统（ATCRBS），我国简称其为航管雷达或A—C模式。

国际民航组织经长期酝酿及多次完善，制定了二次监视雷达的若干协议条款，保证了该雷达能以更优异的性能和更协调的方式为国际民航服务。近年来又发展了新的S模式二次监视雷达，它具有选址询问和数据链功能，进一步提高了二次监视雷达的性能。

在二次监视雷达系统中，一台地面询问站应在尽可能大的空域内对多架飞机进行询问/应答，可节省较复杂的地面询问站。但是，这涉及系统容量问题。系统容量与空域内飞行流量及飞机的空间分布的概率有关。

二、空域及其划分

空域是飞机的载体。军用航空器、运输飞机、通用航空器及其他航空器均需要利用空域资源。

为了及时、有效地提供管制服务、飞行情报服务和告警服务，促使空中交通有秩序地畅通，保证飞行安全，必须对运输飞机使用的空域进行划分。

空域划分包括空中交通服务区域的划分与飞行高度层规定。

（一）空中交通服务区域的划分

空域可划分为飞行情报区、飞行管制区，并建立相应机构，对在该区域内的民用航空飞行负责提供空中交通服务，要求飞机沿规定的路线和在规定的区域内飞行。在飞行情报区、管制区内划定飞行的航路、航线、空中走廊和机场区域，并对禁止飞行和在规定时间与高度范围内禁止飞行的区域，划定了飞行的禁航区、限制区及危险区。

1. 飞行情报区

飞行情报区是为提供飞行情报服务和告警服务而划定范围的空间。我国情报区主要是对外国飞机进出和飞越我国境内而划定的。

2. 飞行管制区

飞行管制区是为在本区内飞行的飞机提供空中交通管制服务而划定的范围空间。

我国民航的飞行管制区分为A、B、C、D四类管制空域，即高空管制空域、中低空管制空域、进近（终端）管制空域和塔台管制空域，对应的管制单位分别为区域管制室、进近管制室和塔台管制室。

1) A 类空域（高空管制空域）

在我国境内，高度 6600 米以上划分为若干个高空管制空域。在此空域内飞行的飞机必须按照仪表飞行规则飞行并接受空中交通管制。

2) B 类空域（中低空管制空域）

在我国境内，高度 6600 米以下与最低高度层以上的空间划分为若干个中低管制空域。在此空域内飞行的飞机可以按照仪表飞行规则飞行，如果符合目视飞行规则的条件，经飞机驾驶员申请，并经中低空管制室批准，也可以按照目视飞行规则飞行，并接受空中交通管制服务。

3) C 类空域（进近管制空域）

通常是指在一个或者几个机场附近的航路汇合处划设的便于进场、离场飞机飞行的管制空域。它是中低空管制空域与塔台管制空域之间的连接部分。其垂直范围通常在 6000 米（含 6000 米）以下与最低高度层以上的空间，水平范围通常为半径 50 公里或走廊进出口以内、除机场塔台管制范围以外的空间。在此空域内飞行的飞机可以按照仪表飞行规则飞行，如果符合目视飞行规则的条件，经飞机驾驶员申请，并经中低空管制室批准，也可以按照目视飞行规则飞行，并接受空中交通管制服务。

4) D 类空域（塔台管制空域）

通常包括起落航线，第一等待高度层以下、地球表面以上的空间和机场活动区。

3. 航路与航线

1) 航路

为了保证省、市、自治区之间以及我国与外国之间的航空运输，民航部门在我国境内飞行密集的航线上建立航路。

空中交通管制航路，根据在该航路执行飞行任务的性质和条件，划分为国内航路和国际航路。航路各段的中心线，是从该航路上的上一个导航设施或交叉点开始，至另一个导航设施或交叉点为止。各段中心线连接起来成为航路的中心线。航路的宽度，通常为航路中心线两侧各 10 公里的平行边界线以内的空域，根据导航性能的定位精度，可调整其宽度；航路的高度下限为最低高度层，上限与巡航高度层上限一致。

航路沿途应有备降机场、导航设备和监视雷达，保证飞机准确地在航路上飞行。目前我国建立的航路，主要有北京—上海、北京—广州—深圳、上海—广州、广州—昆明等。

2) 航线

在两个机场之间进行定期航班飞行的线路称为航线。

尚未建立航路的航线为固定航线。固定航线的导航设备应尽量与航路相同。

因临时的航空运输或者通用航空飞行的需要，在航路和固定航线以外飞行的航线称为非固定航线或者临时航线。非固定航线的选择，尽可能不与航路交叉，避免通过飞行频繁的机场上空。

4. 空中走廊

空中走廊是指在机场飞行频繁的地区，为了减少飞行冲突，提高飞行空间的利用率，在机场区域内划定飞机进出机场的空中通道。走廊外口和转弯点配置导航设备，规定进出机场的航向，飞机在走廊内飞行的高度层和上升、下降阶段等。

5. 机场区域

机场区域是指机场及其附近地区的上空，为飞机在机场上空飞行、加入航线、进入机场和降落而规定的空间。它包括空中走廊和各种飞行空域。

6. 特殊用途空域

特殊用途空域有危险区、限制区、禁航区、放油区、预留区和咨询区等。

1）危险区

危险区是指在规定时间内，在此空域中可能存在对飞行有危险的活动而划定的空域。危险区不仅在主权空域内设置，也可以在公海上空等非主权空域内设置。

2）限制区

限制区是指在国家的陆地或者领海上空，根据某些规定的条件而划定的限制飞机飞行的空域，通过对需用时间和高度等条件的限制来规定飞机的进入和飞越。

限制区包括飞行训练、炮射区、靶场等。

3）禁航区

禁航区是指在国家的陆地或者领海上空划定的禁止飞机飞行的空域。

禁航区的设置是为了保护国家的重要设施、重要的工业基地（含核电站、高危化工厂等）及关系到国家安全保卫的特别敏感的设施。

禁航区分为永远性禁航区和临时禁航区。

永远性禁航区：禁止飞机在任何时间、任何飞行条件下进入。如北京、上海、武汉、长辛店、葫芦岛等禁航区。

临时禁航区：临时禁航区是指只在规定的时间内禁止飞机飞入的空域。如杭州、北戴河等禁航区。

4）放油区

放油区是指在大型机场飞机起飞后，由于各种原因不能继续飞行，需要返回原来起飞的机场，但又不能以起飞全重着陆而必须放掉多余的燃油而划定的空域。

5）预留区

预留区分为固定性和活动性空域两种。

固定性预留空域：是指参照地面相互位置不动的空域。它包括军事训练、飞行表演等一些飞行活动使用的空域。

活动性预留空域：是指参照地面相互位置移动的空域。它包括空中加油、航路编队等一些飞行活动使用的空域。

6）咨询区

咨询区是介于情报区和管制区之间的一种临时性、过渡性空域。

第五节　航空运输保障企业

航空运输除了航空公司、机场、空管三大运行系统外，还有包括航油、航材和航信等保障企业。本节简要介绍我国航空运输保障企业的基本情况。

一、中国航空油料集团公司

我国国内航油主要由中国航空油料集团公司（以下简称"中国航油"）供应。中国航油成立于2002年10月11日，是以原中国航空油料总公司为基础组建的国有大型航空运输服务保障企业，是国内最大的集航空油品采购、运输、存储、检测、销售、加注为一体的航油供应商，是国务院国资委管理的中央企业，是国务院授权投资机构和国家控股公司试点企业。中国航油拥有海内外投资企业19个，其中全资、控股公司10个，参股公司9个。现有员工近万人。公司构建了遍布全国的航油销售网络和完备的油品配送体系，在全国140多个机场拥有供油设施，为全球180多家航空公司提供供油服务。拥有专用卸油码头15个，1000多公里的输油管线和约100公里的铁路专用线，34艘油轮，85座地面加油站，总储油能力为218万立方米。2008年末资产总额为263亿元。

中国航油集团公司主要经营航空油料及其他成品油的批发、储存和零售业务，航空油料、航油供应设备及与航油供应有关的特种车辆的进出口业务，供油系统工程及其他配套设施的工程设计、施工业务，国家批准经营的其他业务。

中国航油集团公司对所属全资企业、控股企业、参股企业的有关国有资产和国有股权行使出资人权力，对有关企业中由国家投资形成的国有资产和国有股权依法进行经营、管理和监督，并相应承担保值增值责任。在国家宏观调控和监督管理下，集团公司依法自主进行各项经营活动。

二、中国航空器材集团公司

中国航空器材集团公司是以航空器材保障为主业的综合性服务保障企业。经营范围包括飞机、发动机、航空器材、各种设备、特种车辆的进出口、租赁、维修、寄售以及与民用航空有关的各种工业产品和原材料的进出口业务，从事与此相关的招投标、国内外投融资、技术咨询、培训、服务、展览、航空表演业务，开展合资经营、合作生产、加工装配以及多种形式的对外贸易。

1980年10月18日，中国航空器材公司正式成立，1982年，航材公司为中国民航订购了波音737-200飞机和波音747-200飞机，这是航材公司首次为航空公司引进波音飞机。1985年，航材公司为中国民航订购了3架空客310-200飞机，这是航材公司首次引进空客飞机。1994年12月1日，中国航空器材/波音零备件服务中心在北京开业，这是中国首家规模最大、库存项目最全的航材寄售库。2002年10月11日，中国航空器材进出口集团公司正式成立，并与民航其他五大集团在人民大会堂隆重召开了成立大会。2003年8月1日，中航材租赁有限公司正式成立，这是国内第一家专门从事航空租赁的专业公司。

中国航材集团公司的主要业务包括：

（一）进出口贸易

航材进出口贸易为中国航材集团公司的传统主业。

代理进口、出口、租赁各类飞机（民用、通用、大型、小型、欧美及俄制、中国制造等）整机业务：提供包括市场资讯、市场调研分析、询价、外贸谈判、签订协议、办理各种单据、结汇、付汇、报关运输、商检、飞行培训、地面培训等系列服务。

代理进口飞机发动机、机载设备、地面设备、工具、零备件及产品的送修索赔，并提供包括市场咨询、调研分析、库存分析管理、询价报价、签订合同、货物运输、商检报关等系列服务。

建立航材共享库，提供周转件的使用、租赁和交换并代办维修索赔运输报关等服务。

（二）航材分销

为适应民航发展的新形势，为中国的航空公司、航空企业量身打造新型服务模式。针对航空公司要求建立合理库存、保证保障率、强化成本控制、降低资金占有率等特点，提出合理利用共同资源，以建立中国航材分销中心及遍及全国的分销网络，为各家用户带来最简便的订货方式、最快捷的到达速度、最满意的价格和服务。

（三）批量采购

飞机批量采购：飞机批量采购是根据国内各家航空公司的需求，提供综合性服务，集中某种飞机数量之和形成批量，与外商谈判并签订框架协议。

改装设备批量采购：改装设备批量采购的新模式是对国内各家航空公司需要改装设备的总量进行市场调研，提供"一站式"服务，减少中间环节，为航空公司节省资金、缩短订货周期。

（四）航空租赁

奇龙航空租赁有限公司和爱尔兰奇龙租赁公司将面向全球市场，力争成为有国际竞争力的经营性租赁公司。公司的业务将立足于民用航空产品和服务领域，特别是飞机和发动机租赁业务。同时，公司还将提供范围广泛的售后回租、结构租赁、飞机重入市场和咨询等一系列服务等。公司的目标是要根据不同客户的不同要求提供量身定制的产品。公司的资金主要依靠注册资本金、银行贷款和其他融资方式。

公司拥有一支训练有素的队伍，他们有着广泛的航空业知识与民航租赁和融资方面的专业技能，这是公司能够走向成功的关键因素。奇龙航空租赁有限公司和爱尔兰奇龙租赁公司有信心通过专业化的服务、开拓创新的精神和良好的客户关系，既保持灵活性和质量的一致性，又能够提供高档次的产品，实现客户满意和"双赢"局面。

（五）设备工程

民航事业的迅猛腾飞，为中国民航技术装备有限责任公司提供了广阔的发展空间。十多年来，公司为四十余个机场、航空公司引进各类机场专用设备，先后承担了民航总局跑道摩擦测试车、机场大型应急救援设备及扫雪、除雪设备等大宗政府采购任务，并为十多个机场扩建及新机场建设项目采购供应各类物资材料。为了更好地为民航安全生产服务，公司开展了机场维护工程，引进美国的跑道刻槽机、清洗机、高压冲洗车等设备，已成功地为二十多个机场进行了跑道刻槽、除胶和站坪清洗项目。公司承担的上海浦东国际机场一期场道工程，荣获2000年由中国市政工程协会颁发的中国市政工程金杯奖。

三、中国民航信息网络股份有限公司

中国民航信息网络股份有限公司是中国民航信息集团旗下的重点企业，是中国航空旅游业信息科技解决方案的主导供应商。公司致力于开发领先的产品及服务，以满足航空公司、机场、非航空旅游产品和服务供应商、分销代理人、机构客户、民航旅客及货运商等所有行业参与者进行电子交易及管理与旅游相关信息的需求。

中国航信为国内航空公司和300余家外国及地区航空公司提供电子旅游分销（ETD），包括航班控制系统服务（ICS）、计算机分销系统服务（CRS）和机场旅客处理（APP）。公司积极拓展与上述核心业务相关的延伸信息技术服务，为航空公司提供决策支持的数据服务、支持航空联盟的产品服务、发展电子客票和电子商务的解决方案，以及为航空公司和机场提供提高地面营运效率的信息管理系统等服务。

2007年，中国电子旅游分销系统（ETD）处理航班订座量突破2亿大关，其中，全年处理电子客票约1.521亿航段。使用中国航信自主开发的新一代APP（NewAPP）前端系统的国内机场达50家，加入APP系统的外国及地区航空公司达到37家。在中国航信的支持下，中国南方航空股份有限公司率先加入天合联盟，中国国际航空股份有限公司和上海航空股份有限公司顺利加入星空联盟。

2007年，中国航信旅游分销网络由6500多家旅行社及旅游分销代理人拥有的约52400台销售终端组成，并通过SITA网络与所有国际GDS和57家外国及地区航空公司实现高等级连接和直联，覆盖国内外400多个城市，并通过遍布全国30余个地区的分销中心和香港、新加坡、日本、韩国4个国外和地区分销中心，为旅行社、旅游分销代理人提供技术支持和本地化服务。

2007年，中国航信继续完善酒店分销系统，积极推进与上游旅游产品供应商、下游分销代理人的合作，全年销售酒店房间量达42.9万间。公司还抓住中国航空信息安全需求与日俱增的机遇，积极拓展信息技术集成服务业务，促进航空信息安全业务的

进展。

公司还与国际航空电讯组织（SITA）合资成立天信达信息技术有限公司。自2001年1月1日成立以来，天信达引进并开发了适合航空公司、空港货站、货运代理商、物流服务提供商等航空物流企业的一系列创新技术产品。

2001年2月7日，中国航信股票在香港联交所主板成功上市，交易代码0696，共募集资金约12亿港币。公司上市后，获得投资者好评，当年被香港恒生指数服务公司列入恒指成分股，并被香港联交所认可为"可沽空股份"。2001年，中国航信等8家香港上市公司被国际财经杂志《福布斯》评选为本年全球最佳二百家小型企业。2002年，中国航信入选德勤亚太区高科技高增长五百强（"Technology Fast 500"）企业，中国航信以过去三年实现年收入增长38%的良好业绩，位列第218位。2002年底，该公司建立第一级美国预托凭证计划（ADR）。

中国航信相信，经过未来五到十年的不懈努力，中国航信将成为航空旅游业领先的信息技术及商务服务提供商，在稳固中国市场主导地位和亚洲强者的基础上，致力成为具有国际竞争力的一流公司。

作为中国航空旅游行业的主导信息技术解决方案的主导供应商，中国航信（股份）经过近20年的不断开发和完善，已经初步形成了相对完整、丰富、功能强大的旅客信息服务产品线，这些产品已经初步满足了从航空公司、机场、旅游分销代理人到航空客等行业参与者的需求，极大地提高了这些行业参与者的生产效率，为民航旅客提供了与国际水准基本相当的购票和乘机服务。目前，中国航信（股份）的主要产品线包括航空公司系统产品线、机场产品线、代理人产品线、电子商务产品线、数据服务产品线、非航空产品线和网络接入产品线。

（一）航空公司系统产品线

1. 航空公司订座系统（ICS）

航空公司订座系统是一个集中式、多航空公司的系统。每个航空公司享有自己独立的数据库、独立的用户群、独立的控制和管理方式，各种操作均可以加以个性化，包括班期、运价、可利用情况、销售控制参数等信息和一整套完备的订座功能引擎。

中国航信（股份）的ICS为中央控制的多主机系统，载有航空公司主要航班供应情况，即航空公司航班服务、时刻表、票价、供求情况及载客量资料及实际预订记录等。中国全部25家商营航空公司及澳门航空公司的机票预订管理以及航班订位、航班时刻及票价资料均依赖中国航信（股份）的ICS提供。除航空公司、酒店及汽车出租公司外，中国航信（股份）的ICS亦有能力为其他旅行服务供货商（包括旅游公司、铁路及邮轮公司）提供供应功能及管理服务。中国航信（股份）的ICS是航空公司及其他旅游服务供货商用以管理供应、跟进顾客记录、控制空间分布、维护及分析重要资料及支持业务决策的强大后端管理系统。中国航信（股份）的中央ICS系统支持ETD解决方案及服务，包括代码共享常旅客数据管理、收益管理分析及电子票。中国航信（股份）的ICS和CRS系统已通过IATA标准资料交换，与8个国际性GDS建立了主机间连接。

2. 离港系统（DCS）

为机场提供旅客值机、配载平衡、航班数据控制、登机控制联程值机等信息服务，可以满足值机控制、装载控制、登机控制以及信息交换等机场旅客服务所需的全部功能。目前，中国航信（股份）正在开发基于开放平台的新一代离港系统，为用户提供更加现代、便捷的服务。

3. 航空联盟

为了适应国内各航空公司与不同的联盟集团的代码共享的市场需求，中国航信（股份）系统进行了大量的功能开发，在保持原有系统结构的基础上，采用二级数据存储结构，支持国际上有关代码共享的全部四个标准，有效地支持了国航与美西北航、东航和汉莎等航空公司间的代码共享。

中国航信（股份）正在进行 CRS 系统订座引擎的建设，预计在 2009 年 8 月份投产使用。该项目的建成可以使 CRS 系统成为中国航信（股份）ICS 系统航空公司用户与其他国外系统航空公司用户之间连接的桥梁。通过 CRS 订座引擎，可以实现航空公司联盟系统间的航班信息的实时交换，航空公司系统间的直接访问与直接销售。

4. 运价系统计算的全面解决方案

航空公司通过中国航信（股份）运价系统管理其公布运价，并通过中国航信（股份）GDS 系统和中国航信（股份）网站向航空代理商和广大旅客发布；将建立与 ATPCO 的连接，将托管在中国航信（股份）运价系统中的运价向 ATPCO 发布，从而实现向其他 GDS 的发布；对于航空公司销售运价，中国航信（股份）运价系统提供销售运价的管理和向指定航空代理商定向发布的功能，航空公司可以通过中国航信（股份）运价系统管理其对不同地区和不同代理商的销售策略。目前，国际运价计算系统正在研究中。

运价系统是基于开放平台，能够灵活实现国内、国际公布运价、销售价格发布，同时支持多舱位运价、多种运价规则查询的运价信息发布系统。

中国航信运价系统，涵盖了订座系统中的 FD 国内运价查询功能，同时也包括了国际销售价格 NF-1 系统的查询功能，在此基础上实现了运价发布、运价管理的智能化，同时满足了用户希望灵活便捷查询的要求。

5. 常旅客系统

为中国航空公司集团、南方航空公司集团、海南航空集团等提供常旅客服务。通过订座和离港系统的旅客形成信息，为航空公司全面实行常旅客计划服务。常旅客系统包括旅客档案系统、常客飞行数据服务与里程银行等三个方面的内容。

6. 电子客票

中国航信（股份）电子客票建立在航空公司订座系统、代理人分销系统、离港系统以及结算系统的基础上，支持电子客票的出票、显示、改签、作废、退票、换开等功能，支持对电子客票旅客的机场值机处理，支持对电子客票的结算处理。

电子客票是普通纸质机票的一种电子替代产品，将普通纸质机票的票面信息以电子票联的方式存储在订座系统的电子客票数据库中。中国航信所开发的电子客票系统建立在原有的旅客订座、离港系统的基础之上，具备很多其他独立系统所不具备的优势。

（二）机场产品线

1. 旅客服务平台

旅客服务平台将订座系统和离港系统中相关旅客服务的功能整合在一起，为航空公司提供一个对旅客服务的一站式服务平台。

航空公司在机场向旅客提供的服务需要同机场信息系统进行相互配合，中国航信（股份）提供的机场信息处理数据接口是为了保障航空公司能够更好地同机场一起向旅客提供优质服务而专门开发的，主要包括开放接口引擎OIE、登机口管理系统、安检数据接口系统、行李分拣接口系统以及机场数据服务等产品功能。

2. 自助服务系统

在中国航信（股份）整体电子商务平台的基础上开展面向电子商务模式的离港服务，将旅客的旅行时间充分利用，提供给航空公司、机场、个人旅客、外延服务等多种新的客户服务模式，主要包括网上值机、移动值机、自助值机、城市值机、短信息服务以及代理人值机等产品。

（三）代理人产品线

1. CRS系统

CRS系统为代理人提供航班可利用情况查询、航段销售、订座记录、机上座位预订等服务，还与亚洲几家主要的航空公司实现了技术上的直接连接，并与世界上主要的8家GDS系统实现了高等级的技术连接，共享它们所拥有的资源。通过CRS系统，国内代理人可以很方便地销售世界上386个航空公司的座位。

通过中国航信（股份）的CRS让分销代理人及中国航信（股份）其他用户可获取航空公司及其他旅游服务供货商发布的新信息，以获取航班时刻、存票及票价资料，从而选择最合适的旅游服务供货商，进行旅行预订处理、出票及打印机票。用户可利用连接中国航信（股份）CRS及ICS的用户计算机终端，通过中国航信（股份）网络或e-Term产品经由互联网订购25家中国商营航空公司的机位。中国航信（股份）会向用户提供中英文接口，及辨别拼音相近姓名的功能。中国航信（股份）的CRS亦紧密连接旅游服务供货商产品及服务，包括酒店房间、租车及旅游保险。中国航信（股份）的CRS显示货币资料、旅游点、天气以及医疗、签证及海关规定。为扩展中国航信（股份）所提供旅游服务及解决方案的国际通行性，中国航信（股份）将CRS与8个国际GDS连接，使中国旅行社可对全球约400家航空公司进行订票。

2. 代理人管理系统（AMS）

AMS是中国航信（股份）专为客运代理人设计开发的一个全面的后台业务管理解决方案。它基于后台主机丰富的数据资源，并充分利用前台友好、简洁的图文操作界面，通过两者的紧密结合，从而为代理人提供全面的销售业务后台管理解决方案。

AMS 系统采用从主机系统自动下载数据的方式，将代理人的数据放在代理人本地，以便代理人对自己的销售数据进行分析和管理。AMS 系统能够获得量化的数据、多角度的统计报表、强大的客户关系管理、灵活的业务数据分析，以及对业务部门/销售人员工作绩效的统计，采用报表生成向导和 EXCEL 技术，可由代理人订制所需的报表，从而极大地满足了个性化管理的需要，同时也为代理人管理方式的转变和业务发展提供了支持。

此外，由于中国航信（股份）ICS/CRS 系统的紧密连接，ICS 系统的所有产品，代理都能够无障碍使用，从而极大地丰富了代理人系统的功能。

3. 数据服务产品线

数据服务系统从 ICS/CRS/DCS 系统中抽取航班、订座、离港等数据，采用数据仓库和 OLAP 技术为用户提供决策支持的数据产品和服务。数据服务系统通过互联网、电子邮件等多种信息发布方式为航空公司提供不同功能的应用产品，以使航空公司可以从中获得大量的增值服务。这些产品将包括以下一些内容：数据订阅系统、航空客运市场分析、销售机构预定分析、市场销售分析（MIDT 产品）、分销系统对账分析（BIDT 产品）、订票趋势分析、收益分析。

随着民航业务发展和信息化水平的提高，以及航空市场竞争的加剧，数据信息对于航空企业的发展越来越重要。企业管理、决策需要科学统计数据的支持，企业各部门对数据的需求也越来越广泛，原有的数据统计分析方式已经不能满足整个企业范围内对于数据信息的要求，寻找一个全面的数据服务解决方案是航空企业所面临的一个重要课题。中国航信数据服务系统就是在这样的市场背景下应运而生的。

中国航信数据服务系统是以中国航信订座、离港系统为数据源的数据仓库系统，该系统能够为航空公司和代理人用户提供其自身生产运营状况和市场竞争状况数据分析，同时能够为用户自身的分析系统提供有力的数据支持。

第三章　航空运输管理体系

　　第一次世界大战后的1919年开始出现固定翼飞机的商业航空运输，开创了真正现代意义上的商业航空运输时代。综观世界航空运输业的发展，航空运输业已经历了发育时期、成长时期，目前已进入成熟时期。航空运输是国家综合交通运输体系的重要组成部分，在政治、经济、社会、军事、外交、文化等领域均发挥着十分重要的作用。同时，航空运输业也是一个国际性的行业。经过近一个世纪的发展，航空运输业在国际、国内以及企业内部已经形成一整套管理体系，保障了航空运输业正常、安全、健康地发展。

第一节　国际航空运输管理机构

　　国际民用航空运输管理机构负责制定国际民用航空运输活动的行为规范，协调国际间民用航空运输业务关系，以保障国际航空运输的航行安全和有序发展。因此，通过国际民航管理机构的协调与管理，世界各国民航运输企业在国际民航活动中实行统一的技术标准、航行准则、操作规程；必须执行统一的价格体系、价格标准和票据规格；必须遵循统一的国际法规准则、公正处理国际航空事务等。

　　当今世界上有许多国际性航空运输组织，具有较大影响的主要是三大国际民用航空运输管理机构：国际民用航空组织（ICAO）、国际民用航空运输协会（IATA）和国际机场理事会（ACI）。此外还有一些专业性协会，如世界联合旅游代理协会（UFTAA）和国际航空电信协会（SITA）等。

一、国际民用航空组织（ICAO）

　　国际民用航空组织（International Civil Aviation Organization，缩写为ICAO）是协调世界各国政府在民用航空领域内各种经济和法律事务、制定航空技术国际标准的重要组织。1944年11月1日至12月7日，52个国家在美国芝加哥举行国际民用航空会议，签订了《国际民用航空公约》（简称《芝加哥公约》），并决定成立过渡性的临时国际民用航空组织。1947年4月4日《芝加哥公约》生效，国际民用航空组织正式成立，同年5月13日成为联合国的一个专门机构。秘书处为处理日常工作的机构。总部设在加拿大的蒙特利尔。

国际民用航空组织（简称国际民航组织）是政府间的国际组织，联合国的专门机构。

国际民航组织是各主权国家以自己本国政府的名义参加的官方国际组织，取得国际民航组织成员资格的法律主体是国家，代表这些国家的是其合法政府。对此，《芝加哥公约》第21章做出了明确规定，排除了任何其他非政治实体和团体成为国际民航组织成员的可能，也排除了出现两个以上的政府机构代表同一国家成为国际民航组织成员的可能。

1946年，联合国与国际民航组织签订了一项关于它们之间关系的协议，并于1947年5月13日生效。据此，国际民航组织成为联合国的专门机构。该类专门机构指的是通过特别协定而同联合国建立法律关系的或根据联合国决定创设的对某一特定业务领域负有"广大国际责任"的政府间专门性国际组织，但它们并不是联合国的附属机构，而是在整个联合国体系中享有自主地位。协调一致，是这些专门机构与联合国相互关系的一项重要原则。联合国承认国际民航组织在其职权范围内的职能，国际民航组织承认联合国有权提出建议并协调其活动，同时定期向联合国提出工作报告，相互派代表出席彼此的会议，但无表决权。一个组织还可以根据需要参加另一组织的工作。

（一）国际民航组织的宗旨和目的

根据《芝加哥公约》第44条规定，国际民航组织的宗旨和目的主要有以下几点：
（1）保证全世界国际民用航空安全地、有秩序地发展；
（2）鼓励为和平用途的航空器的设计和操作艺术；
（3）鼓励国际民用航空应用的航路、机场和航行设施；
（4）满足世界人民对安全、正常、有效和经济的航空运输的需要；防止因不合理的竞争而造成经济上的浪费；
（5）保证缔约国的权利充分受到尊重，每一缔约国均有经营国际空运企业的公平的机会；
（6）避免缔约各国之间的差别待遇；
（7）促进国际航行的飞行安全。

（二）国际民航组织的组织机构

国际民航组织由成员大会、理事会和秘书处三级框架组成。

1. 成员大会

截至2007年，国际民航组织共有190个缔约国，成员大会是国际民航组织的最高权力机构，由全体成员国组成。成员大会由理事会召集，一般情况下每三年举行一次，遇有特殊情况时或经五分之一以上的成员国向秘书长提出要求，可以召开特别会议。成员大会决议一般以超过半数通过。参加大会的每一个成员国只有一票表决权。但在某些情况下，如《芝加哥公约》的任何修正案，则需三分之二多数票通过。

成员大会的主要职能为：选举理事会成员国，审查理事会各项报告，提出未来三年的工作计划，表决年度财政预算，授权理事会必要的权力以履行职责，并可随时撤回或改变这种权力，审议关于修改《芝加哥公约》的提案，审议提交大会的其他提案，执行与国际组织签订的协议，处理其他事项等。

成员大会召开期间，一般分为大会、行政、技术、法律、经济五个委员会对各项事宜进行讨论和决定，然后提交成员大会审议。

2. 理事会

理事会是向成员大会负责的常设机构，由成员大会选出的36个缔约国组成，每三年选举一次。理事国分为三类：一类理事国为在航空运输方面占主要地位的国家，共11个；二类理事国为在为国际民用航空的空中航行提供设施方面贡献最大的国家，共12个；三类理事国为可确保世界上各主要地域在理事会中均有代表的国家，共13个。

理事会设主席一名。主席由理事会选举产生，任期三年，可连选连任。理事会每年召开三次会议，每次会议会期约为两个月。理事会下设财务、技术合作、非法干扰、航行、新航行系统、运输、联营导航、爱德华奖八个委员会。每次理事会开会前，各委员会先分别开会，以便将文件、报告或问题提交理事会。

理事会的主要职责包括：执行大会授予并向大会报告本组织及各国执行公约的情况；管理本组织财务；领导属下各机构工作；通过公约附件；向缔约各国通报有关情况，以及设立运输委员会，研究、参与国际航空运输发展和经营有关的问题并通报成员国，对争端和违反《芝加哥公约》的行为进行裁决等。

3. 秘书处

秘书处是国际民航组织的常设行政机构，由秘书长负责保证国际民航组织各项工作的顺利进行。秘书长由理事会任命。秘书处下设航行局、航空运输局、法律局、技术合作局、行政局五个局以及财务处、外事处。此外，秘书处有一个地区事务处和七个地区办事处，分设在曼谷、开罗、达喀尔、利马、墨西哥城、内罗毕和巴黎。地区办事处直接由秘书长领导，主要任务是建立和帮助缔约各国实行国际民航组织制定的国际标准和建设措施以及地区规划。

（三）国际民航组织的活动

该组织的主要活动是：

通过制定《国际民用航空公约》的18个技术业务附件和多种技术文件以及召开各种技术会议，逐步统一国际民航的技术业务标准和管理国际航路的工作制度。

通过双边通航协定的登记，运力运价等方针政策的研讨，机场联检手续的简化，统计的汇编等方法以促进国际航空运输的发展。

通过派遣专家、顾问，建立训练中心，举办训练班及其他形式，以执行联合国开发计划署向缔约国提供的技术援助。

管理公海上的联营导航设备。

研究国际航空法，组织拟订和修改涉及国际民航活动的各种公约。

根据缔约国的建议和议事规则，通过大会、理事会、地区会议以及特别会议讨论和决定涉及国际航空安全和发展的各种重要问题。

（四）中国与国际民航组织

1944年12月9日，当时的中国政府在《芝加哥公约》上签字，并于1946年2月20日批准该公约。1971年11月19日，国际民航组织第74届理事会通过决议，承认中华人民共和国政府为中国唯一合法的政府，驱逐了国民党集团的代表。1974年2月，中国决定承认《国际民用航空公约》，并自该日起恢复参加国际民航组织活动。中国于1974年9月在国际民航组织第21届大会上再次当选为二类理事国，并在蒙特利尔设有常驻该组织理事会的中国代表处。1977年，国际民航组织第22届大会决定将中文作为这个组织的工作语言之一。1974—2004年的30年，中国一直连选连任为二类理事国。2004年10月2日，在加拿大蒙特利尔举行的国际民航组织第35届大会上，中国首次当选为国际民航组织理事会一类理事国。2007年9月22日，在加拿大蒙特利尔举行的国际民航组织第36届大会上，中国以历史上最高票连任国际民航组织一类理事国。目前，在蒙特利尔设有中国驻国际民航组织理事会代表处。

二、国际航空运输协会（IATA）

国际航空运输协会（International Air Transport Association，缩写为IATA）是一个由世界各国航空公司所组成的大型非政府国际组织，其前身是1919年在荷兰海牙成立并在第二次世界大战时解体的国际航空业务协会（International Air Traffic Association）。1944年12月，出席芝加哥国际民航会议的一些政府代表和顾问以及空运企业的代表聚会，商定成立一个委员会为新的组织起草章程。1945年4月16日，在古巴首都哈瓦那会议上修改并通过了草案章程后，国际航空运输协会成立。总部设在加拿大的蒙特利尔，执行机构设在瑞士的第三大城市日内瓦。1945年10月，国际航空运输协会第一届年会在加拿大蒙特利尔召开。

国际航空运输协会（简称国际航协）从组织形式上是一个航空企业的行业联盟，属非官方性质组织，但是由于世界上大多数国家的航空公司是国家所有，即使非国有的航空公司也受到所属国政府的强力参与或控制，因此国际航协实际上是一个半官方组织。它制定运价的活动，也必须在各国政府授权下进行，它的清算所对全世界联运票价的结算是一项有助于世界空运发展的公益事业，因而国际航协发挥着通过航空运输企业来协调和沟通政府间政策，解决实际运作困难的重要作用。

（一）国际航协的宗旨和职能

国际航协的宗旨是"为了世界人民的利益，促进安全、正常和经济的航空运输，扶植航空交通，并研究与此有关的问题"，"对于直接或间接从事国际航空运输工作的各空运企业提供合作的途径"，"与国际民航组织及其他国际组织协力合作"。

国际航协的基本职能包括：国际航空运输规则的统一，业务代理，空运企业间的财务结算，技术上合作，参与机场活动，协调国际航空客货运价，航空法律工作，帮助发展中国家航空公司培训高级和专门人员。

(二) 国际航协的组织机构

1. 全体会议

全体会议是国际航空运输协会的最高权力机构，每年举行一次会议，经执行委员会召集，也可随时召开特别会议。所有正式会员在决议中都拥有平等的一票表决权，如果不能参加，也可授权另一正式会员代表其出席会议并表决。全体会议的决定以多数票通过。在全体会议上，审议的问题只限于涉及国际航空运输协会本身的重大问题，如选举协会的主席和执行委员会委员、成立有关的委员会以及审议本组织的财政问题等等。

2. 执行委员会

执行委员会是全会的代表机构，对外全权代表国际航空运输协会。执委会成员必须是正式会员的代表，任期分别为一年、两年和三年。执委会的职责，包括管理协会的财产、设置分支机构、制定协会的政策等等。执委会的理事长是协会的最高行政和执行官员，在执委会的监督和授权下行使职责并对执委会负责。在一般情况下，执委会应在年会即全体会议之前召开，其他会议时间由执委会规定。执委会下设秘书长、专门委员会和内部办事机构，维持协会的日常工作。目前执委会有30名成员。

3. 专门委员会

国际航空运输协会分为运输、财务、法律和技术委员会。各委员会由专家、区域代表及其他人员组成并报执委会和大会批准。目前运输委员会有30名成员，财务委员会有25名成员，技术委员会有30名成员，法律委员会有30名成员。

4. 分支机构

国际航空运输协会总部设在加拿大蒙特利尔，但主要机构设在日内瓦、伦敦和新加坡。国际航空运输协会还在安曼、雅典、曼谷、达卡、香港、雅加达、吉达、吉隆坡、迈阿密、内罗毕、纽约、波多黎各、里约热内卢、圣地亚哥、华沙和华盛顿设有地区办事处。

(三) 国际航协的主要活动

国际航协的活动分为三种。

1. 同业活动

代表会员进行会外活动，向具有权威的国际组织和国家当局申述意见，以维护会员的利益。

2. 协调活动

监督世界性的销售代表系统，建立经营标准和程序，协调国际航空运价。

3. 行业服务活动

承办出版物、财务金融、市场调研、会议、培训等服务项目。

通过上述活动，统一国际航空运输的规则和承运条件，办理业务代理及空运企业间的财务结算，协调运价和班期时刻，促进技术合作，参与机场活动，进行人员培训等。出版物为《国际航空运输协会评论》（季刊），英文版。

(四) 国际航协的成员

国际航空运输协会的会员分为正式会员和准会员两类。国际航空会籍向获得符合国际民航组织成员国身份的政府所颁发执照的任何提供定期航班的经营性航空公司开放。国际航协正式会员向直接从事国际经营的航空公司开放，而国际航协准会员身份只向经营国内航班的航空公司开放。

国际航协是一个国际性非营利的民间航空公司行业协会，是目前世界上最大的国际航空运输组织。截至2008年，国际航协有280家正式会员或准会员航空公司，遍及全世界180多个国家和地区。在全世界定期国际航空运输业务中，国际航协会员航空公司承担了98%的业务量。1993年，中国国际航空公司、中国东方航空公司和中国南方航空公司正式加入了国际航空运输协会。此后，中国的厦门航空公司、上海航空公司、海南航空公司、山东航空公司和深圳航空公司等也相继加入了国际航空运输协会。目前在中国大陆共有11家航空公司成为国际航协会员公司。

目前，国际航协在全世界70多个国家和地区设立了100多个办事处，包括中国的北京、上海、广州、香港和台北的办事处。为加强该协会与各个政府部门、地区行业协会和航空公司协会间的沟通，了解各国航空运输发展政策，国际航协还设置了北美、南美、欧洲、非洲、中东、南亚和太平洋、北亚7大地区办事处，负责各地区的政府与行业事务。

1994年4月15日，国际航协在北京设立了中国代理人事务办事处，后迅速成长为国际航协7大地区办事处之一，主管北亚地区事务。办事处分为会员关系管理、代理人审批、BSP、CASS、培训、信息技术、出版物及财务与行政八个部门。在中国民航（总）局及中外航空公司，尤其是会员航空公司的大力支持下，国际航协北京办事处的各项业务开展顺利。

三、国际机场理事会（ACI）

国际机场理事会（Airports Council International，缩写为ACI），原名为国际机场联合协会（Airports Association Council International），于1991年1月成立，1993年1月1日改称国际机场理事会。国际机场理事会是全世界所有机场的行业协会，是一个非营利性组织，其宗旨是加强各成员与全世界民航业各个组织和机构的合作，包括政府部门、航空公司和飞机制造商等，并通过这种合作，促进建立一个安全、有效、与环境和谐的航空运输体系。

国际机场理事会成立以前，世界机场行业有三个国际性组织：国际机场经营者协会（AOCI）、国际民航机场协会（ICAA）和西欧机场协会（WEAA）。为协调这三个机场协会之间的关系，建立与各政府机构、航空公司、生产商和其他有关方面的正式联系，

1970年，机场协会协调委员会（AACC）成立。1985年，西欧机场协会解散。1991年1月，机场协会协调委员会、国际机场经营者协会和国际民航机场协会合并为国际机场联合协会，1993年1月正式更名为国际机场理事会（ACI）。国际机场理事会总部设在瑞士的日内瓦。

（一）国际机场理事会的发展目标

（1）保持和发展世界各地民用机场之间的合作，相互帮助。

（2）就各成员机场所关心的问题，明确立场，形成惯例，以"机场之声"的名义集中发布和推广这些立场和惯例。

（3）制定加强民航业各方面合作的政策和惯例，形成一个安全、稳定、与自然环境相适应的高效的航空运输体系，推动旅游业和货运业乃至各国和世界经济的发展。

（4）在信息系统、通讯、基础设施、环保、金融、市场、公共关系、经营和维修等领域内交流有关提高机场管理水平的信息。

（5）向国际机场理事会的各地区机构提供援助，协助其实现上述目标。

（二）国际机场理事会的组织机构

国际机场理事会目前有5个常务委员会，就其各自范围内的专业制定有关规定和政策。

1. 技术和安全委员会

主要涉及：缓解空域和机场拥挤状况；未来航空航行系统；跑道物理特征；滑行道和停机坪；目视助航设备；机场设备；站坪安全和场内车辆运行；机场应急计划；消防救援；破损飞机拖移等。

2. 环境委员会

主要涉及：喷气式飞机、螺旋桨飞机和直升飞机的噪声检测；与噪声有关的运行限制；发动机排放物及空气污染；机场附近土地使用规划；发动机地面测试；跑道化学物质除冰；燃油储存及泼溅；除雾；鸟类控制等。

3. 经济委员会

主要涉及：机场收费系统；安全、噪声和旅客服务收费；用户咨询；商业用地收入及发展；高峰小时收费；硬软货币；财务统计；机场融资及所有权；纳税；各种影响经济的因素：航空公司政策变动、合并事项，航空运输协议的签署，航空业与其他高速交通方式的竞争；计算机订座系统。

4. 安全委员会

主要涉及：空陆侧安全；隔离区管理措施；航空安全技术；安全与设备之间的内在关系等。

5. 简化手续和便利旅客流程委员会

主要涉及：客、货、邮件处理设备；旅客及货物的自动化设备；对付危险物品、走私毒品的措施；设备与安全之间的内在关系等。

国际机场理事会由6个地区分会组成：非洲地区分会，亚洲地区分会，欧洲地区分会，拉丁美洲/加勒比海地区分会，北美洲地区分会和太平洋地区分会。

截至2008年9月30日，国际机场理事会拥有177个国家和地区的597名正式会员，运行1679个机场。在亚洲、太平洋地区约有42个国家和地区的57名正式会员，包括中国台湾省的机场。北京首都国际机场于1996年11月17日被国际机场理事会正式批准成为该组织的会员。2008年，国际机场理事会正式成员交通量增长到4.8亿旅客、88.5万吨货物，占世界航空客运量的比例超过96%。

国际机场理事会与其他国际性组织保持密切的往来，包括国际民航组织、国际航空运输协会、驾驶员协会国际联合会、国际空中交通管制员联合协会、国际商会国际航空工业联合协会等。国际机场理事会在国际民航组织内享有观察员身份，在联合国经济理事会担任顾问。它代表并体现了全体成员的共同立场，反映了机场共同利益。

四、世界联合旅游代理协会（UFTAA）

世界联合旅游代理协会（Universal Federation of Travel Agents Association，缩写为UFTAA）成立于1966年，由国家旅游代理协会、旅游公司组成，代表114个国家旅游协会，遍布于121个国家，是全世界旅游行业中最具代表性的团体，是一个民间机构。参加该组织的成员为各国旅行社协会，总部在摩纳哥，组织机构分为三级：大会、理事会和执行委员会。

世界联合旅游代理协会通过与其他国际组织进行沟通、交流，针对入境与出境旅游提出意见与建议。这些组织包括国际航空运输协会、国际餐饮协会、国际商业组织等。目前，世界联合旅游代理协会与国际航空运输协会已成为国际公认的旅游专业鉴定机构。

世界联合旅游代理协会致力于教育与培训，以提高旅游代理机构的专业水平，加强旅游代理机构在21世纪的竞争能力。

UFTAA的宗旨是加强各国旅行协会间的联系，作为全球旅行业专业水准的最高代表，保障旅行业在经济和社会领域中的发展，使旅行业在社会经济中占有相应的位置。

五、国际航空电信协会（SITA）

1949年12月23日，荷兰、法国、英国、瑞士、萨伯那等11家欧洲航空公司代表在布鲁塞尔成立了国际航空电信协会（Society International De Telecommunication Aeronautiques，缩写为SITA），将成员航空公司的通信设备相互连接并共同使用。四十多年来，随着成员不断增加和航空运输业务对通信需求的增长，SITA已成为一个国际化的航空电信机构，经营着世界上最大的专用电信网络。

除全球通信网络以外，SITA还建立并运行着两个数据处理中心。一个是位于美国亚特兰大的旅客信息处理中心，主要提供自动订座、离港控制、行李查询、旅客订座和旅游信息；另一个是设在伦敦的数据处理中心，主要提供货运、飞行计划处理和行政事务处理业务。

中国民航于1980年5月加入SITA。中国民航通信网络与SITA相连通，逐渐实现了国内各航空公司、机场航空运输部门与外国航空公司和SITA亚特兰大自动订座系统连通，实现了大部分城市订座自动化。中国民航还部分地使用了SITA伦敦飞行计划自动处理系统，在商定的航线采用自动处理的飞行计划。

目前，我国有三家航空公司加入了SITA，成为其会员，这三家公司是：中国国际航空公司、中国东方航空公司、中国南方航空公司。

第二节　中国民用航空运输管理体制

新中国民用航空业伴随着共和国的朝阳起飞与发展。1949年11月2日，中国民用航空局成立，揭开了中国民航事业发展的新篇章。从这一天开始，经过60年奋斗，尤其是经过30年改革开放，中国民用航空业从无到有，由小到大，由弱到强，经历了不平凡的发展历程，取得了举世瞩目的巨大成就，为国家改革开放和社会主义现代化建设做出了重要贡献。

在改革开放的30年里，中国民航经历了三次大的体制改革，逐步建立和不断完善中国民用航空运输业的管理体系，形成了目前的"民航局—民航地区管理局—民航省（区、市）安全监督管理局"三级政府监管体制。

一、中国民航管理体制的改革历程

中国民航管理体制改革的历程，始终伴随着中国改革开放的伟大历史进程。改革开放30年来，中国民航通过三个阶段系统性的体制改革，使原来军民合一、政企不分的民航管理体制，逐渐转变为政企分离、机场属地化管理、多种所有制企业平等竞争的民航管理体制。

（一）新中国成立至改革开放前的30年——民航管理体制频繁变迁

1949年11月2日成立中国民用航空局后，民航管理体制不断变化。1952年5月，中央军委、政务院决定将中国民航归空军建制，并将民航行政管理和业务经营分开，改设民航局做行政领导机构，设民航公司为经营业务的机构。1954年11月，中国民航局直属国务院领导，1958年2月，划归交通部领导，后又改为交通部民航总局。1962年4月又恢复为国务院直属局。1969年11月，国务院、中央军委批准并转发中共民航总局委员会《关于进一步改革民航体制和制度的报告》，决定把民航划归中国人民解放军建制，成为空军组成部分，各项制度按军队执行。以上管理体制的变迁都是根据当时政治、经济、社会发展的形势做出的决定。

(二) 始于1980年的改变军队建制——行业迈上企业化道路

1978年开始的解放思想和改革开放，至1980年已经深入到经济社会的各个领域。此时中国民航仍然隶属于空军，实行军队的管理制度，如何适应以经济建设为中心的要求就摆在了国家和行业的面前。1980年2月14日，邓小平同志明确指示："民航总局由国务院领导，这是一个重大的改革。"同时邓小平同志还再一次指示"民航一定要企业化"，为中国民航此后的发展指明了方向。

1980年5月17日，国务院、中央军委发布《关于民航管理体制若干问题的决定》（国发〔1980〕127号），规定自1980年3月15日起民航总局划归国务院领导，不再由空军代管；民航总局是国家民航事业的行政机构，统一管理全国民航的机构、人员和业务，逐步实现企业化的管理。民航的方针、政策、规定等重大问题，由民航总局拟定，报国务院审批。1980年到1986年间，中国民航按照走企业化道路的要求，进行了以经济核算制度和人事劳动制度为核心的一系列管理制度上的改革。改革极大促进了民航生产力的发展，到1986年底，民航的运输总周转量、旅客运输量、货邮运输量分别是1978年的5.2倍、4.3倍、3.5倍。

(三) 始于1987年的政企分离——现代民航管理体制架构基本形成

根据中央1984年《关于改革经济体制的决定》，从1987年开始，民航实施了以政企分开，管理局、航空公司、机场分设为主要内容的体制改革。

1. 构造行业行政管理体制框架

1987年到1992年，分别在北京、上海、广州、成都、西安、沈阳设立民航华北、华东、中南、西南、西北、东北6个地区管理局，主管所辖地区的民用航空事务。在各省（区、市）建立省（区、市）局，各省（区、市）局根据授权承担部分政府职能，同时绝大部分省（区、市）局与机场合一，实行企业化运营，从而形成民航局—地区管理局—省（区、市）局三级行政管理体制。

2. 组建航空运输企业和通用航空企业

1987年到1992年，将原6个地区管理局的航空运输和通用航空业务、资产和人员分离出来，组建了中国国际、东方、南方、北方、西南和西北六大骨干航空公司。从1990年到1994年，按照航空公司与机场分设的原则，对原设有飞机基地的部分民航省（区、市）局进行改革，将其原从事的航空运输和通用航空业务分离出来，并以此为基础组建航空公司的分（子）公司。各航空运输和通用航空企业实行自主经营、自负盈亏、平等竞争。

3. 成立独立的机场管理机构

在民航地区管理局与航空公司和机场分设的改革中，在原地区管理局所在地成立了北京首都、上海虹桥、广州白云、成都双流、西安咸阳和沈阳桃仙机场。原设有飞机基地的民航省（区、市）局在航空公司分（子）公司成立后，与航空公司独立存在，机场管理成为其主要任务。

4. 改革空中交通管理体制

将原各机构的空中交通管理业务（包括航行管制、航行情报、通信导航、气象保证等）相对分立出来，组建相对独立的民航空中交通管理系统。

5. 改革航空运输服务保障系统

将原民航各级管理机构从事的围绕航空主业的服务保障性业务分离出来，组建专业性企事业单位。在1987年到1992年间分别组建中国航空油料总公司、中国航空器材进出口总公司、计算机中心和中国航空结算中心等。

6. 改革投资体制

从1988年到1994年，民航先后制定了允许地方政府、国内企业和公民投资民航企业和机场的规定。一部分省市政府、国内企业纷纷独立投资或与民航（总）局、中央企业合资，组建了20余家航空运输公司和20余家通用航空公司，形成了新的航空公司诞生的高潮。在此期间，还进行了直属机场下放地方管理和地方投资建设并管理机场的改革试点。同时，民航开始向外资开放，允许外商投资航空公司、机场、飞机维修和民航相关企业。东方航空公司、南方航空公司、首都机场、中国航信等企业先后在香港、纽约等地上市，一批外商投资的飞机维修公司和配餐公司纷纷诞生。

（四）始于2002年的航空运输企业联合重组、机场属地化管理——民航市场化管理体制初步形成

根据中央完善社会主义市场经济体制和深化国有资产管理体制改革的要求，中国民航在2002—2004年进行了以"航空运输企业联合重组、机场属地化管理"为主要内容的第三阶段改革。

对原民航总局直属的9家航空公司进行联合重组，成立了中国航空集团公司、中国东方航空集团公司和中国南方航空集团公司，交由国务院国有资产管理委员会管理。对原民航总局直接管理的航空运输服务保障企业进行改革重组，分别成立了中国航空器材进出口集团公司、中国航空油料集团公司和中国航空信息集团公司，交由国务院国有资产管理委员会管理。除首都机场和西藏自治区区内机场外，原民航总局直属的机场全部移交地方政府管理。民航行业管理部门进行了机构、职能的调整，撤销民航省（区、市）局，将"民航总局—地区管理局—省（区、市）局"三级行政管理，改为"民航总局—地区管理局—民航省（区、市）安全监督管理办公室"两级行政管理，其中省（区、市）安全监督管理办公室是地区管理局的派驻机构。改革空中交通管理体制，形成了民航总局空管局—地区空管局—空管中心（站）三级管理与运营的体制架构，并进而按照"政事分开、运行一体化"原则进一步理顺空管体制。改革民用航空公安体制，加强航空保安工作，组建了空中警察队伍。

第三阶段改革完成后，在理顺行业管理体制的同时，民航在市场准入、价格等方面，以市场为导向的改革也不断深化。2005年，《国内投资民用航空业规定》正式发布施行，放宽对所有权的限制，鼓励民营资本进入民航业，目前已有多家民营航空公司参与国内市场竞争。放松航线准入、航班安排和设置运营基地的管制。放松价格管制，航

空公司以政府确定的基准价为基础,在规定的幅度内自主确定价格,对旅游航线、多种运输方式竞争激烈的短途航线和独家经营航线,完全实行市场价格。

2008年3月,第十一届全国人民代表大会第一次会议通过《国务院机构改革方案》,决定组建交通运输部,将交通部、中国民用航空总局的职责,建设部的指导城市客运职责,整合划入交通运输部。组建国家民用航空局,由交通运输部管理,不再保留交通部、中国民用航空总局。中国民航正在按照《国务院机构改革方案》的要求,进行新的民航行政管理体制的改革。目前,中国民航形成了"民航局—民航地区管理局—民航省(区、市)安全监督管理局"三级政府监管体制。

二、中国民用航空局的主要职责

中国民用航空局是国务院部委管理的国家局(由交通运输部管理),是中国政府管理和协调中国民用航空运输业务的职能部门,对中国民用航空事业实施行业管理。

按照《国务院机构改革方案》的要求,为建立适应社会主义市场经济的民航管理体制,中国民用航空局确立了新的职责:

(1) 研究并提出民航事业发展的方针、政策和战略;拟定民航法律、法规草案,经批准后监督执行;推进和指导民航行业体制改革和企业改革工作。

(2) 编制民航行业中长期发展规划;对行业实施宏观管理;负责全行业综合统计和信息化工作。

(3) 制定保障民用航空安全的方针政策和规章制度,监督管理民航行业的飞行安全和地面安全;制定航空器飞行事故和事故征候标准,按规定调查处理航空器飞行事故。

(4) 制定民用航空飞行标准及管理规章制度,对民用航空器运营人实施运行合格审定和持续监督检查,负责民用航空飞行人员、飞行签派人员的资格管理;审批机场飞行程序和运行最低标准;管理民用航空卫生工作。

(5) 制定民用航空器适航管理标准和规章制度,负责民用航空器型号合格审定、生产许可审定、适航审查、国籍登记、维修许可审定和维修人员资格管理并持续监督检查。

(6) 制定民用航空空中交通管理标准和规章制度,编制民用航空空域规划,负责民航航路的建设和管理,对民用航空器实施空中交通管理,负责空中交通管制人员的资格管理;管理民航导航通信、航行情报和航空气象工作。

(7) 制定民用机场建设和安全运行标准及规章制度,监督管理机场建设和安全运行;审批机场总体规划,对民用机场实行使用许可管理;实施对民用机场飞行区适用性、环境保护和土地使用的行业管理。

(8) 制定民航安全保卫管理标准和规章,管理民航空防安全;监督检查防范和处置劫机、炸机预案,指导和处理非法干扰民航安全的重大事件;管理和指导机场安检、治安及消防救援工作。

(9) 制定航空运输、通用航空政策和规章制度,管理航空运输和通用航空市场;对民航企业实行经营许可管理;组织协调重要运输任务。

(10) 研究并提出民航行业价格政策及经济调节办法,监测民航行业经济效益,管理有关预算资金；审核、报批企业购买和租赁民用飞机的申请；研究并提出民航行业劳动工资政策，管理和指导直属单位劳动工资工作。

（11）领导民航地区、自治区、直辖市管理局和管理民航直属院校等事业单位；按规定范围管理干部；组织和指导培训教育工作。

（12）代表国家处理涉外民航事务，负责对外航空谈判、签约并监督实施，维护国家航空权益；参加国际民航组织活动及涉民航事务的政府间国际组织和多边活动；处理涉香港特别行政区及澳门、台湾地区的民航事务。

（13）负责民航党群工作和思想政治工作。

（14）承办国务院交办的其他事项。

三、中国民用航空局管理机构体系

中国民用航空局管理机构设置分为民航局内设机构、民航地区管理局和民航局直属机构。民航局内设机构中有13个业务司局（办公室），主要负责相关民航业务的管理。

全国分为7大民用航空管理区，由民用航空局下设的7个民航地区管理局，负责管理本地区所属航空公司、机场、航站、导航台等企事业单位的行政与航空事务。中国民用航空局行政管理机构设置如图3.1所示。

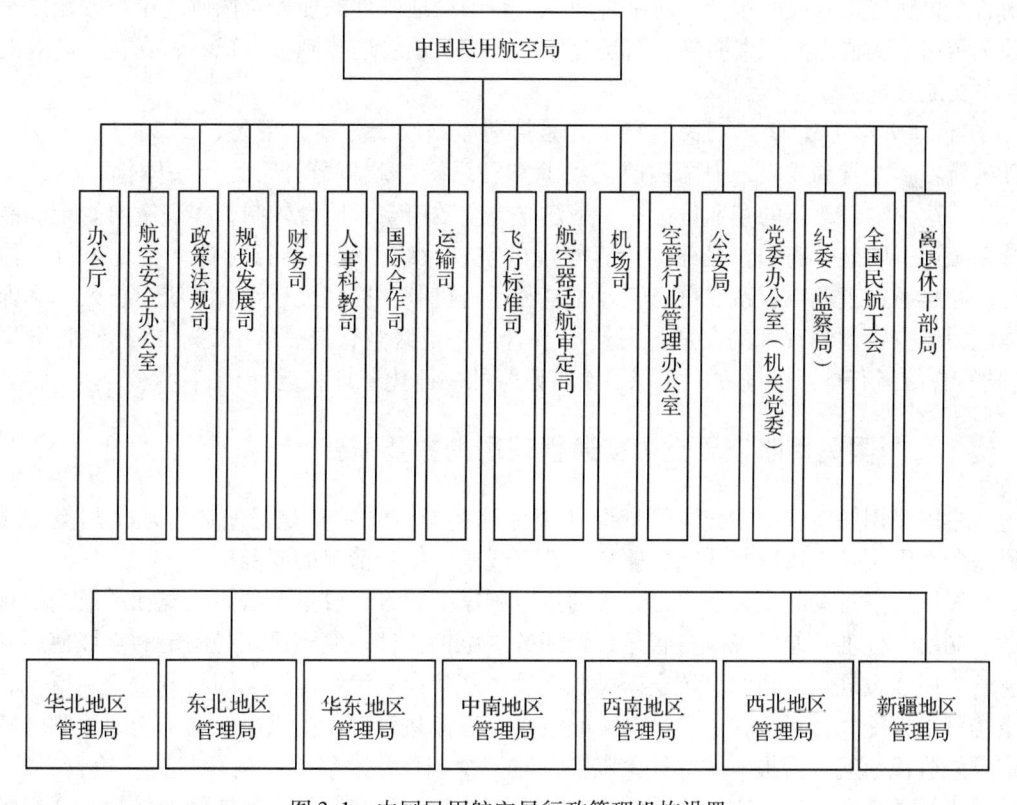

图3.1 中国民用航空局行政管理机构设置

中国民用航空局直属机构，包括民航局空中交通管理局、首都机场集团、民航局清算中心、民航局信息中心、民航院校和科研所等企业事业单位。

2009年3月24日，民航华北地区管理局在天津机场举行民航天津安全监督管理办公室更名暨安全监督管理局揭牌仪式。民航天津安全监督管理局揭牌，是全民航系统落实国务院相关决定，成立省、市、自治区航空安全监督管理局揭牌的第一个单位，这标志着中国民航安全监管新体制的开始与民航行业政府管理职能的转变。全国33个省、区、市各设一个民航安全监督管理局。

目前，中国民用航空局、7个地区管理局、33个安全监督管理局的三级行业监管体制业已形成。

第三节 空中交通管理体制

空中交通管理体制指空中交通管理系统的组织和管理及组织制度，在空中交通管理活动的各种要素中处于主导地位，决定了空中交通管理的性质、空中交通管理活动的方向及空中交通管理活动的效率和效果。空中交通管理涉及国家领空安全、空域分类与利用、军民航协调、航线布局、流量管理等。空中交通管理的任务与性质决定需要建立和健全结构层次清晰、职责明确、密切合作的空中交通管理体制，为统一、安全、高效的空中交通管理提供组织保障。

自2007年4月27日《民航空中交通管理体制改革方案》下发，到2007年9月5日民航新疆空管局成立，中国民航完成了空管系统"政事分开、运行一体化"的改革工作。这次空管改革的基本目标：一是建立健全政府空管监管体制，实现政府管理职能与系统运行职能分离；二是建立垂直管理的空管系统，统一运行指挥，实现运行一体化；三是通过理顺空管系统自身管理体制和运行机制，提高民航空管系统运行效率和保障能力。空管体制改革的完成，民航局空管局—地区空管局—省（区、市）空管分局（站）三级运行体系的建立，实现了空管系统的一体化管理和运行。

一、中国民用航空局空中交通管理局的主要职责

中国民用航空局空中交通管理局（简称民航局空管局）是民航局管理全国空中交通服务、民用航空通信、导航、监视、航空气象、航行情报的职能机构。

民航局空管局的主要职责是：贯彻执行国家空管方针政策、法律法规和民航局的规章、制度、标准；制定民航空管运行管理的规范性文件；实施民航局制定的空域使用和空管发展建设规划，组织协调全国民航空管系统建设；组织协调全国航班时刻和空域容量等资源分配执行工作，负责全国民航空中交通流量管理；提供民航空中交通管制和通信导航监视、航行情报、航空气象服务，监控全国民航空管系统运行状况；负责专机、重要飞行活动和民用航空器搜寻救援空管保障工作；研究开发民航空管新技术，并组织

推广应用；领导管理各民航地区空管局，按照规定，负责管理所属单位行政、规划投资、人力资源、财务、党群等工作。

二、中国民航空管系统行业管理体制

中国民航空管系统现行行业管理体制为民航局空管局、地区空管局、空管分局（站）三级管理；运行组织形式基本是以区域管制、进近管制、机场管制为主线的三级空中交通服务体系。

民航局空中交通管理局、民航地区空中交通管理局、民航省（区、市）空中交通管理分局（站）为民航局所属事业单位，实行企业化管理，按授权负责民航空中交通管理工作。

民航局空中交通管理局领导管理民航七大地区空管局及其下属的民航各空管单位，驻省会城市（直辖市）民航空管单位简称空中交通管理分局，其余民航空管单位均简称为空中交通管理站。

中国民航局空管局机构设置如图3.2所示。

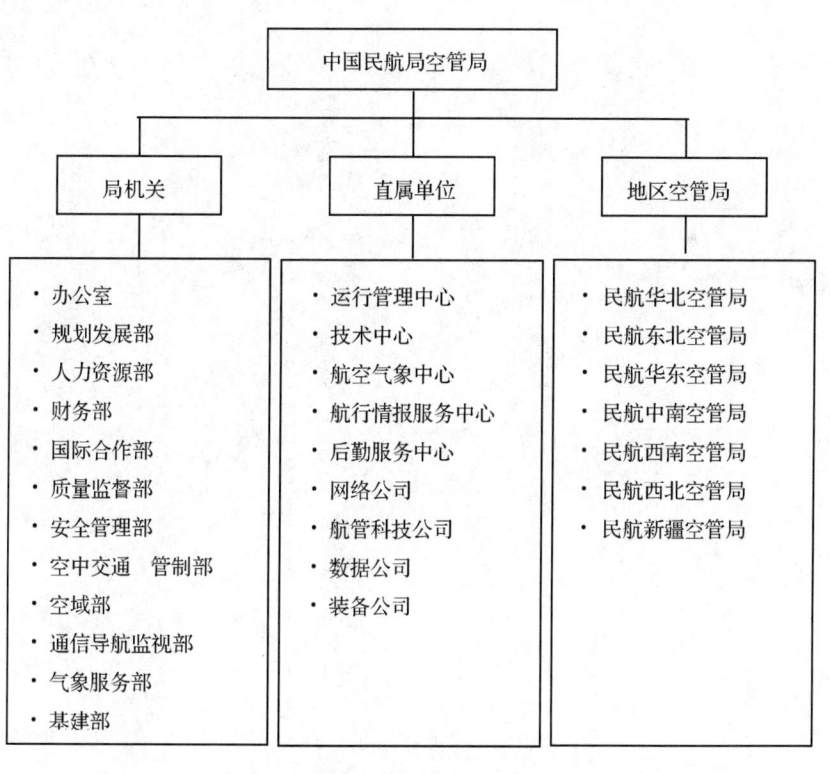

```
                    中国民航局空管局
         ┌───────────────┼───────────────┐
       局机关           直属单位         地区空管局
    ┌──────────┐    ┌──────────┐    ┌──────────┐
    │·办公室    │    │·运行管理中心│    │·民航华北空管局│
    │·规划发展部 │    │·技术中心  │    │·民航东北空管局│
    │·人力资源部 │    │·航空气象中心│    │·民航华东空管局│
    │·财务部    │    │·航行情报服务中心│ │·民航中南空管局│
    │·国际合作部 │    │·后勤服务中心│    │·民航西南空管局│
    │·质量监督部 │    │·网络公司  │    │·民航西北空管局│
    │·安全管理部 │    │·航管科技公司│    │·民航新疆空管局│
    │·空中交通 管制部│ │·数据公司  │    └──────────┘
    │·空域部    │    │·装备公司  │
    │·通信导航监视部│ └──────────┘
    │·气象服务部 │
    │·基建部    │
    └──────────┘
```

图3.2 中国民航局空管局机构设置

三、民航地区空中交通管理局的主要职责

民航地区空中交通管理局是管理本地区空中交通服务、民用航空通信、导航、监视、航空气象、航行情报的职能机构。

民航地区空中交通管理局的主要职责是：贯彻执行国家空管方针政策、法律法规以及民航局的决定、指令和规章制度；实施本地区空域使用和空管发展建设规划，组织实施本地区民航空管系统建设；负责本地区民航空管业务管理和专业技术培训；提供民航空中交通管制、航行情报、通信导航监视、航空气象服务；负责本地区专机、重要飞行活动和民用航空器搜寻救援空管保障工作；负责辖区内航班时刻和空域容量等资源分配的执行工作；监控本地区民航空管系统运行状况；负责所属单位民航空管设施设备的维修维护；领导管理民航省（区、市）空中交通管理分局（站），负责管理所属单位的行政、规划投资、人力资源、财务、党群等工作。

第四章　航空运输组织与管理

第一节　空中交通运营与管理

就像汽车在公路上行驶需要交通警察提供指挥与服务一样，飞机在空中飞行也需要有专门的机构为其提供指挥与服务。空中交通管理的基本任务是：使航空公司或经营人能够按照原来预定的起飞时间和到场时间飞行，在实施过程中能以最少（最小）程度的限制，不降低安全系数地有效运行。航空运输所需要的空中交通服务主要有空中交通管制服务、飞行情报服务、告警服务。在我国，空中交通服务是由专门的机构——空中交通管理局负责实施的。空中交通管理局是国家民航局的下设机构，它负责规划、建设空中交通服务设备设施，为各航空公司提供空中交通管制服务、飞行情报服务和告警服务，并收取相应的费用。

一、空中交通管制服务（ATC）

空中交通管制服务是对航空器的飞行和地面活动所进行的管理与控制，其任务是保证飞行安全，防止航空器与航空器、航空器与地面车辆及障碍物等相撞，维护空中交通秩序，保障空中交通畅通，提高飞行效率。

（一）空中交通管制机构

空中交通管制机构分为塔台、进近管制中心和区域管制中心，它们分别负责不同空域的空中交通管制。

1. 塔台

塔台负责机场管制区的空中交通管制，包括在机场范围和起落航线上（半径不超过25海里）提供交通管制服务。塔台的主要任务是指挥飞机在机场管制区的空中飞行，指挥飞机的起降和在机坪上的运动，防止飞机在运动中与地面车辆和地面障碍物发生碰撞。

2. 进近管制中心

进近管制中心负责进近管制区的空中交通管制。进近管制区下接机场管制区，上接航路区，一般范围大约在机场 90 公里半径之内，高度 5000 米以下。飞机在这个区域内起飞离场进入航线，或是下降离开航线转入进近，直到落地。进近管制中心主要负责飞机的离场进入航线和进近着陆。它是机场管制和航路管制的中间环节。

3. 区域（航路）管制中心

区域管制中心负责向在航线上飞行的航空器提供空中交通管制服务，主要任务是根据飞机的飞行计划，批准飞机在其管区内的飞行，保证飞行间隔，然后把飞机移交到相邻空域，或把到达目的地的飞机移交给进近管制中心。在繁忙的空域，区域管制中心把空域分成几个扇面，每个扇面只负责特定部分空域或特定几条航路上的空中交通管制。

在实践中，上述三个空中交通管制机构的控制范围的划分不是绝对的，在有利于空中交通的前提下，可以做一些调整。例如，在一些业务量较小的机场，一般不设进近管制中心，进近管制服务可由机场塔台或区域管制中心来提供。

（二）空中交通管制方法

按照空中交通管制手段的区别，空中交通管制有程序管制、雷达管制和自动化管制三种不同的方法。

1. 程序管制

程序管制是按照事先拟定的飞行计划和飞机的实际飞行进程进行空中交通管制。飞行计划是航空器使用者（航空公司或驾驶员）在飞行前提交给空中交通服务当局的关于这次飞行的详细说明，包括飞行的航路、飞行高度、飞行速度、目的地机场、预计飞行时间、备降机场、携带油量等内容。空中交通管制员根据飞行计划和驾驶员在飞行中的位置报告，填写飞行进程单，通过计算确定飞机之间的相互位置关系，发布指令，调配飞机之间的间隔，保持规定的安全距离和高度差，保证飞机有秩序地安全地飞行。

2. 雷达管制

第二次世界大战以后，战时发展起来的雷达技术被应用于空中交通管制领域，产生了雷达管制方法。

雷达管制是在机场和航路上安装监视雷达，包括一次雷达和二次雷达。一次雷达系统中的发射机和天线向空中发出高能脉冲波，脉冲波遇到物体被反射回来，通过天线和接收机接收后，在显示器上显示为一个个亮点。二次雷达系统发射的脉冲波则与飞机上安装的应答机相互作用，应答机接收到地面二次雷达发出的询问信号后，很快发出回答信号，这些信号被地面二次雷达天线接收，经过译码，在显示这架飞机的亮点旁显示出飞机的识别号码和高度，空中交通管制员根据这些雷达显示，结合飞行计划和飞行进程单，能够很快判明飞机的位置，向空中的飞机发出指令，实施管理。

与程序管制相比，管制员可以"看到"飞机，更快地做出准确判断，因而可以缩小飞机之间的间隔，使机场跑道空域和航路的利用率大为提高。

3. 自动化管制

自动化管制也称雷达自动化管制，它是将计算机技术和雷达技术结合起来，实现航管雷达的全自动化。在自动化管制系统中，一、二次雷达信息和飞行计划信息都被输入计算机数据处理系统，当自动化管制系统跟踪一架飞机时，管制员可以在雷达屏幕上得到飞机的全部有关数据，包括下一步预计的位置和高度，管制员可以脱离飞行计划和飞行进程单，从而进一步提高工作效率和空域利用率。目前，自动化管制系统仍在不断完善中。

二、航行情报服务（FIS）

为了保证飞行安全，空中交通服务部门要向驾驶员和有关航行的系统提供准确的飞行前和飞行中所需的情报，这项任务称为航行情报服务，包括：

（1）编辑出版航行资料汇编。航行资料汇编是在国际上交换的关于一个国家或地区航行方面的基本资料和数据，为国际航线使用，内容有民航当局认可的机场、气象、空中规则、导航设施、服务程序、在飞行中可以得到的服务和设施的基本情况等。

（2）编辑出版各种航图。航图是把与航行有关的地形、导航设施、机场的标准、限制以及有关数据全部标示出来的地图。

（3）收集、校核和发布航行通告。航行通告是航行情报服务的最重要内容之一，它及时向飞行有关人员通知航行设施、服务和程序的建立及状况变化，以及航路上出现的危险情况等，是飞行人员和其他有关人员必须及时了解的资料，也是一级航行情报。

（4）向机组提供飞行前和飞行后的航行资料服务。

（5）在飞行中提供飞行情报服务。

三、告警服务（AS）

告警服务是指当航空器出现紧急状况，如发动机故障、无线电通讯失效、遭遇空中非法劫持等，需要救援和搜寻时，空中交通服务部门应该提供的服务，包括向有关单位发出通知、协助救援和搜寻等。告警服务不是一项由某个专门机构提供的、独立的服务，而是当紧急情况发生时由当事的空中交通管制机构提供的服务。

航空公司、机场、空中交通服务构成了航空运输系统的核心环节，无论缺少了哪一个环节，航空运输都无法进行。

第二节　航空公司生产组织管理

为了实现公司的经营战略，航空公司必须有效地进行运输生产的组织与管理，其过程主要包括航班计划、市场销售、飞行组织与实施等。

一、航班计划

航班计划是规定正班飞行的航线、机型、班次和班期时刻的计划。正班飞行是按照对外公布的班期时刻表进行的航班飞行。在我国，正班飞行完成的周转量、运输量，大约占到全部航空运输周转量、运输量的90%左右。正班飞行的航线、机型、班次和班期时刻，实际上就是航空公司向社会承诺提供的航空运输服务产品，从这个意义上说，航班计划是航空公司最重要的生产作业计划，是组织与协调航空运输生产活动的基本依据。从飞机调配、空勤组排班，到座位销售、地面运输服务组织，航空公司运输生产过程的各个环节，都要依据航班计划进行组织与安排。科学地制定航班计划，有效地执行航班计划，是保证航空运输生产正常进行，进而实现企业发展目标的重要环节。

（一）航班计划的内容

航班计划主要包括以下内容：

1. 航线

航线必须同时具备三个条件，才能列入航班计划：有定期航班飞行；有足以保证飞行和起降所需的机场和其他设备设施；经过主管部门批准，因为航线的开辟涉及空运市场管理与空域管制问题，需要政府主管部门进行宏观调控。目前我国的航空公司开辟新航线必须报请民航局运输司和空中交通管理局审批。

2. 机型

指正班飞行计划使用的飞机型号。飞机型号是飞机制造厂家按照飞机的基本设计所确定的飞机类型编号。不同的机型，其基本设计不同，最大起飞全重、巡航速度、最大业载航程、对机场跑道的要求等技术指标都有所不同。飞机技术性能又直接影响飞机的适用范围、载运能力、销售价格及运输成本，因此必须综合考虑各航线的航路条件、起降机场条件、空运需求数量，以及航空公司机队构成和各机型的技术性能等因素，把航空公司现有的各型飞机正确配置到各条航线上去，这是提高航线经营效益的重要条件。

3. 航班号

航班号即航班编号，它是按照统一规定的编号原则确定的。例如，目前我国国内航班编号由执飞航空公司两字英文代码和四位阿拉伯数字组成，四位数字中的第一位是执飞该航班的航空公司的航班数字代号，第二位数字是航班终点站所属民航管理局的数字代号，第三和第四位数是航班的顺序号，单数表示去程（由飞机基地飞出的航程），双数表示回程（飞回飞机基地的航程）。例如，中国国际航空公司的英文代码是CA，其国内航班数字代号是1，民航华东管理局的数字代号是5，因此国际航空公司飞往华东地区的航班编号为CA15××，最后两位数字按航班顺序用单数编排。我国航空公司的二字代码如表4-1所示。

表 4-1　我国航空公司二字代码

航空公司	二字代码	航空公司	二字代码
中国国际航空公司	CA	金鹿航空公司	JD
中国南方航空公司	CZ	奥凯航空公司	BK
中国东方航空公司	MU	春秋航空公司	9C
厦门航空公司	MF	东北航空公司	NS
山东航空公司	SC	西部航空公司	PN
上海航空公司	FM	中国联合航空公司	KN
深圳航空公司	ZH	吉祥航空公司	HO
四川航空公司	3U	鹰联航空公司	EU
海南航空公司	HU	重庆航空公司	OQ
鲲鹏航空公司	VD	翡翠航空公司	JI
祥鹏航空公司	8L	中国邮政航空公司	8Y
天津航空公司	GS	中国通用航空公司	GP

4. 每周班次

指航班在一周内的飞行次数。由航班始发站到终点站，再回到原来的始发站，一个往返称为一个班次。每周班次要根据空运需求大小、适用的机型、起降机场的条件及航班时刻的分配（即 Slot 分配）等因素进行安排。

5. 班期

指航班飞行日期，即航班在一周中的哪一天飞行。

6. 时刻

指航班起飞和到达的时刻。

航班的班期和时刻，要在综合考虑具体航线上的空运需求的时间分布特征、飞机的充分利用、航班之间的衔接，以及机场和航路的合理使用等因素的基础上进行安排。

航班计划表的基本形式见表 4-2 所示。

表 4-2　航班计划表

航线	机型	每周班次	航班号		班期		时　刻			
			去程	回程	去程	回程	起飞	到达	起飞	到达

（二）航班计划的编排

1. 编制航班计划的时间要求

由于航空运输具有较强的季节性，为了适应空运需求的季节性变化，我国航空公司目前每年编制两期航班计划，一期是夏秋航班计划，自 4 月初至 10 月下旬执行；另一期是冬春航班计划，自 11 月初至来年 3 月下旬执行。无论夏秋航班计划还是冬春航班计划，航空公司都要提前 10 个月左右开始编制，提前半年做出航班计划草案，报民航局审核，并在民航局召开由航空公司、机场、空中交通管理部门参加的航班协调会上进行平衡和协调。航班计划正式确定之后，要在执行前两个月左右进入销售系统，在执行前一个月左右以班期时刻表的形式向社会公众公布。

2. 编制航班计划的过程

航班计划的编制过程一般需经过以下步骤：

1) 调查研究和预测，掌握航空运输生产的外部环境和内部条件

直接影响航班计划制定的外部环境和内部条件有：

（1）国际国内政治经济形势，国家政策和法律法规的调整，政府签署的双边或多边航空运输协议，以及有关地区的政治、经济情况和重要的文体活动情况。

（2）各航线的市场需求状况，如旅客、货物的流量流向，本公司的市场份额，主要客户的需求重点及其数量和季节性等。

（3）主要竞争对手的发展情况，包括其他航空公司的生产经营情况和经营战略与策略，公路、铁路等能够提供替代服务的运输方式的发展情况等。

（4）有关机场的情况，如机场的海拔高度、净空条件、跑道条件、通讯导航设施、候机楼及货运仓库能力等。

（5）原有航线的成本与效益情况，如原有航线、机型的运输成本、客座率、载运率、小时生产率、收入与利润等。

（6）企业的长远发展战略目标，如市场定位、企业规模、航线布局模式选择，以及其他重要的生产经营方针与政策。

（7）企业的生产能力，包括机队的规模与结构、各型飞机的技术经济性能、可提供的飞行小时和可用吨公里（即最大周转量）、配套机组数量和可提供的飞行小时，以及维修能力和地面服务能力等。

（8）上期计划和上年同期计划的有关数据及执行情况。

（9）各驻外办事处与各业务部门对上期航班计划执行情况的意见反馈。

2) 提出任务目标和市场目标

即根据调查研究所掌握的外部环境和内部条件，提出企业一定时期内的航空运输周转量、运输量、运输收入，以及市场占有率等目标。

3) 编制航班计划草案

这一步是航班计划编制的核心环节，主要工作是逐条航线进行分析，根据企业内外条件和发展目标，对每条航线的机型、每周班次、班期时刻等提出安排意见。

（1）安排航线

对于原有航线，应根据市场需求、经营状况和企业运力情况决定是否进行调整。运量增长较大、效益好的航线，不仅要继续执飞，还应考虑是否需要增加运力投放（增加航班或使用较大机型），以抢占市场份额；运量不足，效益差，且无望扭转的航线，

或由于国际形势变化难以保证飞行安全的航线，应考虑停飞；对于旅客和货物的流向有了较大变化的航线，则应当考虑航线延伸、增加或减少经停点，与其他航班的衔接等，以适应市场需求的变化。

对于准备开辟的新航线，要进行充分的调查研究，摸清技术上的可行性和经济上的合理性（包括航班的经济效益和对公司整个航线网络的贡献），提出开航报告，报请主管部门批准后，才能列入航班计划。

无论开辟新航线还是调整原有航线，最重要的依据都是航空运输需求，尤其要注意摸清旅客、货物航空旅行的原始出发地和最终目的地，即人们常说的 O&D 需求，根据 O&D 需求来安排航空公司的航线。

假设甲航空公司执飞湛江至上海的 451 航班，乙航空公司执飞上海—福州—新加坡之间的 329 航班，如图 4.1 所示。如果甲航空公司发现 451 航班上有相当数量的旅客需要取道上海前往新加坡，在符合中新两国政府双边航空协议的条件下，甲公司应当考虑开辟湛江至新加坡的航线。

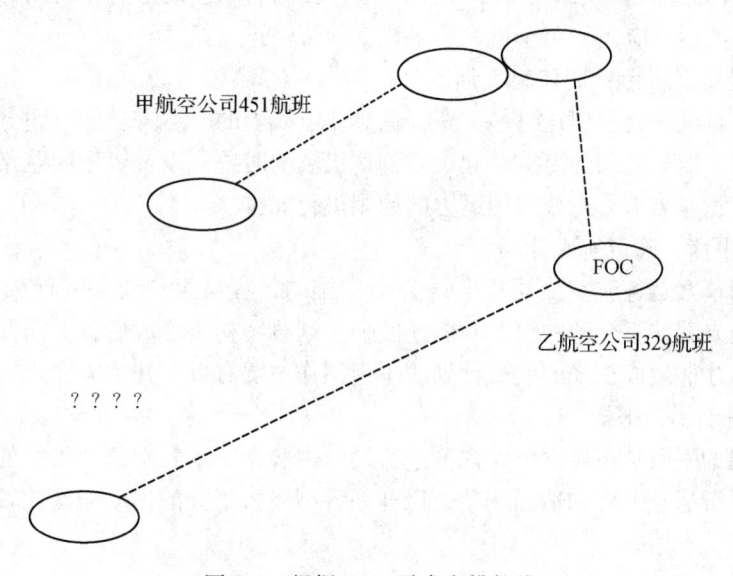

图 4.1　根据 O&D 需求安排航线

无论开辟新航线还是调整原有航线，都要考虑经营该航线的经济效益，但考虑经济效益并不意味着要求每条航线都赢利。对于具体某一条航线来说，它有可能正处于市场培养期，目前尚不能赢利，但有很大的发展潜力；也有些航线虽然自身不赢利，但能够为其他航线馈送运量，对于航空公司的整个航线网络具有重要贡献，这样的航线无疑应当继续经营下去。评价航线经济价值的基本标准是航班运输收入大于航班经营的变动成本，如果航班运输收入小于航班经营的变动成本，那么飞得越多，亏损越大，一般来说这样的航线就不应经营下去了。

（2）安排机型与每周班次

对于机型和每周班次的安排首先要考虑机场、航路条件和飞机的技术性能，根据具体航线的航程、机场海拔高度、跑道承载能力、Slot 分配等因素，选择合适的机型。在满足航班飞行的技术要求的前提下，再考虑空运需求量的大小、各种可能机型对旅客的吸引力，以及不同机型、不同班次的经济效益等因素，来安排各条航线的机型和每周班次。当需求量或预计运量已经确定的情况下，机型大小与每周班次多少之间是一种反向变化的关系，即：

$$每班可用客座 = \frac{预计每周客运量}{计划客座利用率 \times 每周班次}$$

$$每周班次 = \frac{预计每周客运量}{每班可用客座 \times 计划客座利用率}$$

一般来说，预计运量小的话，每周班次应当较少。但是如果每周班次过少，航空运输快速、舒适的优越性不明显，就难以吸引旅客，有可能陷入需求小、航班少，航班越少、需求越小的恶性循环之中。因此，如果航空公司有相应的运力，机场对于 Slot 分配没有严格限制的话，应当采用小机型、多班次的策略进行经营。

（3）安排班期飞行日期和起飞到达时刻

班期飞行日期和起飞到达时刻，要根据具体航线上的空运需求的时间分布特征、飞机的充分利用、航班之间的衔接、起飞与到达机场的时差，以及机场和航路的合理使用等因素，本着适应需求、充分利用运力的原则进行安排。

4）综合平衡，确定航班计划

航班计划草案是各航空公司逐航线分析安排的，容易出现就某一航线来说是合理的，但就全局来看并不合理的情况，因此航班计划草案初步形成后，还需要进行一系列的平衡工作，才能生成正式的航班计划。平衡工作主要有以下几个方面：

（1）飞机使用的平衡

飞机使用的平衡是在航空公司内部进行的，内容是对本航空公司飞行的各个航班的机型和班期进行通盘考虑和适当调整，以便使各型飞机每天的出动架次比较均匀，最大限度地提高飞机利用率。

（2）航线班期密度的平衡

航线班期密度的平衡是在经营同一条航线的各个航空公司之间进行的，内容是对各公司在同一航线上的航班班期与时刻进行协调与调整，以便使航班班期时刻更好地适应需求特点，使机场的设备设施得到充分与合理的利用。

（3）机场工作量的平衡

机场工作量的平衡是在需要使用同一机场的航空公司之间进行的，内容是对这些航空公司的 Slot 分配进行协调，以便使机场的设备设施得到充分与合理的利用。

上述平衡工作，都需要在航空公司、机场、空中交通管理部门之间反复协商，主要通过航班协调会进行平衡。

5）航班计划的执行与调整

航班计划确定之后，航空公司要在正式执行前向社会公众公布，并严格按计划执行正班飞行。机务部门要按照航班计划安排飞机的使用，航务部门按照航班计划进行机组和乘务组排班，销售部门按照航班计划进行座位销售。当遇到特殊原因，如天气变化、需求量大量减少等，需要对航班计划中的机型、班次进行调整时（如取消航班、合并航班等），应当做出调整方案，报公司主管部门批准，并注意切实安排好已订座旅客的行程。

二、市场销售

市场销售即根据航班计划，航空公司市场销售部门以及销售代理，在公布的订座期限内，进行航班座位销售。市场销售是航空公司回收投资的主要环节。航班座位销售将直接影响航空公司的经济收益。

市场销售包括直接销售和间接销售。

直接销售是将运输产品直接销售给顾客，航空运输企业通过自己的销售人员或者建立计算机网络系统进行销售。

直接销售省去了许多中间环节，其优势在于：直接与顾客接触，以利于改进服务，控制运价；充分了解运输市场以及顾客的需求，并为满足顾客的特殊需求提供可能；加快资金周转，减少投资风险；与顾客建立良好的关系；有利于减少销售成本。

随着互联网的发展和电子客票时代的到来，航空公司的直销渠道开始大面积向电子商务模式转化。就国内而言，主流航空公司都已经建立了自己的直销网站，旅客可以自行在其直销网站上查看航班座位状况，并进行预订、在线付费，完成自助购票的一系列流程。航空公司网站直销，可以使航空公司与旅客建立更加紧密的联系，为旅客提供更好的服务。旅客购买直销的电子客票时，相关信息可以直接进入航空公司的客户档案，航空公司可以利用这些信息分析旅客的旅行习惯和规律，采取主动营销、个性化营销等手段，提高服务质量。

由于以上优点，国内外航空公司的电子客票直销比例不断提高。数据显示，2008年，这个比例在美国超过60%，在新加坡超过50%。在我国，春秋航空有限公司直销的电子客票比例几乎是100%，其他航空公司的比例相对于10年前也都有了较大的提高。

间接销售主要指通过代理人进行航空公司产品销售，这在目前仍是航空运输产品的主要销售渠道。尽管选择代理人进行产品销售，在某种程度上意味着航空公司利润的减少，但航空运输企业仍然愿意选择代理人进行销售。因为销售代理专门从事运输市场销售工作，更接近运输市场，了解旅客的需求，可以更为有效地进行市场营销。

三、飞行的组织与实施

飞行的组织与实施过程主要包括以下几部分：

1. 旅客乘机阶段

航空公司根据航班时刻表，为旅客安排登机准备，接受旅客的行李交运。同时，机场有关部门对旅客和行李进行安全检查，提供候机服务和查询服务。

2. 运输飞行阶段

运输飞行阶段是实施运输任务的具体过程，分为飞行准备和飞行实施两部分。

飞行准备阶段：为了保证运输飞行安全和正点，航空公司的机务维修部门必须保证飞机的各项性能指标符合适航标准，地勤部门必须保障机上服务用品（如配餐、用水等）准备齐全；机场当局必须确保跑道等设施条件良好，为航班飞机牵引，提供登机桥和其他特种车辆服务；航务管理部门确保飞行调度和通信导航设备可靠，为飞机的起飞、飞行和降落提供可靠的航行指挥和通信服务设施；油料供应必须保证航班用油充足。

飞行实施阶段：在飞机的空中飞行阶段，飞行任务主要由机组和地面空中交通管制指挥部门协作完成；在飞行旅途中，乘务人员向旅客提供优质的空中服务。

3. 旅客离港阶段

在飞机安全抵达目的地机场后，运输服务部门安排旅客下机，卸运行李；航空公司为旅客提供查询和领取行李服务。

第三节 航空货物运输管理

一、航空货运市场

航空货运是一种快捷的现代运输方式。它除了具有速度快、超越地理限制、运价高的特点外，还具有运输方向性（来回程运量有差异）、对象广泛性（货物种类多）、销售集中性（货物市场相对集中、稳定）等特点。随着现代科技的发展，高性能、大运载量、低油耗新型飞机的投入以及人们对时空的新需求，航空货运市场将会不断地拓展和繁荣。

航空货物运输市场分布十分广泛。根据顾客需求，航空货运市场可以分为以下三类：

1. 急快件货物运输市场

急快件货物运输，是顾客紧急需要把货物以最快的速度运达目的地。这一类货物的特点首先是要求时间快，而运输费用在其次，如商业信函票证、生产部件、急救用品、救援物资以及紧急调运物品等。

2. 易腐货物运输市场

从广义上来说，常规易腐货物是指货物的价值与时间密切相关的货物。这一类货物主要有两种：一种是物品本身容易腐烂变质，对运输时间要求严格，如鲜花、海鲜、应时水果等；另一种是物品价值与时间密切相关，对进入市场的时间要求快，如某些商品进入市场的时间越早越能抢占市场，或希望在市场需求处于最佳时投放市场，可以取得最佳经济效益。

3. 常规货物运输市场

尽管急快件和常规易腐货物运输在航空运输市场中占有重要地位，但是航空运输货物中大部分仍是常规非易用货物，即普通货物。

二、航空货运市场的组织方式

航空货运市场应按照市场销售计划，积极开拓市场，组织货源做好充分准备。组织航空货运市场主要有三种方式：

1. 直接销售

航空运输企业通过自己的营业处或收货站，直接进行航空货运业务的销售。与航空旅客运输一样，从事直接销售的业务点一般分布在运量较大的城市，航空公司可以直接组织市场。直接销售的优越性是能够直接控制市场，减少中间环节，提高销售利润。

2. 代理销售

航空运输企业进行直接销售可以减少代理费用。但是，直接销售的业务量不足时，会增加销售成本。因此，航空公司的相当一部分货运吨位通过代理人销售。销售代理人根据与航空公司之间的协议，代表航空公司销售空余吨位，并按照协议收取代理费用。销售代理人可以同时代理多家航空公司的货运销售业务。

3. 联运

由于一个航空公司能够提供服务的航线有限，对于本身不能运达的部分航线，航空公司之间可以用联运服务。这种服务是有偿的，上一个承运人即为下一个承运人的销售代理人，他们之间通过协议分配销售收入。

三、航空货运生产组织与管理

航空货物运输生产的任务，就是承运人按照货运单上的发运日期和航班要求将货物运达目的地。

航空货运生产过程大致分为货物收集、进港、运送、到港和交货等阶段。从生产性质上来看，航空货物运输生产可以分为两大部分，一部分是以货物收集为中心的货运市场组织和管理，另一部分是以货物运送为中心的货物进港、货物运送、货物出港和交付过程。

（一）运输生产计划

根据航空货运市场调查和预测，估算航空货物在各机场之间的流量和流向，确定本公司的市场目标和市场份额。在此基础上，制定货物运输生产计划，主要包括运力计划、运输量计划、周转量计划、收入计划以及运输综合计划等。

（二）货物进出港生产的组织与管理

航空货物运输市场销售部门接收的交运货物，一般在机场组织进港和出港生产。相当大的一部分航空公司委托机场进行进出港的组织和管理，大型航空公司一般在基地机场自行组织货物进出港生产。

货物进出港是一个组织严密的生产过程，有严格的工序控制和定时要求，有严格的操作规范和重量指标，包括载重标准、舱位标准、安全标准等。涉及的部门多，需要统一组织、协调和密切合作。对于旅客航班的货运生产工序，与客运同步进行，以保证航班正点。

（三）吨位控制与配载

航空旅客运输通过座位控制来提高乘坐率。座位控制只考虑客舱的可用座位数，整个客舱空间的占有费用已计入客票之中。航空货物运输则需要通过吨位控制来提高载运率。换言之，货运既要考虑货物的体积，还要考虑货物的重量。因此，吨位控制的任务是通过舱位预订与分配来提高货舱的载运率，避免吨位浪费、超售或装运过载。

由于航空货运可以用全货机或客货混装型飞机运输，因此，吨位控制和配载管理的原则不完全相同。

1. 全货机方式运输

采用全货机方式运输时，吨位控制和配载过程比较单一，主要控制货物体积（不能超高、超长）、形状（易于固定），不能超重。

2. 客货混装方式运输

客货混装方式运输，由于必须首先考虑运送旅客，因此货运吨位控制和配载要在保证客运的前提下进行。首先必须根据乘客的座位分布情况，按照飞机的配载要求，进行货物的重量和位置控制，在保证飞机飞行平稳安全的前提下充分提高飞机载运率。

无论是航空旅客运输，还是航空货物运输，吨位控制与配载管理都是非常重要的工作，必须科学地、严格地按照飞机的性能指标进行控制，在保证飞机飞行安全的前提下，充分提高生产效率和经济效益。

第四节　国际航空运输管理

航空运输是当前主要的国际运输方式之一。当开展国际航空运输业务时，将涉及领空主权、国家关系、航空法律、运价、航线权、航班等问题，需要通过国际性民航组织来协调。

国家主权概念：在国际事务中，尊重国家主权是一个至关重要的原则性问题。国际航空运输的所有活动应建立在这个原则的基础之上。一个国家行使它的主权，对在本国领土和领空范围内，国内和国外的所有航空运输活动以及本国航空运输企业在国外的航空运输事务进行管理。

领空主权概念：第一次世界大战之后，各国政府考虑到本国安全和利益，对其领土之上的空间提出了主权要求。1919年10月通过的《国际民用航空公约》（又称《巴黎公约》）确立了领空主权原则。1944年12月在美国芝加哥修订的《国际民用航空公约》（又称《芝加哥公约》）中，进一步明确了领空主权的原则。该公约认为，国家领空主权是"缔约各国承认每一个国家对其领土之上的空气空间具有完全的和排他性的主权"。航空器的空中活动场所或范围，称为空域或空气空间（Air Space）。根据各国达成的一致原则，空气空间实行领空主权制度，每一个国家对其领空（Territorial Air）享有完全的、排他性的主权。

自1918年11月11日第一次世界大战结束以后，各国政府为保护本国的安全和利益，关于建立空中交通秩序、保障航行和旅客安全的呼声日益高涨。在世界各国政府的共同努力下，先后通过了一系列国际性航空公约，具有重大影响的国际公约有：

《巴黎公约》。1919年10月23日，在法国巴黎会议上通过了《国际民用航空公约》，即《巴黎公约》。这是国际民航史上的第一部大法，对国际民航的发展产生了重要的影响。它第一次确立了领空主权原则，规定了无害通过领空的权利和限制以及国际航线的规则和条件，并对航空器的分类、国籍登记、适航性、出入境、机组人员执照以及禁运物品等做了具体的规定。

《哈瓦那公约》。1928年2月在古巴哈瓦那通过的《哈瓦那公约》，对国际商业性航空运输和造成的地面损害赔偿问题达成共识，做出了明确规定。

《华沙公约》。1929年10月通过的《华沙公约》，对航空运输凭证、承运人的责任和管辖权等进行了规定。

《芝加哥公约》。1944年12月在美国芝加哥修订的《国际民用航空公约》，即《芝加哥公约》。它对国家领空主权和保证国际航行安全等做了进一步明确的规定，对航行技术、行政管理、运输经营等国际性问题做了详细阐述，成为一部更为广泛接受的航空法典。《芝加哥公约》于1947年开始执行。

《日内瓦公约》。1948年6月在瑞士日内瓦通过的《关于国际承认航空器权利的公约》，规定了航空器的拥有权、转让权、租赁权、抵押权、典当权等。

《东京公约》。1963年9月在日本东京签订的《关于在航空器内犯罪和犯有某些其他行为的公约》，为制止航空器内的犯罪行为制定了国际性的制裁依据。1979年2月，中国政府承认《东京公约》。

《海牙公约》。1970年12月在海牙通过的《关于制止非法劫持航空器的公约》，对共同打击非法劫机犯罪活动达成协议。1979年10月，中国政府承认《海牙公约》。

《蒙特利尔公约》。1971年9月在加拿大蒙特利尔通过了《关于制止危害民用航空安全的非法行为的公约》，对共同制止和打击危害航空运输和旅客安全的非法行为制定了更为详细的规定。1979年10月，中国政府承认《蒙特利尔公约》。

第五章 航空公司的经营与战略

民航运输产业的主体是从事民航运输经营活动的各民航运输企业，即通常所说的航空公司，它们掌握航空器，从事生产运输，是民航运输产业生产收入的主要来源。其他与民航运输密切相关的部门，如机场、空管部门等，都是围绕着航空公司开展活动的。一国的民航运输产业竞争力主要体现为该国的航空公司在国际民航运输市场上参与竞争时所表现出的竞争力。国内外经验显示，"航空公司兴则民用航空兴，航空公司衰则民用航空衰"。

第一节 航空公司的经营与成本

一、航空公司成本概述

提供航空运输服务发生的成本是航空公司进行决策的一个重要的考虑因素。航空公司的成本分类依据这些成本被使用的目的来进行。在航空公司的生产计划中，成本信息要满足各方面的要求。在航空公司的经营管理过程中，成本信息通常有四方面的用途：第一，航空公司需要按照管理上的需要和财务会计上的要求将航空公司所有的成本费用进行分类归集，通过对所有成本的归集和分解，反映航空公司各类成本的发展趋势，衡量特定业务活动中每一项成本的效率，如航班运营成本、维修成本等等，目的是最终确保赢利；第二，航空公司需要非常详细的成本信息对航空公司生产进行科学决策，如是否在一个航线上增加或是减少航班，或者决定是取消还是运营某条航线；第三，成本信息在进行定价时是十分重要的，不管是客运还是货运；最后，成本是在对任何投资进行评估时必不可少的要素，不管是买新飞机还是开辟新航线。

没有一种简单的成本分类可以同时满足上述的所有的管理要求。某一种航空公司成本分类方法可能满足一般的管理和会计目的，或许并不适合定价的目的，也有可能根本就不适合用来进行运营决策。所以，很多航空公司根据不同的使用目的将成本按照两到三种方法进行分类。

需要注意的是，各个航空公司用以进行成本分类的方法还依赖于航空公司所在国的会计准则的规定，同时还受到国际民航组织（ICAO）的成本划分的建议的影响。国际民航组织中的各缔约国政府需要在每一年按照其规定的通用标准模式向国际民航组织提供各自国内航空公司的财务数据。以一个标准的成本分类方法向国际民航组织提供数据，是为了将各国航空公司的成本情况放在一起，进行公平的比较。这一要求也促使各国航空公司的成本分类方法与国际民航组织的标准趋同。目前欧美国家航空公司的成本分类办法与国际民航组织方法比较类似。

二、航空公司的成本结构——国际民航组织分类方法

航空公司成本分为直接运营成本和非直接运营成本。直接运营成本，即与航空公司运行的机型相关联的成本，随着机型的改变，这些成本也会改变。广义地讲，这些成本包括飞行费用（如飞行人员的工资、燃油成本等）、所有的维修费、大修成本以及飞机的折旧成本。

表 5-1 航空公司成本构成

直接运营成本（DOC）	航班运营成本	机组薪酬
		燃油成本
		机场收费和航路费
		飞机保险
		飞机租金
	维修成本	工程人员薪酬
		航材消耗成本
		其他维修费用
	折旧和摊销	飞机、发动机、航材折旧
		地面设备资产折旧
		机组训练费摊销
非直接运营成本（IOC）	航站及地面费用	地面人员薪酬
		地面房屋、设备
		地面操作费用（旅客值机、货物处理、飞机勤务清洁等）
	旅客服务成本	乘务员薪酬
		其他旅客服务成本
		旅客保险
	订票、销售费用	
	管理费用及其他运营成本	

非直接运营成本是那些不随着飞机机型改变的成本，因为它们不与飞机的大小和机型相关联。这个类型的成本与旅客相关，如旅客的服务成本、值机成本和销售成本以及航站和地面成本，以及一般的管理费用。但在实际中，这两类成本的划分有时并不很清晰。例如，维修的管理费用、乘务员的工资被一些航空公司成本构成如表5-1所示。而在另外一些航空公司被划为非直接运营成本。

（一）航班运营成本

航班运营成本无疑是航空公司直接运营成本中最大的单项成本。航班运营成本主要包括5项成本：

1. 机组薪酬

这项成本中不仅包括直接的工资、差旅费和中转（stopover）的费用，而且还有津贴、退休保险、其他保险费用以及其他福利。

2. 燃油成本

与飞机机型密切相关，不同机型的燃油消耗不同，取决于该种机型飞机拥有的发动机的型号、大小、推力、数量以及发动机的使用年龄等因素。在运行的过程中，每条航路上的燃油消耗是不相同的，这与航线的航段距离、飞机的重量、空中风的情况以及巡航高度等有关。因此，一个小时的油耗很难去用一个估计值来估计，所以飞行的燃油还是应该根据各个不同的航路单独计算。燃油和润滑油的消耗成本在每个机场也有不同，这和机场的整体供油能力、当地政府对油料的征税、机场油料供应商的价格以及航空公司在这个机场的加油量有关。

3. 机场收费和航路费

机场收费是指航空公司因为使用机场的跑道和候机楼设施而必须支付给机场的费用。机场收费一般包含两个方面：起降费以及旅客过港费。起降费和飞机的重量有关，一般是按照飞机的最大起飞全重收取。旅客过港费与航班上在这个机场过港的旅客人数有关（有时也按下飞机的旅客人数计算）。许多第三世界国家的国际机场，并不按照上下飞机的旅客人数来收费，而是按照离港的人数来向航空公司收费。这与国际民航组织的建议吻合，国际民航组织认为，机场对旅客的收费应由航空公司支付，包含在旅客的机票里。当旅客因为离港而向机场当局直接支付费用时，这个成本就不是航空公司的成本了。在大多数机场，在交纳了基本的起降费后，飞机就可以免费停留2~6个小时。如果飞机的停场时间超过了这个免费时间的限额，航空公司必须交纳额外的飞机停场费或是机库使用费。一般说来，这些费用与基本的起降费和旅客过港费相比要小得多。

航路导航费用与飞机的重量以及飞机的飞行距离有关，甚至还和飞行在什么国家的航路有关。可见，机场收费和航路费都与旅客人数无关，而与机型有关，因此都属于航空公司的直接运营成本。

4. 飞机保险费

航空公司为每架飞机缴纳的保险费用一般按照每一架飞机的全部购买费用来计算，年保险费率一般在1.5%~3%，这依航空公司的不同而不同，因为这与航空公司投保的飞机总架数以及飞机运营的地理环境有关。如果航空公司想全面规避战争风险，或者规避遭受恐怖袭击的风险，或是航空公司运营的飞机正处于战乱地区，航空公司还需要支付一个额外保费，费率一般在2%左右。航空公司的年保险费用一般是固定的，因此可以用全年的保险费除以飞机的全部轮挡小时算出飞机的小时保险费用。

5. 飞机的租赁费用

租赁费一般被当作航空公司的航班运营成本的一部分。在过去的20年里飞机租赁已成为一个普遍的现象，许多小航空公司都是通过租赁飞机进行运营的，甚至在一些大航空公司中，飞机租赁也很常见。飞机租赁一般有两种方式：经营性租赁（operating leases）和融资租赁（financial leases）。经营性租赁一般在5年左右，飞机所有权归出租人所有。融资租赁租期较长，一般涵盖飞机的大部分寿命期限，在租赁期满后，飞机的所有权将转归航空公司所有。在融资租赁业务中，飞机的租金很高，大大提高了航空公司总的航班运营成本。这是因为融资租赁飞机的租金不仅要覆盖飞机的折旧，还要包含出租人的利润。然而，随着航空公司飞机租赁比重的增加，航空公司自有飞机资产减少，导致航空公司自身的折旧成本随之降低，所以，在美国，有些航空公司将飞机租金划分在折旧费用项目中。因此，飞机租赁费用和自有飞机的折旧费用加起来可以看成航空公司的飞机拥有费用。

（二）维修和大修成本

维修成本包含各种不同维修和大修项目所发生的成本，理论上应当按照不同的成本项目进行拆分，然而，在实践中，由于在各个不同的维修项目之间存在着大量的联合成本，很难将维修成本做进一步的细分。国际民航组织就将所有的维修和大修的成本列入一个单独的成本项目。而英国CAA则要求航空公司将维修成本划分成两类，即固定维修成本和变动维修成本。变动维修成本与飞行活动相关，随着飞行活动的变动而变动。

维修成本不仅包括航前航后的航线检查维修工作，同时还包括周期性定检。维修成本主要包含两大方面：一是维修工作所发生的人工成本，人工成本不仅包含与维修工作直接或间接相关的人员成本，还应当包含外站维修人员的人工成本。另一个方面是维修工作中所消耗的航材成本，机身和发动机的航材都有一定的寿命周期（通常用飞行小时和飞行循环来衡量），一旦航材达到其寿命周期，就需要报废或者拆换下来进行维修。

美国交通运输部（DOT）要求航空公司将维修成本分为三大类：机身维修成本、发动机维修成本和其他维修成本。其他维修成本主要包括维修管理费等不能直接归集到上述两项维修成本类别中去的成本。美国的航空公司必须要向联邦政府汇报其运营的各飞机机型的上述三类维修成本情况。联邦政府将这些成本数据进行整理并发布，以供航空公司各自之间、各机型之间以及各发动机之间进行比较。

（三）折旧和摊销

航空公司的飞机折旧成本是直接运营成本的第三项大成本，这与飞机的机型有很大的关系。目前各国航空公司基本都采用0~15%的残值率按照直线法计提飞机折旧。在上世纪70年代中期,飞机的折旧年限通常都小于12年,随着宽体飞机的诞生,新飞机折旧年限随之延长,这主要是因为:第一,新飞机的购买成本要比之前的飞机高很多;第二,航空制造业的技术发展似乎也达到了最高点,很难估计未来的飞机制造技术的发展会影响到新宽体客机的使用生命周期。因此,各国航空公司纷纷将大型宽体客机的折旧年限延长到了14到16年,并采用10%左右的残值率。对于小型短程飞机,特别是涡轮螺旋桨飞机,折旧年限更短,通常在8~10年左右。

折旧的目的有两个。第一,它可以将飞机的购置成本分摊到飞机的使用周期上去。如果一架新飞机的全部成本全部计入购买当年的成本的话,将会极大地增加当年的成本并损害公司当年的赢利情况,特别是公司在购买机队的时候。通过折旧,每年只有一部分的飞机的购买成本计入当期总成本,与公司的收入配比后形成利润。第二,折旧成本是非付现成本,通过折旧可以从每一年的收入中预留一部分与折旧费等价的现金出来,这些现金可以用来偿还购买飞机时的贷款以及利息。如果飞机是全部或者部分用航空公司所有的现金购买的,则通过折旧所积累的资金可以在未来飞机被淘汰时投资新飞机。

航空公司的年折旧成本取决于采用的折旧期限和对残值的估计。假设一家航空公司购买一家波音747-400飞机需要支付1.7亿美元,航材备件3000万美元,一共是2亿美元,假设该架飞机的折旧年限是16年,残值率是10%,则年折旧费是1125万美元:

年折旧 =(飞机和备件的价格 - 最后的残值)/折旧期限
     =(2亿美元 - 0.2亿美元)/16 = 180/16 = 1125万美元

如果航空公司选择一个较短的折旧周期,则年折旧成本就会上升。一旦折旧政策决定下来了,每一架飞机的年折旧成本就成为了固定成本。但是小时成本还取决于每架飞机每年可以飞的小时数。每架飞机的小时折旧成本,等于每年的固定折旧成本除以飞机的年轮挡小时。假设一架波音747-400每年飞行3260轮挡小时的话,小时折旧成本是3450美元(1125万/3260),如果飞机的年利用率提高到5000小时,则小时折旧成本是2250美元(1125万/5000)。这也就是为什么要提高飞机利用率的关键原因,一架飞机一年飞得越多,每轮挡小时的飞机折旧成本就越低。

除了飞机折旧成本外,航空公司还有其他需要进行摊销的成本,如飞行员的训练费,这些费用并不是在发生时就直接计入了当年的成本,而是在一定时间内均匀地分摊。

(四)地面和航站的费用

航站和地面的成本是机场为了给航空公司提供服务而发生的,除了起降费和其他的机场收费以外的成本,这些成本包括航空公司在这个机场工作的员工的薪水以及费用、航空公司为了头等舱和公务旅客准备的休息室、地面服务设施的成本(如地面运输,办公室和相关的设备等)。一般来说,航空公司的航站和地面费用在其基地机场是最高的。

需要注意的是，飞机在外站的维修引起的维修成本应当被视为直接运营成本，但是维修的花费一般说来很难从其航站成本中拆分出来，所以在很多时候，外站的维修成本被视为航站和地面服务成本的一部分。

（五）旅客服务成本

旅客服务成本中最大的单项成本就是乘务人员的工资、津贴和其他的花费。其他花费主要包括过夜停留的旅店和其他成本，以及那些没有进行摊销的机上人员的培训成本。不像飞行员那样，乘务员可以在航空公司的任何一架飞机上进行服务。她们没有限制。因此，她们的成本相对于机型是独立的，被视为间接运营成本。

旅客服务成本的第二大项是那些直接与旅客人数有关的成本。这包括机上的餐饮、中转旅客的住宿成本、其他在地面上为旅客提供的食品和服务，以及当延误发生和飞机取消时的相关成本。

最后一项旅客服务成本是航空公司为旅客交纳的保险费用。这是一个固定的收费，根据前一年的航空公司的全部旅客周转量为基础收取。这个费用还根据每个航空公司的安全记录收取。

（六）售票、销售和广告宣传成本

这些成本包括销售人员的工资、津贴以及其他的费用，如办公室和这些人员工作时的食宿费用，还包括国内外售票处的成本，电话呼叫中心、计算机订票系统和航空公司运营互联网的费用。

此外，销售成本中一个大项成本就是支付给代理的佣金、付给信用卡公司的费用，以及使用全球分销系统的费用。最后，所有的广告费用，也属于这一类成本。

三、国内航空公司的成本分类

目前我国航空公司的成本费用按照能否归集到航线上可分为主营业务成本与期间费用两大部分。航空公司的主营业务成本是指航空公司的飞机在航班生产过程中发生的各种费用。航空公司的期间费用是指本期发生的、不能直接归入某种航线产品的各项费用，包括管理费用、销售费用和财务费用。航空公司的全部成本费用可以用下面的公式表示：

航空公司总的成本费用＝主营业务成本＋期间费用＋主营业务税金及附加

（一）主营业务成本构成

主营业务成本主要包括运输成本和其他业务成本。运输成本由直接营运费和间接营运费构成。

1. 直接运营费

直接营运费的核算对象是公司直接为空中运输发生的基本运输成本，包括空勤人员及飞行学员的工资、补助和飞行人员养成、训练费等直接从事运输业务的人工成本；为机上旅客提供的各种服务成本；航空器的折旧、维护成本；航空器在运营过程中发生的各项消耗性支出等。直接运输成本可直接计入机型和航线的，按机型、航线核算；对于无法直接计入机型的成本，按照相应的分摊方式计入机型成本。

直接营运费包括空地勤人员的工资、奖金、津贴及补贴、福利费，民航基础设施建设基金，航空油料消耗，飞机发动机折旧费，飞机发动机修理费，飞机发动机保险费，经营性租赁费，机场起降服务费，餐食供应品费，飞行训练费，客舱服务费，行李货物邮件赔偿费，其他直接营运费。

2. 间接营运费

间接营运费主要是指航空运输生产过程中实际发生的不能直接计入机型成本，须采用适当方法进行归集和分配的成本项目。主要包括运输生产部门（即飞行、客舱、机务维修、地面运输保障、飞行管理、运行质量管理、空勤培训等部门）为组织和管理航空运输发生的职工薪酬、固定资产（主要是地面设备设施）的折旧费、物料消耗、差旅费、制服费、劳动保护费、租赁费、水电费、地面运输费、办公费和其他服务费用等。

（二）期间费用构成

1. 管理费用

包括管理人员的工资和福利费、折旧、制服费、工会费、业务招待费、房产税、土地使用税、车船使用税、印花税、技术转让费、无形资产摊销、职工教育费、劳动保险费、坏账损失等。

2. 销售费用

一是航空公司销售部门的费用，以及驻国内外办事处的费用。包括航空公司本部售票处和派驻国内外销售机构人员的工资、福利费、制服费、业务费、广告费、运输费、保险费、租赁费、票证印刷费、驻外交际费、差旅费等。二是客货代理手续费。

3. 财务费用

包括利息支出净额（利息支出减利息收入）、汇兑净损失（汇兑损失减汇兑收益）、金融机构手续费、调剂外汇手续费等。

（三）主营业务税金及附加

此项目反映的是航空公司根据实现收入的一定比例计提的营业税、城建税和教育附加总额。

（四）固定成本与变动成本

根据航空公司成本费用的习性不同，即与业务量的相互关系，可将航空公司的成本费用划分为固定成本和变动成本。

1. 固定成本

固定成本是指在相关范围内,与业务量变动无直接因果关系的成本。如主营业务成本中的空地勤人员工资(奖金、津贴)和补贴(固定发放部分)以及计提的福利费、空地勤制服费、飞机发动机折旧费、飞机发动机大修费、飞机发动机保险费、经营租赁费(指以月为计算单位的经营性租赁费,如果租赁协议中签订的租赁协议按飞行小时计收,则将其列入变动运输成本)、飞行训练费、其他固定发生的直接营运费、间接营运费;销售费用中除航空公司支付给代理人费用之外的全部费用,包括航空公司本部售票处和派驻国内外销售机构人员的工资和福利费、制服费、业务费、广告费、运输费、保险费、租赁费、票证印刷费、驻外交际费、差旅费等;管理费用和财务费用等。

2. 变动成本

变动成本是指在相关范围内,与业务量的变动成一定比例关系的成本费用。如航空油料消耗、飞机发动机修理费、国内外机场起降服务费、国内国际航线餐饮及供应品费、电脑订座费、销售代理手续费和飞行小时费等。

(五)可控成本与不可控成本

根据航空公司成本可控性的不同,可将航空公司的成本费用划分为不可控成本和可控成本。

1. 不可控成本

航空公司的不可控成本是指在相关范围内,与航空公司非可控因素相关的成本费用。如航空公司非可控的购买飞机关税和增值税相关的飞机和发动机折旧费、经营性租赁费、高价周转件送修费、飞机发动机保险费、国内外机场起降服务费、计算机电脑订座费等。

2. 可控成本

航空公司的可控成本是指在相关范围内,与航空公司的经营管理相关的成本费用。如航材消耗件消耗、机务料消耗、国内国际航线餐饮供应品费、客舱服务费、工资、奖金、津贴和补贴、福利费、制服费、飞行训练费、其他直接和间接运营费,以及管理费用、财务费用、销售费用中的很大一部分。

将航空公司的成本划分成可控和不可控的标准并不是一成不变的。例如在销售费用中,航空公司给代理人的费用一般采用累进代理费率制,其基础部分是按国家规定的固定比例支付给代理人,这一部分是航空公司不可控的费用,而销售额超过一定量以后的代理费虽是由航空公司自己确定,但还要受市场竞争的影响,这一部分的费用性质难以准确界定。

需要注意的是,变动成本与固定成本、可控成本与不可控成本都是具有相对性的,是针对一定的时间范围和空间范围而言的。

第二节　航空公司成本控制方法

一、航空公司成本的影响因素

航空公司成本的高低与结构受多方面因素的影响，其中主要的因素是：

1. 油价波动

燃油成本占航空公司总成本的比例较大，一般来说它随油价的变化而变化。全球油价上涨，导致世界范围内航空公司的燃油成本上升。

2. 机队结构

对于每种型号的飞机，其每座公里或每轮挡小时的直接使用成本（DOC）是不相同的，要做到使用的经济性，一定要与其运营的航线市场相匹配。比如将大型飞机投入客流量较小的短航线飞行，则是不经济的，导致单位成本较高。一家航空公司中如果机型种类多，则导致航材储备、维修保养、飞行训练及人员培训等方面的成本较高。

3. 航线布局

在其他条件相同的情况下，航空公司的平均航程越长、单位成本越低，因为相当多的成本是发生在起飞、降落、爬升和下降的过程中的。同时，在长航程中飞行也能获得较高的轮挡速度和较好的燃油经济性。单位成本和平均航程的函数关系意味着：若各航空公司的管理水平相当，其他人、财、物等条件也基本相同时，地面位置好、平均航程长的航空公司就具有先天的成本优势。

4. 维修能力

维修水平不高，管理落后，将加大维修中的成本开支。反之，维修能力强，不仅能节约维修费用，而且能延长飞机的使用寿命，延缓机队的更新速度，进而可选择较长的折旧期而降低折旧成本。

5. 会计政策

会计政策决定对成本的确认原则和确认方式，其变化将影响成本水平。例如，我国财政部对起飞全重大于100吨的飞机的折旧年限规定为10～15年，以前民航采用10年的规定，1998年后调整为采用15年的规定，这样折旧成本就降低了。而国外航空公司大型飞机的折旧年限一般为20年左右，折旧成本在其总成本中的比例比我国航空公司要低得多。

6. 营销策略

航空公司选择不同的定价策略、促销策略和销售方式等等，对销售费用有较大的影响。如目前国外有许多航空公司应用"无票旅行"销售新概念，大大节约了销售费用。

7. 劳动生产率

劳动生产率的提高，对降低人工成本起着非常重要的作用。

8. 宏观经济政策

如税收政策影响飞机、航材、航油的购买价格，利率、汇率政策的变化影响财务费用等。

二、航空公司成本管理和控制的方法

（一）航油成本控制

航油成本一直是航空公司变动成本中最大的一部分，目前，航空油料成本占航空公司所有成本的比重已经达到40%左右。采用合理措施降低航油的消耗，成为各航空公司成本控制最重要的工作之一。各公司的航油成本控制措施各有不同，但总体说来有以下几个方面：

1. 飞行人员节油

飞行人员在飞行过程中合理运用技巧，也能达到节约航油消耗量的效果。起飞前正确分析天气条件、合理确定起飞时间和起飞油量，避免不必要的返航和备降，如到达站天气情况低于最低标准，则适当增加等待油量。起飞爬升阶段，合理选择起飞和爬升推力，争取直飞和最佳爬升阶段剖面。巡航阶段，如果能严格按照飞行计划系统计算出的最佳高度来执行，则能够获得最大燃油里程，反之则会带来一定的损失。下降着陆时，选择最佳下降剖面并尽可能申请最佳跑道。

2. 控制 APU 使用时间

APU 是飞机辅助动力装置的简称，它可以为飞机在地面时提供电源、气源和空调。与发动机相比起来，APU 在成本上可以说是微不足道，往往不被人们所重视，但是在安全和成本上它能起到很重要的作用。单从耗油上讲，APU 的小时耗油量达到 110～160 公斤左右，每吨按航油价格 6000 元左右来计算，APU 运转一小时下来将会消耗价值 660～960 元的航油，减少 APU 的使用对航油节支的贡献是很大的。

使用地面电源车替代 APU 工作是 APU 节油的一个重要方法。在基地机场航前通电一律使用地面电源，尽最大努力开动电源车来替代 APU，地面设备不能正常使用时再考虑使用 APU。在外站的时候可以尽量采用机场提供的电、气源车，目前很多机场的廊桥都有电、气源接口，都可以合理利用起来替代 APU 的使用。

3. 航线优化

飞行线路上实施优化可以达到缩短航程、降低航油消耗的效果。如果可能的话，每个航班根据当时的气象条件和航行通告选择不同的航路，可以做到缩短飞行时间、节约燃油成本的作用。

4. 减重降阻

飞机的起飞重量越大，消耗航油量就越大，航空公司在通过降低空重来减少航油消耗这方面也动了很多脑筋。正常情况下，飞机的起飞重量是由使用空重、油量和业载组成的，而使用空重又由基本空重、水（饮用、清洁）、机组、餐车、供应品等组成。目前的情况是，由于企业的粗放式的管理，导致飞机装载了一些不必要的物品，使用空重偏大。减小飞机使用空重来节油的方法主要有以下几个方面：

1）控制飞机的加水量

飞机水箱的最大加水量，一般能够保证其以最大载客量完成最远航程飞行的需求。在中短程的航班飞行中，由于饮用水和清洁水的消耗较少，因此不必将水箱加满水，这样就可以减少一些重量。实际操作中，航空公司可以统计各航线不同机型人均耗水的数据，用统计一年左右的平均数据做参考，制定出每一班次的加水计划。这样长期计算下来，由于减少空重而节约的成本是非常巨大的。

2）降低阻力

为了减轻飞机重量，降低飞机飞行时的阻力，国外不少公司的飞机在某些机型飞机的尾翼加装一个小装置来降低阻力，有的公司甚至将飞机表面喷漆刮掉，减轻飞机重量。

5. 航油套期保值

近几年来航油价格的不断上涨是造成航空公司航油成本增加的一个最主要因素，国内的三大航空公司近年来都在研究通过套期保值来对冲油价上涨带来的风险。

套期保值对冲风险的一般操作手法如下：

在航油价格预计会上涨的前提下买入期货合约，这样根据未来航油价格的走势分为两种情况：如果航油价格上涨，在未来以高于买入价的价格将期货合约平仓，那么期货交易这部分投资收益就对冲了航油价格上升现货市场上购买航油的损失。如果航油价格下跌，那么未来以低于买入价的价格将期货合约平仓，期货交易部分的投资损失就要由现货市场上航油价格下降给企业带来的收益进行对冲。

套期保值的关键是进行有效的预测，这就需要航空公司招募大量的期货交易和国际原油价格供求分析方面的专业人才，通过掌握大量的国际、国内原油供求的信息为套期保值操作提供有效的支持。如果企业的金融手段较为专业，在航油价格上涨的时候买入较多的期货合约，而在航油价格下降的时候买入较少的期货合约或者不买入期货合约，这样会给企业带来可观的投资收益。即使金融手段较为平庸，套期保值的收支相抵，那也能起到平抑成本的作用，降低由于航油价格波动给企业带来的经营风险。

（二）机务维修成本控制

机务维修成本主要由消耗件消耗、周转件维修、周转件折旧、飞机发动机大修费、飞机发动机中小维修费等费用构成。航材成本是可控成本中的一个大项，目前采取的控制措施主要有以下几个方面：

1. 航材采购

航材采购是直接关系到航空公司资金流出的一个项目，也是机务维修控制措施的第一道关。

目前由于各种原因，国内航空公司的航材采购成本居高不下。主要原因有以下几个方面：首先是国外采购比重过大。航材的采购分为国外采购和国内采购两个部分。由于飞机本身依赖进口，作为保障飞机运行的航材大部分需要从国外进口，从航材的采购到修理的各个关节都加大了费用支出，其中最大的要属进口关税和增值税，占20%，其次是运输费用、进口报关费、保险费用。总体费用增加约为30%。与此同时，进口航材的采购周期和修理周期由于环节众多，普遍高于国外公司，无疑加大了航材储备量和成本支出。其次是由于我国航空公司机队规模小，机型复杂，没有形成规模优势，给航材的保证带来更大难度。目前国内各企业机队的机型平均都在三种以上，而且同一机型由于引进时间和方式不同，飞机构型和设备选型也各有不同，这些因素都将加大航材成本支出。最后，航材信息处理能力和水平普遍偏低。上述情况都在不同程度上影响了航材的有效保障，加大了成本支出。

面临着上述种种困难，在航材采购的时候，国内航空公司可以按照"先近后远，先内后外"的原则，保证合理地利用采购资金。根据实际情况综合考虑价格、供应商资质、订货周期和运输费用等因素，进行询价比价，以降低采购成本。

关于高价周转件的采购，在符合民航适航规定的情况下，适当采购国际上普遍采用的航空替代件（PMA）。另外，国内很多航空公司由于飞机退役而出现的剩余部件是很多的，状态都不是全新的，航空公司可以按照原价的20%左右采购到这类旧件，这也会大大降低采购成本。最后对于在索赔期的高价件出现问题，无论是装机器材还是购买的器材，均可向供货商提出索赔。

关于消耗件的采购，可以适当加大采购量，缩短采购批次，从而降低消耗件价格、避免因为数量少而批次多带来的采购环节费用（如运输费用和清关费用）。同时节约时间，重点关注高价器材的控制和监控。对于经常性消耗的器材，如客舱、座椅备件，国内有替代品的采购可以采取定点开发、合作开发等不同方式，最终达到节省关税、增值税、保险费等进口费用的目的。

2. 库存管理

1）建立航材供应中心

航材库是航空公司必备的一个库存，占用大量资金。目前不仅航空公司总部有航材库，每个分公司都有自己的库存，相互之间反而没有形成一个大的整体的优势。作为占用资金的大户，对航材库存应该根据运筹学原理进行地区规划，由本航空公司或几家航空公司联合，按照地理位置和机型相似的公司划分成不同的航材供应区域，成立一个较大的航材供应中心（或共同仓库），由航材供应中心负责主要的调拨工作。这样既节省了运输费用，又避免了航材的重复采购，减少资金占用。

2）提高航材库存活性

航材库存的活性能体现出一个航空公司成本控制方面的能力。定期用先进的 ERP 系统对航材库存进行分析，按照使用频率进行分类，对每月必须消耗的器材进行重点管理，对于使用周期在一个月以上到半年以内的，进行定量计划储备；对于使用频率在 3~5 年的极少使用的器材，存量较多的要及时反馈给地区航材中心，由中心进行统一调配。

3）完善航材库存的领用制度

航材消耗件虽然小、不起眼，但是价值都很惊人。一个螺钉、一管胶、一个托架动辄上百元。因此在领用制度上一定要完善,避免一次性出库大量器材,当月没用后没有及时退库,避免造成无谓的损失。

3. 航材送修

国内航空公司中的周转件价值较高,能够反复修理,其送修成本也非常可观。周转件的维修主要分为修理和测试,针对同一个件,修理费用较高,测试费用相对较低。针对周转件送修的成本控制措施主要有以下几点:

1)询价比价

国内能够进行周转件维修的厂家较多,但是维修水平参差不齐,维修范围也不尽相同。针对这种情况,航空公司可以根据实际需要,对不同的件实行包干维修的方式进行招标,选择条件最优惠的企业来送修。

2)监控索赔

维修厂家修理后的周转件都承诺有一段时间的保质期,送修人员应该详细记录每个送修件的修理完成时间,并与下次送修的时间进行对比,如果下次送修时间没有超过保质期,就可以申请向厂家索赔。

3)开展自修

每个航空公司的维修厂都具有一定的自修能力,对于热水器、烧水杯、扶手梁、音频控制器、耳机、着陆灯等周转件发生的某些故障都可以通过挖掘自身维修能力进行维修。

4. 合理安排生产

航空公司的固定成本巨大,因此科学合理地安排定检周期将会无形中减少停场时间,多飞一天就多弥补一天的固定成本。飞机的定检按照程度不同一般划分为 A 检、C 检、D 检等级别。航空公司的 A 检一般都能由自身的维修部门完成,但是 C 检和 C 检以上的定检就需要在 AMECO 或者 GAMECO 等外单位完成,如果将 A 检与 C 检安排在一起做,将会引起 C 检费用增加。如果合理地安排时间,提前由本单位的维修人员做好 A 检等项目,会大量节约 C 检的工时费用,同时减少停场的时间。

(三)餐食与机供品控制

1. 采购招标

机供品的供应商较多,因此能够全面实行招标,按照公开、公平、公正的原则,对机供品的进货渠道、品种、质量进行全面监督、集体把关。同时进行市场调查,随时了解市场行情,掌握市场价格变化;对进货的机供品进行质量检查,发现问题及时采取措施,保证机供品价格合理、品质优良,努力节省成本。

2. 合理减配

航空公司应该根据航班计划合理制定餐食、机供品配备计划,科学安排其内容、数量,严格要求质量。随时了解当日航班客座率情况,分别按照旅客人数标准做好航班计划的配餐工作;不超过一个半小时的短航段不配餐;航班从正点吃饭时间调整到其他时间的,减少配餐。

机供品的配备也要随着航班计划的不同进行相应的调整，如在五一、十一、春节等假日期间适当增加机供品的配备数量，而在其他时间要尽量把机供品的配备计划调整过来。

航空公司配餐的调整也可以兼顾企业差别化战略的实施，首先要对航线的性质进行有效划分，区分为服务质量侧重型航线和方便快捷型航线。对于需要通过提高服务质量来体现差别的质量型航线，在配餐和机供品的配备上要有所侧重；而对于那些侧重于方便快捷的航线，要适当减配，突出成本优势和快捷的特点。

3. 机供品回收

航空公司应该针对机供品的回收项目专门制定考核标准，把机供品的回收情况与乘务长的绩效挂钩，对当班的乘务长进行考核。对机供品库存进行不定期的检查，按月对机供品仓库进行物资盘点、清查，保证航班货源，减小库存，防止浪费现象的发生。

（四）机组过夜费和航班延误费控制

航班延误费的单据有时由于工作人员的疏忽会发生超过标准或者超过实际延误人数的情况，针对这些情况，航班延误核算人员应利用 SOC 信息及台账，对每张航班延误收费单据进行核对，对于超出标准的费用及不合理收费予以拒付，机组过夜费方面，根据航班过夜计划，通过对过夜航班起飞、降落的时间、机组实际入住酒店人数及机长的签字来审核机组过夜费用，对于不合理加餐及不按实际入住房间数结算的予以拒付。

第三节　航空公司的战略选择与制定

一、低成本战略

低成本战略，是指企业在提供相同的产品或服务时，通过在内部加强成本控制，在研究、开发、生产、销售、服务和广告等领域把成本降低到最低限度，使成本或费用明显低于行业平均水平或主要竞争对手，从而赢得更高的市场占有率或更高的利润，成为行业中的成本领先者的一种竞争战略。

1971 年，美国西南航空公司的创建标志着低成本航空公司的诞生。20 世纪 70 年代发源于美国的低成本运营模式在 20 世纪 90 年代被欧洲接受，21 世纪开始在亚洲盛行，现在已经在全球遍地开花。目前欧洲的低成本航空公司主要有瑞安航空、轻松喷气、维珍快递航空等。1971 年成立的美国西南航空公司是低成本运营模式运用得最成功的航空公司。

英国航空财务专家 Peter Morrel 认为，低成本航空公司比网络型航空公司在以下方面具有成本优势：第一是在工资成本方面，低成本航空公司由于使用单一机型，保持较短的转场时间，所以飞机利用率高，员工工作效率也高于网络型航空公司，低成本航空公司在员工工资支出方面低于网络型航空公司。第二是在燃油成本的控制方面，以美国西南航空公司为例，更多的需求量将可以以较低的价格获得燃油，同时，规模经济也可以降低燃油价格中的运输和服务部分的成本。第三，低成本航空公司比网络型航空公司持有成本低得多的航材。最后在其他成本的控制方面，低成本航空公司比网络型航空相比更有优势。比如，低成本航空公司的飞机比较新，而且生产商能够保证对其飞机的维修，所以维修成本一般会人为控制得较低；在二级机场的停场费相当低；低成本航空公司不提供机上多余服务，包括机场休息室和为延误的旅客提供餐食。

总之，纵观欧美各国典型的低成本航空公司的成功经验，其主要成本优势主要可以体现在以下两个方面：

（一）劳动力成本优势

尽管低成本航空公司在劳动力成本支出方面比传统航空公司具有明显的优势，但是保持优势的决定因素是劳动力生产率而非员工工资水平。由于低成本航空公司执行航线简单的高频率航班任务，经营点对点的航线网络，以及采取灵活的人力资源管理模式，低成本航空公司的飞行员生产效率要远远高于大型传统航空公司。2002年，捷蓝和西南航空公司的飞行员平均飞行时间已经超过55小时，而六大传统航空公司飞行员的月平均飞行时间却低于50小时。低成本航空公司能维持较高的劳动生产率优势得益于采取了诸多行之有效的措施，其中包括：

(1) 维持较高的资产产出率（例如飞机日利用率）；
(2) 有效的经营模式（例如点对点的航线网络、维持较少的地面雇员）；
(3) 良好的劳资关系使工作规范更为灵活（例如跨岗培训，员工具有多职责功能）；
(4) 灵活高效的人力资源管理（例如激励飞行员的工作动力，节约飞行燃油）；
(5) 企业文化优势（例如确保招聘的每一名员工都符合企业文化的要求）；
(6) 全公司树立成本意识（例如明确公司业绩与成本关系）。

（二）非劳动力成本优势

1. 航空燃油成本

航空燃油成本在非劳动力成本支出中最大，在当今国际燃油价格不断高涨的情况下，昂贵的燃油早已是一个令所以航空公司都感到头痛的问题。在努力减少燃油成本方面，低成本航空公司通常采用的办法除了选购省油飞机之外，特别制定的飞行航线任务、规范飞行员驾驶操作流程、单一机队编制等措施也有利于提高航空公司的机队使用效率，减少不必要的燃油消耗，获得更低的可利用座英里成本。

2. 销售及营销成本

低成本航空公司主要依靠自身的直销渠道，即公司的官方网站和呼叫中心来进行宣传和销售，不使用或尽量减少在线旅行代理商和传统机票代理的分销渠道。2002年，美国西南航空公司和捷蓝航空公司分别有超过50%和63%的销售渠道来源于直销渠道,通过旅游网站销售的比例分别为30%和33%,而传统机票代理人的销售份额分别占20%和4%(捷蓝航空公司几乎不通过传统代理人销售)。减少中间商分销的比例就相应节约了支付代理人的费用,航空公司的销售成本得以下降,同时由于减少了中间环节,旅客直接面对航空公司,在获取旅行信息等销售服务方面能够更加快捷便利地得到航空公司的服务承诺和保障。

航空公司的传统销售模式则相反,2002年美国的传统航空公司超过60%的销售是依靠分销完成的,其中旅游在线网站和传统旅游代理人的销售份额分别为17%和46%,而通过航空公司官方网站和呼叫中心销售的比例分别为13%和24%。由于严重依靠分销力量,传统航空公司不得不支付大量的代理费用和其他相应的管理费用,这无疑增加了销售成本,减少了航空公司现金流收入的含金量。传统的分销方式虽然可以帮助航空公司提高市场占有率,但在竞争对手也纷纷加入相同销售渠道的情况下,分销所产生的作用将大大降低。

3. 飞机租赁、折旧成本

一些低成本航空公司与飞机制造商、发动机制造商、航材租赁公司之间建立起密切的合作关系,采取合理的飞机及航材购买策略,以获得非常优惠的购置价格。

4. 飞机保养、维修、大修成本

在飞机维修成本支出方面,低成本航空公司通常保持单一机型机队编制,例如捷蓝航空公司的机队全部采用空中客车320,西南航空公司的机队全部采用波音737飞机,这样的机队编制有利于共享库存配件,简化航空公司的航材管理,减少维护成本和员工的培训成本。此外,低成本航空公司通常购买使用时间在0～6年内的新飞机,能够减少飞机大修次数的要求,从而节约维修及维护成本。捷蓝航空公司只购买全新出厂的飞机,从不向其他航空公司租赁任何二手飞机。

低成本航空公司通常只拥有少量的维修工程人员,对飞机进行简单级别的维修,而将高级别的飞机维修(C检或者D检)以外包服务的形式交给其他专业飞机维修公司完成。

外包维修对于那些机队规模尚不庞大、还处在发展阶段的中小型低成本航空公司来说十分具有吸引力,可为这些航空公司节约相应的劳动力与非劳动力成本。

5. 企业行政管理成本

低成本航空公司在公司行政管理中广泛运用新技术,例如运用计算机网络通讯技术,实现无纸化办公环境,减少日常行政管理费用等。

6. 旅客服务成本

在机舱内向旅客提供无虚饰服务是最容易被消费者识别出来的低成本航空公司减少非劳动力运营成本的措施。传统航空公司通常采取传统方式,按不同价格提供不同的机舱服务,如多舱布局、免费机上餐食、机舱娱乐等,这些服务项目对增强主流航空公司的市场竞争力起着重要的作用,但无疑带来了巨大的运营成本压力。

低成本航空公司的无虚饰服务包括单一经济舱布局、不提供机舱服务或只提供较少的服务、不提供餐食、减少机上免费娱乐服务等等。这种无虚饰机舱服务是由飞行时间较短的特点以及旅客需求所决定的（选择低成本航空公司的旅客更关心票价和航班频率，从而降低了对机舱服务的要求）。

7. 机场及停机坪运营成本

特别需要指出的是，低成本航空公司精心构建的点对点航线网络大大降低了机场运营成本。许多美国城市的周边地区拥有不少二级或三级的远郊机场，其中有些机场规模较小，有些机场远离市区，但是它们的航班起降费用和机场设备租赁使用费用都要低于大型枢纽机场。低成本航空公司普遍使用这些远郊机场，以减少飞行起降、使用停机坪、租赁和使用机场各种设施的成本开支，同时实现快速的航班周转。

与此相反，传统航空公司构建的枢纽机场需要大量的航空公司员工和设备以应付每天的航班高峰时间段，但在高峰时间段之后又造成了人员和设备的浪费。此外，由于机场航班拥塞，常常造成枢纽港航班延误，给旅客带来很大的不便，也使主流航空公司不得不支付由此产生的各种相关费用。在达拉斯，美利坚航空公司选择了大型的现代化的福特·沃兹堡国际机场作为枢纽港，以便于自己的航班衔接，而西南航空公司则选择了老旧的二线机场爱田机场作为运营基地，来支持自己的点对点航线网络。

和所有轮辐式航空公司一样，美利坚航空公司在高峰时段内有大量的航班起落，航空公司使用了大量的人力物力以实现旅客在沃兹堡国际机场的转机，但由于航班经常延误，造成了飞机不得不在机场停机坪上等待，而在高峰时段之后大量的人员和设备又闲置在机场上，这些无疑都极大地增加了美利坚航空公司在枢纽港的运营成本，降低了运营效率。

二、机队管理

机队管理是航空公司众多管理中最重要的一项管理。建立一支高效率、经济的机队是许多航空公司追求的目标。建立一支高效率、经济的机队需要做出许多重大科学决策。机队决策属于战略决策，因为引进一架飞机少则可用5~6年，多则可用十几年，甚至更长时间，而且飞机价格昂贵，一架波音757近6亿人民币，一架波音747-400近12亿人民币。关于机队的决策在很大程度上影响着航空公司的未来发展，是航空公司发展战略的一部分。

航空公司机队建设的目标是建设一支安全的效率高的经济的机队，这个机队的机型数要少，每种机型的飞机数量要多。

（一）飞机分类

国际上没有统一的民用客机等级分类标准，常见的民用客机等级分类有五种：按发动机类型分类，按客舱分类，按用途分类，按航线类型分类及按航程类型分类。

按发动机类型分类，民用客机等级可以分为涡轮喷气式飞机（Turbo-jet），涡轮螺旋桨式飞机（Turbo-prop）和活塞式飞机（Piston-engined）。

按客舱分类，民用客机等级可以分为窄体飞机和宽体飞机。若客舱只有一个通道，这种飞机是窄体飞机，一般每排有6个座位，通道两侧各有3个座位。若客舱有两个通道,这种飞机是宽体飞机,一般每排有 8 个座位,通道两侧各有 2 个座位,二个通道之间有 4 个座位。

按用途分类,民用客机等级可以分为全客机、全货机和客货混机。

按航线类型分类,民用客机等级可以分为支线飞机、干线飞机和国际航线飞机。

按航程类型分类,民用客机等级可以分为远程客机、中程客机和短程客机。

(二) 飞机性能

飞机的先进程度及其承运客货的能力是由其性能决定的,不同机型飞机的性能是不同的,而且差异很大。飞机的性能主要包括飞机客舱布局、飞机设计重量、飞机油耗、飞机航程能力、经济巡航高度、经济巡航速度、最大业载、最大可安装座位、使用跑道长度等。

1. 飞机客舱布局

飞机客舱布局可以从机舱设置和座位间距的角度讨论。飞机客舱布局多种多样。航空公司应根据航空运输市场需求、舒适程度、竞争力及运输收入等因素进行决策。

2. 飞机设计重量

大多数飞机都有不同的设计重量。飞机设计重量包括最大滑行重量、最大起飞重量、最大着陆重量、最大无油重量、最大燃油重量、最大商载、空机结构重量和使用空重等。

3. 飞机油耗

飞机油耗是飞机的重要性能之一。它的大小直接影响航空公司的经济效益。影响飞机油耗的因素有很多。飞机消耗的燃油包括航空煤油、航空汽油和润滑油。喷气式飞机采用航空煤油,螺旋桨式飞机采用航空汽油。衡量飞机油耗的主要指标有飞行小时油耗和吨公里油耗。新飞机耗油少,旧飞机耗油多。以波音 737 为例,波音 737-200 是 20 世纪 60 年代设计的飞机,吨公里油耗 0.548 公斤,而波音 737-800 是 20 世纪 90 年代设计的飞机,吨公里油耗 0.362 公斤,也就是说每吨公里省油 0.186 公斤。

4. 飞机速度性能

速度快是飞机优于其他运输工具的特征之一。衡量飞机速度性能的主要指标是经济巡航速度(公里/小时)。经济巡航速度是指发动机每公里消耗燃油最少情况下的飞行速度。

5. 飞机起降性能

飞机的起降性能包括飞机起飞离地速度、飞机起飞滑跑距离、飞机着陆速度和着陆滑跑距离。在跑道上滑跑的飞机,当飞机滑跑速度所产生的升力大于飞机起飞重量时,飞机就能离地。飞机在跑道上滑跑到飞机轮子离地所经过的距离称为起飞滑跑距离。影响起飞滑跑距离长短的主要因素是发动机的推力大小。用户期望起飞滑跑距离应尽可能地短,提高飞机对机场的适应性,使飞机能够在更多的机场起飞。飞机着陆进场速度是指飞机下滑至安全高度进入着陆区时的速度。飞机接地速度称为着陆速度。飞机着陆的速度应尽可能地小。飞机着陆滑跑距离取决于飞机着陆接地速度和落地后的减速性能。

飞机除了在机轮上安装刹车外，还采用减速板、反推力装置等缩短着陆滑跑距离。

6. 飞机航程能力

飞机的航程能力主要是指飞机起飞后，爬升到巡航高度，巡航飞行，下降，飞机着陆，且中途不加燃油，飞机所飞行的水平距离之和。飞机航程不仅取决于飞机的最大燃油载量和飞机单位飞行距离耗油量，而且还取决于飞机的商务载量。飞机的最大航程是指在飞机的最大燃油载量和飞机单位飞行距离耗油量最小的情况下飞机所飞行的航程。

表 5-2 我国民航使用的主要机型飞机的性能

机型	最大起飞全重（吨）	着陆重量（吨）	经济巡航高度（米）	经济巡航速度（公里/小时）	最大航程（公里）	最大业务载重（吨）	最大可安装座位（座）	使用跑道长度（米）
B747-400COM	385.6	285.8	10670	935	14127	75.5	360	3200
B747-200F	377.8	285.8	10670	935	13950	75.5		3200
B767-200	157.5	129.3	11887	850	11355	31	214	1800
B767-300	169.6	136.1	11887	850	9965	35	225	1800
B757-200	108.8	89.8	11890	850	8760	22.9	200	1800
B737-300	61.5	51.7	10670	856	3226	15	132	1700
B737-500	60.6	51.7	10670	850	6389	15.5	130	1700
A310-200	138.6	123	11280	828	7470	32	228	1800
A300-600	170.5	138	10670	850	8060	37.4	274	3000
A340-200	246	178			17000	50.8	375	2650
A320-200	72	63			7190	19.7	179	2070
MD-11	280.3	207.7	9450	850	5250	67.2	340	3000
MD-11F	280.3	213.9	9450	850	5250	75		3000
MD-82	68.3	59	10060	854	4941	17	147	2300
BAe146-100	37.3	33.3	9448	709	3540	8.3	88	1800
BAe146-300	44.2	38.3	9449	720	3467	11.2	128	1800
雅克-42	56.5	50	7600	750	3795	10.5	120	1800
DHC-8	20	18.1	4500	470	1650	5.1	50	1200
运7	21.8	21.8	6000	423	2400	4.7	52	1000
SH-360	12	11.4	3050	390	1679	3.2	36	1400

（三）航空公司机队构成

航空公司机队构成需要解决三个基本问题：航线网络结构、客货需求和飞机生产率。

1. 航线网络结构

航线网络是由机场和航线组成的。航线网络结构是指机场和航线是如何连接的。航线网络结构虽然有多种，但其基本结构只有城市对式航线网络结构和轴心辐射式航线网络结构。

航线网络结构决定了航空公司的机型结构。轴心辐射式航线网络结构强调了大中型飞机与小型飞机或支线飞机的分工、衔接。支线采用支线飞机或小型飞机，而干线采用大中型飞机。这是不能错位的，支线采用中型飞机或干线采用支线飞机，都将造成资源浪费，降低运行效率。枢纽机场的主要功能是为旅客中转服务的。由于航空公司的航班采用航班波式运行，即大约有几十架飞机在枢纽机场降落，飞机在地面作业，上下和中转旅客，然后，这几十架飞机离开枢纽机场，全部过程约在90分钟左右完成。可见，支线、中小型和大型飞机在枢纽机场衔接必须高效，航空公司、机场和空中交通管理等各个部门必须高度协调。

同样，航空公司必须依据城市对式航线网络结构配置合适的机型。中短程航线不能采用大型飞机，远程航线不能采用小型飞机。

这是依据航线网络结构配置合适机型的基本原则。可是有些航空公司却忽略了这个基本原则。有的存在盲目攀比心理，看到别的航空公司引进大飞机，不顾市场的客货需求，唯恐落伍，也跟着引进大飞机，结果飞机运行效率低，载运率和客座利用率低，长期背着沉重包袱，甚至亏损。有的航空公司不从实际出发，追求时髦、豪华和现代化，先买飞机后找市场，本来是远程客机，由于国际航线业务量小，不得不把大型现代化客机主要飞国内中程航线，大幅度地提高了营运成本。

2. 客货需求

航线网络结构可以解决机型结构问题，但是不能解决各种型号飞机的数量问题。例如，航空公司根据其航线网络结构应配置中型飞机，那么，需要多少架这种机型的飞机？为此，航空公司必须掌握航线网络每一条航线现在及未来的客货需求量。要做到这点，需要调查每一条航线客货运输量的发展过程，并采用科学有效的预测方法，对未来的每一条航线客货需求量做出较为准确的预测。

3. 飞机生产率

飞机生产率是指飞机在单位时间内完成业务量的能力，即飞机运输客货的能力。单位时间可以是一个轮挡小时，也可以是一年。业务量可以是旅客运输量、货物运输量，也可以是运输总周转量。飞机生产率可以分为可用生产率和实际生产率。可用生产率是指飞机每年可以提供的最大运力，实际生产率指飞机每年可以完成的运力。

（四）飞机选型

飞机选型程序由市场分析、飞机分析、营运分析、经济分析和财务分析等五部分组成。这五部分的顺序不能颠倒。其中市场分析是基础，只有做了市场分析，才能进行飞机分析等其他四部分分析。若市场分析不准确，误差大，则其他四部分分析也必然产生错误。财务分析是关键，若财务分析的指标不能满足要求，飞机选型就不能结束，飞机选型程序又必须从市场分析开始，重复上述过程，直到财务分析指标满足要求为止。

市场分析的目的是要确定缺少运力的市场未来的客货需求量。市场分析也必须有科学的程序，才能准确地预测市场未来的客货需求量。

飞机分析主要分析飞机的技术性能和环境适应性能。飞机分析包括确定备选机型、飞机的主要性能指标分析、飞机机场适应性分析、飞机航线适应性分析和编制飞行计划，通过飞机分析掌握各个备选机型的技术先进程度、可靠性、维修便捷性、安全性和舒适性等。

营运分析是在市场和飞机的分析基础上进行的。营运分析的目的是为各个备选机型做出营运安排。在飞机分析中已被淘汰的机型不做营运安排。

飞机经济分析是在市场分析、飞机分析和营运分析的基础上，采用先进的评估技术与方法，分析出飞机经济性的优劣，为决策者提供可靠的信息。飞机经济分析为财务分析奠定了基础。

财务分析在飞机经济分析的基础上，从财务角度采用一些综合性指标对备选机型进行综合性分析。这些综合指标包括净现值、内部报酬率、净现值系数、静态投资回收期和动态投资回收期。

（五）动态机队规划

航空公司机队的机型数及各种机型的飞机数量并不是不变的，它随着航线网络结构和市场需求的变化而变化。动态机队规划重点解决两个问题：一是机型数如何满足需求；二是飞机数量如何满足需求。

决定机型数的重要因素是航线网络结构。城市对航线网络结构，相对来说需要的机型数少些，而中枢航线网络结构需要的机型数多些。

影响机型数的另一个重要因素是机队规模，即飞机数量。一般说来飞机数量多机型数也多，但不是线性关系。飞机数量应当与航空运输市场的客货需求量相适应。客货需求量增加，就增加飞机数量。反之，就减少飞机数量。

三、航线网络

（一）航空公司航线结构决策的重要性

航线结构决策是影响航空公司生存和发展的战略性决策。一般来说，航空公司的战略规划部门在对外部环境、内部环境做了缜密的分析之后，会极其慎重地对本公司未来的航线结构做出决策。因为航线结构决策要明确本公司的市场定位、目标顾客、产品组合和联盟策略，所以它对公司的生存和发展具有战略意义。只有在航线结构明确的基础上，航空公司才能进一步制定机队、市场营销、人力资源、财务管理等方面的战略规划。因此可以看到，航空公司航线结构决策的重大失误，对航空公司来说可能是致命的，即使是小范围的、短时期的航线决策失误，也会令航空公司蒙受重大的经济损失。

航线结构决策影响到航空公司的经营目标（或宗旨）的实现。一般来说，航空公司在成立之初或某个战略转折关头，都要向社会宣布其宗旨或经营目标。能不能实现其宗旨或经营目标，在很大程度上取决于航空公司的航线结构决策及其实施。航线结构决策对航空公司、航空公司联盟的综合竞争力有决定性影响。航空公司之间的竞争归根结底是综合竞争力的较量，而航线质量或航线结构的质量恰恰就是航空公司综合竞争力的主要指标之一。航空公司联盟之间的竞争更加充分地说明了这一点。

(二) 航线网络结构

航线网络是由机场和航线组成的。航线网络结构是指机场和航线是如何连接的。航线网络结构虽然有多种，但其基本结构只有城市对式航线网络结构和轴心辐射式航线网络结构（简称中辐航线网络结构 HSS）。

图 5.1 和图 5.2 中的航线 AB 就是城市对式航线网络结构的最简单形式。城市对式航线网络结构主要满足两个城市之间的航空运输的客货需求，但是忽略了航线之间的互补作用，一般在同一个机场两个不同航线的航班衔接不紧密。

城市对式航线网络结构有两种改进形式，即甩辫子航线和环形航线。甩辫子航线是指在两个城市对航线上增加经停点，或在城市对式航线上延伸到另一个城市，其主要目的是增加客货运输量。甩辫子航线如图 5.1 所示。

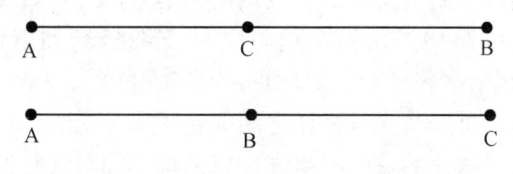

图 5.1 甩辫子航线

图 5.1 中的航线 ACB 是在航线 AB 之间的城市 C 加经停点。根据客货需求，有时加一个经停点，有时加两个或三个经停点。航线 ABC 是在航线 AB 上延伸到另一个城市 C。甩辫子航线的每个组成部分称为航段，例如航线 ACB 是由航段 AC 和航段 CB 构成的。

环形航线如图 5.2 所示。

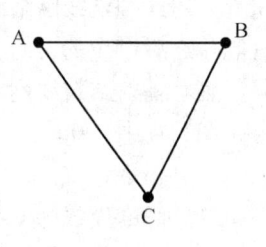

图 5.2 环形航线

环形航线是由于客货需求的单向性所产生的。例如图 5.2 中的环形航线 ABC，航段 AB 方向上的旅客运输量明显大于航段 BA 方向上的旅客运输量，航段 BC 方向上的旅客运输量明显大于航段 CB 方向上的旅客运输量，而航段 CA 方向上的旅客运输量明显大于航段 AC 方向上的旅客运输量。

城市对式航线网络结构往往是从一个或几个枢纽机场出发，与其他许多机场通航形成的航线网络结构。枢纽机场通常是航空公司的飞机基地。

城市对式航线网络结构的主要优点是旅客旅行方便，旅客不用换乘航班而直达目的地，可以避免地面和空中的交通拥挤状况。其主要缺点是航空资源浪费，航班的客座利用率和载运率低。

一般城市对式航线网络结构如图 5.3 所示。

航空运输概论

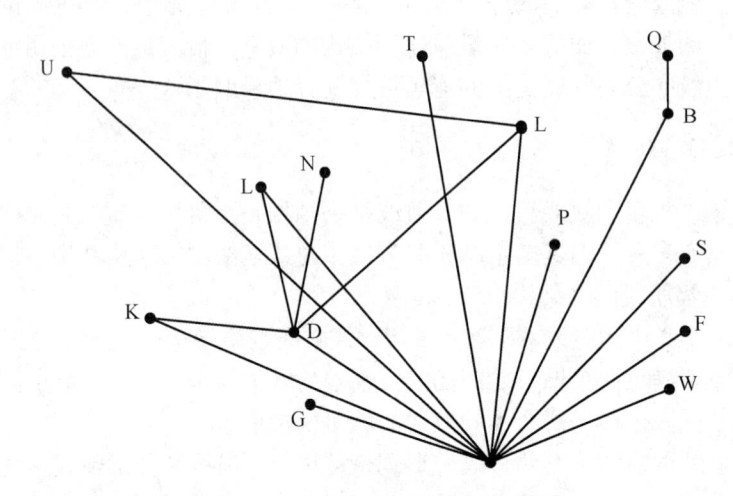

图5.3 一般城市对式航线网络结构

到目前为止，我国各个航空公司的航线网络都是城市对式航线网络结构。

轴心辐射式航线网络结构是由两类机场（即支线机场和枢纽机场）及两类航线（即支线和干线）组成的。各枢纽机场之间的航线称为干线，枢纽机场周围的城市所属机场称为支线机场，枢纽机场与支线机场之间的航线称为支线，也称为辐射航线，支线机场所在城市连接起来，这样的航线网络结构就是轴心辐射式航线网络结构。

轴心辐射式航线网络结构是比较先进的航线网络结构，目前国际上一些发达航空公司都采用这种航线网络结构。这种航线网络结构是在西方一些发达国家实施航空运输非管制化之后产生的，约在20世纪80年代中期开始运行。

轴心辐射式航线网络结构如图5.4所示。

图5.4中，Hub1、Hub2和Hub3是枢纽机场，它们之间的航线为干线，机场s、q、n、x、y、w、t、a、k、i、r、h、e、f、c、d、g、o、m、z为支线机场，它们与相应枢纽机场之间的航线为支线。这种航线网络结构，从枢纽机场辐射出去的支线像车轮的轮辐，各支线机场之间不通航。由支线机场到其他枢纽机场或其他支线机场的旅客均在枢纽机场中转。干线飞机上的旅客到达另一个枢纽机场后，到辐射城市去的旅客在该枢纽机场中转。

轴心辐射式航线网络结构的最大优点是有利于提高飞机的客座利用率和载运率，有利于降低直接营运成本，进而降低票价，使更多的旅客有条件乘飞机旅行。其主要缺点是：需要中转航班才能抵达目的地的旅客感到旅行不方便；对于枢纽机场的设施要求高；易发生机场的地面和空中拥挤。

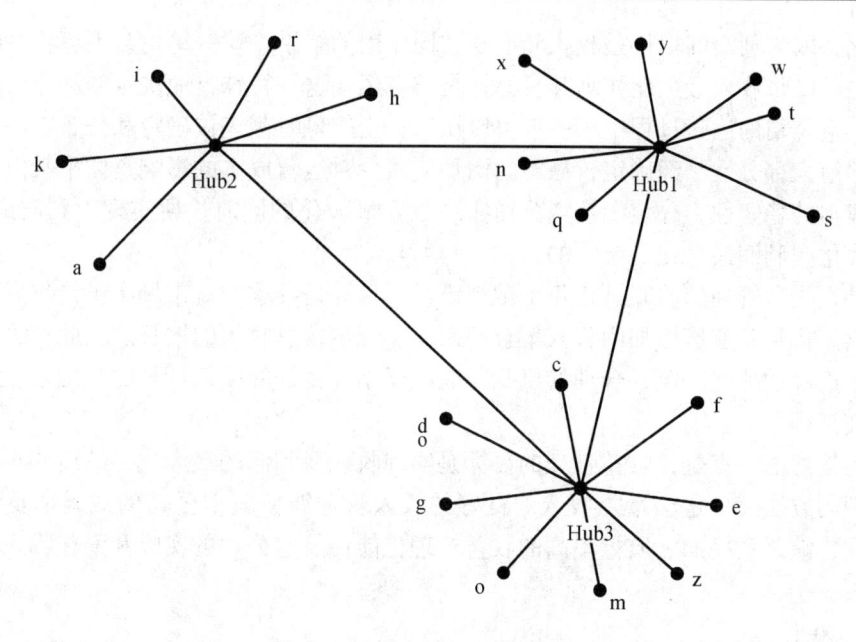

图 5.4　轴心辐射式航线网络结构

四、收益管理

收益管理是指通过预测和优化等科学手段，使每一航班的每一航段的每一个座位以最好的价格出售，从而获得最大的收益。

我们也可以把收益管理看作是管理供给和需求的一种工具：

当需求旺盛时——收益管理帮助航空公司提高收入；

当供给过剩时——收益管理帮助航空公司提供一定的座位刺激需求。

收益管理就是对座位和价格进行管理，科学合理地分配每个等级舱位的座位数量。

收益管理的作用从广义上说，是在淡旺季根据市场需求的不同，降低或提高舱位（价格）。从狭义上说，是在一个航班中，为订座较晚的高收益旅客保留座位，防止高收益旅客的流失。

（一）收益管理的核心问题

收益管理涉及的两个核心问题是差别定价（Pricing）和座位存量控制（Seats Inventory Control）。差别定价是依据顾客需求的多样性以及在不同时刻座位对于旅客的价值的差别等因素，将航空运输产品（座位）设定为不同价格的过程。座位存量控制是对未来任一给定航班上不同等级票价所对应的座位数的限制过程。

（二）正确认识收益管理

首先，收益管理的目的是实现收入的最大化。然而，收入的最大化并不意味着利润的最大化，因为利润的取得是收入和成本共同作用的结果，这一结论是不容置疑的。收益管理之所以将收入最大化作为其目标，是航空运输这一特殊行业决定的。

在航空公司的运营过程中，一般可以认为，当航班时刻表被确定和公布之后，其运营成本的绝大部分就已经确定，旅客的增加或减少对运营成本的影响是微乎其微的。航空公司成本的稳定性，决定了航空公司实现收入最大化的同时，便实现了利润最大化，收入最大化同利润最大化是统一的。

另外，收益管理的着眼点是每个微观市场，目标是寻求微观市场中供给与需求之间的平衡点。将每一航班增加的收入集合起来，实现运营总收入的增长。因此，收益管理是建立在正确的战略决策、合理的机队与航线规划、良好的航班计划的基础之上的，是一种精细工程。

值得注意的一点是，收益管理的目标是实现收入及利润的最大化，然而并不是使用收益管理的方法就一定会增加收入。良好的收入管理能使航空公司的载运率及利润增加；同样，缺乏效率的、质量不高的收益管理也能使航空公司的实际和潜在收入产生直接的损失。

（三）收益管理系统的基本组成部分

收益管理不仅仅是一个计算机系统，它是集人力、知识和技术为一体的一个完整的经营管理过程。根据已经起飞航班的订座曲线规律和未来航班的现有订座水平，预测现有航班安排下各舱位的旅客需求量。依据不同舱位的价格水平，做出座位分配方案。在确定座位分配方案时，要考虑到不同舱位的 No Show 水平和超订水平，从而获得综合优化订座控制安排，并将此结果加载到订座系统之中。如遇特殊情况，应对计算机系统做出的优化控制方案进行手工调整，并人工加载到订座系统之中。

对任何一个收益管理系统而言，至少包括 7 个基本组成部分：

1. 人员——收益管理的灵魂

任何系统都是由人来设计及控制的，人员是系统的灵魂。首先，高级管理人员至关重要，只有得到他们的理解和支持，有效的收益管理才会成为可能。其次是各有关部门的协作、配合，如果在负责收益管理、战略制定以及收入核算的成员之间能达成共识，收益管理的潜在效益就会发挥出来。再次，收益管理人员、市场分析人员必须具有很高的技能组合（分析、组织和操作能力），必须具有良好的知识结构（微观经济学、运筹学、系统开发技术和航空公司管理经验等）。

2. 定价——收益管理的前提

定价部门制定价格策略，预测分析市场需求的变化趋势；收益管理部门对预期的需求做出合理的反应。价格和与之相对应的限制条件共同细分着市场，并为收益管理提供了对不同价格的控制依据。因此，只有定价专家和收益管理专家的密切配合，才能确保收入的最大化。有人预言，未来的收益管理部门将会是这两类人员在同一办公室并肩作战。

3. 技术——收益管理的手段

技术的进步正逐步改变着收益管理系统本身，越来越多的航空公司尝试使用自动化程度更高的系统来改变原有的手工工作过程。有关人员正尝试使用一项新的技术——订座系统上直接附带独立的分处理器，这种先进的技术对航班优化技术的提高将起到决定性作用。

4. 数据——收益管理的基石

任何决策过程都离不开数据。航空公司在制定决策之前应对影响顾客需求的诸多因素进行分析，如起点和终点城市的经济状况、汇率变化、政治因素、气候特点及自然灾害等方面。同时，航空公司自身的因素也会使数据发生动态的变化，如每年的航班变化、运力变化、票价的调整及各级运价对应限制条件的变化等，及时跟踪、准确掌握上述变化，并依此做出迅速反应，是收益管理过程的重要环节。

5. 预测——收益管理的心脏

预测是收益管理系统的核心，是以离港载运状况为依据做出的，但它不仅局限于一维的时间序列估计。它通过对历史数据的分析，探求起飞前不同时间的订座量与离港载运率之间相互影响的规律；依据现有订座量，获得对未来航班离港之前的订座趋势预测。

6. 优化——收益管理的本质

收益管理就其本质而言是一种优化过程，通过航班载运数量及其旅客成分的优化，实现航班收入的优化，即在提高航班载运率的同时，尽量多地承载高收益旅客。在优化的过程中，根据航空公司各自市场环境的不同，采取如下一些或全部的基本方法：

——旅客超订；

——折扣座位分配（或票价组合）；

——航节控制或全航程控制。

7. 衡量——收益管理的尺度

对收益管理工作提供反馈是必不可少的过程。衡量能够量化收益管理部门对企业的作用和收益管理的潜在效益，追踪收益管理的结果。

在一个成功的收益管理部门中，每一个部分都是必不可少的组成部分，每一部分对促进收入的增长都起着巨大的作用。只有当收益管理部门与其他为之提供信息的关键部门之间存在真正沟通和反馈的时候，收益管理的作用才能全部发挥出来。

（四）收益管理的实施条件

收益管理从产生到发展已有二十多年的历史，它的出现并不是偶然的巧合，它是航空运输业竞争和发展的产物，是航空公司外部环境和内部条件综合作用的必然结果。

首先，只有在政府对航空运价放松管制的前提下，航空公司才有可能按照收益管理中多级票价结构的要求，根据市场中旅客和竞争对手的状况，制定和调整不同舱位等级的票价，灵活运用价格策略，以高价、优质、灵活的服务满足高收益旅客的需要，以有限制条件的足够低的价格刺激市场的需求。只有这样才能将价格的杠杆作用发挥得淋漓尽致，促使航班收入优化。

其次，收益管理要求具有成熟的市场环境和旅客群体。航空公司根据旅客的旅行目的、服务要求以及对价格的敏感性等因素，对航空运输市场进行细分，制定具有差别的价格。旅客需求的多样化形态，是收益管理的市场基础。

再次，为了进行有效的收益管理，航空公司应具备配套的硬件设施。如订座系统、离港系统、结算系统，用于数据收集、订座监控等工作；决策支持系统，用于建立旅客需求预测模型，确定数据收集方法以及建立收益管理优化模型等工作；监督和控制系统，用于监控、衡量和报告收益管理系统等工作。

此外，开展收益管理的航空公司还应建立一种"收益管理哲学"，即在全公司内建立并保持收益管理的意识。因为收益管理是有选择地接受或拒绝订座，以捕捉收入最大化机会的过程。在这个过程中，由于所采取的方法都是建立在概率的基础上的，其实际结果有可能与设想的发生偏差，这时需要公司全体上下携手同心、保持一致。比如，为了增加收入，可能提前关闭低等级舱位或减少对低等级舱位的座位分配或拒绝团体订座，但这些做法都可能冒风险，都可能降低航班收入。因此，收益管理需要全体人员的理解和认同。

第六章 世界航空运输的发展现状及趋势

第一节 世界航空运输的发展概况

过去的三十年间,世界航空运输市场发生了深刻的变化。为了对航空运输业的整体情况有清晰的了解,透视航空公司所面临的挑战,有必要简单回顾航空运输所发生的变化。

一、自由化

过去的三十年里,自由化是航空运输业的主要发展趋势之一。自由化无论是对于航空运输市场结构还是航空公司的运营模式都有着极大的影响。自由化始于美国1978年国内的放松管制,随后蔓延到国际,在跨大西洋以及跨太平洋航线上相继展开。国际航空运输市场自由化谈判的焦点集中在各国之间应更加开放国内市场,放开对相关航线的限制。在欧洲,第一个双边"开放市场"谈判是在1984年的英国与荷兰之间进行的。紧接着,1987年的12月,欧盟引入了第一个自由化的标准的"套餐"(Package)。世界上的许多国家和地区,政府在自由化潮流影响下允许新兴的国内或者国际的航空公司与它们的国有航空公司竞争。于是,全日空(ANA)于1986年被允许运营它们的第一条国际航线。同时,许多新的航空公司逐渐兴起,如我国台湾省的长荣航空(EVA Air)、韩国的韩亚航空(Asiana),以及欧洲的维珍(Virgin Atlantic)和瑞安航空(Ryanair),都是在这个时期兴起的。

在欧洲,整个自由化过程在1993年实施的一揽子计划中达到高潮,这个方案在1993年的1月开始生效。方案最显著的地方就是在欧盟范围内确保开放、无限制的市场准入制度,自由确定价格等。欧盟1993年一揽子计划促成了一批新兴的低成本、低票价的航空公司的兴起,如易捷(Easyjet)航空公司。

从1992年开始,美国开始签订一系列"天空开放"航空运输服务协议。这些协议旨在移除航空运输市场的准入和价格的限制。这种自由化和放松经济管制的趋势明显改变着市场状况,在那些正进行自由化改革的市场。越来越多的航空公司进入国际航空运输市场,如American、United和Delta,后两个航空公司通过购买Pan American来扩张

二、波动的石油价格

燃油价格是影响行业发展的另一个主要因素。由于燃油价格与石油价格紧密相关，所以人们往往监测原油价格。

1970 年，沙特出口原油的官方价格为每桶 1.8 美元。1974 年，受 1973 年 10 月开始的第四次中东战争影响，国际油价突破每桶 10 美元。这使得燃油成本成为航空公司的成本大项，占到了总运营成本的 30%~33%。高油价是整个行业在 20 世纪 80 年代初期陷入周期性衰退的主要原因。从 1981 年开始，石油和航空燃油价格开始逐步下降，在 1986 年原油价格跌入谷底。石油价格暴跌是航空运输业在 1986—1989 年之间大幅赢利的主要原因之一。

令人惊讶的是，1986 年到 2002 年之间，石油和航空燃油的价格无论是实际价格还是以不变价格计算的价值，比照 1980 前后的价格要低一半以上。这些年间，燃油的价格虽有波动，但这种波动还是比较有限，一般是在 20~33 美元/桶。但从 2004 年开始，情况发生了转折性的变化，国际原油价格一路上涨，到 2008 年 1 月 2 日，国际原油盘中价格突破 100 美元（见图 6.1）。世界航空公司陷入一轮新的危机。

2008 年，受经济危机及国际油价居高不下的双重影响，国际航空运输业损失约为 104 亿美元。

图 6.1 原油价格波动

面对困境，各大航空公司一般有两个选择：一是想方设法降低油耗，二是尽快更新飞机。以法国航空公司为例，该公司通过更新机型，在2000年到2007年期间，将每位乘客平均耗油量减少了12%，仅2008年，就节省了85万吨燃油。

三、流量增长率的下降

对于国际航空运输来说，第三个重要趋势就是流量的增长速度在逐步下降。1966—1977年的十年间，以旅客客公里统计，国际航空运输业务量年增长率是11.6%，这意味着只要6到7年就可以增长1倍。而1977年到1987年这十年间，年增长率下降到了7.8%。1987年到1997年的十年里，业务量增长速度下降到了4.8%。在1998年到2003年的5年里，增长速度继续下降，达到了2%。

从2005年开始，由于全球经济较世纪初有明显好转，全球航空运输流量增长率又呈复苏势头。2007年，由国际民航组织190个缔约国的航空公司承运的定期运输总量达到了22.60亿人次以及约4100万吨货物，完成的运输总周转量总数比2006年增长了约5.5%，其中国际航线运输总周转量增长了约6.1%。

2008年，受各种因素的影响，客流量比上年仅增长了1.6%，增势显著趋缓。货运量则减少了4.0%，与2007年增长4.3%相比则有天壤之别。特别是2008年12月与上年同月相比，下降的幅度更是达到22.6%。国际航协预计2009年的客流量同比将减少3.0%，货运量同比减少5.0%。国际航协秘书长比西奈尼指出，全球航空货物运输的低迷进入了一个"未知的领域"。航空业难以应对航运需求急剧减少的困扰，即使燃油价格大幅下跌，也难以从赤字的旋涡里解脱出来。

四、东亚/太平洋航空公司的增长

然而，全球航空运输增长率逐步下降的趋势并不能掩饰全球各地区间的增长速度的不平衡性。近30年来，与东亚国家相关的航线上流量增长速度一直远高于世界平均水平。在20世纪末亚洲金融危机到来之前，日本以及东南亚一些国家的经济增长速度要远高于欧美的主要航空运输大国。东亚国家的出口型经济，产生了大量的商务旅客；同时人均收入的增加，刺激了休闲和个人旅游，这为航空运输带来了大量客源。同时，在泰国、新加坡、印尼等国，旅游基础设施的建设与完善同样吸引了大量的旅客。20世纪80年代，在优良的机上服务和强势的市场营销的双重作用下，亚洲航空公司迅速崛起，如新加坡航空公司、马来西亚航空公司、泰国航空公司和国泰航空公司。

东亚地区航空运输的增长带动了世界航空运输的增长速度，而东亚地区航空运输在世界航空运输中的比重也越来越大。1972年，亚洲和太平洋地区的航空运量占世界定期旅客总量的13%，到了21世纪初，这个数字超过了33%。以吨公里计算，世界上前15位的航空公司，有4家在东亚地区，它们是JAL、SIA、Korean和Cathay。相反，一些欧美传统上具有统治地位的航空公司却在丢失着市场份额。1972年，这两个地区的运量占世界的3/4，今天它们只占到了50%。

如今，许多关于世界航空运输远期流量的预测都一致认为，与中国和东亚相关的航

五、收入的下降

最后，近几年来航空运输业一个关键性的变化就是收入的下降，或者说是平均客公里或者吨公里收益的下降。这是由于许多因素造成的，如自由化，如前所述，在越来越多的航路上取消了公司准入和票价限制，新兴航空公司的进入加剧了这些航路上的竞争，它们为了抢占市场，纷纷压低票价。1989年到2003年之间，以不变价格计算，航空公司的平均收入下降超过了40%。票价下降最大的航路一般都在那些低成本航空公司进入的航线上。伦敦—图卢兹航线上，因为低成本航空公司的进入，法航和英航的往返票价从2002年的900美元下降到了2004年的200美元。

2003年SARS危机过去后，世界航空运输业的收入趋于好转，然而，2008年全球性的经济危机又给刚刚好转的全球航空运输业以沉重打击。国际航协的最新预测是，2009年全球航空运输业收入为4480亿美元，比2008年减少15%，这是前所未有的。2009年全球航空货运量预计为3330万吨，比2008年减少17%；客运量为20.6亿人次，比2008年减少8%。此外，2008年航空运输业估计亏损104亿美元，比原来估计的85亿美元要多。

第二节　放松管制

一、管制时代的航空运输业

20世纪20年代，美国国内运输市场发生了巨大的变化。随着公路、水运和航空运输的蓬勃发展，它们与铁路之间的竞争以及各种方式内部之间的竞争越来越激烈，并且随着竞争程度的加剧，出现了过度竞争及不公平竞争的不良现象，损害了交通运输业的正常发展。这个时期，竞争成为了运输市场的主要特征，垄断退居到次要位置。为了适应这种新变化，美国交通产业组织政策发生了相应的变化，从限制垄断、维护竞争转向对运输竞争的管制。在1938年之前，美国主要是对铁路进行管制，针对当时铁路垄断造成的种种弊端，成立了州际商务委员会，制定了商务管制法，对铁路垄断进行管制。随着飞机制造技术的发展，美国国内航空运输市场也蓬勃发展起来。成立专门管理机构，并颁布相应的法律对航空运输市场进行规范管理成为当务之急。

1938年，美国颁布民用航空法，并建立民航委员会（CAB），由民航委员会承担航空公司航线及航班的审批、运价的确定、兼并的管理等职责。民用航空法为了避免航空业内部过度竞争和不公平竞争，保护航空公司能够获得正常水平收入，主要对航空业进行了三方面的管制：（1）严格限制新企业的进入；（2）禁止企业合并；（3）控制运价及收入。民航委员会认为：过多的航空公司进入市场，将会使企业间为争取有限市场而进行毁灭性竞争，导致重复浪费、过度延展和低劣的服务，同时由于航空公司没有足够的收入维持正常的生产活动，最终会倒闭或破产，减少航空业的生产能力，因此有必要对市场准入和运价进行管制。禁止企业间合并则是为了防止垄断导致的不正当竞争。

1938—1978年，美国有80家航空公司申请进入航空业，但是没有一个干线执照得到批准。航空公司受到民用航空局的过度保护和严格控制，内部没有经营自主权，外部缺少竞争压力，服务质量差，票价居高不下，财务状况恶化。1960年至1965年，美国航空公司的股票平均值暴涨了250%，年均上涨28.5%。一些社会团体和个人发起了消费者主义运动，批评管制损害了公众的利益。一些知名学者计算航空业管制成本后指出，这种管制是对资源的乱分配，造成的社会成本很大。不仅航空业如此，其他运输方式的情况也很糟糕。尤其是铁路，1970年占全国货运量和旅客运输量20%的宾夕法尼亚中央铁路和同一区域的五条铁路同时申请破产，更加导致人们对管制功效的怀疑，反管制的呼声越来越高。

二、放松管制

20世纪60年代末70年代初期资本主义社会出现的"滞胀"现象使社会各界对主张政府干预经济的凯恩斯主义产生了怀疑，主张自由放任经济的新古典学派应运而生，并成为时代的主流。这种经济理论的变化必然要反映在政策决策中，于是放松空运管制的呼声于20世纪70年代进入政治领域，无论是赞成自由市场经济的共和党人，还是以消费为中心的民主党人，都支持放松对空运的管制，认为它将带来运费下降、消费者增加、效率提高，并最终使"政府退出市场"。1974—1975年间，由肯尼迪参议员主持的国会调查小组进行了关于航空运输业管制与运价竞争关系的调查，结论是政府对航空运输业的经济管制不利于竞争，也由此造成了高运价。1977年，卡恩担任民航委员会主席并致力于放松空运管制工作，直到1978年《放松航空运输管制法案》获得通过。

1978年的航空客运放松管制法强调政府减少对航空业的控制，通过采取航空公司自由进入市场和扩展业务、放开票价、不再限制合并等措施引导企业依靠市场力量进行自由竞争，期望通过竞争的压力使航空公司不断改善经营管理，提高服务水平，满足国民经济发展的需要，同时降低成本，给公众提供合理票价。这标志着航空产业组织政策从限制竞争转向鼓励竞争。

随即，放松管制在世界各国和地区间逐步展开。加拿大政府早期对国内航空运输业实施的是管制政策，航线、航班安排和服务水平及运价等完全由政府管制，规定同一条航线不允许有多家航空公司经营。从1978年，开始，加拿大政府允许在其国内运价基础上实施带有限制条件的折扣运价。1988年，加拿大对其国内运价实施彻底的放松管制政策。

欧盟航空运输业放松管制始于20世纪80年代。1987年，欧洲民用航空会议（简称ECAC）首先建议采取行动放松欧洲航空运输市场管制，在此基础上，欧盟开始了航空自由化进程，清除了原先市场准入和竞争机制的障碍，创立了真正的单一市场。通过欧洲经济区（简称EEA），冰岛、挪威和列支敦士登等国也加入了欧盟的单一市场，瑞士则通过双边协议保持着其与欧盟航空市场的联系。根据欧盟市场一体化的要求，欧盟内所有国家的航空管理体制开始实施自由化，历经十余年进程，如德国于1997年4月1日，在实现航空公司私有化的基础上，政府不再对运力、航班、运价进行直接管制。

1986年以前，日本政府对航空运输业实施的是管制政策。1986年以后，日本政府开始对航空运输业实施部分放松管制政策，主要内容有：国内航空运输方面，同一航线实行两家以上企业经营。在同一条航线上，若年旅客运输总量达到70万~100万人次，允许两家航空企业经营，100万人次以上的可允许三家航空企业经营。这一规定数字自1996年起重新调整为：同一条航线，年旅客运输总量达到20万~35万人次允许两家航空企业经营，达到35万人次以上允许三家航空企业经营。1995年之前，国内运价由日本政府管制，政府定价根据行业成本，参照当时的客座率水平（一般为65%，而实际客座率为65%~70%），加上适当利润，用线性回归方法计算出不同航线的标准普通运价。运价水平一般常年固定，同一航线只有一种运价，即使有折扣，也由政府统一规定折扣水平。1995年以后，日本政府开始对其国内运价实施放松管制政策，第一阶段为采用幅度的形式制定特殊运价，即经济舱Y运价为上限，下限为该Y运价的50%，在该幅度内航空公司可以自行制定、管理特殊运价，但需附有限制条件，航空公司可以随时调整运价水平，浮动后的运价报政府备案。1996年，日本政府将幅度运价的概念普及到国内普通运价。日本政府制定标准成本价作为航线经济舱运价的上限，下限是标准成本价的75%，在向下浮动的25%范围内，航空公司可以自行制定符合本公司需求的运价，并无须设定任何条件。

三、放松管制的影响

以美国为例，放松管制给美国民航业带来的明显变化有以下几方面：

（一）票价下降

《放松航空运输管制法案》要求民航委员会立即采取措施保证更自由的定价，1980年航空运输企业可以自由进入市场，1983年实现完全的企业定价。到1983年，美国有60多家新的航空公司进入市场，这些新公司中有支线航空公司、地区性航空公司或摆渡性航空公司。1984年9月，国会又通过《民航委员会撤销法案》，美国民航委员会于1985年1月被撤销，其大部分管理航空运输经济的职能被终止，保留的部分职能移交运输、司法、商务部等机构。在市场机制作用下，航空公司普遍实行廉价机票、折扣机票，如新进入市场的世界航空公司，纽约至洛杉矶的廉价票仅99美元，平均每客公里2.3美分。据统计分析，按飞行里程计算的美国民航机票平均价格，1993年比1978年下降28%或30%。依据运输研究委员会（TRB）1999年发表的报告，列出1979年至1998年美国不同运程平均航空客票收入价。分析得出，航空运输在1979年至1984年，票价不断下降；从1984年至1998年，由于航空公司市场集中度和对航空枢纽支配力的提高，票价下降趋缓。自1995年起，航空票价在波动中略有上涨，这种状况持续到

"9·11"恐怖袭击事件后,由此引发了许多人对放松空运管制政策有关运价长期效应的怀疑。

运输研究委员会的报告还指出:凡是美国西南航空公司进入的空运市场,旅客票价立即下降,而客运量随即上升。运程少于800公里的支线票价收入比1600公里以上的长程航线高150%左右,加上运营支线还能按规定获得运输部或州、市、县的财政补贴,这是美国支线航空持续发展的重要原因。票价下降的直接效果,是旅客节省了空运支出。据美国《航空公司》杂志2003年10月载文指出:放松管制政策使空运旅客每年节省支出100亿至200亿美元。

(二) 客座率提高

航空票价下降,加上经济发展,人均收入水平提高,社会对航空运输需求增速加快。据美国航空运输协会统计,1977年美国民航承运的登机旅客为2.4亿人次,其中国内旅客2.22亿人次,国际旅客0.18亿人次。除去外国居民在美国的登机人数,当年美国人口中只有16%的人使用空中交通工具。1988年登机旅客达4.55亿人次,使用空中交通工具的人口比例达25%。运输量的快速增长,使美国各航空公司的航班客座率大幅提高。美国民航正班平均客座率,2000年比1977年提高了16.5个百分点。

(三) 低成本航空公司崛起成为新趋势

实施放松空运管制政策后,航空公司获准自由进入市场,新航空公司接踵成立,少则每年几家,多则一年有20多家新公司进入市场。据统计,自1980年至1998年,美国新成立的航空公司有200多家。可是另一方面,在这期间又有约200家航空公司破产,包括泛美、布兰尼夫、东方等大型航空公司,另有至少50家航空公司被兼并,还有合众国等航空公司依靠破产法的特别保护而勉强运营。在美国诸多航空公司处于凄风苦雨的境况之中时,低成本航空公司却生机盎然、蓬勃发展,成为美国乃至世界民航业的发展新趋势。

低成本航空公司的崛起,源于西南航空公司。西南航空公司虽然成立于放松管制前的1971年,但起步艰难,到1978年仍在得克萨斯州内飞行。实施放松管制后,迫于竞争的压力,公司摆脱了放松管制初期空运市场的"混战"局面,借助实施低成本的优势和州内航空公司不受运价约束的政策规定,以先进的经营理念和别具一格的战略战术,采用单一机型、单级座舱,使用二级机场,以城市对航线为主(占80%),实行客票直销和网络销售,减少不必要的服务,实行一专多能和岗位交叉的劳动制度,压缩固定成本和变动成本以实行低票价竞争,使公司稳妥地逐年发展,现已成为世界上最大的低成本、低票价航空公司,美国八大骨干航空公司之一。即使在恐怖事件和经济衰退冲击民航的这几年,西南航空公司依然保持着强劲增长和连年赢利的态势。同时,在美国民航界自1991年开始的历年服务质量评比中,西南航空公司均列前五名,2003年列第三名。

美洲西方、捷蓝(又译蓝色喷气)、穿越等航空公司,均采取低成本、低票价战略，取得快速发展，年均增长率平均为两位数，个别航空公司个别年份高达50%，比美国航空运输业近期年均增速3%快几倍。这些航空公司同时以正点率高、服务好受到旅客青睐。

低成本、低票价航空公司发展的另一趋势，是许多骨干航空公司也在尝试既保留骨干航空公司的特点又适应低成本的潮流，而采取多项措施，如美国达美、联合等大型航空公司另行组建低成本单位独立运营。达美航空公司已抽调36架波音757型飞机组建"达美之歌"机队，2004年开始在纽约、波士顿、奥兰多等城市对航线运营。

低成本航空公司的发展，使美国航空运输业格局发生了变化。1992年，低成本航空公司仅占市场总额的10%，2003年已扩大到25%，预计2010年将增至35%以上。由此说明，美国的骨干航空公司（Major Airlines）、国民航空公司（National Airlines）面临巨大的竞争压力，市场份额正在缩减。

考虑到这些低成本航空公司主要在短程支线、二级机场运营，运力以中小型飞机为主，以及其他支线航空公司的快速发展，美国不少航空专家预言，"微型喷气飞行"时代即将到来，一种"空中出租系统"将应运而生。它将极大地方便旅客，缓解大机场的拥堵现象。

为了适应这种趋势，除美利坚鹰、科姆等支线航空公司，西北、美洲西方等低成本航空公司继续大力发展短程、城市对航线外，骨干航空公司也着手实行结构性调整和模式转换。美利坚航空公司总裁D.卡蒂指出，美利坚航空公司必须转换模式，减少枢纽机场，削减大型运力，适应低成本航空竞争，工作重点是降低成本和追求效果，利润比市场份额更重要。合众国航空公司已于2003年5月订购150架喷气支线飞机，以替代部分大型飞机和过时飞机，目的是向规模小、效益高的企业模式转变。

（四）临空经济的形成和发展

随着机场的发展和业务的兴旺，原来集中在城市中心的酒店、银行、购物中心、会展中心、汽车租赁等，也逐渐转移到机场周边兴建，形成机场服务经济圈。因而，机场服务经济圈能够提供越来越多的会议和商务、购物服务，商务乘客下飞机后就参加会议、参观展览或购物，活动结束后再飞回原地或转往他地。对于这些现代飞行旅客来说，坐飞机出行犹如在市内上下班。

美国每年进出机场旅客有十几亿人次，他们在机场的消费、餐饮、娱乐，蕴藏着巨大的商机，潜伏着巨大的经济活力，因此吸引了万豪、希尔顿、麦克唐纳等集团公司拥向机场。这种将商店、酒店、金融租赁等移向机场的趋势和众多旅客从机场到机场的生活方式，已经使美国许多政治、文化观察家把机场视为城市，而把城市比喻为活力不足的商店和饼屋。

（五）社会经济对空运业的依存度提高

近年，美国国内旅客运输量7亿多人次，平均每个美国人每年乘坐飞机近3次多。空运旅客中，约60%是商务旅客，30%为探亲访友。由于美国高速铁路运输欠发达，在500公里以内运程中与航空运输形成竞争的是高速公路运输；在500公里以上运程中，航空运输处于垄断地位。近年美国国内生产总值在8万亿~9万亿美元，2000年航空运输收入近1000亿美元，相当于国内生产总值的1%~1.1%；受恐怖事件的影响，2001年下降到约900亿美元，相当于当年国内生产总值的0.9%左右。

"9·11"恐怖事件对航空运输的打击，主要体现在人员、物资流动和对外活动上，它不仅暴露出航空运输业对恐怖事件的抵抗能力薄弱，也反映出美国社会经济对航空运输的过度依赖。"9·11"事件后，航班停飞使美国的社会生活几乎陷入瘫痪：旅客滞留，会议取消，邮件发不出去，工厂缺乏零部件而停产等等。航空运输恢复后，许多人又害怕坐飞机遇到危险而不愿出行，社会经济生活久久不能恢复平静。

第三节 天空开放与航权

一、天空开放概念的产生及由来

天空开放，即国际航空运输管理自由化，是美国推行的国内航空运输放松管制政策扩展到国际航空运输而出现的。什么是天空开放，什么样的双边协议才算"天空开放"协议，国际上尚无公认的标准和定义。为在国际上推行自由化航空政策，美国政府对"天空开放"提出定义，具体为：

对通航地点、指定承运人、运力班次方面不限制；

对业务权不限制，包括之间点、以远权、换机型不限制；

运价管理自由化；

包机、货运、结汇自由化；

代号共享不限制；

可自办地面服务收费；

使用和引入电脑服务系统不限制。

20世纪美国实行的放松管制和"天空开放"，基本上都是针对航空公司而制定的，空中交通管制和机场等垄断服务商并不包括在内。要使全球航空运输业向自由化方向发展并建设和谐天空，所制定的规章制度必须针对整个航空运输业。这些观点和看法，无疑是对"天空开放"的另一种诠释。英国航空公司前首席执行官罗德·爱丁顿在2005年9月卸去首席执行官前的一次对新闻界的谈话中指出："真正的航空运输自由化、天空开放，不仅仅是航空权力、业务权的自由化，同时也是航空公司所有权、空中交通管制权和市场进入权的自由化。在欧盟和美国就跨大西洋航线、美国开放国内天空的协议达成以前，欧洲航空公司的联合和合并是不会有真正意义的。"很显然，英航前首席执行官的谈话首先是针对美国的，特别是针对美国让别国开放天空而竭力保护美国航空公司利益的政策。

二、天空开放进程

美国"天空开放"始于1978年国内放松管制后的两年里。美国政府在1980年公布《国际航空运输竞争法》，即实行"天空开放"，强调保护美国航空公司的竞争地位，消除"不公平竞争和差别待遇"的做法，意味着要强化美国运输部等机构对外国航空公司及政府的报复能力，在国际上产生了强烈的反响。开始十几年内，一方面美国国内出现纷争，对放松管制法持异议者甚多，另一方面欧美许多国家对美国的放松国际空运管制提出了质疑和批评，因此"放松管制"收效甚微。在这种不利局面下，美国政府及相关组织多次在欧美组织研讨会，宣传"不管制"主张。更多的是美国政府采取软硬兼施的手段，寻找开放天空的突破口。1979年3月，美国与欧盟成员国荷兰达成反映美国放松管制意愿的双边协定，市场准入实行"可飞入美境内指定的有限地点，美可由境内任何点飞荷兰"，运价实行"始发国批准"原则。20世纪80年代，美国又与新加坡、比利时等国签订了含有部分航空权益开放的双边协议。这些国家大多是本国航空运输市场狭小并且其空运企业具有一定的竞争力，所以向美国开放天空无损其国家利益。

美国为了推进天空开放，还以给予反托拉斯豁免为诱饵，换取对方支持"开放天空"。如美国西北航空公司与荷兰航空公司签订代号共享、扩大大西洋航线竞争力、相互换股协议后，立即获得美国国会的反垄断豁免，因为荷兰是最早支持美国开放天空政策的国家。与此形成对照的是，美利坚航空公司和英国航空公司在达成合作协议后，美国政府立即表示将不批准英航与美利坚航的反托拉斯豁免申请，原因是英国政府内部对美国的开放天空政策分歧严重，且英美两国就开放天空举行的几次双边会谈均不欢而散。面对美国在开放天空方面的不断进攻，20世纪80年代欧盟内部支持自由化的呼声增多。1984年，英国与荷兰率先签订"天空开放"双边协议，取消运力管制。此后，英国又与联邦德国、卢森堡、比利时、法国、瑞士、爱尔兰等国签订了类似的开放天空的双边协议。欧盟其他国家间也相互签订了较为自由化的双边航空协定。

1994年11月，美国政府对外宣布实行新的国际航空运输政策，允许和国家或国家集团签订自由航空运输协定或过渡性、分阶段实施自由化的航空运输协定。此后，加拿大、以色列、澳大利亚、新西兰等国家也相继公布新的国际航空运输政策，放宽对国际航空运输的管理，才使美国推行的国际空运自由化获得较大推进。1995年是世界航空运输自由化发生决定性变化的一年。一是这一年各国间达成的双边航空协定几乎是20世纪90年代初期平均年份的21倍，达91个，且大部分在亚太地区；二是美国与加拿大、法国、捷克、巴西、菲律宾等20多个国家签订了完全和分步骤实施空运市场自由化的协议，美国推行自由化的政策取得了突破性进展；三是欧盟委员会制定了整体与美国开展天空开放谈判的具体计划，该计划能为成员国分别与美国谈判争取到更大的利益，欧盟委员会还委任代表根据相互给予空运市场准入原则，和中东欧各个国家进行双边或多边谈判；四是有18个成员国及3个地区的亚太经济合作组织通过了旨在促进贸易和经济发展的计划，其中包括对航空运输私有化、改进空运安全、促进空管协调、增加空运竞争等进行研究。

此后,美国继续与一些国家签订了含有自由化条款的航空运输协定,但步伐放缓,而区域自由化却很活跃。东盟四国柬埔寨、越南、缅甸、老挝于1998年达成建立空运服务自由化的区域协定。非洲国家于2000年签署了分步骤实施以使非洲天空自由化的协定。美国和智利、文莱、新加坡、新西兰等5国签署了一项航空运输自由化的多边协定,它是美国开放天空自由协议的扩大。世贸组织(WTO)、经合组织(OECO)及国际民航组织也开始着手推介航空运输自由化协议和货运自由化的多边协议。据国际民航组织统计,从1995年到2000年的6年间,大约60个国家间签订了近80个涉及开放天空的双边航空协定。

布什上台后推行"布什主义",导致国际局势严重动荡。一是"9·11"恐怖事件使国际航空运输遭受严重挫折,还有军事进攻阿富汗、武装侵占伊拉克,使国际航空运输业雪上加霜,连年严重亏损。二是许多国家对美国政府推行的航空运输自由化政策的怀疑增长,加之美国政府把大部分精力放在"反恐"方面,使航空运输自由化势头有所减缓。布什自2001年当政,先后只与波兰、阿曼、法国和斯里兰卡等13个国家签订了开放天空协议,较克林顿时期后6年签订52个开放天空协议少了一大半,与布什政府期待的"重塑美国航空运输业的领导地位"相距甚远。

在这期间,"开放天空"方面的一个较大进展,即是区域范围内的空中自由化。按照2000年3月欧盟建立的"统一的天空"战略,欧盟从2001年起重点建立统一的空中交通管理机构、规划新的管制模式、重新设计机场运营能力,并最终于2004年实现了欧盟内"单一天空"。2002年至2004年,欧盟法院相继否决了一些欧盟成员国单独就天空开放与美国签订的航空协议中的许多条款,使美国推进的与欧盟各成员国达成开放天空协议的努力遭受挫折。2003年欧盟理事会、2004年欧盟法院相继通过决议,授权欧洲委员会代表所有成员国就航空服务协议与他国进行谈判,包括与美国就在两个地区建立跨大西洋自由航空区进行谈判,以及与第三国商讨修改现行航空协定中的有关条款。2004年5月,欧盟成员国由15个扩大到25个国家,随后欧洲共同航空区也将扩大。还有南太平洋岛国联盟、东盟、加勒比国家联盟等建立共同航空区的计划,继续取得进展。

当前,国际空运开放天空的总体趋势,首要的一点是区域性开放天空呈增强态势。至2004年12月,除已建成的欧盟单一空运市场外,还有至少11个类似的共同航空区协议在签订或生效中,还有一些有签订意向。区域性开放天空,即突破国家地区限制,参与方遵守事先达成的共同航空规则,以航空政策统一的管制体制取代现行的双边航空谈判的体制,一方面在平等的基础上给予航空公司完全的商业机会,大部分取消或完全放松对区域内他国航空公司市场准入的限制。另一方面建立多边的国际航空管制体制,航空公司的行为受统一规则的管理,减少因规则不同而产生的矛盾和冲突。有的共同航空区还扩展到机场地面服务等。建立共同航空区的国家,大多是经济制度、水平大体相同或相似的国家。第二点是国家间开放天空的趋势减缓,特别是弱国与强国间相互开放天空的态势减弱,主要是竞争力大体相当的国家间开放天空,如2004年3月1日新加坡与阿联酋签订的相互开放天空的航空运输协议，2005年9月印度与泰国签订的相互有限开放天空的协议。

2007年3月22日，欧盟理事会在布鲁塞尔通过了与美国相互开放航空市场的第一阶段协议草案。这份新协议旨在打开欧美航空业市场的大门，因此又被形象地称为"天空开放"协议，其主要内容包括欧盟与美国相互间进一步开放航线，允许对方航空公司利用本方领空，同时涉及消除跨大西洋航空业的投资限制问题。

根据欧美双方谈判代表2007年3月初达成的第一阶段协议草案，今后凡属欧盟成员国航空公司的飞机均可以从欧盟境内任一机场飞往美国境内任一机场，反之亦然。当时，欧盟各成员国航空公司的飞机只能从本国机场飞往美国，而不能从欧盟其他成员国机场起飞。

但在消除跨大西洋航空业投资限制方面，美国在第一阶段协议中同意，将允许欧盟投资者持有美国航空公司超过50%的股份，但拥有的投票权仍不得超过25%的上限。这未能满足欧盟的要求，并成为双方在第二阶段协议磋商中的重点。欧盟认为，自己允许美国的航空公司经营各成员国之间的航线，并让它们持有欧盟航空公司49%的股份，但美国却不允许欧盟航空公司经营其国内航线，并将欧盟航空公司在美国同业中可持有的具有投票权的股份比例限定在25%以下，这样不公平。为此，欧盟理事会在通过第一阶段协议草案的同时，还附加了一项条款，要求美国在第二阶段磋商中必须在2010年之前放宽投资限制，做出让步，否则将收回给予美国航空公司的优惠安排。

由于英国担心新航空协议将迫使其完全开放伦敦希思罗机场，欧盟理事会最后决定，将第一阶段协议生效时间由2007年10月推迟至2008年3月，以给英国航空公司留下调整时间。希思罗机场是欧洲最繁忙的机场之一。根据英国和美国做出的安排，希思罗机场只允许英国航空公司、英国维珍航空公司、美国联合航空公司和美国航空公司经营赴美航线。

三、航权概念及分类

(一) 航权概念

说起天空开放，不得不提及航权概念。航权是世界航空业通过国际民航组织制定的一种国家性质的航空运输权利，因为航空运输只要超出自己的国界就涉及其他国家的主权，国际航空运输需要在全球行业范围内有一个统一的规定，航权就属于这个规定其中的一部分。

1919年10月13日，32个国家签署了巴黎《空中航行管理公约》。这是第一部国际航空法条约，航空法学界将其视为航空法的"出生证"，具有极其重要的历史意义。该条约由巴黎和会航空委员会及其技术、法律和财务小组委员会起草，巴黎和会最高理事会批准，对空中航行明确了法律规范，其核心是确定了领空主权原则。该公约除在第15条中提到飞越、建立国际空中航路、开辟和经营定期国际航线等问题之外，并没有涉及航空运输的商务问题。

1928年2月20日，美洲16国签订了哈瓦那泛美商业航空公约。该公约第21条规定："从事国际商业航空的一缔约国的任何航空器，可以在抵达另一缔约国的一个机场卸下旅客和其一部分货物，继续飞往该国另一个或另几个机场，以便卸下剩余的旅客和货物，并可以同样方式装上前往一个或几个外国的旅客和货物，但航空器必须遵守其飞经国的法律要求，这些法律要求对从事国际航行的本国航空器和外国航空器应当是一样的，并应通过适当途径通知各缔约国和泛美联盟。"

1944年11月1日至12月7日，由美国邀请，共52个国家派代表出席在芝加哥举行的国际民用航空会议。据统计，在1944年底，美国经营着当时已开通的国际航线总数的80%以上。因此，美国主张"空中自由"，为其在战争中膨胀起来的航空实力开航世界扫清道路。罗斯福总统在开幕式致辞中说得十分清楚，他宣称：为争夺公海的归宿而斗争，结果是导致战争。只有自由的海洋，才为全世界带来和平和经济利益。为了建造永久的和平，在承认每个国家的主权和平等的同时，他祈求国际贸易的完全空中自由。

以英国为首，针对美国的贸易自由论，提出了经济管制论。经过激烈争论，最后签订了《国际民用航空公约》，除第6条关于国际定期航班、第5条关于不定期飞行、第7条关于国内载运权做了原则规定外，并没能就国际航空运输的运营权利问题达成协议。正如美国出席芝加哥会议代表团成员、首任国际民用航空组织理事会主席爱德华·瓦尔内所说的：芝加哥会议未完成的主要问题，是进行贸易的权利。

为了弥补这个缺陷，这次会议在《芝加哥公约》之外，签订了《国际航班过境协定》和《国际航空运输协定》。协定规定：

"每一缔约国给予其他缔约国以下列定期国际航班的空中自由：

（1）不降停而飞越其领土的权利；

（2）非商业性降停的权利；

（3）卸下来自航空器国籍国领土的旅客、货物、邮件的权利；

（4）装载前往航空器国籍国领土的旅客、货物、邮件的权利；

（5）装卸前往或来自任何其他缔约国领土的旅客、货物、邮件的权利。"

这就是"航权"概念的起源。不过，当时称为"空中自由"（Freedoms of the Air）或称"特权"（Privileges）。之后，在实践中，发展成"Traffic Rights"的概念，除上述"五大空中自由"外，还发展成"第六、七、八种自由"，甚至还有"第九种自由"。中国民用航空局国际司一直将"Traffic Rights"译成"业务权"，即承运旅客、行李、货物、邮件业务的权利，而台湾民航同行定名为"航权"。随着中国大陆和台湾民航界交流日益频繁，"航权"的称谓也就在中国大陆普遍使用了。1962年，著名航空法专家郑斌教授发表了他的名著《国际航空运输法》，对什么是"Traffic Rights"（"业务权"或"航权"）做了清晰的论述。WTO《服务贸易总协定》的"航空运输附件"也有个"Traffic Rights"一词，按其定义规定，它包含航线权、业务权（或航权）、经营权、运力权、运价权五种权利，因此汉语中就不能再称之为"业务权"或"航权"，而把它定名为"运营权"。

"航权",是国际航空运输中的一个十分重要的问题,涉及市场准入权。航空公司经营国际航空运输业务,如果得不到航权,是不可能进入市场的,即使获得了一定的航权,但得到的权利不充分,那也是很难经营国际航空运输业务的。因此,不论作为主管民航事业的政府部门,还是航空运输企业,都对此高度重视。

(二)航权分类

1. 第一航权:领空飞越权

飞出国界的第一个问题就是要飞入或飞越其他国家的领空,允许不允许,就形成了第一种权利。

在不着陆的情况下,本国航机可以在协议国领空上飞过,前往其他国家目的地。例如,北京—旧金山,中途飞越日本领空,那就要和日本签订领空飞越权,获取第一航权,否则只能绕道飞行,增加燃料消耗和飞行时间。又如,北京—巴黎(BJS—PAR)中间要途经俄罗斯,北京—东京(BJS—TYO)中间要经过朝鲜,这样要与所有途径的国家分别签署第一航权。

2. 第二航权:技术经停权

本国航机可以因技术需要(如添加燃料、飞机故障或气象原因备降)在协议国降落、经停,但不得做任何业务性工作,如上下客、货、邮。例如,北京—纽约,如果由于某飞机机型的原因,不能直接飞抵,中间需要在日本降落并加油,但不允许在该机场上下旅客和货物。此时就要和日本签订技术经停权。对航空公司来讲,技术经停是不得已的事,这样的经停所带来的起降费、导航费等等费用必然加大航空公司的运输成本,所以能不做就不做,比如购买更加适合远距离飞行的机型,或者将现有机型改造,多带油增加飞行距离等等。

3. 第三航权:目的地下客权

本国航机可以在协议国境内卸下乘客、邮件或货物的权利。

例如,北京—东京,如获得第三航权,中国民航飞机承运的旅客、货物可在东京进港,但只能空机返回。

4. 第四航权:目的地上客权

本国航机可以在协议国境内载运乘客、邮件或货物返回的权利。

例如,北京—东京,如获得第四航权,中国民航飞机能载运旅客、邮件或货物,搭乘原机返回北京。

第三、四种航权,这是一对"孪生兄弟"。航空公司要飞国际航线,就是要进行国际客、货运输,将本国的客货运到其他国家,将其他国家的客货运到本国,这种最基本的商业活动权利就是第三、四航权。在两个国家航权的谈判中,这个权利的确定并不是简单的确定允许或不允许,而是包括具体的内容:

(1)运力:一周内允许飞几班,客班还是货班,有的要确定机型,或者不限机型,但是限定座位数,还有的限制Slot。

（2）航点：允许在境内的什么地方通航，有的是具体通航地点，有的是通航地点的个数。

（3）承运人：允许几家航空公司飞这条航线，有时是一家，有时是多家，还有时确定是客运承运人或者货运承运人。

5. 第五航权：中间点权或延远权

第五航权是可以先在第三国的地点作为中转站上下客货的权利，要和两个或两个以上的国家进行谈判。

1）本国承运人（第一国始发地）—中途经停第三国—目的地国（第二国）

承运人从本国运输客货到另一国家时中途经过第三国（也就是始发地国家和目的地国家以外的其他国家），并被允许将途经第三国装载的客货卸到目的地国。这种权利是第五航权的一种。

2）本国承运人（第一国始发地）—目的地国（第二国）—以远点（第三国）

第五航权的第二种是以远点国家的运输，承运人将自己国家始发的客货运到目的地国家，同时又被允许从目的地国家上客货，并被允许运到另一国家。

第五航权是针对两个国家的双边协定而言的，在两国的协定中允许对方行使有关第三国运输的权利。但是在没有第三国同意的情况下，这个权利等于没有。因此航空公司在用这个权利的时候，必然同时要考虑与"第三国"有没有相应的权利。

第五航权之所以复杂，就是因为它涉及多个双边协定，并且在不同的协定中意味着不同种类的航权。第五航权的开放意味着外航不仅要分享对飞国之间的市场，同时还要分享本国到第三国的市场资源。举个例子，如果中国向美国开放了中国以远的第五航权，比如印度（假设），那么美国航空公司不仅可以运输中美之间的客货，同时还可以运输印度—美国之间的客货，如果中国对美国开放的第五航权在中国—印度之间也允许上下客货（full traffic right），那么，美国承运人的航班就包括三种客货：美国—中国，美国—印度，中国—印度。

但是航权的交换一般是对等的，如果中国向美国开放第五航权，那么肯定也会要求美国向中国承运人开放美国以远的第五航权，比如南美洲（假设），那么中国航空公司也应该能够获得三种客货运输的权利。

航权是对等的，但是使用航权的能力就不一定对等了。并不是因为美国人的飞机大，而是因为美国公司的竞争能力，比如对公务旅客的服务条件、市场运作、销售能力，更重要的是美国航空公司的中枢。比如美联合航空公司，它的旅客不仅是从芝加哥到北京的，而是包括从美国中东部所有重要城市到北京的，如果它拥有北京到印度的航权，它的旅客还包括从美国中东部到印度的旅客。所以第五航权对它十分有价值，可是中国的航空公司没有中枢，即使获得美国到南美的航权，中国的航空公司的旅客可能只是北京到南美洲的旅客，或者国内很少地方（要看你的航线网络和转机时间）的旅客，这样，中国的航空公司因为没有足够的美国以远的旅客，又要承担美国以远航行的成本，所以就可能决定不使用这个航权。

6. 第六航权：桥梁权

某国或地区的航空公司在境外两国或地区间载运客货且中经其登记国或地区的权利。例如，伦敦—北京—汉城，国航将源自英国的旅客经北京后再运到韩国。

又例如，国泰航空的班机不能直飞伦敦及澳大利亚，但可由香港飞澳大利亚，装载客货，在香港停留再飞往伦敦。或是，大韩航空如果获得英国赋予的第六航权，就可以将英国的乘客、货物经首尔后再运到东京。

新加坡航空、国泰航空、马来西亚航空，还有许多的亚洲航空公司，均利用第六航权，经营来往欧洲与澳大利亚的客运货运业务。同样，美国航空与英国航空也分别利用第六航权经营欧洲—亚洲与美洲—亚洲的业务。

7. 第七航权：完全第三国运输权

第七航权也称为"基地权"，某国或地区的航空公司完全在其本国或地区领域以外经营独立的航线，在境外两国或地区间载运客货的权利。这种航线是 A 国的航空公司完全以 B 国的城市为基地，把 B 国看作像它自己的国家一样，从 B 国开始经营完全在 A 国境外的运输业务。例如，伦敦—巴黎，由汉莎航空公司承运。又比如，第二次世界大战结束后，由于日本战败，美国将日本当作了自己在海外的基地，拥有了日本的第七航权，进行以日本为基地的运输业务。

8. 第八航权：国内业务权

指承运人在获得准许的国家从事该国国内两点间与本国无关的运输的权利。也就是说，外国的承运人在非本国的领土上从事该国家的国内运输。例如，如果汉莎被允许运输上海—广州间的客货，就是获得了中国国内的国内业务权，事实上它并没有获得，而仅仅是被允许运输慕尼黑—上海、慕尼黑—广州间的客货，所以就不是获得了第八航权。

如果将上述第八航权又分为"连续的国内载运权"和"非连续的国内载运权"两种形态，那么，前者是"第八航权"，后者便成了"第九航权"。

9. 第九航权：国内运输权

本国航机可以到协议国进行国内航线运营。

所谓第九航权是指上述第八航权分为连续的和非连续的两种，如果是"非连续的国内载运权"，即为第九航权。值得留意的是第八航权和第九航权的区别，虽然两者都是关于在另外一个国家内运输客货，但是，第八航权所谓"cabotage"，只能是从自己国家始发的一条航线在别国的延长。而第九航权，所谓的"full cabotage"，可以是完全在另外一个国家开设的航线。

第四节 航空联盟

一、联盟狂潮

从20世纪90年代开始,航空公司之间形式各样的联盟层出不穷,在国际间越来越普遍。事实上,在美国的航空公司之间的联盟早在比此更早的十年前就出现了。1997年亚洲金融危机的出现,1998年部分欧洲国家的经济衰退,1999年原油价格持续上涨,导致航空公司的生存环境趋于严峻,航空公司之间进行联盟的内在要求越来越强烈。1998年的6月Airline Business杂志记录了航空公司之间的502个独立联盟,这比一年前多了32%。当全球经济在2000年变得更坏的时候,航空公司更加感觉到危机的压力,特别是2001年"9·11"事件以后,航空公司之间的联盟无论在范围上还是程度上较之以往都有很大的提高。航空公司的管理者们视联盟为拯救公司生存的重要手段。

联盟有许多形式,但是对于大多数联盟来说,主要的驱动力是预期产生更多的收入。目前世界上许多新兴的联盟狂潮将航空公司联合在一起,向顾客提供全球范围的航线网络。1997年到2004年,许多新的航空公司联盟成立了,但同时也有一些旧的联盟瓦解。而有些想加入联盟的航空公司却由于政府的反对而延缓了加入到联盟的步伐,这种情况在美国、欧洲和世界其他地方都出现过。如2001年美国的UA和USAair之间的联盟在2001年的7月被分开。2003年,Qantas和Air New Zealand之间的联盟也是被管制当局分开,早一些的例子还有American和BA的强强联手。这一阶段结束的标志是2003年的10月,法航和KLM宣布合并。这是首次由不同国家的主流航空公司之间实现的兼并,这次兼并通过了两个国家的政府部门的批准,标志着航空公司的国际联盟进入了一个新的阶段。

早在1990年波特就指出:"联盟经常是一个过渡性的组织,但当产业组织面临着结构变革或是竞争加剧时,管理层往往会觉得航空公司不能在这种变化的环境下较好地生存,联盟往往会扩散。"

航空运输业通过合并和联盟进行产业聚集并不是一个非常时髦的话题。美国在放松管制以后掀起的航空公司合并风潮就是一个很好的例子。当《航空运输放松管制法案》(Airline Deregulation Act)在1978年的10月签署以后,只用不到五六年的时间,就掀起了一股通过联盟和兼并进行行业聚集的浪潮。20世纪80年代初期,对航空公司来说是比较困难的一段时间。但是一些较大的航空公司,如American、United和Delta却成功地击退了包括低成本航空公司在内的诸多挑战。它们的成功主要是因为航空公司较大的规模和通达的航线网络。由于规模大带来的优势,一些大型的航空公司开始合并那些比较虚弱的小航空公司,特别是那些可以给它们带来支线市场的小航空公司。1985年7月Midway购买了Air Florida就是一个明显的例子。20世纪80年代中期是美国国内航空公司合并、兼并和联盟的高峰期。到1987年底，也就是放松管制的10年以后，美国航空运输市场的集中度大大增强。1978年，排名前6位的航空公司运送的旅客周转量占全美的72%，而到了1987年，这个数字变成了83%。

很明显，美国国内航空公司通过自由的增长和市场竞争完成了国内航空运输市场的联盟、兼并与合并。在完成了国内航空市场的整合后，美国航空公司开始尝试将联盟触角转向持续增长的国际航空运输市场。Delta的例子就说明了这一点。

1987年，Delta航空公司兼并Western Airlines，扩张其在国内的市场地位。1991年，Delta航空公司将公司战略重点转向国际市场，优先发展跨越大西洋和太平洋的国际网络，进入德国、法国、韩国和泰国等国的市场。为此Delta航空公司购买了Pan American North Atlantic从纽约出发的国际航班时刻。早在1985年Pan American已经将它们经营的太平洋航线权利卖给了United。Delta取得了Pan American的航线，使自己在法兰克福可以建立一个枢纽，这个枢纽连接了9个美国的城市和欧洲中央大陆的11个城市，以及东欧、中东和印度。这次兼并被视作Delta成为未来航空公司运输世界的主要游戏者的最为关键的一步（Callison 1992）。另外一个关键之处就是通过跨国界地与那些全球除美国以外的两大市场——欧洲和东亚的航空公司来建立联盟，扩张全球的网络。这种联盟在1989年由Delta、瑞士航空和新加坡航空建立，这个联盟致力于联合的市场营销（联合的常旅客飞行计划，共享售票中心，全世界的整体票价，联合的值机、机场的地面处理等等），虽然这个联盟在10年以后被打破，但它是其他国际联盟的先行者。

二、航空公司战略联盟的发展现状

航空公司战略联盟，是指两个或两个以上的航空公司为共同提高相对于竞争对手的竞争优势，共享包括品牌资产和市场扩展能力在内的稀缺资源，从而提高服务质量，并最终达到提高利润的目的而组成的长期合作伙伴关系。从实践的角度来说，航空公司战略联盟是指联盟各方的最高管理层通过达成战略性协议，以将各自的主要航线网络连接起来，并在一些关键的业务领域开展合作。

在1978年美国开始实行航空放松管制后，1984年泛美航开始尝试在美国本土和加勒比海中枢空港之间航线中使用代码共享，这可以看作是航空联盟的雏形。从1984年到2004年这20年里，航空联盟的发展非常迅速。截至2004年，全球范围的航空公司联盟总数达到500个，涉及航空公司达到120家。当前，全球航空公司联盟（Global Airline Alliances）有星空联盟（Star Alliance）、寰宇一家（OneWorld）、天合联盟（SkyTeam）和优飞联盟（The Qualiflyer Group）等4个。

2004年，三大航空联盟（星空联盟、寰宇一家、天合联盟）总客运周转量18090亿人公里，约占世界民航年总客运周转量的56.4%；旅客运输量8.67亿人次，约占世界民航当年旅客运量的49.4%；销售额2024亿美元，约占世界民航当年销售额的57.8%。

2004年联盟数量比1994年增长了79%。联盟的地理范围由最初主要是北美与欧洲之间，扩展到亚洲及世界各地，联盟的形式也从以前的单一化发展到多种形式。

表6-1 四大航空公司联盟成员构成

联盟名称	联盟成员
星空联盟	美联航、汉莎航、北欧航、加拿大航、泰航、韩亚航空、全美航、新西兰航、全日空、奥地利航、英伦航、葡萄牙航、新加坡航、波兰航、西班牙斯班航、巴西航空
寰宇一家	美利坚航、英航、国泰航、西班牙航、澳快达航、智利航、芬兰航、爱尔兰航、加拿大国际航
天合联盟	法航、三角航、墨西哥航、大韩航、捷克航、意大利航、荷兰皇家航、美西北航、美大陆航
优飞联盟	瑞士航、土耳其航等11家欧洲航空公司

资料来源：www.staralliance.com，www.oneworldalliance.com，www.skyteam.com等。

表6-2 三大航空公司联盟的世界市场份额

联盟名称	客运周转量 数值（10亿人公里）	客运周转量 市场份额（%）	客运量 数值（百万人）	客运量 市场份额（%）	销售额 数值（10亿美元）	销售额 市场份额（%）
星空联盟	703	21.9	342	19.5	87.0	24.9
寰宇一家	492	15.4	209	11.9	50.4	14.4
天合联盟	614	19.1	316	18.0	65.0	18.5
合　计	1809	56.4	867	49.4	202.4	57.8

数据来源：Airline Business，2004（9）。

表6-3 航空公司联盟的发展

年　份	1998	1999	2000	2001	2002	2003	2004
联盟数量（个）	502	513	500	548	550	500	500
涉及公司数量（个）	196	204	160	160	150	120	120

数据来源：Airline Business（1998—2005）。

目前，航空公司趋向于与那些有一个互补航线网的伙伴结盟。运行干线航线的骨干航空公司寻求与飞短程航线的小的区域性航空公司联盟，没有他国国内空运权的国际航空公司寻求与在他国拥有大的国内航线网的航空公司建立联系，而那些在部分市场已有较大势力的航空公司千方百计要进入它们还没有服务的市场。

三、全球航空公司战略联盟的形成背景

自亚当·斯密以来，古典经济学家主张对经济的干预应尽量予以避免，市场力量将会引导经济正常进行。但过去20年来，经济学家看待经济管制的方式以及政府和国际组织应用经济管制的方式开始发生深刻的变化。因此，激励性管理理论和放松管制理论

作为新的思想和政策工具在世界范围内得到广泛的传播和应用。管制改革于是成为自20世纪70年代中期以来的经济政策的重大倾向，在世界范围内掀起了放松管制以及自由化和私有化的浪潮，并广泛地影响到交通运输、电信、金融、广播和电力等行业。事实上，管制改革的历史一般可追溯到美国1978年航空放松管制法，正是该法放松了对美国国内民航业的管制，从而引发了世界范围内的管制改革的潮流。

在经济趋于全球化和许多行业通过大企业之间的兼并联合进而形成寡头垄断的大背景下，航空公司之间的竞争和合作方式也在发生重大变化，多种因素的综合作用导致了全球航空公司联盟的诞生。

（一）旅客的旅行需求变得越来越全球化

从需求的角度来说，在世界经济趋于全球化的过程中，顾客的旅行需求变得越来越全球化，旅行的目的变得越来越分散化，即使是大型的航空公司也没有能力向大多数旅客提供真正的"无缝隙"旅行服务。因此，各国航空公司只有寻求合作才能更好地满足顾客全球旅行的需求。

（二）在目前的国际航空运输体系下航空公司很难将旅客送往他国中小城市

从供给的角度来说，由于目前国际航空运输大多处于双边管制体系之下，航空公司很难将旅客送往世界其他国家的中小城市，于是全球航空公司联盟便成为国际航空运输合作的现实途径选择。国际航空运输业与一般行业有两大质的区别：一是国际航空运输市场的进入、运营和退出关系受到政府间双边协定和多边协定的严格约定；二是除欧盟成员国外，大多数国家对于航空公司股权结构中外资的份额都有严格的限制。通常情况下，各国政府均禁止航空公司的跨国兼并。目前，国际双边航空协定对指定航空公司的主要所有权和有效控制权通常都有严格的规定。因此，航空公司的跨国兼并将违反双边航空协定对指定航空公司的相应要求。正是由于这两个因素的作用，航空公司之间的跨国兼并或控股非常困难，因此不涉及股权变化的多种多样的联盟方式成为主流。各国航空公司纷纷利用代码共享"绕过"国际双边航空协定的约束，将市场范围扩大到目前双边航空谈判中有关运力、目的港指定等条款限制的点。

（三）联盟成为航空公司获取竞争优势的有效方式

从竞争角度来说，合作竞争成为一种新的思维方式。随着国际航空运输的迅速增长，竞争也愈演愈烈，联盟便成为航空公司获取竞争优势的有效工具，其优势主要有五点：

1. 给消费者带来实惠

除了无缝隙服务外，航空公司联盟凭借其网络经济的优势，在价格方面可以较大幅度让利给消费者。1997年第三季度的调查显示：在国际航线上，不结盟航空公司的票价比结盟航空公司的票价平均高出36%。

2. 增加航空公司的运输量和收入

通过联盟，航空公司有两条途径增加运输量：一是从竞争对手那里争夺到一定的市场份额；二是以较好的服务和较低的价格刺激了顾客新的需求。

3. 通过合作降低了航空公司进入新市场的风险和成本

以美联航与汉莎航的一次合作为例，几年前美利坚航是唯一飞芝加哥到德国杜塞尔多夫航线的航空公司，美联航觉得在这个小市场上与美利坚航直接竞争风险太大，因此与汉莎航联盟，双方联手进入这一市场，美联航负责芝加哥方面的业务，汉莎航负责德国方面的事宜，双方平等分担了开发市场的风险，运营的第一个月就有赢利。最令两家高兴的是，美利坚航不久便撤离了这个市场。

4. 联盟还可以作为航空公司的防御性武器

如果说在航空公司联盟的第二次浪潮中，联盟被当作争夺大块蛋糕的进攻性武器的话，那么今天的航空公司联盟，特别是全球航空公司联盟，不但是巨型航空公司扮演主角的一场生存游戏，而且也是所有航空公司求生存的一种防御性武器。

5. 获取市场营销方面的优势

联盟的航空公司在计算机订座系统（Computer Reservation System，简称 CRS）中具有优先显示权。CRS 长期以来形成的统一规则是，"同一公司衔接航班显示优于跨公司衔接航班"。目前，全球大部分的计算机订座系统，特别是以美利坚航空公司的军刀（Sabre）和联合航空公司的"阿波罗"（Apollo）为代表的美国订票系统中，代码共享航班均被看作同一航空公司连接（on-line），而不作为不同航空公司间的联运航班显示（Interline），而全球大约 80% 的航班是通过 CRS 来预订的。代码共享造成同一个实际航班显示两次，航空公司利用这种显示优势，通过同一航班的重复显示塞满 CRS 第一屏，而将其他航空公司的航班挤到屏幕下边或者挤到下一屏。另外，竞争对手的航班即使更方便、更便宜，也通常显示在拥有 CRS 的航空公司航班的后面，这样就可以增加甚至成倍地增加共享公司的航班频率。另外，代码共享往往带来的是"无缝隙"服务，订票、出票和办理登机手续等一系列手续得到简化，使没有代码共享的航空公司的旅客被吸引过来，从而导致代码共享航空公司市场份额增加。如果联盟的内容包括常旅客计划的合并，则消费者将利用常旅客计划所带来的便利，选择联盟航空公司到更多的地方去旅行。

同时，联盟还建立自己的网站，用于联盟产品营销。2003 年，星空联盟创建了第一个成员航空公司的共同 IP 网。此外，该联盟与总部位于美国加州圣荷西的一家应用基础结构软件公司——BEA 系统公司签署了为期 5 年的协议，通过购买 BEA 的软件，使每个成员降低了 IT 成本结构。为保证网络的顺畅，星空联盟还与 ZEROOCTA 网络维护支援公司签署了首选设备供应商的协议。2005 年，星空联盟选择了艾玛迪斯全球旅游分销系统公司（AMADEUS），扩展基于 ALTEA 系统的共同 IT 平台。通过建设一些项目，诸如共同的 IT 信息技术平台，使成员航空公司能在大量的信息处理中降低 IT 领域的花费，从而节省费用。

6. 通过联合采购降低成本

"9·11"事件带来的高燃油成本和收益方面的压力，使全球航空联盟的联合采购重心发生了改变。联盟开始购买集中的大件项目，显现出规模经济的优势。虽然这些方式还处于早期发展阶段，但却达到了节约成本的目的。仅在 2006 年，该联盟成员航空公司通过联合购买各项物品所节约的费用，就达到了近 3 亿美元。

目前采购集中在购买燃油上，各航空联盟采取了双管齐下的办法。首先是把成员共同使用的主要机场油料购买合并，其次则是把相同的操作进行组合，以确保稳定的供应。

四、航空公司战略联盟的主要类型

航空公司联盟的合作形式主要有联合营销、联合营运、联合购买以及投资参股等形式。联合营销包括代码共享、包租舱位、相互参与常旅客计划、特许权经营、联合市场营销等；联合运营包括协调航班计划、联合空中服务、联合维修、公用机场设施等；联合购买主要是为了节约成本，如联合购买航油、保险、机上设备等，下面就联合营销的主要内容加以分析。

（一）代码共享

代码共享（code-sharing）是指一家航空公司的航班号（即代码）可以用在另一家航空公司的航班上。这对航空公司而言，不仅可以在不投入成本的情况下完善航线网络、扩大市场份额，而且越过了某些相对封闭的航空市场的壁垒。对于旅客而言，则可以享受到更加便捷、丰富的服务，比如众多的航班和时刻选择、一体化的转机服务、优惠的环球票价、共享的休息厅以及常旅客计划等等。代码共享通常分为三种类型：

1. 辅助服务（也称"区域性代码共享"）

这种代码共享是指一条国内航线由一家国内航空公司经营，但由一家国际航空公司以自己的代码向社会公布，这种代码共享的目的是获得中转客源。例如，英国密德兰航空公司（British Midland）与不同的美国和欧洲航空公司的代码共享。

2. 门户港到门户港航班（也称"具体点代码共享"）

这种代码共享是指一个点到点的航班服务由一家国际航空公司运营，但同时又由另一家国际航空公司进行市场营销，结果两家航空公司达成协议，可以包括包租舱位或联合航班。例如，达美航空公司/葡萄牙航空公司、加拿大航空公司/西班牙航空公司、俄罗斯航空公司/奥地利航空公司的代码共享。

3. 门户港到门户港以及门户港以远（也称"战略代码共享"）

这种代码共享的飞机实际上由一家或两家航空公司运营，这种协议可以包括两个以上的合作伙伴。另外，国内提供客源加上国际点到点航班，或国内提供客源加上国际中转到第三国服务也属于这种类型。例如，荷兰皇家航空公司/美国西北航空公司、德国汉莎航空公司/美国联合航空公司的代码共享。

正因为代码共享优化了航空公司的资源，并使旅客受益匪浅，所以它于 20 世纪 70

年代在美国国内市场诞生后，短短 20 年便已成为全球航空运输业内最流行的合作方式。我国的航空公司近年来分别与多家欧美航空公司签署了代码共享协议。

（二）成本共享

这类合营涉及联合购买设备的两家或多家航空公司，它们可以从批量购货中获利。例如 20 世纪 90 年代后期三家拉美的航空公司 TACA、TAM、LAN，就曾经联合起来购买了 100 架空客的飞机，除此在外，它们再无任何合作关系。

（三）资产联营

这类合作往往发生在设备维护方面，航空公司可能将它们储备的发动机等航材共同存放在某个双方共有的基地的仓库内，供双方使用。

（四）包租舱位

根据包租舱位协议，一家航空公司在它的某些航班上给另外一家航空公司分配一些座位，然后另外一家航空公司通过它自己的市场营销和销售系统向旅客出售这些座位，这种协议往往用在包租舱位的这家航空公司由于种种原因不能服务这个城市的机场的情况，包租舱位也是绕过航空双边协定障碍的一种有效方式。例如，达美航空公司和维尔京大西洋航空公司达成包租舱位协议后，达美航空公司将在维尔京航空公司在每个伦敦至美国的 6~7 个城市的航班上购买 50~100 个座位，这导致维尔京航空公司市场份额和收入的增加，而达美航空公司将获得（间接）进入伦敦希思罗机场的机会。

（五）支线联合

这类合作一般存在于大型网络航空公司和小型支线航空公司之间，小型航空公司只能按照协议特许经营权进行运营，为大型网络航空公司提供支线客源。这种模式在美国很流行，美国大型骨干航空公司一般都拥有很多个自己的联合支线。欧洲的汉莎航及英航等航空公司也按照这种模式运营。

（六）特许权经营

特许权经营的惯常做法是一家航空公司允许另一家航空公司使用其名字、飞机专用标志、制服和品牌形象等。一家航空公司向另一家航空公司出售这些特权，通常是作为授予特许权航空公司承担特许权经营航空公司的市场营销和销售系统的总的一揽子协议的组成部分。反过来，特许权经营航空公司支付特许权使用费，并经常充当授予特许权航空公司主要航线网的辅助性航空公司。例如，英国航空公司与 9 家小航空公司签订了以英航名义运营某些航线的特许权经营协议，这些英航不赢利、客流量又少的航线由其他小航空公司运营后，不仅为英航的主航线提供客源，也扩大了小航空公司的运营。

（七）市场联盟

市场联盟包括联合广告、联合销售及联合的里程累积优惠计划，这些通常与战略代码共享同时发生，有时也与地区代码共享同时发生。市场联盟经常是多边联盟，需要合作方之间广泛协调，寰宇一家等联盟就是市场联盟的范例。

五、世界主要航空联盟介绍

（一）星空联盟

1997 年，由美国联合航空（United Airlines）与德国汉莎航空（Lufthansa），再加上原加拿大航空（Air Canada）、北欧航空（SAS）与泰国国际航空（Thai Airways International）等 5 家航空公司宣布"星空联盟"正式成立。

1997 年底巴西航空加入，1999 年澳洲安捷航空、新西兰航空和全日空陆续加入星空联盟的行列，2000 年 4 月新加坡航空及奥地利航空集团（包括奥地利航空、劳达航空和 Tyrolean 航空）成为星空联盟的一员。2000 年后半年墨西哥航空与英伦航空加入，2003 年 3 月韩亚航空、4 月西班牙斯班航空正式加入联盟组织，波兰航空于 10 月正式加入。2004 年 5 月全美航空加入，2005 年 3 月葡萄牙航空加入，2006 年 4 月瑞士航空与南非航空正式成为星空联盟成员。中国国际航空公司（Air China）和上海航空公司（Shanghai Airlines）于 2007 年 12 月正式成为星空联盟成员。

目前的星空联盟成员已发展到 20 个成员航空公司和 3 个区域成员，是迄今为止历史最悠久、全球规模最大的航空策略联盟。联盟成员航空公司涵盖全球五大洲的航线，将使星空联盟的全球航空网络更为广泛及完整。目前，星空联盟网络每天提供超过 17000 个航班，到全球 160 个国家共 916 个目的地。

1. 合作方式

通过星空联盟成员的共同协调与安排，将提供旅客更多的班机选择、更理想的接转机时间、更简单化的订票手续及更妥善的地勤服务，符合资格的旅客可享用全球超过 500 个机场贵宾室及相互通用的特权和礼遇。会员搭乘任一星空联盟成员的航班，皆可将累积里程数转换至任一成员航空的里程酬宾计划的账户内，进而成为该计划的尊贵级会员，金钻级会员可享受订位及机场候补机位优先确认权，优先办理机场报到、登机、通关及行李托运等手续。不仅如此，任一星空联盟的乘客只要是持全额、无限制条件的机票，如果在机场欲临时更改航班，可直接改搭联盟其他成员的航班，另外，星空联盟设计了以飞行里程数为计算基础的"星空联盟环球票"，票价经济实惠，再加上联盟的密集航线网，能提供给旅客轻松实现环游的旅程。

星空联盟主要的合作方式包括了扩大代码共享（Code-Sharing）规模，常旅客计划（Frequent Flyer Program，缩写为 FFP）的点数分享，航线分布网的串联与飞行时间表的协调，在各地机场的服务柜台与贵宾室共享，以及共同执行形象提升活动。相对于航空公司之间的复杂合作方式，对于一般的搭机旅客来说，要使用星空联盟的服务则比较简单，只需申办成员航空公司提供的独立常旅客计划中的任何一个（重复申办不同公司的 FFP 并没有累加作用），就可以将搭乘不同航空公司班机的里程累积在同一个 FFP 里。除此之外，原本是跨公司的转机延远航段也被视为是同一家公司内部航线的衔接，因此在票价上较有机会享有更多优惠。

星空联盟优惠包括常旅客计划、星空联盟金卡/银卡等级、贵宾休息室、获得里程数/积分、星空联盟奖励、星空联盟升级奖励、转机、同一屋檐计划（成员航空公司在同一航站楼运营）。星空联盟的产品和服务还包括特惠套票和航空通票。

星空联盟目前已在德国法兰克福机场设置共同票务柜台，在伦敦成立星空联盟市区票务中心，在香港国际机场的设立星空联盟专用贵宾室，各成员尽可能将机场柜台安排在同一栋航站大楼，这些皆显示出星空联盟尽心尽力提供给旅客购票、机场报到及登机时更多的便利，同时可减少成本，提高效率，以合作代替竞争。

2. 乘客权益

享受到超值通票和特惠机票，如环球票、环亚洲通票。

享受通程登机一站式服务。

航班不正常时，乘客可以享受最快时间的签转。

乘客的行李发生错运、漏运后，可在第一时间找回。

乘客搭乘联盟内任何一家航空公司的航班，都可积攒和兑换里程积分。

星空联盟金卡会员享有优先办理登机手续权（享用专门的值机柜台办理登记手续）、优先机场候补权（如在到达机场前未做预订，可优先候补座位）、优先候补权（在航班预订已满时，享受优先候补座位权）、优先提取行李（可在联盟内优先提取行李）、增加托运行李额度（金卡会员可额外免费享受一件行李的托运）、航班时刻协调（星空联盟各成员航空公司通过协调航班进出港时间，降低旅客候机时间）。

享受全球 700 多个机场贵宾休息室。

（二）寰宇一家

1998 年 9 月，美国航空公司、英国航空公司、原加拿大航空公司（Canadian Airlines，现已被 Air Canada 收购）、国泰航空公司及澳洲航空公司（澳大利亚康达斯）宣布有意合组航空联盟。"寰宇一家"航空联盟于 1999 年 2 月 1 日起正式运作，各成员开始提供一系列的优惠措施。结盟使五家航空公司获益明显，尤其是香港国泰航空公司在很大程度上补足了其他盟友在远东市场的份额。

1999 年，芬兰航空公司、西班牙国家航空公司加入。2000 年，爱尔兰航空公司、智利国家航空公司加入。创始成员之一的加拿大航空公司却因长时间的财务困难，而被加拿大枫叶航空（Air Canada，星空联盟成员）并购而退出。2003 年 9 月，瑞士国际航空公司加入寰宇一家，并同时与英国航空的常旅客计划合并。2004 年，瑞士国际航空终止加入寰宇一家（2005 年 3 月，德国汉莎航空并购瑞士国际航空，随其加入星空联盟）。2007 年，匈牙利航空公司、约旦皇家航空公司、日本航空公司加入联盟成为正式会员。港龙航空公司在国泰航空公司完成对其的全面收购后在 2007 年正式加入。爱尔兰航空公司因转型为廉价航空公司于2007年退出寰宇一家，仍维持与美国航空公司、英国航空公司、澳洲航空公司及国泰航空公司的紧密关系。

寰宇一家各成员航空公司已于2005年4月完成电子机票互通安排的程序，亦是全球首个在成员航空公司之间实现电子机票互通安排的航空联盟。截至2008年，寰宇一家的飞行航线网共涵盖约150个国家700多个目的地。

寰宇一家联盟的合作方式：

寰宇一家联盟合作伙伴为旅客提供超过任何独立航空公司网络的优惠。寰宇一家联盟航空公司的会员，其奖励及特权均可在寰宇一家联盟航空公司中享用。旅客以有效票价乘坐任何寰宇一家联盟航空公司的有效航班时，将为自己的积分计划赢取里程奖励计划。旅客可以在全球联盟成员目的地实施兑换里程。会员航空公司的常旅客计划各自不同的名称，寰宇一家相应创造了不同级别——翡翠级、蓝宝石级和红宝石级，确保旅客获得与其会员级别相应的特权。寰宇一家联盟航空公司旅客乘坐任何寰宇一家航空公司的航班，联盟可提供任意一间会员航空公司的贵宾候机厅，提供旅客在寰宇一家会员航空公司之间顺利转机的服务。寰宇一家成员航空公司航班将迁往同一航站楼或就近航站楼，以配合基地的运作，方便转机联系。联盟为旅客提供所有会员航空公司之间国际联运电子客票服务，有助于旅客通过航线网络采取任何承运航空公司的组合形式。

（三）天合联盟

随着开放天空和全球性的航空公司战略联盟在国际民航界渐成趋势，1997年首个国际性航空公司联盟——星空联盟正式成立。其他大型航空公司竞相成立联盟团队，以与星空联盟抗衡。

2000年6月22日，美国达美航空公司、法国航空公司以及大韩航空公司、墨西哥国际航空公司宣布共同组建"天合联盟"（SkyTeam，又译"空中联队"）。2001年，意大利航空公司和捷克航空公司加入天合联盟。随着美国大陆航空公司、美国西北航空公司、荷兰皇家航空公司以及俄罗斯航空公司的加入，天合联盟成为全球民航业第二大航空公司联盟。中国南方航空公司于2007年11月15日加入了天合联盟，成为首家加入国际航空联盟的中国内地航空公司。

截至2008年，天合联盟航线网络航班共通往约160多个国家的840余个城市。

天合联盟的合作方式：

通过联盟内所有航空公司的航班信息、座位信息和价格信息，帮旅客预订机票和座位，把中转旅客通过联盟航空公司的国内航线送到对方国家的各个城市。

联盟的发展得益于其给旅客及联盟成员带来的日益明显的利益。联盟通过其伙伴关系向旅客提供了更多的实惠，包括各成员间常旅客计划合作，共享机场贵宾室，提供更多的目的点、更便捷的航班安排、联程订座和登记手续，更顺利的中转连接，实现全球旅客服务支援和"无缝隙"服务。对于其成员来讲，全球联盟则以低成本扩展航线网络、扩大市场份额、增加客源和收入而带来了更多的商机，并且可以在法律允许的条件下实行联合销售、联合采购，降低成本，充分利用信息技术协调发展。天合联盟的

"环游世界"套票、"畅游欧洲"套票、"畅游美洲"套票、"畅游亚洲"套票等优惠机票可为旅客节省更多购票支出。

第五节　航空公司的兼并与重组

一、航空公司企业兼并的历史轨迹

回顾商业航空的发展史，世界各国骨干航空公司的成长过程，基本上就是一部丰富多彩的企业兼并史。如今的各国大型骨干航空公司，几乎无一不是利用兼并作为立足和成长的主要途径。远至20世纪20年代，英国的四家小型航空公司一同合并成为皇家航空公司（Imperial Airways），并且通过一系列的多个小型航空公司合并，形成英航的前身British Overseas Airways Corporation（BOAC）。20世纪80和90年代，英航又相继收购本土的British Caledonian航空公司、Dan-Air航空公司和德国的Delta Air Transport航空公司。历史上，英航还曾收购澳大利亚快达航空（Qantas）、西班牙航空（Iberia）和美国合众国航空公司（USAir）的股权。与英航的历史非常类似，法航也以20世纪30年代的四个小型航空公司合并起始，继援用政府支持而先后兼并法国本土的Air Inter、私营UTA等航空公司之后，法航又在2003年主导完成了世界商业航空史上规模最大和影响最大的与荷兰皇家航空公司（KLM）的跨国合并，由此建立了目前世界第一大航空公司实体——法荷航联合体。同样，汉莎航空的起步也源自20世纪30年代Deutsche Aero Lloyd（DAL）和Junkers Luftverkehr两个本土航空公司的合并；20世纪60年代，汉莎收购Condor航空公司的控股股权；20世纪90年代逐步收购了意大利的Air Dolomiti航空公司；2002年兼并了支线航空公司Augsburg Airways；2005年更是由于全资收购世界商业航空史上长期久负盛名的瑞士航空（Swiss Air）而成为航空公司通过并购而实现战略性发展的成功典范。星空联盟的另一个主要成员——斯堪的纳维亚航空公司（SAS）的诞生和成长更是航空企业并购的典型写照。1946年，丹麦、瑞典和挪威各自的载旗航空公司（Det Danske Luftfartselskab A/S，AB Aerotransport，和Det Norske Luftartselskap AS）以合伙形式联合经营三国之间和欧洲内陆航线，并且于1951年合并成为以公司合营的各国股东持股的SAS Consortium。随后，SAS系统性地收购三国境内一系列的小型航空公司，例如挪威的Braathens和Widerøe航空公司、瑞典的Linjeflyg和Skyways Express航空公司、丹麦的Cimber Air航空公司等，从而有效地整合了市场和统一产品与服务。1989年，SAS更是以建立世界性航空公司联盟为目的，越洋收购美国大陆航空公司的母公司Texas Air Corporation 18.4%的股权，并且与汉莎联手收购英国中途航空公司（British Midland）49.9%的股权；随后收购西班牙航空（Spanair）95%的股权和格陵兰航空（Air Greenland）、智利航空（LAN）等的股权。据不完全统计，过去将近四十年中，欧洲地区大约有160家左右的航空公司退出了市场竞争，其中很大一部分是通过合并和收购渠道完成的。

　　商业航空的发展过程实际上就是企业兼并的过程，这个结论在美国的航空公司业更为明显。由于美国自始至终实行商业航空的私有政策，美国航空公司的兼并非常频繁和普遍，而且与欧洲各国相比，这些并购活动明显缺乏政府指导或者政府干预的痕迹。初步统计表明，自1978年美国采取航空放松管制政策以来，先后有将近400家航空公司陆续成立和退出市场。目前，年营业额超过一亿美元的航空公司只有34家。这两个数字之间的主要差异，所展示的就是一部连续不断的航空公司兼并史。仅在最近几十年间，美国骨干航空公司的收购和兼并不啻于野生丛林中弱肉强食的连续画面：美利坚航空兼并泛加勒比航空（Trans Caribbean Airways, 1970）、东方航空（Eastern Air Lines, 1989，主要是其南美航线部分）、加州航空（Air California, 1986）、雷诺航空（Reno Air, 1998）、商业捷运（Business Express, 1999）、环球航空（TWA, 2001）；联合航空收购泛美航空（Pan American）的太平洋航线（1985）和希思罗航线（1991）；三角航空与西部航空（Western Air Lines）合并（1986），收购泛美航空欧洲部分和泛美穿梭（Pan Am Shuttle, 1991）；西北航空收购共和航空（Republic Airlines, 1986），参股大陆航空（Continental, 1998），投资中西部航空（Midwest Express, 2007）、南方航空（Southern）和休斯航空（Hughes Airways）；大陆航空与得克萨斯航空公司（Texas Air Corp）合并，兼并人民捷运（People Express, 1986），收购东方航空主要资产（1986）；合众航空收购山麓航空（Piedmont Airlines, 1986）、PSA航空公司（1986）、川普穿梭（Trump Shuttle, 1997），以及被美国西部航空（America West）收购（2005）；西南航空在1985年和1993年分别收购Muse Air和Morris Air（1993）；联邦快递1989年收购飞虎航空（Flying Tigers）和1995年收购常青航空（Evergreen）的中国航线等等，不一而足。

　　航空公司间的企业并购并不仅仅限于欧洲和美国。由于国家经济和国际政治等多方面的原因，加拿大航空公司（Air Canada）2000年收购加拿大国际航空（Canadian Pacific International）的案例在世界航空史上开创了多项"世界之最"，而且它的后果和利弊，迄今为止仍然在航空业内争论不已。这一兼并使得加拿大航空公司几乎垄断了该国的航空业，但由于这一兼并所造成的多项资本重组和资产重组，加航得以起死回生。加航曾经在兼并前不久进入破产保护程序，而目前是经营效益和资本运作方面业内公认的最为成功的航空公司之一。日本航空（JAL）2002年兼并日本佳速航空（JAS）、印度捷达航空（Jet Airways）2007年4月兼并撒哈拉航空（Air Sahara）、印度国家航空（Air India）和印航（Indian Airlines）的合并、新加坡低成本航空（ValuAir）与捷亚航空（Jetstar Asia）的合并等，则是亚洲航空公司发展过程中利用企业兼并作为重要途径的实例。在澳洲，新西兰航空业的并购和重组始终连续不断，澳大利亚引人注目的私营资本财团收购快达航空全部股权也引起了行业动荡和法律争议。此外，货运航空业的兼并也同样频繁。2007年4月，美国以低成本和包机为主的客运航空公司连续以非常低的价格收购了世界航空（World Airways）和北美航空（North American Airlines），组成业务多元化的集团公司；从DHL改制而来的Air Star，也完成了对规模更大的Burlington

Air货运公司的整体收购。正在大规模介入航空企业并购的私营基金，也完成了对Gimini、Southern Air等货运航空公司的并购。20世纪末和21世纪初阿根廷、巴西、智利、秘鲁等国航空业令人眼花缭乱的跨国兼并重组，更是值得我国航空运输企业分析和研究的实例。其中巴西航空业的兼并重组非常值得我们详细分析。巴西的国家载旗航空公司Varig曾经是拉丁美洲最大的航空公司，而且是星空联盟在拉丁美洲的主要成员。2003年，经营困难和债台高筑的Varig曾经试图与主要竞争对手TAM合并，并且得到了董事会的一致同意。但是，并购竞争的结果却是2007年3月由巴西最成功的低成本航空公司Gol以2.75亿美元的价格收购Varig。此前，Gol已经通过快速的增长而成为巴西第二大承运人。此次收购意图将两个公司完全合并为新的Varig公司，以保留载旗航空公司长期以来建设的市场形象和商誉，并且在新公司中增加以Gol为基础的低成本产品。新公司将拥有巴西航空市场45%的占有率，并且有效打击了竞争对手——占巴西50%市场份额的TAM。并购完成之后的巴西航空业正在从这场"天翻地覆"的变化中努力复苏，这为巴西作为下一个航空大国的行业发展和进一步调整提供了一个全新的基础。作为世界航空业中最有发展潜力的航空市场之一的巴西，数年之内民营航空与国有航空的市场格局发生了翻天覆地的变化，这个过程和它所展示的启发意义，非常值得我国航空业的深入思考和研究。

二、航空公司企业兼并的主要动因

航空公司之间的并购十分普遍而且非常频繁，这与航空公司业的基本特征是密不可分的。与大部分其他行业相比，航空运输业是一个竞争十分激烈的特殊行业。由于极高的竞争度，而且经营地域的跨度很大，除了利用所有可以利用的手段和条件占有市场之外，航空公司还必须利用一切可以利用的机会消除竞争或者抵御对自身市场的"入侵"。这就使得大部分航空公司不得不追求规模效应（Economy of Scale），即不断追求扩大市场份额，也就是追求网络规模和企业规模。与此同时，航空公司的一个本质特征是其所经营的资产主要是动产，即资本的流动性（不仅仅是Capital liquidity，更重要的是Assets liquidity）非常高。"动"（竞争）和"流"（资产）两个基本特征的组合，使得企业兼并成为航空公司业必然的行业特征，也成为主导型航空公司的企业发展的一个重要途径。

在航空公司业发展的初级阶段，也就是它的成型期，企业兼并的主要动因是政府意志。无论是早期各国建立"国家载旗航空公司"的政治性目的，还是实现国有航空公司经营规模的意图，政府的决策都是主要原因。这一点在欧洲各个主要国家的载旗航空公司创建过程中最为明显。航空公司进入成熟期之后，特别是19世纪后半叶，西方主要国家自由经济学思潮影响的直接后果之一是各国政府对国有企业的大规模私有化，其中航空公司业是最为引人注目的"受益行业"之一。英航、汉莎、法航等目前世界上主要的航空公司都是通过政府企业的私有化而成为私营（上市）公司。而美国政府历史上没有控股航空公司业，私营资本对航空业的主导始终没有本质的变化。私营资本控制下的航空公司业，在顺应"动"和"流"两个行业基本特征方面，更加充分地利用企业兼并的有效工具，不断扩大企业规模、消除竞争，或者优化企业结构。

脱离政府直接控制之后的航空业，在并购活动中的具体目的不一而足，而且在大多数情况下是多种因素综合所致。这些因素包括利用兼并作为拓展市场的战略性机遇，例如联合航空收购泛美航空的太平洋航线与资产、美利坚收购东方航空的南美航线与资产等。这些兼并使得联合航空和美利坚航空一夜之间获得了大洲方向上的战略性市场垄断地位。又如新西兰航空先后收购安塞特公司50%和100%股权，主要目的也是进入澳大利亚市场。公司兼并又可以作为扩大企业规模的捷径，例如美国西南航空公司收购 Muse Air 和 Morris Air，美国西部航空收购合众航空等。这些收购使得并购方的经营规模和市场规模实现了跳跃式的发展。另有一些企业兼并的目的是为了消除竞争，其中包括消除直接竞争和消除竞争隐患，即消除竞争对手的相应机会，例如汉莎航空兼并瑞士航空，又如美国西南航空兼并 Muse Air。在前一个案例中，汉莎成功地阻止了竞争对手收购瑞航的企图，而且在"后院"消除了苏黎世和日内瓦两个竞争枢纽，进一步强化了法兰克福和慕尼黑的堡垒型枢纽地位。而在后一案例中，西南航空将被收购的 Muse Air 作为子公司处理，在完成对不匹配运力（西南经营波音737，Muse Air 经营麦道）的处置之后，通过破产清偿程序，如愿以偿地在美国西部市场上彻底清除了最主要的竞争对手。此外，航空公司以获取投资回报为目的的收购也时而出现，例如20世纪90年代初加拿大航空公司参股美国大陆航空公司，2007年芬兰航空（Finnair）收购挪威低成本航空公司 Norwegian 部分股权等。但是这样的不以参与或者影响被收购方经营管理为目的的投资案例，比较少见。当然，在大部分并购中，最为直接的目的是通过更有效地利用资源而改善综合效益，例如，法航－荷航认为，它们的合并每年将能够节省一亿欧元的直接成本；刚刚完成的柏林航空对德国 LUT 航空公司的收购，预计每年也将产生7千万至一亿欧元的综合资源效益。2007年年初合众航空兼并三角航空的方案中，相关的专业分析表明每年的综合效益将为16亿美元，其中网络融合效应（Network Synergy）超过每年9亿美元。而正在热议中的联合航空与大陆航空的合并、三角航空与西北航空的合并，预计也将分别产生20亿美元的成本节省和资源综合利用效益。但是，比节约成本更为重要的并购目的是完善航线网络和产品体系。如西北航空以8.84亿美元收购共和航空（Republic Air），从而获得了明尼阿波利斯枢纽，以及在底特律枢纽的绝对主导地位，这两项并购为西北航空带来的历年经济效益和竞争效益，以数百亿美元计。20世纪60年代汉莎通过收购 Condor，获得了对欧洲市场十分重要的季节性包机服务系统产品；1970年美利坚航空兼并泛加勒比航空，获得了在该地区随后数十年的市场主导地位，1990年收购东方航空的南美航线，获得了对其网络完整性极为重要的迈阿密枢纽；三角航空和合众航空分别收购泛美穿梭和川普穿梭，而拥有了迄今为止仍在美国"东部走廊"占有重要地位的三角快线和合众快线（Delta Shuttle/USAir Shuttle），都是通过并购手段而实现战略性拓展的成功实例。近年来，增加低成本产品体系也逐渐成为航空公司并购的一个重要目的。例如印度喷气航空（Jet Airways）在兼并萨哈拉航空公司之后，立即着手将后者从一个传统型多舱位航空公司改造为低成本航空公司。而近年来的法航－荷航合并，更是通过对两者都极为关键的双中枢策略，在强化市场控制能力的同时获得了急需的网络稳定性。而香港国泰航空收购港龙航空，更是由此获得了整个中国大陆的丰富市场资源，从而将国泰从一个典型的第六航权公司转型为复合型主流航空公司，进而创立新的战略联盟，确立了世界级超级承运人的引导地位。

很多的航空公司兼并发生在行业经营比较艰难的时期，尤其是在企业破产重组程序中。这种机会可以通称为"行业整合的负面机会"，为方便起见，也可以暂时称之为"拯救型"并购。历史上发生过"负面机会"性质的航空公司兼并，其原因大致可以分为以下几种。从行业层面，首先是周期性发生的运力过剩。20世纪80年代初期和中期频繁的兼并活动，既是历史上最令航空业自我难堪的大规模运力过剩的直接后果，同时也是有效调整运力过剩的有效途径。在近年来美国各个航空公司兼并和相关的破产重组程序中，都实现了规模性的运力削减。其中美利坚航空兼并曾经拥有世界上最大的国际航线网络的环球航空，业内认为"唯一成功之处"，就是为美国航空业处置了环球航空将近300架的飞机。其次是经济衰退和由此带来的市场萎缩及航空公司经营效益的下降。最为明显的实例就是"9·11"之后将近三年美国国内市场运量的大幅度减少和缓慢的复苏过程。此外，近年来困扰航空业的航油价格攀升，也将是打击航空公司经营效益的重要因素。例如，2007年11月，美国联合航空首次声称将由于航油价格的压力而停航100架左右（相当于该公司五分之一的运力）的飞机。此外，劳资纠纷也是导致航空公司经营效益下滑甚至难以为继的主要原因之一。20世纪90年代和本世纪发生的大部分美国骨干航空公司破产重组，紧张的劳资关系都起到了很大的甚至是决定性的作用。以上几种因素都频繁导致航空公司的经营效益低下，甚至进入破产保护和破产清偿程序，从而提供了资产并购的良好商业机会和法律机会。20世纪80—90年代东方、泛美航空公司破产清偿案件，2007年年初合众国100亿美元收购三角航空公司的企图等，都是利用劳资纠纷造成的困境而"趁火打劫"的典型实例。此外，航空公司业非常特殊的"退出壁垒"，也是造成特殊性质的企业兼并的重要因素。这主要是因为相应国家和政府出于就业问题、区域经济影响问题等原因而无法或者"不愿"通过正常的商业行为渠道使得航空公司退出市场。例如21世纪初加拿大航空兼并加拿大国际航空、目前正在进行中的意大利航空公司"招商引资"，就是这类"退出壁垒"最突出的表现。"退出壁垒"使得经营毫无希望的公司无法得到所需要的重组，同时也妨碍了更为有效的、经营良好的公司的发展机会。因此，这种形式的重组往往是政府批准过程最为冗长、重组条件也最为繁杂的重组。最后，尽管政府意志在西方主要国家特别是美国已经不再是现代航空公司兼并重组的主要因素，但是在发展中国家和航空欠发达国家，政府对行业进行调整的意志仍然是一个主要的动因。例如加航之所以能够在极大的垄断风险威胁下顺利兼并加拿大国际航空，除了保护就业之外，另一个主要原因之一是政府对外国航空公司（美利坚航空）控制本国公司之意图的激烈反对。当然，即使是在发达国家的基于商业行为的企业并购中，政府意志仍然是一个不可或缺的考虑因素，特别是政府的批准程序。

特别值得指出的是，无论是在航空业相对发达和成熟的欧美，还是在成长期急需发展资金的航空新兴国家,航空企业主动寻求并购和外来投资,也是航空公司之间并购活动的一个重要因素。例如我国海南航空、东方航空和多个民营航空企业引进战略投资人,越南太平洋航空引进澳大利亚快达航空,新西兰航空引进新加坡航空入资等。此外,一些航空公司的股东和管理层为了实现投资回报或者变现而主动寻求投资人,也是一个重要的原因。由于这些原因所导致的并购甚至以整体出售为结局。

三、兼并重组的典型案例

(一)法荷航合并案例

作为"2003年度全球十大并购案例"之一,Air France-KLM(法航-荷航)完成合并已有多年。一路走来,它是否实现了两家航空公司合并的初衷?旧事重提,它带给后继者们更多的是前车之鉴,还是经验借鉴?

在欧洲航空运输业的原有格局中,法航的规模为欧洲第二,荷航规模稍小,是欧洲第四大航空公司。外界对这两家公司为何决定携手一直颇为关注,归结起来无非出于以下三点原因:

第一,一直以来,荷航的营运状况总是不尽人意,合并前夕荷航已然陷入窘迫困境并急于化解危机,法航提出并购可谓恰逢其时。近年来,油价上涨、成本上扬、客源不足的情况纷纷出现,加之受"9·11"恐怖袭击事件、伊拉克战争和亚洲SARS的影响,荷航的财务危机日甚一日。2002年,荷航被迫宣布裁员4500人,2003年初便有近3000人离职。可以说,财务状况及经营的困难是荷航选择接受合并的最大原因,荷航希望借此获得财务支持并优化现有市场。另一方面,荷航投放在长途航线上运营的多为老龄客机,寻找到大买家也意味着可以节省找到更换老龄客机的大笔资金。

2000年前,荷航曾尝试与海峡对岸的英国航空公司合并,但未获成功,此后,它与意大利航空公司的合并谈判再度触礁。最后,荷航终于找到了法航这一"财大气粗"的"好东家"。

第二,对于法航来说,与荷航的合并能进一步扩大已有的市场。长期以来,行业整合一直被看作解决欧洲航空运输业产能过剩的一剂良方。而近年不断涌现的低成本航空公司,如EasyJet等,使传统的大型航空公司愈来愈深切地感受到价格竞争的沉重压力。

正当法航以客运总量排名世界第一,货运总量位居第四,且连续6年保持赢利的成绩傲视全球航空运输业之时,高速列车(TGV)和欧洲之星(Eurostar)列车在欧洲大陆上的穿梭往来,使法航在本土和跨英吉利海峡等近程运输市场上几乎陷入四面楚歌的境地。面临这样的困境,"飞得更高更远"成为了法航无奈却又最为现实的选择。

另外,双方合并前夕,美国航空市场仅占法航运营收入的15.8%,而荷航在北大西洋市场上却相当活跃,如能与荷航联姻,法航将迅速强化其在美洲市场上与老冤家——英航对抗的实力。从营运角度而言,双方合并后,在欧洲四大航空枢纽城市伦敦、巴黎、法兰克福和阿姆斯特丹中,将有两座属于新集团,而这将成为法航在欧洲航空运输市场中最有力的竞争筹码之一。

另一方面,由于航空联盟的格局已基本形成,今后全球航空运输业将分为"星空"、"天合"和"寰宇一家"三大阵营的趋势难以逆转,航空联盟也成了航空运输业整合兼并的催化剂。作为"天合联盟"的发起成员之一的法航,若与荷航联姻,将能确保一家欧洲的航空公司在该联盟中发挥主导性的作用,这恐怕也正是法航与荷航最终决定携手的关键原因。

法航和荷航分属法国和荷兰两个不同的国家,合并不仅规模庞大,而且需要得到欧盟的同意,还得通过美国司法部的审核。但由于双方的合并态度十分明朗,且得到了所属两国政府的支持,整个合并过程并不如外界预测的那般荆棘重生,从最初宣布合并意向到启动实质性合并只用了8个多月的时间,也算得上是一帆风顺。

2003年9月,法航与荷航首次宣布两家企业合并的意向,并于3个月后达成了合并框架协议。尽管小有波折,欧盟委员会和美国司法部最终还是于2004年2月11日同时批准了二者的合并方案,为这一巨无霸航空公司的诞生扫清了最后的障碍。但是,为了消除欧盟委员会在反垄断方面的疑虑,并获得美国监管当局的批准,法航和荷航不得不做出了相应的让步——同意每天放弃94个航班,这些航班主要涉及巴黎至阿姆斯特丹和欧洲至美国的航线。而法国和荷兰政府也承诺将给予其他航空公司经营权,使它们可以经巴黎或阿姆斯特丹机场经营法荷航线或欧美航线。

在分别扫清了各种障碍后,法航于2004年5月4日以8.33亿欧元的价格收购了荷航89%的控股权,成功组建了"航母"级的航空公司——法航-荷航(Air France-KLM Group)。这是欧洲大航空公司的首次跨境合并,合并后的新集团拥有约540架飞机和近10.6万名雇员,服务范围覆盖全球200多个航空点。

根据双方协议,法航和荷航两家公司将组建一个联合控股公司——法荷航,在控股公司名下,双方将分别以各自的名字共存三年且控股公司拥有两家公司百分之百的控股权。另外,法国政府、法航和荷航分别持有新公司44%、37%和19%的股份;而荷航将继续作为荷兰公司,其51%的控股权由国家和两个基金持有,这一安排也使得荷航能继续保留其外国着陆权,根据交易,法国政府对法航的持股权将从54%降至44.7%。

合并而成的法荷航集团成立了战略管理委员会,由其负责制定集团的全面战略规划,并采用了一个集团、两个公司,渐进式整合的战略——集团内的两家公司依然独立负责各自的运营业务,法航的机队仍旧沿用红白蓝三色相间的标志,而荷航的机队也将保持过去的浅蓝色机身。可能正是因为法荷航并未选择一体化、大刀阔斧的改革与整合,外界多认为这是一桩貌合神离的联姻。

渐进式整合并不意味着无所作为,而是在不改变原有两大公司主要管理模式及结构的基础上,进行积极的优势强化与市场开拓。法荷航成立伊始,在巴黎和阿姆斯特丹两大枢纽中如何选择始发航线成了双方共同面临的难题。在绝大多数行业专家认为双方必须快速将各自的航线网络合理化,并暂停或取消所有重复航线的时候,法荷航却想出了另一种方式,由于认识到荷航在史基浦枢纽已建立了十分强大的运营网络,新公司坚持同步加强巴黎与史基浦两大枢纽的实力,而不是顾此失彼或以牺牲其中一个枢纽为合并的代价。

历史上，多起合并案例以失败收场的主要原因在于主角太过于集中精力削减成本和精简规模，而极少关注如何增加市场份额和销售收入。法荷航成立之初就决定采取攻势战略而非防守战略，将"有利润的增长"作为新集团成立后的发展目标，并决定暂时不削减运力和人员。行业分析家对法荷航独辟蹊径的举动表示了极大的失望，然而法荷航坚持认为人力资源对于服务性的航空运输业来说至关重要，裁员将可能导致新公司丧失员工的支持进而造成营运混乱的局面。

之所以选择渐进式的整合战略和进攻式的市场战略，法荷航是经过一番深思熟虑的。保留荷航的相对独立运营，一方面降低了过激变革潜在的不确定风险，另一方面也可以安抚拥有 80 余年历史的荷航作为一个国家象征而引起的员工对公司的眷恋，并保持住原荷航相对忠诚的客户。

与此同时，许多跨国并购的失败案例确实证明了欲速则不达的事实，也让法荷航倾向于选择渐进式整合战略，新公司最初只在一些少有潜在风险的业务领域进行整合以降低成本，尽管难以在最短的时间内发挥合并的潜力，却在实实在在得到利益的前提下将合并的风险降至最低程度。而现实的激烈竞争则让法荷航不得不采取进攻式的市场战略，结果是新集团积极寻求两大公司的优势并将其发挥至最大，强化已有业务领域并发挥协同效应降低成本。事实也证明，法荷航的这一决策相当明智。

外界多有声音认为法航与荷航联姻实属貌合神离，对此新集团首席执行官 Jean-Cyril Spinetta 坚定地认为双方的合并是成功的，而一系列数据也为他这一说法予以了佐证。

合并后由于市场的扩大，新集团的飞行覆盖面更广，消费者在同一家公司内也有了更大的选择余地。双方完成合并后，荷航的乘客可以抵达 90 个新的目的地，而法航的乘客也有了 40 条新航线可供选择。

另外法荷航还采取了一系列措施提高客户的让渡价值。首先，集团实施了一项名为"组合票价"的战术，允许乘客出发时选择一家航空公司而在回程时选乘另一家公司的班机，从而构成最优惠的组合票价；其次，对双方原有的常旅客项目进行了整合，设立了唯一的"蓝色飞行"（Flying Blue）俱乐部，现已拥有约 1000 万名成员；最后，对于一些大公司客户，如飞利浦、西门子公司等，新集团还组成了一个销售队伍——拜访，并分别签订合作协议。

事实证明，法荷航这一系列措施的效果十分明显。从 2000 年至 2003 年，戴高乐和史基浦机场的客货运输量一直停滞不前。而法荷航组建成功后的 2004 年至 2005 年，两家公司的运输量总体增长了 5.7%，客运量也从 0.26 亿人次增至 0.274 亿人次。

合并的良好效果从新集团的股票价格上也可体现出来。合并前，法航的股票价格在每股 15 欧元左右，荷航的每股价格约为 17 欧元。2004 年法荷航成立后，其股票在巴黎股市挂牌上市，2005 年，每股法荷航股价为 15 欧元左右，而至 2006 年 11 月 13 日，其股价已上涨至每股 33.35 欧元，较一年前涨幅超过 100%。分析人士指出，营业额和赢利能力双高是法荷航股票受到股市追捧的主要原因。据该集团公布的最新财报，其

2005—2006年度营业额较上年同期增长了10.2%,达214.4亿欧元;集团的纯利比上年同期则增长了29.3%,达9.13亿欧元;同时,新公司目前的总市值达到86亿欧元,较一年前增值一倍有余。

(二)大陆和西北航:奏响行业低谷"变奏曲"

2008年10月29日,美国第三大航空公司达美航空(Delta AirLines,NYSE:DAL)宣布与美国第五大航空公司西北航空(Northwest Airlines Corp)正式完成合并,两者的整合,将诞生全球交通量最大的航空公司。

这起涉及资产达177亿美元的合并案,从正式公布到完成,仅仅用了5个半月时间,多少出乎市场的意料。瑞信分析师Daniel McKenzie在达美与西北航空正式合并的第二天表示,这起交易比瑞信的预期提早了一个月。瑞信分析师Kevin Crissey对此的理解,是全球经济危机以及美国大选营造出大好时机,促使监管部门为交易大开绿灯。

要理解这起迅速达成的交易,还得回到2008年年初。1月下旬传出美国各航空公司酝酿合并的消息。到4月14日,达美正式公布兼并西北航空的要约,提出的条款为,股东每持有一股西北航空的股份,可交换1.25股达美股份。这比西北航空在当天的收市价有16.8%溢价。达美航空的首席执行官Richard Anderson声称,这起交易,"将锻造全美的顶尖航空公司——拥有稳健的财务、愿意投资于员工与顾客,从而在竞争日益白热化的市场继续壮大"。

然而,在Anderson的玫瑰色发言背后,却是达美与西北航空均需面对的动荡时势。踏入2008年,WTI(美国西得克萨斯中质原油)价格自每桶94美元启动升势,到2月末,WTI油价盘中触及每桶103.05美元的高位。而虽然油价在7月的140美元峰位的基础上下跌一半多,但不足以抵消需求下滑的不利影响。

与之相应的,则是投资者在二级市场做空航空股。与2007年5—7月徘徊20美元的高位相比,达美的股价在今年2月便进入下跌区间,到4月初,股价腰斩跌至8美元左右。

对于动荡的市场,达美仍心有余悸。该公司曾在民航业需求大滑坡之时,于2005年9月14日无奈进入为期19个月的破产保护程序。因此,在面对新一轮民航业景气下滑周期,走出破产阴影的达美毫不犹豫地选择了合并。

达美主席兼首席财务官Edward Bastian在成为西北航的新首席执行官前表示:"达美的顾客和员工在我们此前申请破产保护中得到的痛苦教训,就是永远不要让市场走在自己前面。"

根据McKenzie的估计,合并西北航,将令达美得以在2009年继续保持客座率的增长,从2008年预期的81.2%,增长至2009年的82.6%,而客运量更将从2008年微弱的0.5%预期增长,大幅跃升至2009年的60.1%。

这也是达美在公布要约后,试图让投资者理解的交易好处。合并前拥有450架飞机,2007年运营收益为10.6亿美元的达美指出,双方的合并,将能令公司年收益猛增至350亿美元,机队数目达800架,航点数目增加至770个,而且将提供抵御高油价的商业模式。

9月25日，双方的股东批准了合并。在完成换股合并后，达美与西北航空的整合将为期12~24个月，并分两步走：首先在11月实现全面代码共享；到2010年后，两家公司将统一在达美的品牌下，以单一的运营许可证经营。这意味着西北航空的品牌将保留约一年半。"由此，达美与西北航空已经摆好姿态，作为一体化的承运人以争取商务旅行者——因为当下正是企业为明年的差旅承运人制订预算的时期。" McKenzie 评论说。

这一合并进程，与当年法国航空公司整合荷兰皇家航空公司有异曲同工之处。事实上，在2008年初传出达美与西北航空商谈后，《华尔街日报》便报道称 Anderson 在1月前往巴黎，法航–荷航集团的影响由是走向台前。尔后进一步传出消息，指法荷航空计划以小股东身份参与新达美航空的组建。

而达美与西北航空的换股协议，与2003年底法航公布的换股协议基本如出一辙。当时法航与荷航商定，以11股法航股份加上10股认股权证交换10股荷航股份，最终由法航以8.33亿欧元的代价收购89.2%的荷航股份，令欧洲最大的航空集团——法荷航空出水。

在10月24日的法荷航空投资者日上，法荷航空董事会副主席兼天合联盟主席 Leo Van Wijk，阐述了为何合并是最佳选择。他表示，虽然业界见到了各国民航管制松绑和自由化的迹象，但全面进入各个市场仍然不可能，因此，合作运营是一个进入有吸引力市场的现实模式，否则就会受限。"合作有很多模式，视乎公司的战略和定位，这种合作可以是较为有限度的，也可以较为宽泛，更可以非常深入，最高的合作形式，则是彻底的合并。"

Van Wijk 分析称，就传统的代码共享——也就是最基本的合作而言，有提升客流量的显著作用。"若只有底特律与阿姆斯特丹史基浦机场两个城市，则客流量仅局限于对往来两个城市的旅客；但若有底特律—史基浦—汉堡三个航点，那么就会有三种潜在的航线配对，这将在很大程度上提升原本底特律—史基浦的客流，因为有更多的客源因这种代码共享而流入，打算去汉堡的客流也会因此选择底特律—史基浦航线；若在北大西洋彼岸增加一个航点，你更会马上感觉到客流的急剧上升。"

但代码共享的缺憾同样明显，"双方对共享代码的航线可能会存在不同意见，因此很多合作想法将无从实现"。因此，法航与荷航选择了合并。

唯一不同的是，法航与荷航由一开始就决定保留双方的品牌和独立运作。也就是说，尽管法荷航空是一个资本实体，但在产业层面，法航与荷航则好比孪生子，虽然相似，但各有擅长，一个主攻西南欧与地中海，另一个继续深耕中北欧市场。

花旗分析师 Andrew Light 在2008年10月27日的报告中表示，法航与荷航的协同效应已经又进一步。"除了预期在2010财年得到16亿欧元收益（占集团利润的6.5%）外，法荷航空又预测到2014财年将得到额外的11亿~12亿欧元收益（占集团利润的4%），这比起今年3月预期2008年可得5360万欧元收益（约占集团收益的2%）的展望，是一个提升。" Light 总结称，法荷航空清晰的战略，表明其将是行业下行时的赢家。而这也是新达美航空希望得到的。

根据达美的说法，未来整合完成将能产生每年20亿美元的成本节省与额外收益。同时，一如法航借荷航打开中北欧市场，达美在亚洲航线上的不足，将从西北航位于东京成田机场的枢纽得到补充，从而成为拥有最多国际航点的美国航空公司。

第七章 中国民航发展的历程与现状

第一节 中国民航的发展历程

1949年11月2日，中国民用航空局成立，揭开了中国民航事业发展的新篇章。从这一天开始，新中国民航迎着共和国的朝阳起飞，从无到有，由小到大，由弱到强，经历了不平凡的发展历程。特别是十一届三中全会以来，中国民航事业无论在航空运输、通用航空、机群更新、机场建设、航线布局、航行保障、飞行安全、人才培训等方面都持续快速发展，取得了举世瞩目的成就。民航事业以持续多年高出国际民航组织缔约国年均增长率约三倍的速度发展成为世界航空大国。中国民航发展的这一历史性跨越，令世界航空界瞩目。

新中国民航业的发展起步于1949年，建立起发展的基本框架是在20世纪80年代改革开放之后，而真正的起飞则是在20世纪90年代。中国民航发展至今主要经历了四个阶段：

一、起步阶段（1949—1978）

中华人民共和国成立，开创了中国历史的新纪元，也拉开了新中国民航事业发展的序幕。从1949年到1979年，新中国民航业的发展在曲折、反复和艰难探索中前进，从无到有，从小到大，为20世纪80年代以后的改革发展和90年代的起飞奠定了基础，积累了经验，培养了队伍。

1949年11月9日，在香港的原中国航空公司、中央航空公司总经理刘敬宜、陈卓林率两公司在香港的员工光荣起义，并率领12架飞机回到北京、天津，为新中国民航建设提供了一定的物质和技术力量。1950年，新中国民航初创时，仅有30多架小型飞机、12条短程航线，年旅客运输量仅1万人，运输总周转量仅157万吨公里。中国1950年7月开辟三条从国内飞苏联的国际航线。1950年8月开辟两条国内固定航线。1951年12月，开辟第一条地方航线。到1978年，共开辟了162条航线。航空业务从邮局收寄航空邮件、喷洒药剂消灭蚊蝇到开创航空护林、森林资源普查和航空磁测探矿，航空服务范围有所扩大。

与此同时，飞机数量和种类不断增加，建国初只有12架小型飞机以及向苏联订购的飞机，后来陆续从英国订购子爵号飞机和三叉戟型飞机、从苏联订购伊尔62型和安24型飞机、从美国订购波音707型飞机。新中国成立至改革开放前的30年里，中国新建或扩建了一批机场，至1978年改革开放初期，中国民航有162条短程航线，定期航班机场78个，国际航线里程为55342公里，初步形成了能适应当时航空运输需求的机场网络。

这一时期，中国民航以不断扩大双边和多边交往为主要内容的国际交往逐步展开。1958年7月20日，中国正式加入1929年在华沙签订的《统一国际航空运输某些规则的公约》。1974年2月15日，中国政府决定承认1944年《国际民航公约》，9月份中国当选国际民航组织理事国。1975年8月20日正式加入《海牙议定书》。1977年9月，中文被国际民航组织作为工作语言。1978年，中国有保留地加入《关于航空器内的犯罪和其他某些行为的公约》。在此期间，中国陆续与法国、日本、联邦德国等国家签订了双边航空运输协定。

二、成长阶段（1979—1990）

改革开放初期，邓小平同志高瞻远瞩，提出"民航一定要企业化"，为民航事业改革和振兴提出了明确要求；在建立和发展社会主义市场经济的新时期，党和国家领导人对民航事业持续快速健康发展多次做出重要指示，使中国民航事业沿着正确的方向和道路发展壮大。

20世纪80年代，中国民航业以大量引进欧美先进飞机为主要特点，高起点推动民航业的发展。1980年4月1日，中国民航局决定，因国内航班不断增加，航班编号由三位升为四位；从美国订购的波音747SP型飞机加入航班飞行。1984年9月，民航班机通达全国所有省城。从1985年8月开始，中国向欧洲、美国订购的现代化大型客机陆续加入航班飞行，一批国产运输机投入运营，从而使中国民航运力、技术结构发生重大变化，为20世纪90年代民航业的飞速发展奠定了物质技术基础。同时，机场建设规模也进一步扩大，民航运输量出现新增长，中国民航事业进入了持续快速发展的新阶段。

1978年，全民航只有140架运输飞机，且多数是20世纪50年代或40年代生产制造的苏式飞机，载客量仅20多人或40人，载客量100人以上的中大型飞机只有17架；机场只有78个。仅完成运输总周转量2.99亿吨公里，其中旅客运输量230.91万人次，国内航线运输总周转量2.24亿吨公里，旅客运输量220万人次。1980年，中国民航全年旅客运输量仅343万人，全年运输总周转量4.29亿吨公里，居新加坡、印度、菲律宾、印尼等国之后，列世界民航第35位。1980—1990年，民航总周转量年均增长率18%，其中，旅客周转量年均增长率19%，民航客运量年均增长率17%，绝对量年均增加130多万人。1990年，民航总周转量达到24.99亿吨公里，旅客周转量230亿人公里，旅客运输量1660万人。民航在综合运输体系中的地位有所上升，民航客运量占社会总客运量的比例由 1980 年的 0.09% 上升到 1990 年的 0.18%，旅客周转量由 1.51% 上升到 3.41%。

这一阶段，中国民航的航空运输网络逐渐完善，到 1990 年底，中国民用航空航线达到 437 条，其中国际航线 44 条，地区航线 8 条，连接世界 24 个国家的 97 个城市，中国的航空运输网络初步形成。

三、起飞阶段（1991—2004）

在 20 世纪 80 年代国民经济持续、快速增长和民航业以企业化为中心的全面改革的基础上，进入 20 世纪 90 年代后改革进一步深化，对外开放有新的进展，中国民航客货运输和各项基础设施建设获得飞速发展。

（一）飞机、机场、配套设施建设成就显著

到 2004 年底，民航运输飞机达到 754 架，比 1990 年增加约 2 倍，而且增加的都是技术先进、性能优良的新机型。全国通航机场由 1978 年的 78 个增加到 2004 年的 142 个，机场等级也普遍提高，其中能起降波音 747 机型的机场 25 个，能起降波音 737 机型的 111 个。一大批小型支线机场得到迅速建设和完善，提高了航空运输通达能力。

（二）民航运输规模快速增长，国际地位大大提高

这一阶段，中国民航运输总周转量、旅客运输量和货物运输量年均增长分别达 18%、16% 和 16%，高出世界平均水平两倍多，通用航空年均增长也在 10% 以上。

2004 年，民航行业完成运输总周转量 230 亿吨公里、旅客运输量 1.2 亿人次、货邮运输量 273 万吨、通用航空作业 7.7 万小时。民航机队规模不断扩大，截止到 2004 年底，中国民航拥有运输飞机 754 架，其中大中型飞机 680 架，均为世界上最先进的飞机。2004 年，中国民航运输总周转量达到 230 亿吨公里（不包括香港、澳门特别行政区以及台湾省），在国际民航组织 188 个缔约国中名列第 3 位。在综合运输体系中，航空运输增长最快，地位不断上升，在国家整个交通运输总量中航空的比重逐步加大，其中旅客周转量"八五"时期占 6.27%，"九五"时期占 8.2%，到 2004 年，民航旅客周转量占交通客运总周转量的 10.9%，民航已经成为中国旅客运输方式的重要力量，特别是长途客运和国际客运的主力。

在民航基础设施不断加强的基础上，20 世纪 90 年代民航运输生产的高速增长提升了中国民航在世界民航中的地位，2004 年，中国的航空运输总周转量和旅客周转量均上升到全世界第 3 位，货运周转量则提高到第 6 位。2004 年，中国有 4 家航空公司旅客运输量进入全世界航空公司排名前 25 名，2 家机场旅客吞吐量进入全世界机场排名前 50 名，中国民航的整体实力和国际地位显著提升。2004 年 10 月 2 日，在国际民航组织第 35 届大会上，中国以高票首次当选该组织一类理事国。

(三) 航线网络迅速扩展

到 2004 年底，中国 28 家航空公司（其中全货运航空公司 4 家），经营着定期航班航线 1200 条，其中国内航线（包括香港、澳门航线）975 条，国际航线 225 条，境内民航定期航班通航机场 133 个（不含香港、澳门），形成了以北京、上海、广州机场为中心，以省会、旅游城市机场为枢纽，其他城市机场为支干，联结国内 127 个城市，联结 38 个国家 80 个城市的航空运输网络。

四、高速发展阶段（2005— ）

随着民航体制改革的进一步深化，从 2004 年开始，民营资本进入航空业渐成风起云涌之势。2005 年 1 月和 8 月，民航总局颁布了两部民航规章《公共航空运输企业经营许可规定》、《国内投资民用航空业规定（试行）》，规定放宽了民航业的投资准入及投资范围，激发了民营资本投资民航业的热情，民营航空公司如雨后春笋般不断涌现。从 2004 年到 2005 年底的两年期间，中国共注册了 14 家民营航空公司，促进中国民航事业又跃上一个新台阶。中国定期航班运输总周转量在国际民航组织缔约国中的排名，由 1978 年的第 37 位上升至 2005 年的第 2 位，并持续保持到 2008 年，中国民航逐步发展成为全球第二大航空运输系统。

(一) 民航客货运输规模快速增长

从 2005 年到 2008 年，中国民航业持续快速增长。几年间，中国民用运输飞机的数量由 2004 年底的 754 架增加到 2008 年底的 1259 架，净增 505 架，相当于 1995—2004 年 10 年间的飞机净增数量。截至 2008 年底，中国具有独立法人资格的运输航空公司 41 家，开辟的定期航线总数 1532 条，其中，国内航线 1235 条（至香港、澳门航线 49 条），通航全国内地 150 个城市；国际航线 297 条，通航 46 个国家的 104 个城市，形成了国内四通八达、国际联结世界主要国家和地区的航空运输网络。

2008 年，中国民航完成运输总周转量 376.8 亿吨公里、客运量 1.93 亿人次、货运量 407.6 万吨，成为这一阶段增长最快的交通运输方式。从 2004 年到 2008 年，中国全社会旅客周转量年均增长 11.2%，其中航空旅客周转量增长 18.6%，比平均增幅高 7.4 个百分点，民航旅客周转量在国家综合交通运输体系中的比重由 1978 年的 1.6% 上升到 2008 年的 12.3%。全社会货物周转量比上年增长 10.2%，其中航空货物周转量增长 15.9%，比平均增幅高 5.7 个百分点。其中，受 2008 年油价高启和金融危机的影响，中国民航业的发展速度有所降低，但增长率仍高于其他交通运输方式。

表 7-1　2004—2008 年中国各种运输方式的客货运输周转量

	2004	2005	2006	2007	2008	平均年增长率（%）
旅客总周转量（亿人公里）	16324	17473	19203	21530	23372	0.112
铁路	5712	6061.8	6622	7216	7779	0.103
公路	8765	9299.1	10136	11445	12636	0.105
海运	65	67.1	74.9	77	75	0.033
民航	1782	2044.9	2370	2792	2883	0.186
货物总周转量（亿吨公里）	66698	78330	86921	99181	105513	0.102
铁路	19289	20731	21954	23797	25112	0.080
公路	7596	8574	9647	11258	12999	0.132
海运	38973	48058	53908	62182	65218	0.153
民航	72	79	94.3	116	120	0.159

（二）积极有序地开放国际航权，向外发展的空间不断拓宽

从 2000 年开始，中国在厦门、海南、南京等地试点开放第五航权，允许外国航空公司的航班在抵达中国前，经停第三国机场，也可经中国转飞第三国城市。2004 年，中美两国签署了新的《中美航空运输协定》，增加了国际航权安排。2007 年中美第二次经济战略对话期间，中美双方就扩大两国航空运输市场准入达成新协议。2006 年，中国先后与韩国、日本签署协议，大幅度扩大双边间的航权。在扩大双边航权安排的同时，中国积极探索发展区域航空运输合作关系，目前已与上合组织、东盟、欧盟等 7 个区域组织开展民航领域的各项活动，与东盟启动了区域航空运输自由化安排的磋商。与外国对等逐步扩大航权开放，给中国民航开辟了新的发展空间，使中国国际航线市场形成了新的竞争格局。2004 年 10 月 2 日，在国际民航组织第 35 届大会上，中国以高票首次当选该组织一类理事国。

新中国民航 60 年的发展历程证明：发展是硬道理。不断深化改革，扩大开放，是加快民航发展的必由之路。当前，民航全行业正在认真贯彻落实党的十六届三中、四中全会精神，认真研究如何从加强执政能力建设，提高驾驭社会主义市场经济条件下民航快速健康发展的能力入手，以制定民航"十一五"规划和 2020 年展望为契机，为实现从民航大国到民航强国的历史性跨越而努力奋斗！

第二节 航空公司与航空运输市场

一、我国航空公司概述

经过改革开放三十多年的发展，我国逐步形成了以三大国有航空公司为主，众多地方航空公司以及民营航空公司共同参与的航空运输市场格局。从1987年到1992年，中国民航实施了以政企分开，管理局、航空公司、机场分设为主要内容的体制改革。在此期间，中国民用航空局先后组建了6个国有骨干航空公司，实行自主经营、自负盈亏、平等竞争。

2002年，中国民航业进行了第一次重组，当时，具有法人资格的航空公司有33家，除10家直属公司外，有地方航空公司12家，地方与民航直属公司合资的11家。国务院做出了关于民航体制改革的决定，将直属航空公司重组成三大航空集团，并移交国资委管理：以中国国际航空公司为主体，联合中国航空总公司和中国西南航空公司，组建中国航空集团公司，保留中国国际航空公司名称，继续使用中国国际航空公司的标识；以中国东方航空集团公司为主体，兼并中国西北航空公司，联合中国云南航空公司，组建中国东方航空集团公司，保留中国东方航空股份公司名称，继续使用中国东方航空集团公司的标识；以中国南方航空集团公司为主体，联合北方航空公司和新疆航空公司，组建中国南方航空集团公司，保留中国南方航空股份公司的名称，继续使用中国南方航空集团公司的标识。

目前，我国航空运输市场已经有42家具有独立法人资格的航空公司，形成了一个三级市场格局，即以国航、东航、南航三个大型航空公司为主，海南航、上航、川航、深航、山东航等中型、区域性航空公司为辅，春秋航、鹰联航等新兴航空公司为补充的航空运输体系。

二、我国航线网络

新中国成立后，1949年11月2日中央决定成立中央军委民用航空局，不久，香港的"中央航空公司"和"中国航空公司"员工驾机起义回国，以此为起点，中国民航开始发展壮大起来。

1950年8月1日，军委民航局正式开航，相继开辟了5条国内航线：天津—广州、天津—重庆、重庆—成都、重庆—贵阳、重庆—昆明。

1953—1957年，初步建立了以北京为中心，连接各大行政区的航线网络，通达城市30多个。

1958—1965年，地方航线增长过热，最多一年开辟航线达15条之多，由于这些航线仓促开航，问题较多，不久即相继停航，到1962年底只剩下9条地方航线。随着经济的恢复，民航的发展又走上正轨，并取得较大的发展，1965年通航城市达到50多个。

1966—1976年"十年动乱"期间，由于国际形势发展变化和战备的需要，中国民航发展较快，到1976年底，国内航线已有118条，而且飞国内航线的机型也更换成了当时较为先进的伊尔62、波音707等新型飞机，从螺旋桨飞机进入第三代涡轮风扇发动机时代，完成了一次划时代的机群更换。

1976—1986年期间，随着改革开放政策的实施，中国经济建设发展迅速，旅游事业以前所未有的速度和规模发展起来。这些都有力地推动了民航的发展，到1986年底，国内航线又增加了152条，国内通航城市90多个。

"七五"期间，航空运输高速发展，成绩显著，到1990年，国内航线共有385条，已经形成以北京为主辐射，以上海、广州、成都、西安、沈阳为枢纽辐射到各中小城市的航线网络，并以乌鲁木齐、昆明、呼和浩特为中心开设了到达少数民族地区和交通不便的边境地区城市的地区航线。

到1997年底，我国共有航线967条，营运总里程达到185.87万公里。其中国内航线851条，香港航线16条，通航城市136个（含香港），机场为142个；国际航线109条，澳门地区航线7条，通航31个国家和地区的57个城市。

（一）我国国内航线的网络特点

表7-2给出了自1990年至2004年间我国国内航空航线发展的统计数据。

表7-2 国内航空航线发展统计表

年份	民用航空航线条数	国际航线	国内航线	地区航线
1990	437	44	385	8
1995	797	85	694	18
2000	1165	133	1032	42
2003	1155	194	961	43
2004	1279	244	1035	45

（1）我国国内航线集中分布在哈尔滨—北京—西安—成都—昆明以东的地区。其中以北京、上海、广州的三角地带最为密集。整体上看，航线密度由东向西逐渐减少。

（2）航线多以公司飞行基地城市为中心向外辐射。

（3）主要航线多呈南北向分布，也有部分航线从沿海向内陆延伸，呈东西向分布。以北京、上海、广州三个城市为中心的辐射航线，基本构成了我国国内航线的格局，再加上以西安、成都、沈阳、乌鲁木齐为中心形成的几个辐射单元，共同组成了国内的主要航线网络。此外，以香港为中心的辐射航线，在我国的航空运输网中也占有重要地位。

(1) 以北京为中心的辐射航线。该系统通过 70 多条辐射航线与全国重要的旅游城市、行政中心、贸易中心、交通枢纽相连。

重要的直飞航线有：PEK—CAN、SHA、SHE、SIA、NKG、CTU、KMG、XMN、HGH、SZX、KWL、HRB、DLC、HET、URC、CKG、HAK、HKG

(2) 以广州为中心的辐射航线。该系统的航线从南部沿海向内地及沿海地区辐射，与全国各大航站直接相连，并在南部沿海形成地区性的航线网。

重要的直飞航线有：CAN—PEK、SHA、CTU、KWL、HGH、KMG、KHN、NKG、NNG、WNZ、SHE、WUH、XMN、SIA、SWA、HAK、CKG、URC、HKG

(3) 以上海为中心的辐射航线。该系统的航线从东部沿海向北、南、西三面辐射，与全国各大城市直接相连。

重要的直飞航线有：SHA—PEK、CAN、CTU、KWL、HGH、NKG、SIA、SHE、WUH、FOC、XMN、CKG、KMG、URC、HRB、HAK、SZX

以上三个系统的辐射航线，基本构成了中国国内航线的格局，再加上以西安、成都、沈阳、乌鲁木齐为中心形成的几个放射系统，共同构成了国内的主要航线网。

(4) 以香港为中心的辐射航线。中国民航称之为特殊管理的国内航线，特指香港等地区与内地的航线。香港地区的航线是国内航线的组成部分，又是联系国际航线的重要桥梁。

主要航线有：HKG—PEK、DLC、TSN、SHE、SHA、HGH、NGB、FOC、SIA、CAN、XMN、SWA

除中国民航直属企业经营的国内航线外，还有地方航空公司开设的国内航线，它们在一定程度上弥补了某些航线上运力的不足，同时也填补了国内某些地区航空运输的空白。

(二) 我国的国际航线网络特点

(1) 我国的国际航线以北京为中心，通过上海、广州、乌鲁木齐、大连、昆明、厦门等航空口岸向东、西、南三面辐射。

(2) 国际航线的主流是东西向，向东连接日本、北美，向西连接中东、欧洲。它是北半球航空圈的重要组成部分。

(3) 中国的国际航线是亚太地区航空运输网的重要组成部分，它与南亚、东南亚、澳大利亚等地有密切的关系。

我国的国际航线基本可以分为东线、西线和南线三个组成部分。此外，还有昆明—仰光、厦门—马尼拉、厦门—新加坡、北京—平壤等短途国际航线。

1. 东线

中日航线：PEK、SHA、DLC、SHE、SIA—TYO、OSA、FUK、NGS、NGO 等航线。

中韩航线：SHA、SHE—SEL 等航线。

中美航线：PEK、SHA 经过 ANC、TYO—SEA、SFO、LAX—CHI—NYC（JFK）等航线。

中加航线：PEK、SHA—YVR—YTO 等航线。

2. 西线

PEK—IKT、OVB—STO、MOW、SXF、FRA、AMS 等航线。

PEK、SHA—SHJ、DXB、BAH、KHI、IST、KWI、BGW、TLV—LON、PAR、BRU、VIE、ZRH、ROM、MAD、BUH、CAI 等航线。

3. 南线

PEK、CTU、XMN、CAN、KMG、SZX—KUL、PEN、SIN、MNL、JKT、SUB、BKK、SYD、MEL 等航线。

除以上主要航线外，还有 KMG—RGN、VTE，NNG—HAN，CAN—SGN，BJS—FNJ，HRB—KHV，URC—ALA、TAS 等短程国际航线。

三、我国主要航空公司简介

2002 年民航重组之后，国内航空运输企业包括了三家国资委直属航空公司，即中国航空集团公司、中国东方航空集团公司、中国南方航空集团公司；六家地方航空公司，即海南航空公司、上海航空公司、四川航空公司、厦门航空有限公司、深圳航空公司、山东航空公司（公司两字代码、英文全称以及票证结算代码见表7-3、表7-4）。

表7-3 国资委直属航空公司

航空公司全称/两字代码	航空公司英文全称	票证结算代码
中国航空集团公司（CA）	Air China	999
中国东方航空集团公司（MU）	China Eastern Airlines	781
中国南方航空集团公司（CZ）	China Southern Airlines Co., Ltd	784

表7-4 地方航空公司

航空公司全称/两字代码	航空公司英文全称	票证结算代码
厦门航空有限公司（MF）	Xiamen Airlines	731
上海航空公司（FM）	Shanghai Airlines	774
四川航空公司（3U）	Sichuan Airlines	876
海南航空公司（HU）	Hainan Airlines	880
深圳航空公司（ZH）	Shenzhen Airlines	479
山东航空公司（SC）	Shandong Airlines	324

截止到 2005 年底，我国已批准成立的民营航空公司有五家，它们是：鹰联航空有限公司，于 2004 年 2 月获得批准，成为全国首家获准筹建的民营航空公司，注册资本 8000 万元；奥凯航空公司于 2004 年 6 月获准筹建，为全国首家正式开飞的民营航空公司，注册资本 3 亿元；春秋航空有限公司于 2004 年 6 月获准筹建，注册资本 8000 万

元；东星航空有限公司于 2005 年 6 月获准筹建，注册资本 8000 万元；上海吉祥航空有限公司于 2005 年 6 月获准筹建，注册资本 1.5 亿元。另外，中国联合航空有限公司于 2005 年 10 月 20 日正式开航运营。表 7-5 为我国民营、其他航空公司全称、标识及票证结算代码。

表 7-5　民营、其他航空公司

航空公司全称/两字代号	航空公司英文全称	票证结算代码
春秋航空公司（9C）	China Air Spring	089
鹰联航空有限公司（EU）	United Eagle Airlines Co. Ltd	811
奥凯航空公司（BK）	Okay Airways Company Limited	866
联合航空公司（KN）	China United Airlines	

表 7-6 和表 7-7 则给出了香港和澳门地区以及台湾地区航空公司全称、标识及票证结算代码。

表 7-6　香港和澳门地区航空公司

航空公司全称/两字代号	航空公司英文全称	票证结算代码
国泰太平洋航空公司（CX）	Cathay Pacific Airways	160
港龙航空公司（KA）	Hong Kong Dragon Airlines	043
澳门航空公司（NX）	Air Macau	675

表 7-7　台湾地区航空公司

航空公司全称/两字代号	英文	票证结算代码
中华航空（CI）	China Airlines	297
远东航空（EF）	Far Eastern Air Transport	265
长荣航空（BR）	EVA Airways	695
华信航空（AE）	Mandarin Airlines	803
复兴航空（GE）	Trans Asia Airways	170
立荣航空（B7）	UNI Airways	525

（一）我国内地主要航空公司简介

1. 中国国际航空股份有限公司

中国国际航空股份有限公司的前身中国国际航空公司成立于 1988 年。根据国务院批准通过的《民航体制改革方案》，2002 年 10 月 11 日，以中国国际航空公司为基础，联合中国航空总公司和中国西南航空公司，正式成立了中国航空集团公司，并以联合三方的航空运输资源为基础，组建了新的中国国际航空公司。2004年9月23日，中国航空集团公司、中国航空（集团）有限公司作为发起人，召开了中国国际航空股份有限公司的创立大会。2004年9月30日，经国务院国有资产监督管理委员会批准，中国国际航空股份有限公司在北京正式成立。

截止到2008年底，国航飞机总数为187架，以波音飞机为主，包括86架波音737系列（其中44架为新一代波音737），20架波音747系列，13架波音757，14架波音767，10架波音777。此外，还有25架空客319、8架空客320系列、5架空客330、6架空客340等。通航69个国内目的地、34个国际及地区目的地。另外，作为中国唯一载国旗飞行的航空公司，几十年来，国航承担了党和国家领导人的出访和部分国内专机任务，也承担了许多外国元首和政府首脑在国内的专机和包机任务。2004年8月4日，国航又成为了北京2008年奥运会的唯一航空客运合作伙伴。

中国国际航空股份有限公司英文名称为"Air China Limited"，中文简称为"国航股份"，英文简称为"Air China"。公司注册资本为人民币65亿元，折合65亿股。新成立的国航股份经营范围为：国际、国内定期和不定期航空客、货、邮和行李运输；国内及国际公务飞行业务；飞机执管业务，航空器维修；航空公司间的代理业务；与主营业务有关的地面服务和航空速递；机上免税品等。

中国国际航空股份有限公司下设西南、浙江、重庆、内蒙古、天津等分公司。另外，控股中国国际航空货运股份有限公司，及与德国汉莎航空公司合资的北京飞机维修工程有限公司等公司。

2. 中国东方航空集团公司

中国东方航空集团公司是中国三大国有大型骨干航空企业集团之一，于2002年在原东方航空集团的基础上，兼并中国西北航空公司，联合云南航空公司重组而成。

集团总部位于中国经济最活跃、最发达的城市——上海，拥有贯通中国东西部，连接亚洲、欧洲、澳洲和美洲的庞大航线网络。集团注册资本为人民币25.58亿元，总资产约为516.99亿元，员工达35000人。

截止到2008年底，东航拥有飞机总数为186架。以空客机队为主力，包括10架空客340，12架空客300-600R，3架空客310，63架空客320，12架空客319，4架空客321，5架空客330。此外还有56架波音737系列（其中33架为新一代波音737），3架波音767，麦道90型9架，CRJ200型5架，ERJ145型5架等。经营着450条国际、国内航线。集团还广泛涉及进出口、金融、航空食品、房地产、广告传媒、机械制造等行业，集团拥有20多家分子公司。

中国东方航空股份有限公司是东航集团的核心企业，是中国第一家在香港、纽约和上海上市的航空公司，注册资本为人民币4866950000元，中国东方航空集团拥有其61.64%的股权。

到2005年底，集团运输总周转量将达到46亿吨公里，旅客运输量将达到2250万人次，货邮运输量达到80万吨，总资产达520亿元，营业收入260亿元。

3. 中国南方航空股份有限公司

中国南方航空股份有限公司是中国南方航空集团公司属下航空运输主业公司，总部设在广州，以蓝色垂直尾翼镶红色木棉花为公司标志。有新疆、北方、北京、深圳、海南有限、黑龙江、吉林、大连、河南、湖北、湖南、海南、珠海直升机等13个分公司和厦门、广西、汕头、贵州、珠海等5家控股子公司；在广州、北京、上海等地共设有17个国内营业部，在新加坡、东京、首尔、阿姆斯特丹、洛杉矶、悉尼、巴黎、沙迦等地设有38个国外办事处。

截止到2008年底，南航拥有飞机总数为235架。以波音飞机为主，包括71架波音737系列（其中38架为新一代波音737），29架波音757，10架波音777系列，2架波音747-400型货机、12架麦道82、13架麦道90。此外，还有6架空客300-600R，22架空客319，40架空客320，15架空客321，4架空客330，5架ATR72，6架ERJ145等。国际、国内航线557条，通往全球142个大中城市。形成了以广州、北京为中心枢纽，密集覆盖国内，全面辐射亚洲，连接欧美澳洲的强大航线网络。2005年，公司年旅客运输量超过4400万人次，进入世界航空客运十强行列，已连续26年居国内各航空公司之首。

中国南方航空股份有限公司发展迅速。1997年，中国南方航空股份有限公司分别在纽约和香港同步上市，2003年在国内成功上市。先后联合重组、控股参股多家国内航空公司；在国内率先引进波音737、757、777，空客330等先进客机；首家推出计算机订座、电子客票等业务；引进开发了收益管理系统、运行控制系统、财务管理系统、人力资源系统、货运系统、办公自动化系统等广泛覆盖各流程的信息系统，信息化优势明显。目前，公司总资产逾678亿元，年营业收入超过350亿元，占有国内民航三分之一的市场份额。

4. 海南航空股份有限公司

海南航空股份有限公司是中国民航第一家A股和B股同时上市的航空公司。公司于1993年1月由海南省航空公司经规范化股份制改造后建立，1993年5月2日正式开航运营，注册资本7.3亿人民币。

海南航空股份有限公司（以下简称海航），是海航集团下属航空运输产业集团的龙头企业，对所辖的中国新华航空有限责任公司、长安航空有限责任公司、山西航空有限责任公司实施行业管理。

截止到2008年底，海航拥有飞机总数109架。以波音737和多尼尔飞机为主力，包括62架波音737系列（其中33架为新一代波音737），29架多尼尔328喷气型，此外还有5架波音767、8架空客319、2架冲8及一定数量的公务机。2005年，海航实现年总周转量18.10亿吨公里，货邮运输量16.22万吨，旅客运输量1280万人次，年销售收入突破100亿元，跻身中国四大航空公司之列。

1993年至2008年底，海航先后建立了海口、北京、宁波、三亚、西安、太原、天津、乌鲁木齐、广州9个航空营运基地，航线网络已遍布全国各地，开通了国内外航线近500条，其中通航城市90个。

5. 四川航空股份有限公司

四川航空股份有限公司的前身是四川航空公司，该公司成立于1986年9月19日，1988年7月14日正式开航营运。

四川航空股份有限公司成立于2002年8月29日，是由四川航空公司为主，联合中国南方航空股份有限公司、上海航空股份有限公司、山东航空股份有限公司、成都银杏餐饮有限公司共同发起设立的跨地区、跨行业、跨所有制、投资主体多元化的股份制航空公司。公司总部及第一基地在四川成都双流国际机场，第二基地重庆分公司设在重庆江北国际机场。

现行的股份合作，使川航、南航、上航、山航实现了航线联营、航线共飞、代码共享、票价控制、常旅客计划、销售代理的运输销售网络。公司现有以欧洲空中客车320系列飞机（23架）和巴西飞机公司生产的ERJ145飞机（5架）为主的国际先进飞机28架，国内航线130余条。航线总里程达20多万公里，通航国内40多个大中城市，并于2005年5月12日开通重庆—香港首条地区航线，8月20日，飞越世界屋脊开通成都—拉萨航线。

6. 厦门航空有限公司

厦门航空有限公司是1984年7月25日成立的全国第一家企业化航空公司，自主经营的法人实体，实行董事会领导下的总经理负责制。现股东为中国南方航空股份有限公司（占60%的股权）和厦门建发集团有限公司（占40%的股权）。

厦航是我国民用航空体制改革初步尝试的产物。截止到2008年底，厦航拥有飞机总数为36架，均为波音飞机，包括26架波音737系列（其中17架为新一代波音737），9架波音757。

厦航主营国内航空客货运输业务、福建省及其他经民航局批准的指定地区始发至邻近国家或地区的航空客货运输业务，航空公司间的业务代理，兼营航空器维修、航空配餐、酒店、旅游、广告、进出口贸易等业务。厦航以厦门、福州、晋江、武夷山、杭州、南昌为航班始发的营运基地，经营至全国、东亚大中城市百余条国内、国际航线。公司在境内外四十几个大中城市设立了营业部和办事处。

7. 深圳航空有限责任公司

深圳航空有限责任公司（以下简称深航）1992年11月成立，1993年9月17日正式开航，是由深圳汇润投资有限公司、中国国际航空股份有限公司、全程物流（深圳）有限公司和亿阳集团有限公司四家企业共同投资经营的股份制航空运输企业，主要经营航空客、货、邮运输业务。截止到2008年底，深航拥有32架波音737系列客机和3架空客飞机，下设南宁、无锡、广州、沈阳4个基地分公司，40多个驻外营业部，经营国内、国际航线80多条。

8. 山东航空集团有限公司

被誉为"齐鲁之翼"的山东航空集团有限公司（以下简称"山航集团公司"）是由中国国际航空股份有限公司、山东省经济开发投资公司等12家股东组成的从事航空运输相关产业经营的企业集团公司，于1994年3月12日经国家民航总局和山东省委、省政府批准成立,总部在济南。

山东航空集团公司以股权关系为纽带,控股山东航空股份有限公司(以下简称山航股份)、山东太古飞机工程有限公司、山东国际航空培训有限公司、山东航空彩虹公务机有限公司、山东航空翔宇技术服务有限公司、山东航空临沂机场管理有限公司、山东彩虹航空广告有限公司以及丹顶鹤大酒店等子公司和分支机构,形成了以运输业为龙头,集航空运输、飞机维修、航空培训、酒店旅游、广告业务为一体的上下游业务配套发展的经营格局。

山航集团公司控股的山航股份是山航集团公司的核心单元业务、深交所B股上市公司,主营航空运输业务。截止到2008年底,拥有各型飞机40架,包括21架波音737,10架CRJ200/700,此外下属彩虹公务机公司还拥有5架Cessna208等。经营航线220多条,每周700多个航班,飞往全国50多个大中城市,并开通了香港、澳门、新加坡、韩国等地区和国际航线。在济南、青岛、烟台、成都、深圳等地设有飞行基地。

(二)我国内地部分民营航空公司简介

1. 鹰联航空有限公司

鹰联航空有限公司(简称为"鹰联航空")以成都双流国际机场为基地,经营成都始发的国内支线航空客货运输业务。

鹰联航空有限公司是首家获得民航总局批准而诞生的民营航空运输企业。公司总部设于四川成都,主营运基地设在成都双流国际机场,并在北京、广州设有办事处。公司于2004年2月开始筹建,2005年7月正式起飞。

2. 奥凯航空公司

奥凯航空以天津滨海机场为基地,投资方为新疆中京奇力、奥凯投资和北京奇力物流三家民营企业和一位自然人。

奥凯航空被核准的业务包括国内航空货邮运输、快递业务、客运包机运输业务、航空公司间的代理业务、货物地面配送及仓储业务。奥凯航空公司注册资金为3亿元,目前该公司所有飞机均为租赁。

3. 春秋航空有限公司

春秋航空有限公司是中国首家获民航总局批准由旅行社筹建的民营航空公司。

春秋航空公司的市场定位是"旅游者和经常出门而对价格比较敏感的商务旅客"。春秋航空公司是中国第一家低成本航空公司,通过学习美国西南航和爱尔兰瑞安航等世界著名低成本航空公司的运营模式,为广大旅客提供"安全、低价、准点、便捷、温馨"的航空运输服务。

春秋航空以上海虹桥国际机场为基地机场,引进技术先进、舒适豪华的空中客车320新型飞机,座位之间采用国际标准化距离为29~30英寸,定位于低成本航空市场。

春秋航空依托母公司上海春秋国际旅行社在全国的32个全资子分公司和2000多个代理销售和服务网络以及旅游优势,为消费者提供不同价位的机票和"机票酒店"等商务和旅游套票服务；以网上电子客票为主要销售手段。

4. 吉祥航空有限公司

均瑶集团 2005 年 6 月 30 日获得国家民航总局的正式批文，批准其筹建东部快线航空有限公司（2006 年 6 月 14 日更名为吉祥航空有限公司），从而成为国内第 5 家获准筹建的民营航空公司。

吉祥航空有限公司申请的注册资本为 1.5 亿元人民币，由均瑶集团有限公司、三峡航空旅游投资有限公司共同投资，其中均瑶集团占注册资本的 53.33%。吉祥航空有限公司成立后，拟从事的经营范围包括国内航空客货邮运输业务、通用航空业务、商务旅游包机业务、航空器维修等。

吉祥航空有限公司将以上海虹桥国际机场或浦东国际机场为基地开展筹建工作，筹建期限自 2005 年 6 月 29 日至 2007 年 6 月 28 日止。

5. 中国联合航空有限公司

经民航总局批准，上海航空公司（控股 80%）、中国航空器材进出口集团公司重组原中国联合航空公司，并更名为中国联合航空有限公司，主运营基地为北京南苑机场。2005 年 10 月 20 日正式开航运营，目前租用上海航空的一架波音 737 运营。中国联合航空公司其前身成立于 1986 年 12 月，是由空军与 22 个省、市以及大型企业联合组建，根据中央"部队不得从事经商活动"的政策精神，于 2002 年 11 月正式停航，退出中国民用航空市场。

（三）我国港澳地区航空运输企业

1. 国泰太平洋航空公司

国泰航空由美国籍的 Roy C Farrell 及澳洲籍的 Sydney H de Kantzow 于 1946 年 9 月 24 日创办。最初，他们以上海为发展基地，后来迁往香港，并成立国泰航空。成立初期，国泰开通了往返马尼拉、曼谷、新加坡及上海的客运及货运航班。1948 年，香港最主要的商行之一的 Butterfield & Swire（即太古集团前身），收购了国泰的四成半股权。在 John Kidston Swire 的领导下，Butterfield & Swire 随即全权负责国泰的营运。其后 10 年间，随着国泰引进头等舱及经济舱，机队不断扩展，而且服务日益完善。

对于国泰来说，20 世纪 60 年代是其飞速发展的时期，自 1962 年至 1967 年，业务每年平均跃升 20%，成绩斐然。此外，国泰也是世界上第一个为多个日本城市，如大阪、福冈及名古屋等提供国际航班服务的航空公司。

发展至今，国泰航空已拥有超过 100 架飞机，雇用员工逾 23000 名。到 2010 年，国泰航空将会拥有 125 架飞机，连同联营公司香港华民航空公司的货机，将合计拥有 133 架飞机。

表 7-8　国泰航空公司投入服务的飞机架数

投入服务的飞机架数	97
波音 777-300	11
波音 777-200	5
波音 747-400	22
波音改装货机	1
波音 747-400 货机	6
波音 747-200 货机	7
空客 340-300	15
空客 330-300	26
空客 340-600	3

表 7-9　国泰航空公司已确实订购的飞机

机种	2006	2007	2008	2009	2010	总数
空客 330-300	1	2	3			6
波音 777-300	1					1
波音 777-300ER		5	3	4	4	16
波音 747-400	4	1				5
增加飞机总数	6	8	6	4	4	28

注：首架波音 777-300ER 于 2007 年 9 月抵港，另外 4 架则于 2007 年余下时间付运，另外 3 架于 2008 年、4 架于 2009 年及 4 架于 2010 年运至香港。

2. 港龙航空公司

1985 年 5 月，港龙航空有限公司正式成立，当时为港澳国际投资公司的全资附属公司。2005 年的全年载客量首次超越 500 万人次，达 5029285 人次，货运量则为 385338 吨。港龙航空每星期提供超过 300 班航班，飞往中国内地 23 个航点，是网络覆盖最广泛的非内地航空公司之一。目前，港龙航空的客运网络覆盖亚洲 32 个城市，包括曼谷、台北及东京等商务及消闲旅客经常前往的目的地。随着中国经济持续发展，港龙航空的客机及货机机队亦不断扩充。截至 2006 年 5 月 31 日，员工人数为 3813 人。

表 7-10　港龙航空公司投入服务的飞机架数

空客 330-300	12
空客 321-200	6
空客 320-200	11
波音 747-300	3
波音 747-200	1
空客 300B4	1

3. 澳门航空公司

澳门航空成立于1994年9月13日，1995年11月9日投入商务飞行。澳门航空是以澳门为基地的地区性国际航空公司，目前，它飞抵的航点包括北京、成都、桂林、海口、三亚、昆明、南京、上海、深圳、厦门、马尼拉、首尔（汉城）、釜山、曼谷、高雄和台北。到2005年12月31日为止，澳门航空共有职员961名，其中澳门本地员工占36.52%，中国大陆员工占39.65%，员工来自世界18个国家和地区。员工平均年龄28岁。自从起步之时，澳门航空一直在海峡两岸运送旅客的过程中扮演了至关重要的角色。目前，澳门航空每周在澳门与台北、高雄之间的往返航班已经多达一百余个。自1995年首航之日，澳门航空为沟通海峡两岸提供了其特殊产品：一机到底的空中服务，来自海峡两岸的转机旅客只需要携带随身行李在澳门国际机场停留30分钟左右，办理简单换机手续，即可飞往目的地。同时，为方便台湾乘客，澳门航空还提供随机加签台胞证的服务。

表7-11 澳门航空公司投入服务的飞机架数

空客321型	7	客运
空客320型	1	客运
空客319型	5	客运
波音727	1	全货机
波音757	1	全货机
空客300B4货机	3	全货机

（四）我国台湾地区航空运输企业

1. 中华航空公司

中华航空公司成立于1959年12月16日。截至2006年6月，中华航空公司的员工人数合计9904人。

表7-12 中华航空公司的航点

	航点：至2006年6月30日止，23个国家（或地区）60个航点
欧洲	阿姆斯特丹、法兰克福、罗马、米兰*、卢森堡*、曼彻斯特*、布拉格*、维也纳、汉堡#、汉诺瓦#、斯图加特#、杜塞道夫#、科隆*、纽伦堡*、慕尼黑#
亚洲	东京、福冈、名古屋、广岛、琉球、香港地区、曼谷、普吉岛（目前无固定航班）、雅加达、峇里岛、河内、胡志明市、吉隆坡、槟城、新加坡、阿布达比、德里、科伦坡*、马尼拉、首尔、清迈
美洲	安克拉治、檀香山、洛杉矶、纽约、旧金山、芝加哥*、达拉斯、迈阿密*、温哥华、西雅图、休斯敦、纳许维尔*、亚特兰大*#、波士顿、辛辛那提*、盐湖城、奥兰多、罗德岱堡*、坦帕#
大洋洲	雪梨、布里斯本、关岛
岛内	台北、高雄

注：*纯货运业务航点，#与其他业者合营航点。

表 7-13　中华航空公司的飞机数量

飞机数量：波音、空中客车等各型航机共 66 架，客机 47 架/货机 19 架
（至 2006 年 6 月 30 日止）

机　型	数　量
波音 747-400	15
空客 340-300	7
空客 330-300	11
波音 737-800	12
空客 300-600R	2
波音 747-400F	19

平均机龄 4.8 年

2. 远东航空公司

远东航空公司创立于 1957 年 6 月 5 日，在成立之初主要经营空中运送、岛内外包机、空中照相、森林防护、海上搜寻、石油钻探等业务，此外还从事飞机发动机的维修业务。远东航空公司成立初期仅有资本额 60 万元，员工 30 余人。截至 2005 年 3 月，远东航空公司的资本额已达新台币 58.9 亿余元，员工 1245 人。远东航空公司自成立以来，一直为纯民营航空公司。

表 7-14　远东航空公司机队构成

机型	机号	出厂时间 年份	出厂时间 月份	客舱配置 商务舱	客舱配置 经济舱	备注
MD83	B28007	1991	2	—	165	
MD82	B28011	1991	12	—	165	
MD82	B28017	1993	2	8	135	
MD82	B28021	1993	3	8	135	
MD83	B28023	1991	12	—	150	
MD83	B28025	1998	1	—	172	
MD83	B28027	1998	2	—	152	
MD83	B28031	1991	11	8	137	
MD82	B28033	1997	6	—	165	
MD82	B28035	1995	12	—	165	
MD82	B28037	1995	11	—	165	
B757	B27001	1991	5	—	201	
B757	B27007	1993	12	—	207	
B757	B27011	1998	12	24	154	

续表

机型	机号	出厂时间		客舱配置		备注
		年份	月份	商务舱	经济舱	
B757	B27013	1998	12	24	154	
B757	B27015	1999	7	24	154	
B757	B27017	1999	12	24	154	
B757	B27021	2000	1	24	154	
B757	B27201	1990	8	—	—	全货机

3. 长荣航空公司

台湾长荣集团总裁张荣发先生于1989年3月成立了长荣航空公司，并于同年10月6日向美国波音公司及麦道道格拉斯签约购买26架飞机。1991年7月1日，长荣航空正式起飞，营运至今，航点已遍及亚、澳、欧、美四大洲40余个城市。长荣航空采取客、货运并重的经营策略，客、货运比例已将近1:1。长荣航空继2003年陆续引进11架空客330-200后，2005年开始逐年引入15架波音777远程客机。

4. 华信航空公司

华信航空公司（MANDARIN AIRLINES）成立于1991年6月1日。最初是由中华航空公司与和信集团共同出资成立，故而命名为"华信"，以经营国际长程航线为主。1992年10月31日和信集团自华信航空撤资，自此华信航空成为华航全额投资之子公司。1999年8月8日，华信航空又与华航投资的以经营台湾岛航线网为主的"国华航空"合并，华信航空逐渐转型为经营区域性国际航线及台湾岛航线为主的航空公司。华信航空公司的机型主要有波音737-800、福克100和福克50。

5. 复兴航空公司

复兴航空公司于1951年5月21日创办，经营台北—花莲—台东—高雄定期班机以及金门、马祖不定期包机业务。同时也代理外籍航空公司客货运销售与机场地勤业务。复兴航空所使用的机型主要有AIR BUS空中客车320、321及ATR滑轮螺旋中短程区间客机。目前复兴航空的机队，包括8架空中客车（320、321）及10架ATR72型飞机，并将陆续扩增。

6. 立荣航空公司

立荣航空的前身为马公航空公司。自1995年起，长荣航空购买马公航空的股权后，于1996年正式更名为立荣航空。1998年，为了提升竞争力，立荣航空正式与大华航空及台湾航空合并，同时承接长荣航空的岛内航线。立荣航空于2003年12月代理长荣航空南台湾业务。2004年2月，立荣航空首创"金厦一条龙"小三通产品，提供往返金厦台商最便捷快速的服务。立荣航空机队有11架麦道90，10架DASH8-300，1架DASH8-200。

第三节 机场布局与航空枢纽建设

机场作为航空运输和城市的重要基础设施，是综合交通运输体系的重要组成部分。经过几十年的建设和发展，我国机场体系初具规模，初步形成了以北京、上海、广州等枢纽机场为中心，其余省会和重点城市机场为骨干，以及众多干、支线机场相配合的基本格局，为保证我国航空运输持续快速健康协调发展，促进经济社会发展和对外开放，以及完善国家综合交通体系等发挥了重要作用，对加强国防建设、增进民族团结、缩小地区差距、促进社会文明也具有重要意义。但机场总量不足、体系结构和功能定位不尽合理等问题仍比较突出，难以满足未来我国经济社会发展需要，特别是提高国家竞争力的要求，进一步优化机场布局和适度增加机场总量已成为未来时期我国机场发展的重要课题。

一、我国机场发展现状与规划

（一）发展现状

2008年，我国境内民用航空通航机场共有158个（不含香港和澳门，下同），其中定期航班通航机场152个，定期航班通航城市150个，其中国际机场32个。另外，我国颁证通用航空机场共计71个。2008年，全国各机场共完成旅客吞吐量40576.2万人次，比上年增长4.70%；完成货邮吞吐量883.4万吨，比上年增长2.61%；飞机起降架次为422.7万架次，比上年增长7.2%。

2008年，全国各机场共完成旅客吞吐量40576.2万人次，比上年增长4.70%。其中，国内航线完成36798.3万人次，比上年增长5.36%（其中内地至香港和澳门航线为1027.6万人次，比上年减少3.94%）；国际航线完成3778.0万人次，比上年减少4.42%。完成货邮吞吐量883.4万吨，比上年增长2.61%。其中，国内航线完成563.9万吨，比上年增长2.61%（其中内地至香港和澳门航线为43.9万吨，比上年减少6.49%）；国际航线完成319.4万吨，比上年增长2.60%。飞机起降架次为422.6万架次，比上年增长7.2%，其中运输架次为379.1万架次，比上年增长5.79%。起降架次中：国内航线383.8万架次，比上年增长7.79%（其中内地至香港和澳门航线为11.0万架次，比上年减少3.70%）；国际航线38.8万架次，比上年增长2.08%。

所有通航机场中，年旅客吞吐量在100万人次以上的有47个，与上年持平，完成旅客吞吐量占全部机场旅客吞吐量的95.49%；年旅客吞吐量在1000万人次以上的为10个，也与上年持平，完成旅客吞吐量占全部机场旅客吞吐量的56.87%；北京、上海和广州三大城市机场旅客吞吐量占全部机场旅客吞吐量的34.62%。全国各地区旅客吞吐量的分布情况是：华北地区占17.76%，东北地区占6.01%，华东地区占30.25%，中南地区占26.08%，西南地区占13.87%，西北地区占4.25%，新疆地区占1.76%。

各机场中，年货邮吞吐量在10000吨以上的有44个，比上年增加1个，完成货邮吞吐量占全部机场货邮吞吐量的98.83%；北京、上海和广州三大城市机场货邮吞吐量占全部机场货邮吞吐量的57.42%。全国各地区货邮吞吐量的分布情况是：华北地区占18.30%，东北地区占3.76%，华东地区占46.32%，中南地区占19.34%，西南地区占9.57%，西北地区占1.79%，新疆地区占0.92%。

（二）布局规划

为了加快我国机场的发展，国务院审定通过了《全国民用机场布局规划》（不含通用航空机场），规划期限至2020年。《全国民用机场布局规划》，作为民用航空基础设施的空间布局规划，服务于国家经济发展、社会进步、对外开放和国防现代化建设，体现国家构建综合交通运输体系和发展航空运输的意志，明确政府的政策导向，指导民用机场设施有序建设，优化航空运输资源配置，并作为国家实施宏观调控和投资管理的依据。

根据布局规划的指导思想、目标和原则，依据已形成的机场布局，结合区域经济社会发展实际和民航区域管理体制现状，按照"加强资源整合、完善功能定位、扩大服务范围、优化体系结构"的布局思路，重点培育国际枢纽、区域中心和门户机场，完善干线机场功能，适度增加支线机场布点，构筑规模适当、结构合理、功能完善的北方（华北、东北）、华东、中南、西南、西北五大区域机场群。通过新增布点机场的分期建设和既有机场的改扩建，以及各区域内航空资源的有效整合，机场群整体功能实现枢纽、干线和支线有机衔接，客、货航空运输全面协调，大、中、小规模合理的发展格局，并与铁路、公路、水运以及相关城市交通相衔接，搞好集疏运，共同构成现代综合交通运输体系。

根据布局规划，至2020年，布局规划民用机场总数达244个，其中新增机场97个。具体是：

1. 北方机场群

布局规划机场总数54个，其中新增24个。

北方机场群由北京、天津、河北、山西、内蒙古、辽宁、吉林、黑龙江8个省（自治区、直辖市）内各机场构成。在既有30个机场的基础上，布局规划新增北京第二机场、邯郸、五台山、阿尔山、长白山、漠河、抚远等24个机场，机场总数达到54个，为促进华北、东北地区经济社会发展、东北亚经济合作和对外开放提供有力的航空运输保障。在此机场群中，重点培育北京首都机场为国际枢纽机场，进一步增强其国际竞争力；提升和发挥天津、沈阳机场在滨海新区发展和东北振兴中的地位作用；进一步完善哈尔滨、大连、长春、石家庄、太原、呼和浩特等机场在区域中的干线机场功能，稳步发展阿尔山、长白山、漠河、大庆等区域内支线机场。

2. 华东机场群

布局规划机场总数49个，其中新增12个。

华东机场群由上海、江苏、浙江、安徽、福建、江西、山东7个省（直辖市）内各机场构成。在既有37个机场的基础上，布局规划新增苏中、丽水、芜湖、三明、赣东、济宁等12个机场，机场总数达到49个，以满足华东地区经济社会发展、对外开放和对台"三通"的交通需要。在此机场群中，重点培育上海浦东机场为国际枢纽，增强其国际竞争力；进一步完善上海虹桥、杭州、厦门、南京、福州、济南、青岛、南昌、合肥等机场的干线机场功能；稳步发展苏中、三明、宜春、济宁等区域内支线机场。

3. 中南机场群

布局规划机场总数39个，其中新增14个。

中南机场群由广东、广西、海南、河南、湖北、湖南6省（自治区）内各机场构成。在既有25个机场的基础上，布局规划新增信阳、岳阳、衡阳、邵东、河池等14个机场，机场总数达到39个，以满足中南地区经济社会发展需要，促进东南亚经济合作、泛珠区域经济一体化和对外开放。在此机场群中，重点培育广州白云机场为国际枢纽，增强其国际竞争力；提升武汉、郑州机场在中部崛起中的地位；完善长沙、南宁、海口、三亚、深圳、桂林等机场在区域中的干线机场功能；进一步稳步发展河池、神农架等区域内支线机场。

4. 西南机场群

布局规划机场总数52个，其中新增21个。

西南机场群由重庆、四川、云南、贵州、西藏5省（自治区、直辖市）内各机场构成。在既有31个机场的基础上，布局规划新增黔江、康定、腾冲、六盘水等21个机场，机场总数达到52个，以适应西南地区经济社会发展需要，促进中国—东盟自由贸易区的合作发展，以及为少数民族地区经济社会发展和旅游资源开发提供交通保障。在此机场群中，重点培育昆明机场成为连接南亚和东南亚的门户机场，强化成都、重庆机场的枢纽功能，发挥其在西南地区和长江中上游区域经济社会发展中的中心地位作用；完善贵阳、拉萨等机场功能；稳步发展黔江、康定、腾冲、六盘水等其他支线机场。

5. 西北机场群

布局规划机场总数50个，其中新增26个。

西北机场群由陕西、甘肃、青海、宁夏和新疆5省（自治区）内各机场构成。在既有24个机场的基础上，布局规划新增天水、陇南、玉树、喀纳斯等26个机场，机场总数达到50个，以满足西北地区经济社会发展需要，促进中国—中亚地区贸易的发展，以及为少数民族地区发展和旅游资源开发提供航空运输保障。在此机场群中，重点加快培育乌鲁木齐机场为连接中亚的西北门户机场，提升西安机场在区域内的中心地位；进一步完善兰州、银川、西宁等机场的功能；稳步发展天水、固原、玉树、喀纳斯等区域内支线机场。

二、我国航空枢纽建设现状

（一）航空枢纽建设的重要意义

航空枢纽是国家或地区经济增长的发动机，是推动国际经济中心城市迅速崛起的重要依托，同时对于一国民航运输业的发展具有极大的促进作用。其对经济社会发展的重要作用与意义主要体现在以下几个方面。

1. 航空枢纽建设是航空运输业适应经济社会发展的必然要求

航空运输业是国民经济发展的基础和先导。"运输化"理论认为，运输化是工业化的重要标志，运输化的不同阶段对应着经济发展的不同阶段，在不同运输化阶段其主导的交通运输方式也不一样，如图7.1所示。在工业化阶段中后期，航空运输以其快速、安全、高效等特点，逐步成为交通运输的主导方式。这既是交通运输方式升级换代发展演变的结果，也是产业结构调整和经济迅速发展的要求。

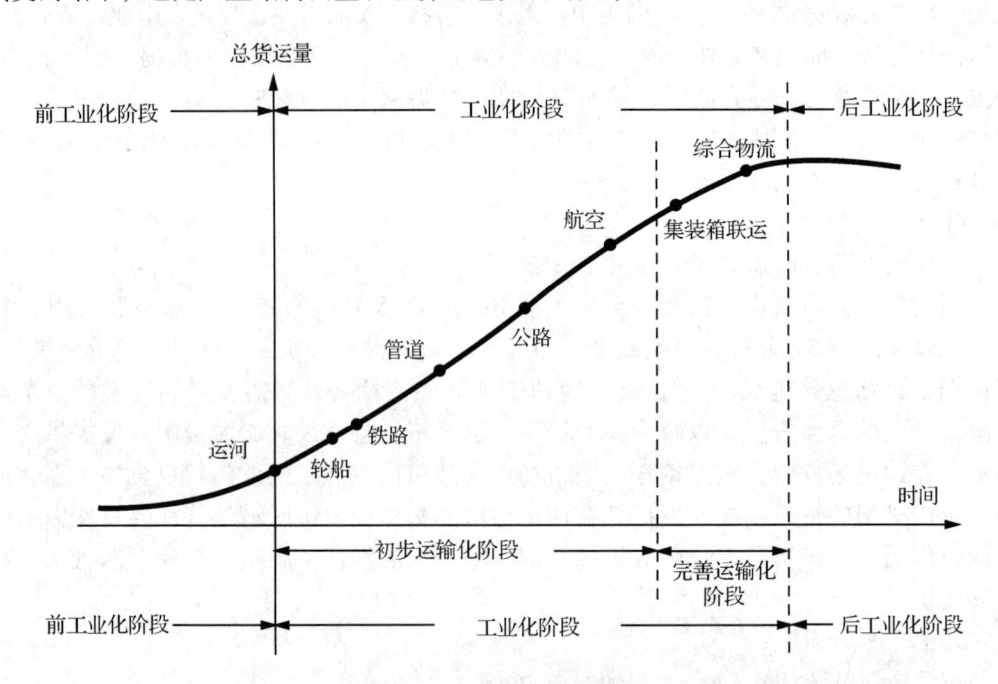

图7.1 运输化理论示意图

在全球化制造和即时生产的产业发展背景下，越来越多的人流和物流需要在我国与世界其他国家之间快速流动，这对我国航空运输业的发展提出了更高的要求。航空运输业将成为地区及国家经济发展的重要基础与必要条件。而航空枢纽是航空运输业发展到一定阶段的产物，是一国航空运输业不断发展的必然结果与客观需求。可见，航空枢纽建设是航空运输业更好地适应经济社会发展的必然要求，也是小康社会对民航运输业的必然要求。

2. 航空枢纽建设是全球化背景下，一国参与国际分工的需要

中国经济要实现持久发展，达到中等发达国家的水平，必须全面参与国际分工和国际竞争，航空枢纽地位是一个必须全力争夺的重要领域。在中国这样一个市场巨大、幅员辽阔的国家，如果在大陆地区不能竞争到一个国际航空枢纽地位，就会大大削弱国家的竞争力，使用资源的力量就会受到限制，在国际分工和国际竞争中就将处于被动的地位。目前，许多航空运输业发达的国家都凭借其拥有枢纽机场的优势，在航空运输业务中大量分流掠夺本属于我国机场和航空公司的旅客和货源。枢纽机场的存在不仅分流了相当一部分国际客流，而且将触角深入内地城市，形成一个背靠枢纽、辐射他国腹地的网络，夺走了本来应该属于我国机场的国际客货运量。香港地区常住人口只有几百万，但它的航空客运量却达到3000多万人次，新加坡这样小的国家也有2800多万人次，它们都得益于国际转国际的中转旅客量。因此，如果我国不迅速参与到争夺枢纽机场的竞争中去，很快就会被淘汰出局，沦落到成为国际支线的地步，进而影响到国家经济、贸易、旅游等行业的发展。

另一方面，随着世界经济区域化、一体化进程的加快，航空公司间联盟形式的合作日益活跃，其目的是通过代码共享，使成员公司在不实际增加航班和相应开支的情况下，绕过政府双边航空运输协议，快速进入伙伴公司所在国市场，增加航班频率，提供更多的飞行目的地，扩大航线网络，形成全球航线体系。目前，航空联盟从范围上看正在由双边向多边、区域及全球拓展。其中，国际航空联盟中最为著名的包括星空联盟、寰宇一家、翼之盟、天合联盟等。20世纪末，世界航空运输已经拉开了中枢对中枢、联盟对联盟的竞争。在有限的国际航空市场上，中枢结构网络和拥有成熟的枢纽结构功能的基地机场是航空公司成功的基础已毋庸置疑。航空联盟成员公司的网络覆盖和中枢基地机场的合理选择已经成为航空公司联盟国际市场份额的决定因素。对航空公司而言，要加入全球航空联盟，其基本条件之一就是看伙伴航空公司是否拥有巨大的航空枢纽系统，因为航空公司已普遍认识到将自己的航空枢纽网络与别人的航空枢纽网络衔接起来是非常有效的赢利方式之一。现在，全球航空公司联盟的主力成员都已拥有发达的航空枢纽，如果我国不加紧建设枢纽系统，被全球航空联盟接纳的可能性就很小，即使被接纳，我国为航空联盟做出的贡献与所得到的实际利益也将难以相称。

3. 航空枢纽建设是一国提高民航运输产业竞争力的需要

当前，全球航空运输市场竞争日趋激烈，而我国经济飞速发展的现状以及巨大的市场空间吸引着发达国家民航运输产业进入，争夺我国民航运输市场。因此，我国民航运输产业将面临更加激烈的竞争，要想在激烈的市场竞争中求得生存和发展，民航运输产业竞争力无疑将成为至关重要的因素。

在经济全球化的进程中，航空运输使每年数十亿人和上千亿美元的货物在全球范围内快速流动。航空枢纽正是这些客货快速集散和中转的重要基地。航空枢纽的建设与发展，有助于完整的航空运输产品的打造，有助于实现客货流的高效率运输，是提升一国民航战略地位和强化该国民航运输产业国际竞争力的重要途径。民航局"十一五"规划提出，构筑面向全球的航空交通圈体系，继续建设北京、上海和广州三大复合航空枢

纽，强化地区航空枢纽建设，积极抢占经济全球化竞争的制高点，2020年前实现我国由民航大国向民航强国发展的总体目标。航空枢纽建设不仅是当前加强管理、提升机场经济效益的根本方法，也是促进中心城市的产业结构升级、带动区域经济发展的必然选择。可见，建设航空枢纽是民航发展的客观需求，对航空公司、机场乃至民航运输产业竞争力的提升都具有重要作用和深远意义。

4. 航空枢纽建设对区域经济发展具有重要作用

航空枢纽是一个国家或地区对外开放的窗口和桥梁，是区域经济参与国际分工、合作与竞争的重要依托。在经济全球化和区域一体化的浪潮下，航空枢纽不再仅仅定位于交通枢纽或基础设施，其通过直接性影响、间接性影响、引致影响成为推动区域经济增长的"发动机"。

（1）直接影响——机场基础设施建设、就业岗位、税收等。

（2）间接影响——与机场相关的其他部门及个人的影响，如航空旅客在当地的消费支出。

（3）引致影响——机场辐射范围内的企业以及个人享有航空运输服务所带来的利益，如为制造业、贸易和其他部门（旅游）直接提供了运输和中转等相关服务；促进市场规模扩大，进而促进分工；吸引游客，促进旅游业发展；促进会展业发展等。

20世纪90年代，美国经济学家卡萨达在对当今世界经济、贸易和金融中心城市进行深入研究后，提出了"第五波理论"，认为世界上新的国际经济中心城市崛起的一个重要因素是依托航空枢纽。航空枢纽突破了原有单一的运输功能，通过与其周围地区多种产业的结合，形成临空经济。从世界范围看，航空枢纽已成为地区经济发展的"发动机"。例如美国的芝加哥机场为当地创造的直接和间接收益达135亿美元/年，产生的就业岗位达33.9万个。而华盛顿两机场也对区域经济发展贡献巨大，其具体情况如表7-15所示。

表7-15　世界主要航空枢纽对地区经济的贡献情况

	国立里根机场	杜勒斯机场	总　计
就业岗位（个）	86367	75869	162236
其中：直接	15422	23596	39018
间接	1140	4292	5432
旅游业	69805	47981	117786
商业收入（百万美元）	5323	6144	1143
其中：直接	2414	4125	6539
间接	2909	1989	4898
税收（百万美元）	720	717	1437
其中：州政府税	519	413	932
联邦航空税	201	304	505

资料来源：华盛顿机场管理委员会。

5. 航空枢纽建设能为机场、航空公司、消费者带来效益

1）航空枢纽建设能为机场带来经济效益

一方面，航空枢纽建成后会在多个方面方便旅客出行和货物的流转，为航空公司提供更大的市场空间和客货资源，因此可以吸引到更多的航空公司，会从整体上增加机场的吞吐量和航班起降架次，为机场带来更多的经济效益，有利于提高机场的航空性收入。此外，航空枢纽的建设所带来的巨大的客流量还有利于提高机场的非航空收入。特别是对于非航空性的机场商业的发展，有着极大的促进与带动作用。另一方面，由于对新建机场或扩建机场后市场预测的不足和定位不清，以及对日常运营成本和收入结构研究不够，国内很多城市盲目建设的新机场或扩建机场很快变成长期亏损。航空枢纽布局的确立将使机场明确自身在市场中的定位，使航空枢纽、二线机场、支线机场良性分工。被确定为航空枢纽的机场将在投资方面加大力度，不断改善基础设施和提高管理水平，合理安排和申请航线布局，使干线和支线之间进行有效连接，以满足不断扩大的市场需要；而那些被确定为支线的机场，将在投资方面根据市场需求有的放矢，避免盲目投资和盲目扩大建设规模，走出高投入低收益、长期亏损的阴影。

2）航空枢纽建设能为航空公司带来经济效益

低客座率将极有可能导致航空公司的亏损，而航空枢纽通过化零为整，把每个航段市场上的需求聚合为一体，进一步加强干线机场和支线机场的航班密度，并以航空枢纽为核心将干线与支线紧密地连接起来，将使旅客的流量和流向从经济的角度更加有序和合理，并提高干线和支线航班的客座率，可以降低航班运营成本，如图7.2所示。此外，旅客数量的增加可以使航空公司动用大载量的飞机运营某些航段，而大载量飞机的运营也会降低航空公司的单位成本，如图7.3所示。因此，航空枢纽建设使航空公司降低了运营成本，为航空公司带来更多的市场机遇和规模效益。

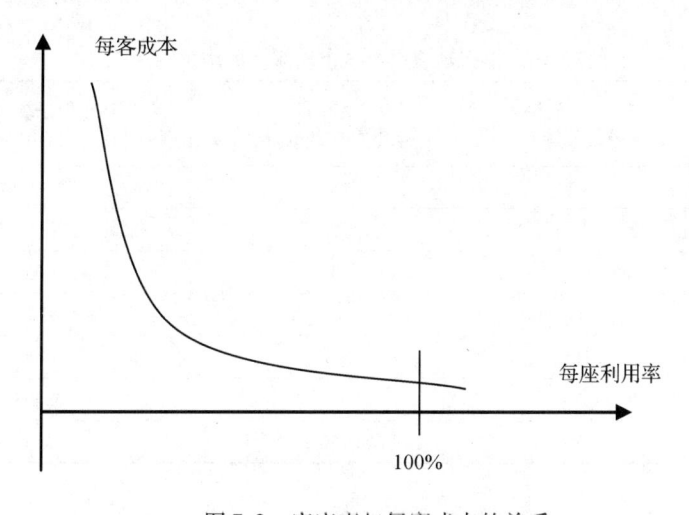

图7.2 客座率与每客成本的关系

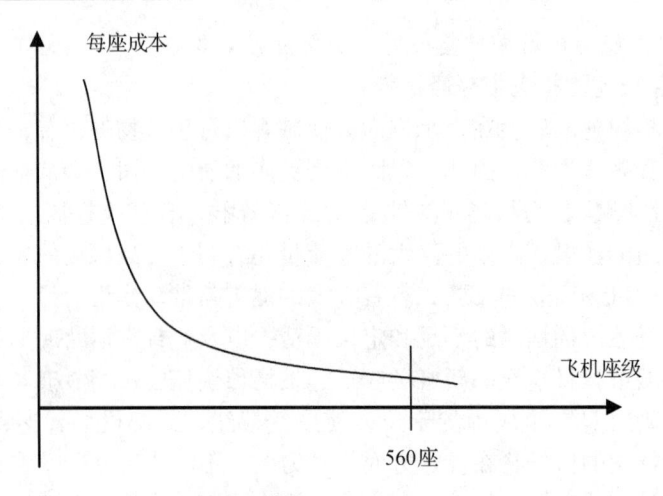

图 7.3　机型与每座成本的关系

3) 能为旅客带来社会效益

长期以来，国内很多机场从布局到航班密度，与国际大型航空枢纽相比都还存在较大的差距，这为旅客出行在航班时刻的可选择性上带来了诸多不便。特别是随着我国经济的不断发展，频繁的商务旅行呈逐年上升趋势，商务旅客的特点是对票价并不敏感，但对航班时刻和密度有较高的要求，即旅客在较短时间内由一地飞往目的地的要求迅速增加。航空枢纽的建立将大幅度提高城市对的服务数量，为旅客提供更多的选择，如表 7-16 所示。因此，航空枢纽能够有效提高航线的航班密度，更加方便商务旅客和联程旅客的出行，进而提高中国民航运输的整体服务水平，带来更广泛的社会效益。

表 7-16　枢纽建设引起城市对服务的增加

与枢纽相连的辐条数	通过枢纽连接的航线数量	以枢纽为重点并且直达的航线数量	枢纽辐射系统所服务的全部城市对数量
N	N(N−1)/2	N	N(N+13)/2
2	1	2	3
5	10	5	15
15	105	15	120
70	2415	70	2485
85	3570	85	3655
100	4950	100	5050

(二) 我国航空枢纽建设实践

中国民用航空发展"十五"计划和十年规划明确指出，中国中枢结构的建设，是民航下一阶段改革和发展的重点，提出要"强化首都、浦东、新白云三个机场的全国枢纽地位，成为全国性航空客货集散中心"，并指出浦东机场的最终定位是"国际大型枢纽"。中国各大航空公司和三大机场的领导，也在不同的场合和时间分别宣布建设中国的中枢结构。

2008年，民航局下发《关于加强国家公共航空运输体系建设的若干意见》，意见中明确指出："当前加强国家公共航空运输体系建设，应加快门户复合枢纽建设，拓展国际航线网络；加强区域枢纽建设，完善干线网络；促进支线运输发展，提高支线机场通达能力；鼓励航空货运发展，构筑航空货运网络。"意见中将我国枢纽分为两级，即大型门户复合枢纽和区域性枢纽，而全国机场布局规划中又提出要加快乌鲁木齐、昆明门户机场建设。至此落实到国家和行业层面的枢纽建设即为三类：复合门户枢纽、区域性枢纽和门户机场。

1. 首都枢纽建设

北京首都国际机场股份有限公司于1999年10月15日在中华人民共和国首都北京注册成立，拥有并经营北京首都国际机场。首都机场股份公司于2000年1月成功公开发行H股1346150000股，并于2000年2月1日开始在香港联交所上市交易，成为中国内地首家在香港联交所上市交易的机场公司。2000年5月18日，经国家对外经济贸易合作部批准，首都机场股份公司成为外商投资股份有限公司。

目前，首都机场股份公司拥有三座航站楼，两条4E级跑道、一条4F级跑道，以及完备的旅客、货物处理设施，首都机场的年设计旅客吞吐量从3500万增加到8200万。截至2008年上半年，首都机场共有国内航点96个，国际（含港澳）航点91个；在首都机场运营的航空公司共有80家，其中内地航空公司18家，国外（含港澳）航空公司62家；2007年首都机场航班起降架次、旅客吞吐量和货邮吞吐量分别达到39.97万架次、5358万人次、119万吨，增长速度高于全国平均水平。尤其是旅客吞吐量，已经位列全球第九位。

为了加速发展建设世界级的枢纽，首都机场制定了实现计划必定达到的五项标准：一是三大运营指标均位列世界前十位，其中旅客吞吐量达到世界前五名；二是中转旅客比例达到二成至三成；三是最短转接时间平均为60分钟；四是高峰小时起降架次达到120架；五是增加欧洲和北美地区的航点和周频，实现航线网络布局的优化。为此，首都机场成立了航空枢纽建设协调小组；积极拓展航线网络，加强辐射功能；与航空公司战略协同，实施枢纽联盟化运行；与民航局、基地航空公司一起改善航班时刻布局，推动航班波建设，提升中转衔接机会；积极协调联检单位，争取联检政策改善；构建立体交通，拓展地面辐射功能。

北京首都机场加速步伐建设亚洲枢纽的同时，韩国首尔仁川、日本东京成田机场也正在积极参与亚洲枢纽的竞争。其中韩国仁川机场从建立开始，就定位于亚洲枢纽、中国的门户，韩国政府给予仁川机场很多政策支持，促进了其枢纽的建设。目前，每年中国至北美的旅客有三成左右通过仁川、成田两大机场中转，其便利的中转服务对旅客极具吸引力。

2. 上海枢纽建设

上海两机场功能布局的划分原则为：充分考虑"一市两场"的运营模式，将两个机场作为一个整体来构建上海航空枢纽。根据上海航空枢纽航线网络结构的整体布局需要分阶段划分，主要通过空中航线网络的调整和融合，最大程度地实现旅客在一个机场内的多种中转，尽可能减少旅客在两场之间的地面中转。

在此原则的指导下，两场的基本功能布局为以浦东机场为主，构建枢纽航线网络和航班波；虹桥机场在枢纽结构中发挥辅助作用，以点对点运营为主。

2004 年 11 月 1 日，推进上海航空枢纽建设领导小组在北京通过了《上海航空枢纽战略规划》。根据这一规划，上海航空枢纽建设的总体目标是：力争经过若干年努力，构建完善的国内国际航线网络，成为连接世界各地与中国的空中门户，最终成为世界航空网络的节点。上海航空枢纽的功能定位是集本地运量集散功能、门户枢纽功能、国内中转功能和国家中转功能为一体的大型复合枢纽。

上海航空枢纽的这一功能定位，突出体现了"三个并举"的建设思路：本地市场与中转市场并举、客运和货运并举、国内和国际并举。从这一基本思路出发，上海航空枢纽建设未来将从目前的本地市场为主，重点培育中转市场，过渡到本地与中转兼顾；从偏重客运为主，超常规发展货运，到客货齐头并进；从国内航线优势为主，大力拓展国际市场，到国内国际两网并重。

1）基本功能：长三角地区集散枢纽

上海航空枢纽的基本功能是"本地集散枢纽"。服务于占最大市场份额的始发目的地旅客，这是由上海所处区域经济的特点所决定的。上海航空枢纽建设最大的优势是其核心市场资源——以长三角为核心的周边地区，该资源不仅使上海航空枢纽在起步阶段具有良好的运量基础和抵御风险的保障，而且也是上海航空枢纽与其他多数枢纽相比最为突出的保障网络结构质量和保障枢纽营运效益的有利条件。因此，做好、做大本地市场和国内市场，将是建设上海航空枢纽的基本要求。

2）核心功能：中国门户枢纽

上海航空枢纽的核心功能是"中国门户枢纽"。上海机场已经成为主要的中国门户机场，目前占次要市场份额的旅客群体为国内各地与国外通航点之间、经由上海进出的旅客，今后，该部分旅客仍将占有很大的比例。同时，除了上海国际运量中已经存在的上海经停和采取分段购票、登机的中转运量，上海基地航空公司还将加快国内与国际两个网络的有效融合，以充分体现上海作为门户枢纽的功能。

3）潜在功能：国际国内中转枢纽

上海航空枢纽的潜在功能将是"国际中转枢纽"和"国内中转枢纽"。上海的国内中转和国际中转潜力巨大，将是今后培育的重点。首先，由于上海位于中国东部沿海经济发达区域的中心，处于东北、华北地区至华东、东南、中南地区的有利中转位置。相对于国际航线网络结构的建设，上海航空枢纽开发国内中转资源目前所面临的政策障碍最小，基地航空公司的实际操作余地也最大。

其次，上海航空枢纽具有比亚太地区绝大多数枢纽机场条件都优越的国际中转网络结构条件，上海位于连接亚洲与欧洲/非洲、亚洲与北美/南美的有利地理位置，未来必将成为"大型国际（洲际）航空枢纽"。上海航空枢纽将建成成熟和稳定的、与国内航线网络高度配合和相辅相成的国际航线网络。"大型国际枢纽"意味着上海机场将最终确立在全球航空网络中的重要地位。这将是上海航空枢纽网络结构成熟阶段的主要目标，也是上海枢纽性质完整体现的主要标志。

4）突出功能：国际货运枢纽

上海航空枢纽的突出功能是"国际货运枢纽"。上海市及长三角地区在国际国内的重要经济地位，决定了上海机场具有广阔的货运市场资源。目前上海两场货邮吞吐量约占全国的三分之一，国际货邮吞吐量约占全国的三分之二，是我国主要的货运基地和最大的货物空运市场；近十年来，上海航空货邮吞吐量年均增长率为22.5%，比全国平均水平高5.8个百分点，比全球平均水平高14.9个百分点。上海航空货运的快速发展趋势，决定了建设上海航空枢纽，应优先确立并巩固上海机场在世界和亚洲的货运骨干枢纽地位。

3. 广州枢纽

2006年，白云机场确定了建设亚太地区复合型门户枢纽的战略定位，自枢纽战略实施以来，航空主营业务发展迅速。2004年8月至今，白云机场已陆续开通了30多条国际航线，国际航线总数接近60条。目前，通航白云机场的国内外航空公司达50余家，通航全球170多个城市，国际国内航线达160多条，使白云机场的国际航线网络覆盖了全球除南美洲以外的各大洲主要城市。随着联邦快递公司（FedEx）亚太转运中心即将正式投入运营，届时又将有20条左右的国际航线投入服务。

2010年亚运会在广州召开将为白云机场早日建成世界一流枢纽空港带来新的发展契机。白云机场正积极融资投入基础设施建设，包括第3条跑道预计将于2010年前完成。第4、第5条跑道预计将分别于2015年、2020年左右建成。同时，白云机场已在紧临联邦快递转运中心的北部规划集加工、物流、保税、国际配送和中转功能为一体的面积达20平方公里的综合保税区，作为国际产业、物流业和服务业的发展平台，吸引大量企业进驻，做到产业和物流的无缝对接，以提高和完善白云机场的整体服务功能和国际物流的聚集辐射能力，目前申报工作正在进行当中。预计，未来白云机场将拥有5条跑道，能满足年旅客吞吐量1亿人次、年货邮吞吐量600万吨的需要。另外，白云机场争创世界十佳服务机场的各项工作已全面铺开。优质服务将会为白云机场带来更广阔的商机，更有利于将白云机场打造成世界一流航空枢纽。

第四节　中国新一代空管系统建设

21世纪初，中国民航提出了2020年实现民航强国的宏伟目标。据预测，2020年，中国航空运输总周转量将达到1500亿吨公里以上，全行业将拥有运输飞机4000架左右，航空旅客周转量在国家综合交通运输中所占比重将超过20%。民航运输量和航空运输服务质量的提高必须依靠科技进步，大力提高科技含量和科技在民航运输发展中的主导作用，是中国民航跨越式发展和实现民航强国的重要保证。在经济全球化的大背景下，现在美国酝酿"下一代航空运输系统"，如同其放松管制政策和天空开放政策，势必对全球航空运输业产生深远的影响，因此中国民航必须提出相应的战略规划和实施方案——"新一代民用航空运输系统"应运而生。

一、新一代民用航空运输系统概述

新一代民用航空运输系统将包括机场建设、安检、空管、民航公共信息网络平台、安全管理、气象、适航审定和企业、行业文化建设等方面。这一系统将充分利用目前已经出现的现代通讯、精确定位、计算机网络、计算机辅助决策等先进科学技术，走集成创新、引进消化吸收和再创新的道路。这个系统将使中外旅客享受到更为便捷、安全、舒适的航空旅行，将使流量、天气等因素对飞行运行的影响大大减少，旅客从进入候机楼与到达目的地离开候机楼以及转机的时间都能进一步缩短。这个系统将使中国民航的航空运输不仅在数量上有较大的提升，而且在质量上也有较大的飞跃。

新一代中国民航运输体系使用新概念、新科技、新架构、新的政策和商业模式，以最有影响、最有效率、最安全、最快捷的方式来满足空中运输的国家需要。新一代空中交通管理系统（简称NGATM）是我国新一代民航运输体系的核心之一，其实施愿景是在20年的时间框架内，建立天空地一体化的中国民航空中交通管理运行模式和技术支持体系，为全面提升空中交通服务水平、提高安全保障水平和运行绩效搭建平台。结合中国民航的实际情况，NGATM提出了在今后20年全中国民航空中交通管理领域需要研究的关键技术和技术政策，包括有效地管理空中交通、提高空域容量，开展适应新需求的基础设施建设等运行理念，同时使民航运输的各参与方了解未来NGATM系统在功能、运行、服务上的发展趋势。

二、系统建设目标

中国民航新一代空中交通管理系统的规划和建设总体战略目标是：为了适应中国民航安全可持续发展的远景目标，满足航空运输需求的不断增长，保证航空安全和运行效率的全面提高，通过全面建设高适应性的、大容量的、系统结构化的具有中国特色的民航空管技术和设备体系，实现我国空管技术和设施装备的全面跨越式发展，为实施民航强国战略提供技术支撑。

高适应性是指建设灵活的，适应各种管制环境、运行环境和设备环境的通用空管体系。该体系可以满足使用空管信息的不同航空活动参与者对信息内容和处理过程的不同需求。同时，高适应性也包含新系统对原有系统在技术和运行过程的兼容性，以及系统对国际运行标准和实际系统的支持。

大容量是指新一代空管系统应具备强大的信息采集、处理、传递和发布能力，可以适应各种信息源、信息媒介和信息应用的需求。系统的处理和传输能力应该满足未来我国民航交通运输量大幅度增长的海量数据需要，并为未来的发展保留进一步扩展的余地。系统的应用能力应兼顾不同用户的需求，满足各类民航业务对数据处理和传递性能的要求，实现综合资源的集中管理和全面共享。

系统结构化是指新一代空管系统要从系统的角度进行全面的规划和实施。系统角度一方面指从国家甚至地区的范围考虑新一代空管系统的结构和技术应用要求，另一方面是将现有分散的、独立的、不兼容的各类设施系统组织演化成为综合的、一体的、交互的、天空一体化的、具备全球服务能力的业务应用服务系统体系。

形成民航空管技术和设备体系是指，针对新一代空管系统运行服务的一系列核心问题，包括开展空域设计、流量管理、飞行指挥、安全管理等方面的系统研究与开发；积极参与国际标准的制定和跟踪，结合中国民航的运行要求，形成适应新一代空管系统运行和应用的相关技术标准体系和运行程序；研制各种相关的设备、部件和技术装备；有系统、有步骤地在全国开展新一代空管系统的各项建设工作。

建设具有中国特色的新一代空管系统，就必须培养世界一流的空管科技人才队伍，形成具有自主知识产权的系统产品和设施设备，同时也必须建立具有国际竞争力的现代化空管高科技产业。

民航局确定的新一代航空运输系统的目标：

——带有前瞻性地综合改进和发展机场设施；

——建立新型的高效、透明、多层次、非干扰式的机场安全检查系统；

——充分应用新科技，改变空中管理的理念，建立一个适应能力强的空中交通管理系统；

——建立行业综合性公共信息网络平台；

——建立法制、科学、综合、积极主动式的安全管理系统；

——全面、系统地提高天气观测和预报水平，大大减少天气对飞行的影响；

——建立适应国际新技术、新标准、新程序的适航审定系统；

——全面建设有中国传统文化特色的企业文化和行业文化。

中国民航将从"十一五"时期开始，启动建设新一代民用航空运输系统的工程。首先从空管和气象两个方面入手，力争"十一五"末在空管和气象两个方面有所突破，并开始实施其余项目。

三、系统建设实施路径

中国民航新一代空中交通管理系统发展总体框架主要技术包括了通信、导航、监视和空中交通管理四个主要部分，其建设将跨越"十一五"、"十二五"和"十三五"三个五年计划，重点将突破卫星导航、数据通信、多模式监视以及空管自动化和流量管理等核心技术，自主创新研制拥有自主知识产权的技术系统和核心装备，使我国空管系统的应用技术实现跨越式发展，形成具有国际竞争力的空管高科技产业，为建设我国新一代空中交通管理系统提供技术支持、技术设施和技术平台,满足我国空管发展的需要。

"十一五"期间重点完成核心技术的研究突破和技术验证。开展空管系统总体研究;重点突破卫星、导航、区域导航、多模式监视、流量管理、综合信息管理等领域的核心技术,包括应用技术和验证评估,形成关键技术族和一批原型系统;对一些在近中期有应用需求的技术(或系统)进行运行试验和工程验证;研究新技术应用环境下,空中交通管理系统运行体系架构和有关程序、标准、规范、建议与措施。

"十二五"期间继续开展空管总体研究和前瞻性空管核心技术研究;重点进行系统设施设备的研发,逐步转化为生产运行系统;重点开展验证认证评估工作,进行新技术和新系统的功能验证、产品认证、运行评估,对新的运行程序进行验证评估;启动新一代空管系统项目建设,根据管制业务的发展需求,用新一代空管系统设备逐步替换原有设备,促进新技术和新系统的应用和发展,进一步制定和完善空管运行的有关程序、标准体系。

"十三五"期间重点进行新一代空管基础架构体系建设。在新技术产品(系统)验证评估的基础上,对成熟的系统,逐步实施项目建设,分阶段、分区域进行新系统、新装备和新技术应用,形成新一代空管基础架构体系的雏形。

2020年至2030年期间,逐步形成新一代空管运行体系。从2020年到2030年间,随着我国二代卫星导航系统的成功运行和空管系统相关新技术产品的成熟,"十三五"期间将在全国范围内建设新一代空中交通管理系统,形成新一代空管运行体系,使我国在空管新技术领域达到国际同期先进水平。

第五节 中国民航未来发展展望

当前,由于国际金融危机,世界经济增速明显放缓。受国内外宏观经济形势的影响,中国民航去年以来国际航空运输、国际国内航空货运都出现了较大幅度的负增长。但到2009年第二季度,世界经济出现复苏的势头,中国经济将逐渐恢复并继续保持持续快速发展,预期在优化结构、提高效益、降低消耗、保护环境的基础上,实现人均GDP到2020年比2000年翻两番,届时人均GDP将达到5000美元,中国经济年均增长率将超过7%。国民经济的持续快速增长将对民用航空提出持续增长的巨大需求,中国航空市场仍处在快速成长期,将继续快速增长。

一、中国民航未来发展面临的机遇和挑战

(一)中国民航未来发展面临的机遇

当前,中国民航正站在一个新的历史起点上,发展机遇前所未有。

1. 全面建设小康社会和经济全球化，为中国民航跨越式发展带来千载难逢的好机会

全面建设小康社会为中国指明了未来发展的方向，人均国内生产总值2020年将比2000年翻两番，成为工业化基本实现、综合国力显著增强、国内市场总体规模居世界前列的国家。中国高技术、高附加值产业和现代服务业的加快发展，带来的物流、人流必然会前所未有地增加对航空运输的需求。中国全面建设小康社会和不断融入经济全球化的洪流当中，已经并且必将继续为航空运输带来巨大的发展机遇。

2. 消费结构升级和休闲消费时代的到来，为中国民航发展壮大开辟广阔的市场空间

30年的改革开放促进中国经济持续快速增长，使人民生活水平得到了极大提高，城乡居民的消费结构有了很大变化，目前正由生存型消费向服务型消费升级转变，其中旅游、交通、通讯类消费上升最快。以旅游为例，中国目前是世界上第四大入境旅游接待国、亚洲最大的出境旅游客源国，形成了世界上最大的国内旅游市场。根据联合国世界旅游组织的预测，到2015年，中国将成为全球第一大入境旅游接待国和第四大出境旅游客源国。这将为中国民航业发展提供庞大的消费群体和广阔的市场空间。

3. 国家财政体制由经济建设型财政向公共财政转变，为发展中国民航、促进社会和谐赢得强大的物质支持

近年来，中国财政收入高速增长，综合国力明显提高。随着财政收入的持续增加和市场经济的逐步完善，国家财政体制正从经济建设型财政向公共财政转变。为推动公共服务均等化，促进社会和谐，国家对相关事业发展的支持力度将不断加大。相对雄厚的国家财力将为机场、空管等民航基础设施建设提供强有力的支持，同时也为发展民用航空提供应急救援等公共服务，为解决边远地区群众出行提供物质保障。

4. 科技创新的力度加大，为中国民航持续发展提供有力的技术推动

中国涉及航空工业的科技成果的不断问世，国产大飞机项目、北斗二代卫星导航系统的上马，将有力地推动民用航空相关领域的科技创新，有助于打破目前大型飞机制造商的国际垄断，为中国民航提供具有竞争力的运输工具和配套系统。国内外航空技术及相关科技的进步，将进一步促进民航业提高效率、降低成本。

（二）中国民航未来发展面临的挑战

中国民航业在面临难得机遇的同时，也面临严峻挑战。

1. 国际竞争力不足，难以应对航空自由化带来的激烈竞争

国际航空运输的自由化进程，大大加剧了国际航空运输市场的竞争。目前，中国民航在全球市场竞争中，与外国先进民航相比，处于明显劣势。具体表现在以下四个方面：一是中国航空枢纽建设刚刚起步，尚未形成国际性航空枢纽，而在中国周边，日本成田和关西、新加坡樟宜、泰国曼谷、韩国仁川机场在国际航空枢纽建设方面都比较先进，是中国国际枢纽建设的主要竞争者。二是国际航线网络不健全。国际航线少而分散，与国内航线的衔接性也较差。三是在一些主要国际航线市场的竞争力不强。如在中美、中欧航线市场上，中国航空公司投入运力不足，市场份额较少，赢利能力很差。四

是航空货运处于被边缘化的状况。在中国国际航空运输货运市场上，中国航空公司的市场份额目前只占20%左右。

2. 基础性资源供给不足，成为制约民航全面协调可持续发展的瓶颈

一是民航可用空域资源严重不足。在航空发达国家，民用航空均使用了国家空域的大部分资源。如美国供民航使用的空域达82%左右，而目前中国民航使用的空域仅为全国空域的22.9%。在北京、上海、广州等地，民航可用空域的飞行量已经饱和，造成航班大量延误，同时带来严重的安全隐患。随着航空运输和通用航空需求的不断增长，民航对空域资源的需求将越来越大，军、民航空域活动相互干扰的矛盾将日益突出。二是人力资源严重不足。2008年中国航空运输总周转量、旅客运输量和货运周转量，基本上与美国20世纪70年代末相当，但那个时候美国的飞行员总数达到50多万名，而2008年中国拥有的飞行员总数才1.6万人。三是机场、空管设施等资源严重不足。与欧美等发达国家相比，中国民用机场数量少、密度低。目前中国每万平方公里只有0.23个民用机场，美国为5.98个。中国空中交通管制系统还相对落后，只能达到美国21世纪初1/4~1/6的水平，还没有真正意义上的全国流量管理能力、气象服务水平和独立的卫星导航系统。四是通用航空资源严重不足。中国2008年以美元表示的GDP大致相当于美国1982年的水平，但1982年美国拥有通用飞机10多万架，飞行2000万多小时，通用航空机场15000多个。而2008年中国拥有的通用航空飞机仅702架，飞行小时10多万小时，通用航空机场71个，差距巨大。

3. 管理体制、运行机制还存在许多矛盾，不适应民航全面协调可持续发展的需要

以决策体制而论，战略性产业需要一个强有力的高效决策和协调机制。而中国民航业目前政出多门，决策分散，协调难度大。如空域分配、航权谈判、飞机引进、行业规划、产业政策制定、机场建设、国有航空企业的资产管理等，分别由军队、外交部、发改委、商务部、财政部、国资委等以及民航管理部门行使或参与决策，又没有综合协调机制，影响了决策效率和政策执行力。在机场管理体制方面，机场定位不准。机场本属公共基础设施，发达国家多以机场管理当局模式管控机场，而中国把机场定位为企业。机场的企业定位及现有管理方式，给机场的发展与运营带来诸多问题。[①]

二、民航运输业发展预测

根据对民航未来发展环境中机遇和挑战的分析，可以对民航未来发展趋势进行初步预测。

随着中国国民经济的持续快速发展，2020年之前，中国民航运输业将以年均10%以上的速度快速增长。到2020年，中国民航将实现运输总周转量1400亿吨公里以上，旅客运输量超过7亿人次，旅客周转量在国家综合交通运输体系中的比重达到25%以上。

---

① 李家祥，《世界民用航空与中国民用航空的发展》，《中国民航报》，2009年6月19日。

按照该预测水平，到2020年中国民航将需要运输飞机3487架，其中需要新补充各型客机3126架；飞行人员34621人，乘务人员58833人，机务人员101383人，空管人员12539人，其中需要补充飞行员1.8万人，补充机务人员4.6万人。①

根据中国民航机场中长期发展规划，到2020年，中国机场数量将达到244个，在数量增加的同时，规模也将不断扩大。在地面交通100公里或1.5小时的车程范围内，全国80%以上的县级行政单元都将较方便地得到航空服务，所服务区域内的人口数量达到全国人口的82%以上、国内生产总值达到全国总量的96%以上。

中国民航业的安全保障水平、服务质量、航班正点率、经济效益、企业国际竞争力、全行业能源节约和污染排放控制取得明显改善，形成东部与中西部、干线与支线、客运与货运、国内运输与国际运输、航空运输与通用航空协调发展的新格局。

三、民航未来发展的思路

为了深入贯彻党的十七大、十七届三中全会和中央经济工作会议精神，认真学习邓小平理论和"三个代表"重要思想及落实科学发展观，将安全发展、和谐发展、效益发展和绿色发展这四个方面相互联系、相辅相成、有机统一，是推动中国民航业又好又快发展必须长期遵循的基本理念。

（一）民航未来发展的基本理念

1. 安全发展

民航业要把发展建立在安全保障能力不断增强、安全生产状况持续改善、人民生命财产安全得到切实保证的基础之上。

2. 和谐发展

民航业和谐发展，就是要使发展涉及的各个环节、各个方面相互协调、相互适应、相互促进。一是总量平衡，航空运输和通用航空总供求基本平衡，民航运输与其他运输方式协调发展；二是结构优化，促进民航供给结构与需求结构趋于协调，逐步缩小区域民航发展之间的差距以及民航各业务发展之间的差距；三是要素匹配，专业技术人员数量与质量、基础设施规模与水平、管理体制与机制，要与航空运输和通用航空发展的速度与规模、航空新技术的演进相适应；四是系统和谐，民航系统内企事业与企事业之间、企事业与政府监管机构之间、政府监管机构之间以及企业、事业、政府监管机构内部要运行协调、顺畅；五是服务便利，提供安全、正点、便捷、多样化的民航服务，以充分满足广大航空消费者和社会公众的需求，促进民航与社会的和谐。

3. 效益发展

民航业发展要正确处理好经济效益与社会效益的关系，获得良好的经济效益和社会效益。一是在民航的竞争性领域，如航空公司，要更多地关注经济效益，以经济效益为

---

① 数据来自"民航强国发展规划目标研究"课题组的预测。

中心；二是在民航的非竞争性、准公益性领域，如机场，要在关注经济效益的同时，充分发挥社会效益；三是要正确处理发展速度与效益的关系，不能片面追求高速度，而要使速度、结构、效益相协调，防止出现盲目超前现象。

4. 绿色发展

民航业要加强能源资源节约和环境保护，建设资源节约型、环境友好型绿色民航。民航发展一要强化节约意识，建立能源资源节约的体制机制，尤其要大力推动航空油料和土地资源的节约使用；二要强化环保意识，建立健全航空污染物排放的法律法规，依靠技术进步，有效控制航空生产活动中所产生的噪声、废气、废水、固体废弃物、辐射物质的排放。

（二）民航未来发展要实现"五个转变"

中国民航业将围绕安全发展、和谐发展、效益发展和绿色发展这一理念和主题，将实现"五个转变"：

1. 促进安全管理由传统方式向现代方式转变

（1）变传统的纵向单因素安全管理为现代的横向综合安全管理；

（2）变传统的事故管理为现代的事件分析与隐患管理；

（3）变传统的静态安全管理为现代的动态安全管理；

（4）变传统的外迫型安全指标管理为内激型的安全目标管理。

2. 促进增长方式由粗放型向集约型转变

（1）把提高从业人员素质作为促进增长方式的根本性措施，提高劳动生产率；

（2）大力推动科技进步和管理创新，提高行业运行效率和运行质量；

（3）改变主要靠扩大运力规模实现增长的做法，更加注重优化航线结构和运力结构，使之相互匹配，提高飞机利用率和经济效益；

（4）按照"一次规划、分步实施、功能完善、适度超前"的原则，加强机场等基础设施建设，提高基础设施的经济效益与社会效益；

（5）制定行业节能减排规划、标准和措施，在建设和运营中节约资源、保护环境。

3. 促进发展格局由非均衡向均衡转变

统筹区域民航发展，统筹国际与国内、干线与支线、客运与货运发展，统筹航空运输与通用航空发展。

（1）加强北京首都、上海浦东、广州白云三大门户复合枢纽建设；

（2）加快昆明、成都、西安、重庆、乌鲁木齐、郑州、沈阳、武汉八大区域枢纽建设；

（3）完善深圳、杭州、大连、厦门、南京、青岛、呼和浩特、长沙、南昌、哈尔滨、兰州、南宁至三大枢纽的12条干线网络建设；

（4）促进中西部地区和东北地区航空运输的发展，积极推动支线航空发展。

4. 促进市场体系由不成熟向成熟转变

深化改革开放，由不完善的市场经济体系向更具活力、更加开放、更加健全的现代市场经济体系转轨。

5. 促进民用航空由市场优势向产业优势转变

中国疆域辽阔、资源丰富、人口众多，正处在工业化、信息化、城镇化、市场化、国际化的深入发展阶段，发展民用航空的市场潜力十分巨大，这是中国民航业发展的最大优势。将民航的发展纳入国家综合交通运输体系、国家经济建设和对外开放的大局中，以庞大的航空运输市场需求为依托，培育国际竞争力，扩大网络规模，提高运营效率，保障运行安全，提升服务水平，达到做大做强的目的。

上述"五个转变"，也是当前和今后一个时期转变发展方式的重点任务和基本途径。加快推进"五个转变"，形成安全发展、和谐发展、效益发展和绿色发展的新格局，将有力地促进中国民航业发展切实转入科学发展的轨道，实现又好又快发展的目标。

第八章 综合交通运输体系发展

第一节 综合交通运输体系

运输的实质是人或物的位移,即人或物在位置上的移动。交通运输业在其发展过程中,不仅运输生产力水平在不断提高,运输工具不断改进,运输规模不断扩大,运输生产组织方式不断转型,而且不断产生新的运输方式,以及不同运输方式的地位变迁。综合交通运输体系的形成也是交通运输业发展到一定阶段的结果。

一、综合交通运输体系的概念

综合交通运输是指综合集成铁路运输、水路运输、公路运输和航空运输等各种运输方式与系统的功能,一体化高效率地完成人与货物的空间位移。完成综合交通运输的各种运输方式总和称作综合交通运输体系。

(一)综合交通运输体系的内涵

综合交通运输体系至今还没有一个统一的概念。

美国长期从事综合交通运输研究的专家穆勒,在其1995年出版的《综合货物运输》(第三版)一书中指出:"综合运输系统是一种客货运输体系,其运输过程的各个组成部分都有效地相互连接和相互协调,并具有较大的灵活性;当用于货物运输时,综合运输是货物在两种以上运输方式上进行的无缝和连续的'门到门'运输,其直达运输作业过程通过一个货运单据进行逻辑上的连接和处理;对于集装箱货物综合运输来说,货物在整个运输过程中一直保持在同一集装箱内;综合运输不仅包括硬件设施或设备,而且还包括有关的软件。"

日本在1955年制定经济发展计划时就用了"综合交通体系"这一概念。此后,日本对综合交通运输体系和综合交通运输政策进行了大规模的研究。日本的综合交通运输问题研究会在1994年发表的一份有关综合交通运输问题的研究报告中指出:综合交通运输体系就是为使当前的运输体系向理想化的方向发展,而对各种运输方式所做的分工。

西欧各国对综合交通运输的研究和发展也比较重视。20世纪60年代，英国运输理论家威廉斯等学者认为，综合交通运输是使两种或两种以上的运输工具，在最优利用的基础上相互结合，实现旅客或货物的直达运输。1993年，欧洲运输部长会议在其综合运输（Integrated Transport）术语规定中，对货物综合运输程序给出以下定义："货物在同一个载货单元或运输工具中移动，载货单元或运输工具连续使用几种运输方式，在变更运输方式时，其本身不进行货物装卸。"

在对综合交通运输体系概念进行分析总结的基础上，我国学者罗仁坚对现代综合交通运输体系进行了界定：综合交通运输体系是对单一的运输方式而言，其概念可以界定为符合一个国家或地区的经济地理特征，适应国民经济发展和人们生活水平提高的要求，各种运输方式按照各自的技术经济特征，分工协作、优势互补，采用现代先进技术，在物理上和逻辑上实现一体化的交通运输系统的总称。具体而言，综合交通运输体系是基于各种运输方式的技术经济特征和可持续发展的思想，建立形成的符合区域经济地理特征和社会经济发展要求的各种运输方式优化配置的交通基础网络系统，与采用现代先进技术进行合理的运输组织和交通管理，在物理上和逻辑上实现交通运输全过程各个环节无缝连接的一体化运行使用系统的有机集成。[①]

综合起来，国内外对综合交通运输体系的概念主要强调以下几个方面：

（1）各组成运输方式在充分发挥各自比较优势基础上的合理利用、协调和可持续发展。不同运输方式具有不同的技术经济特征和适应不同层次的需求，交通运输的发展应根据资源条件和需求引导的要求，充分发挥各种运输方式的比较优势，进行规划布局和优化组合，在有效满足运输需求的情况下，实现资源的最合理利用和节约。

（2）各组成运输方式之间、基础设施与使用系统之间要协调发展和有机配合。各组成运输方式的基础设施、运输装备等硬件设施和管理软件，在物理和逻辑上的相互连接和配合要具有紧密性、融合性和一体性。各组成运输方式的结构比例，随需求结构而变化并逐步趋同，其结构的技术水平随技术进步而不断升级；各种运输方式在布局和能力衔接上要协调发展，同时各种运输方式的运行使用系统与交通网络供给系统要形成有机匹配，实现系统整体高效用和高效率。

（3）运输过程实现连续性、无缝性和全程性。交通基础网络在物理上要形成一体化连接，运行使用系统在运输服务、市场开放、经营合作、技术标准、运营规则、运输价格、清算机制、信息以及票据等方面要形成一体化的逻辑连接，运输全过程实现一体化的运输服务。

（4）充分利用现代先进技术，实现综合交通运输的智能化。以先进技术、信息化、智能化提高系统整体发展水平和管理及服务水平，实现能力供给增加、安全保障性提高以及经济、环保等。

（5）适应当代经济国际化、信息化、网络化发展的要求。综合交通运输体系通过市场机制和宏观调控来建立和发展，与传统运输体系相比，综合交通运输体系具有更高

---

① 罗仁坚，《我国现代综合运输体系框架研究》（交通部委托课题，2003）。

的经济效益和社会效益，更加适应当代经济多样化、国际化、信息化、网络化和持续稳定发展的要求。

(二) 综合交通运输体系的构成

综合交通运输体系是运输生产力发展到一定阶段的产物。一方面各种运输方式在生产过程中有一种协助配合、优势互补的需要，客观上要求在运输的各个环节上连接贯通；另一方面，运输市场和技术发展促使企业相互竞争，货主在选择运输方式上要求速度、时间和方便，这样就要求各种运输方式联合起来，以满足需要。

1. 从生产和管理的角度来分，综合交通运输体系可以分为三个子系统

1) 综合交通运输网络系统

综合交通运输网络系统是具有一定技术装备的综合交通运输网及其结合部系统，是综合交通运输网络系统这个大系统的硬件，由各种运输方式的线路、港、站、场、运输枢纽和各个换装点以及各种运输设备、生产工具所组成的运输网络系统，它构成了综合交通运输体系的物质技术基础。

2) 综合交通运输生产系统

综合交通运输生产系统是由软硬件结合而形成的系统，是综合交通运输体系的核心，是由各种运输方式组成的综合交通运输协作系统、一体化系统、区域运输系统相互衔接和相互配合而构成的联合运输系统，它要求高效率、低能耗，高质量、低成本，充分发挥各种运输方式的能力及优势。

3) 综合交通运输组织管理系统

综合交通运输组织管理系统是综合交通运输体系的软件，由三部分组成，一是在各种供给方式内部及其相互之间进行组织衔接、协调的运输生产指挥系统；二是对某种运输方式、某一运输网及区域运输体系进行调节和控制的综合调控系统；三是对所有运输方式、统一运输网络和运输体系进行生产、调度、指挥所必需的通讯、导航、计算机、管理信息系统。

2. 从各组成运输方式来分，综合交通运输体系可以分为铁路、公路、水路、航空和管道五个子系统

1) 铁路运输系统

由于受自然条件影响较小，故铁路运输系统通常作为主要的陆路运输中的中、长途客货运输的主要手段，它具有运输能力大、运输成本低和能耗较小、速度较快、通用性好等特点。

2) 公路运输系统

公路运输系统具有投资少、建设周期短、机动灵活、可以实现"门到门"直达运输等特点，是短途客货运输的主要手段。随着公路运输网络的改善，汽车技术的进步，公路运输也已成为中距离客货运的重要手段。

3) 水路运输系统

水路运输系统具有投资少、运输能力大、占地少、干线运输成本低和能耗低等特

点。在国际贸易中，水运已成为大宗货物、集装箱和散装货物的重要运输方式之一。

4）航空运输系统

尽管运输成本和能耗均较高，但航空运输系统具有建设周期短、运输速度最快、受地形限制较小等特点，在长途客货运、贵重货物运输和鲜活易用货物运输中占有明显优势。

5）管道运输系统

管道运输系统具有投资少、建设周期短、运输能力大、占地少、受自然条件影响小等特点，但它主要适应液态或气态货种的运输，例如一般适合天然气和流向较集中的原油与成品油运输。

在综合交通运输体系中，各种运输方式要遵循系统的要求，相互协调、相互配合，发挥其整体效用，取得运输整体的最佳效益。

（三）综合交通运输体系的特点

综合交通运输体系具有以下六个主要特点：

（1）从系统论角度看，系统必须具备两个以上的要素，因此，综合交通运输体系的产生，必然意味着存在两种以上的运输方式。事实上，水运、铁路运输、公路运输、航空运输和管道运输的相继产生和发展，正是综合交通运输体系形成的基本要素。

（2）不同运输方式所具有的独特优势，是综合交通运输体系形成的基础。现代五种运输方式虽然在一定范围内可以相互替代，但各运输方式又具有各自的优势，因而使每一种运输方式都不能取代其他运输方式而独立存在，而是形成一个体系。

（3）各运输方式之间的关系突出表现在竞争和协作上。由于不同运输方式的服务功能都是改变旅客和货物的空间位移，因此，这种服务功能上的同一性，决定了各种运输方式之间的竞争性。事实上，每一种运输方式在综合交通运输体系中的地位的变化，正是其相互竞争的结果。

但是，各种运输方式服务功能上的差异性，又决定了其相互之间的协作性。因为，从旅客或货物运输需求的满足来说，只有实现了真正的"门到门"运输，才算是一个"完整的运输产品或服务"。事实上，从现存的运输方式看，或因技术上、条件上的限制而独自不能提供这种服务，如铁路、水运、航空运输，都需要公路运输等为其集散旅客和货物，或能独立提供"门到门"的运输服务，但却不一定能取得最优的经济效果，如普通公路运输在长途客货运输时，运输费用水平要高于铁路运输和水运，速度要低于航空运输。

（4）从综合交通运输体系的产出效果看，它不等于各运输方式产出效果的简单相加。综合体系的生产效率、经济效益等，都将大于每一种运输方式的运输生产效率或效益的总和。这正是各国大力发展综合交通运输体系的根本出发点。

（5）综合交通运输体系的发展变化，始终受到系统外部的经济环境、技术环境、自然环境和社会环境的影响和制约。如，运输需求规模和需求结构的变化、运输技术的进步等等，都将对综合交通运输体系的结构产生直接的影响。不同的条件，也会有不同的综合交通运输体系模式。

（6）综合交通运输体系的完善程度，集中反映在综合交通运输体系结构的优化上，即最大程度地发挥每一种运输方式的优势，避免其劣势，实现以同样的运输资源消耗取得尽可能大的产出。

二、我国综合交通运输体系建设

新中国成立以后，特别是改革开放以来，我国按照综合交通运输的思路建设交通运输体系，在基础薄弱、投入不足、运输需求增长快速的情况下，最大限度地支持了国民经济和社会的高速、持续发展。尤其是近20年，我国按照建设综合交通运输体系的方针，使交通运输取得了巨大的发展，运输"瓶颈"状况得到了根本性改变。

（一）我国综合交通运输体系建设成就

1. 交通运输设施规模扩大，初步建立综合交通运输网

新中国成立60年来，我国交通基础设施建设快速发展，交通里程成倍增长，线路质量明显改善，通达程度不断提高，初步形成了以铁路大通道、公路主骨架、水路主通道、港站主枢纽为重点，干支衔接的全国综合交通运输网，为提供陆、水、空、管道服务创造了基本条件。同时，各种交通工具的制造水平不断提高，电力、内燃机车，大型公路客货车及小汽车，巨型海上货轮，民用飞机等等，交通运输业从缺车少路的落后状况，一跃发展成为由各种交通运输方式构成的比较完整的运输系统，基本保证了交通运输发展的需要。

2. 调整运输结构，促进各种运输方式全面发展，全面缓解运输紧张状况

20世纪80年代开始，我国通过制定和实施交通运输技术政策，从理论和实践上提出了调整运输结构的重大决策：在继续保持和扩大铁路建设规模的同时，从政策上积极扶持公路和航空运输发展，加大了对公路和民用机场建设的投入强度，促进了运输结构的调整。交通运输经过十年的建设和发展，公路客货运输量所占份额大幅度提高，在中短途运输和部分中长途运输中发挥了重要作用；航空越来越成为中长途旅客运输的主要力量；铁路客货平均运距不断延长，进一步发挥了在中长距离客货运输中的骨干作用。到20世纪90年代末期，随着运输结构的合理调整和运输能力的迅速扩大，交通运输的瓶颈状况基本消除，交通运输初步适应了现阶段国民经济和社会的发展需求，为交通运输从数量型扩张向质量型发展创造了基本条件。

3. 加快我国综合交通运输大通道建设，适应社会主义市场经济发展的需要

由于我国交通运输建设长期滞后、发展缓慢，交通干线运能不足，尤其是交通主要干线运能缺口严重，从而造成了交通运输全面紧张。20世纪80年代提出了建设综合交通运输大通道的理论，它包含两层含义，一是大通道概念，即重点建设关系到全国性交通大局的若干条主要运输通道；二是综合交通运输概念，即按照综合交通运输理论构筑包括铁路、公路、水路、航空、管道等多种运输方式组成的运输大通道。按照建设和完善运输大通道的思路，突出规划和建设由多种运输方式组成的煤炭外运通道、东部地区

南北运输通道、中部地区东西运输通道、进出关运输通道、进出西南及西北地区运输通道和对外运输通道等。运输大通道的建设，目的是从根本上缓解以致最终解决交通运输"瓶颈"对国民经济和社会发展的制约。交通运输先行的设想得到了初步的有效实施。

4. 以综合交通运输为指导解决能源运输难题

我国资源分布和经济发展在地域上的不同一性，使我国能源输送距离长、总量大、运能占用多，并成为影响我国经济发展的重要因素。于20世纪60年代初建设的大庆石油运输管道，为减轻铁路运输压力、保证大庆原油外运、发展我国管道运输奠定了基础；同期在西煤东运、北煤南运大战略中实行的铁水联运，则是我国综合交通运输的又一项贡献；20世纪80年代开始建设的由大同—秦皇岛双线电气化重载铁路、秦皇岛专用泊位、海运船队、华东华南接卸港组成的煤炭运输链，极大地缓解了铁路南北通道运输能力不足的矛盾，保证了我国华东、华南地区的能源供应，同时，促进了我国长江、大运河及沿海的水上运输，完善了综合交通运输体系。经过数十年能源综合交通运输系统的建设，我国现阶段基本上解决了能源运输的难题。

(二) 我国综合交通运输体系的建设思路

2008年，十一届全国人大一次会议通过了《国务院机构改革方案》，明确组建交通运输部，将原交通部、原中国民用航空总局的职责，原建设部指导城市客运的职责，整合划入新组建的交通运输部，同时组建中国民用航空局，由交通运输部管理。这次大部制改革，组建交通运输部，主要是建立健全决策权、执行权、监督权既相互制约，又相互协调的权力结构和运行机制，进一步转变政府职能、理顺职责关系，加强社会管理和公共服务，优化交通运输布局，加快形成便捷、通畅、高效、安全的综合交通运输体系。发展综合交通运输体系，充分发挥各种交通运输方式的整体优势和综合效率，这是交通运输部的中心任务。

1. 推进我国综合交通运输体系发展的三项主要任务

以这次交通行政管理体制改革为契机，积极推进综合交通运输体系发展，主要有三个方面的重要任务：

一要建立健全综合交通运输规划体系，统筹各种运输方式在规划上的衔接，充分发挥各种运输方式的比较优势，合理布局，优化通道资源利用。

二要促进现代综合交通运输枢纽建设，特别是连接航空、铁路、公路、水运、城市公交等各种运输方式的中心城市综合枢纽建设，合理配置运输资源，促进各种运输方式的有效衔接，逐步实现客运"零距离换乘"和货运"无缝隙衔接"。

三要加强综合交通运输政策和标准规范的研究制定，促进各种运输方式政策标准的衔接，加快推进多式联运，促进交通运输一体化发展。

四要加快综合交通运输管理和公共信息服务平台建设，形成各种运输方式既自成管理体系、高效运行，又优势互补、相互衔接的格局，促进各种运输方式之间的信息资源共享，进一步改善公众出行信息服务，提高交通运输管理效能和服务水平。

2. 推进综合交通运输体系发展建设的主要内容

当前我国要充分发挥地方政府、科研单位和企业等各方面的积极性，积极推动综合交通运输体系建设，主要内容有：

1）继续扩大综合交通运输体系规模，优化运输结构和布局

为适应我国社会主义现代化建设需要，今后一段时期我国交通运输业的发展，要继续扩大综合交通运输网规模，全面提高综合交通运输能力；要继续优化结构，包括总体运输结构和各种运输方式的内部结构，坚持合理配置运输资源，提高综合交通整体素质；要继续合理布局运输网，在完善我国东部地区综合交通运输大通道建设的同时，大力加强西部地区综合交通运输大通道建设，促进铁路、公路、水路、航空、管道等运输方式合理布局，协调发展；要高度重视和加强运输接合部建设，使各种运输方式和各条运输径路有机结合、连接贯通，方便旅客换乘和货物换装，提高运输效率和服务质量。

2）加快综合交通运输枢纽站场建设

以中心城市为试点，进行综合交通运输枢纽站场布局规划研究，指导综合交通运输枢纽站场规划建设。按照"政府主导、统一规划、联合建设、共同使用"的原则，确定若干综合交通运输枢纽站场建设示范工程，加大投资、项目审批等方面的扶持力度，加快建成一批功能完备、布局合理、集疏运体系完善的现代综合交通运输枢纽站场。

3）强化各种运输方式的衔接，大力发展多式联运

整合、对接和共享综合交通运输枢纽各种运输方式的信息资源，推动多种运输方式的有机衔接与协同运转，提高紧急情况下的应急联动能力，为公众出行提供高效、安全、便捷的换乘服务，积极探索综合交通运输枢纽的建设和运营模式。通过组织、建立干线联运网，重点是加强各干线、支线枢纽系统，成龙配套技术装备，实现全程联运服务。大力发展集装箱多式联运，努力改善现有的技术装备，提高组织管理水平，使集装箱成为各种运输方式通用的运输工具和货物运输增长点。在此基础上，积极向现代化物流发展。

4）采用新技术，提高综合交通运输体系现代化水平

21世纪将是科学创新、技术突飞猛进的时代，健全和完善综合交通运输体系也必须建立在新技术的基础上。要全面实现运输高速化，加快发展高速铁路、高速公路、快速船舶和先进飞机等新型运输工具，以节约运输时间；要实现运输重载化，发展重载铁路、重型汽车、大型船舶，努力降低运输成本；要实现运输信息化，积极发展智能交通、运输管理自动化，使各种运输方式综合利用。

5）把城市交通纳入到综合交通运输体系

城市是经济中心，在综合交通运输体系中可起到枢纽作用。应把城市交通和长途运输结合在一起，统筹规划、协调发展、综合管理。

第二节 多式联运概述

20世纪初,多式联运最早在欧洲出现,虽然已历经百年,但多式联运的出现仍晚于单一运输方式,有关其称谓也不尽统一,有称"联合运输"或"多式联运"(Combined Transport),有称"综合运输"(Intermodal Transport),有称"复合运输"(Multimodal Transports),也有称"一贯运输"(Through Transport)。从有关国际公约的称谓上看,有关多式联运的叫法尽管不统一,但其内涵并无两样,都是指用两种以上运输方式进行运输。不同称谓的运用,仅为使用习惯的问题。在国际商会制定的《联合运输单证统一规则》的导言中有这样的说明:"这种联运(Combined Transport)在美国也称为'Intermodal Transport',在世界其他地区则称'Multimodal Transport'。"

一、多式联运的概念和特征

(一) 多式联运的概念

多种方式联合运输(多式联运,Multimodal Transport)是综合运输的运行组织形式,指根据单一的联合运输合同,使用两种或两种以上的运输方式,由联运经营人组织将货物从指定地点运至交付地点的全程连续运输,如铁—公联运、铁—海—公(铁)联运等。

国际联合运输(International Multimodal Transport)是唯一在国际上获得普遍认可的定义,1980年5月联合国贸发会议于日内瓦通过的《联合国国际货物联合运输公约》规定,国际联合运输是指"按照托运人的要求,在联合运输经营人的操作下,基于联合运输合同,通过两种或两种以上的运输方式,把货物由一个国家送到另一个国家的运输过程"。虽然这个公约到目前为止还未生效,但是这个定义在运输界还是得到了广泛认可。

近年来欧洲多式联运也发展迅速,联合国欧洲经济委员会在2001年出版了新的《运输统计术语》,其中对多式联运给出了明确的定义:"多式联运(Intermodal Transport)是指以同一装载单元或运输车辆,通过两种或两种以上的运输方式完成整个货物运输过程,并且在转换运输方式的时候不对货物本身进行操作,仅对装载单元或运输车辆进行操作的运输形式。"运输单元可以是集装箱、交换体等,运输车辆可以是卡车车辆、铁路车辆或者船舶。

多式联运是由各种运输方式组成并需要密切协作的一体化运输方式,以追求运输整体效益最优为目的。而要实现多式联运的整体效益最优,不仅要做到运输方式的合理分工,而且要使各种运输方式之间的衔接效率化,实现多种运输方式之间的无缝衔接,如图8.1所示。

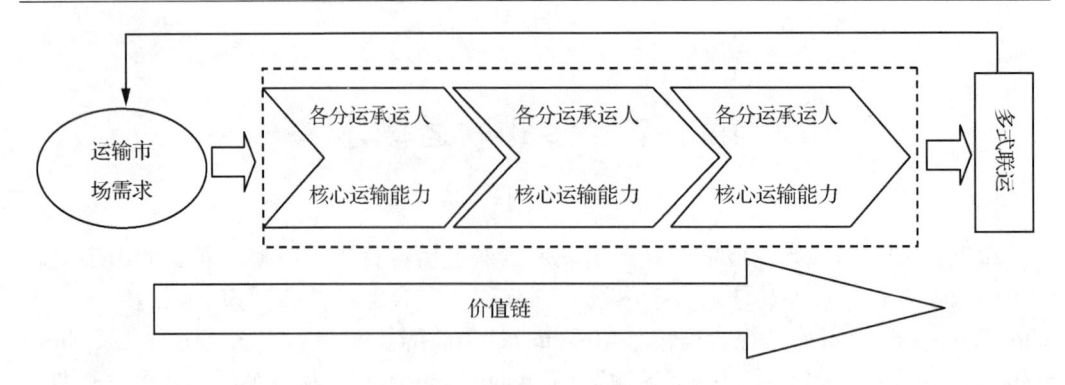

图 8.1　多式联运的核心能力链

（二）多式联运的特征

多式联运是一种新的运输组织形式，是交通运输活动中的一个重要环节。它便于组织发挥各种运输方式的优势与特点，推动运输横向经济联合，提高运输效率，对发展商品经济、旅游事业、国际贸易，促进工农业生产，方便人们旅行等有着十分重要的作用。与单式运输及使用两种以上运输方式进行的运输相比较，多式联运具有如下特征：

1. 使用至少两种运输方式进行运输

使用两种或两种以上运输方式进行运输，是多式联运与单式运输方式的主要区别，因此，某一运输是否构成联运，主要取决于其是否使用了两种以上的运输方式。多式联运不仅要依赖两种以上的运输方式，而且所依赖的运输方式还要经过有机的整合，形成对每一种运输方式最佳特色的利用，从而使多式联运较之两种以上不同运输方式共同完成的运输更加方便、简洁、安全、高效。多式联运并不是不同运输方式的简单叠加，从本质上讲，多式联运是一种区别于现存五种单式运输方式的新型的独立的运输方式。

2. 以多式联运合同为根据

多式联运必须以多式运输合同为根据，缺乏多式运输合同，就不存在多式联运。多式联运的这一特点，使得多式联运区别于通过两种不同运输方式进行的非多式联运。

多式联运的这一特征被包括我国《合同法》在内的各国立法及相关国际公约所重视。我国《合同法》尽管未明确多式联运合同，但却在第317条规定："多式联运经营人负责履行或者组织履行多式联运合同，对全程运输享有承运人的权利，承担承运人的义务。"其隐含之意即是多式联运经营人必然与托运人之间有一项多式联运合同。我国《海商法》第102条则直接将多式联运合同界定为"多式联运经营人以两种以上的不同运输方式，其中一种是海上运输方式，负责将货物从接收地运至目的地交付收货人，并收取全程运费的合同"。

3. 单一的单证和运费率

采用多式联运时，不论运输全程有多远，由几种方式共同完成，经过多少次转换，运输都采用一张单证，所有一切运输事项均由多式联运经营人负责办理，因而也大大简化了运输手续。

另外，尽管海运、铁路、公路以及航空各种单一运输方式的成本不同、运费率不同，但在多式联运中，托运人与多式联运经营人订立的多式联运全程中的运费率是单一的，即以一种单一的运费率结算从接货地至交货地的全程运输费用，从而大大简化和方便了货物运费的计算。

4. 中间环节少，运输质量高

多式联运以集装箱为运输单元，可以实现"门到门"的运输。运输过程中使用专用机械设备，由专业人员组织，可做到各环节与各种运输工具之间衔接紧凑、中转及时、停留时间短，从而使货物的运达速度大大加快，有效地提高了运输质量，保证了货物安全、迅速、准确、及时地运抵目的地。

从技术上讲，在所有基本的运输方式之间都能够安排协调运输或多式联运。对于每一种多式联运的组合，其目的都是要综合各种运输方式的优点，以实现最优化的绩效。例如，一种常见的多式联运组合是公铁联运，它把汽车跑短距离的灵活性与铁路跑长距离的低成本综合起来去跑更长的距离。

二、多式联运的基本形式

根据不同的原则，对多式联运可以有多种分类形式，但就其组织方式和体制来说，基本上可分为协作式多式联运和衔接式多式联运两大类。

（一）协作式多式联运

协作式多式联运是指两种或两种以上运输方式的运输企业，按照统一的规章或商定的协议，共同将货物从接管货物的地点运到指定交付货物的地点的运输。

协作式多式联运是目前国内货物联运的基本形式。在协作式多式联运下，参与联运的承运人均可受理托运人的托运申请，接收货物，签署全程运输单据，并负责自己区段的运输生产；后续承运人除负责自己区段的运输生产外，还需要承担运输衔接工作；而最后承运人则需要承担货物交付以及受理收货人的货损货差的索赔。在这种体制下，参与联运的每个承运人均具有双重身份。对外而言，他们是共同承运人，其中一个承运人（或代表所有承运人的联运机构）与发货人订立的运输合同，对其他承运人均有约束力，即视为每个承运人均与货主存在运输合同关系；对内而言，每个承运人不但有义务完成自己区段的实际运输和有关的货运组织工作，还应根据规章或约定协议，承担风险，分配利益。

根据开展联运依据的不同，协作式多式联运可进一步细分为法定（多式）联运和协议（多式）联运两种。法定（多式）联运是指不同运输方式的运输企业之间根据国家运输主管部门颁布的规章开展的多式联运。目前铁路、水路运输企业之间根据铁道部、交通部共同颁布的《铁路水路货物联运规则》开展的水陆联运即属此种联运。在这种联运形式下，有关运输票据、联运范围、联运受理的条件与程序、运输衔接、货交付、货物索赔程序以及承运之间的费用清算等，均应符合国家颁布的有关规章的规定，并实行计划运输。协议（多式）联运是指运输企业之间根据商定的协议开展的多式联运。比如，不同运输方式的干线运输企业与支线运输或短途运输企业，根据所签署的联运协议开展的多式联运，即属此种联运。

（二）衔接式多式联运

衔接式多式联运是指由一个多式联运企业（以下称多式联运经营人）综合组织两种或两种以上运输方式的运输企业，将货物从接管货物的地点运到指定交付货物的地点的运输。在实践中，多式联运经营人既可能由不拥有任何运输工具的国际货运代理、场站经营人、仓储经营人担任，也可能由从事某一区段的实际承运人担任。但无论如何，他都必须持有国家有关主管部门核准的许可证书，能独立承担责任。

在衔接式多式联运下，运输组织工作与实际运输生产实现了分离，多式联运经营人负责全程运输组织工作，各区段的实际承运人负责实际运输生产。在这种体制下，多式联运经营人也具有双重身份。对于货主而言，他是全程承运人，与货主订立全程运输合同，向货主收取全程运费及其他费用，并承担承运人的义务；对于各区段实际承运人而言，他是托运人，他与各区段实际承运人订立分运合同，向实际承运人支付运费及其他必要的费用。这种运输组织与运输生产相互分离的形式，符合分工专业化的原则，由多式联运经营人"一手托两家"，不但方便了货主和实际承运人，也有利于运输的衔接工作，因此，它是联运的主要形式。

我国《海商法》和《国际集装箱多式联运规则》中仅对包括海上运输方式在内的国际多式联运经营人的权利与义务做了相应的规定，对于其他形式下国际多式联运经营人和国内多式联运经营人的法律地位与责任并未做出明确的法律规定。《合同法》颁布后，无论是国内多式联运还是国际多式联运，均应符合该多式联运合同中的规定。

三、我国多式联运的发展状况

20 世纪 90 年代以来，随着社会主义市场经济的发展，多式联运工作在保证工农业生产和满足人民生活的需求中起了重要作用。由于多式联运总的要求是要有一个各环节紧密衔接、畅通无阻的运输网络，货物只要经过一次托运就可从产地最迅速、最简便、最经济、最安全地运到目的地。

（一）我国多式联运的发展现状

1. 我国多式联运的需求集中于三大经济发达地区

我国多式联运的需求主要来自三大经济发达地区：长三角、珠三角以及环渤海地区。内陆公路运输和水路运输已经基本实现市场化，铁路运输部门由一家国有企业控制。内陆主要运输需求在 500 公里以内，公路运输和沿江地区的水路运输具有较大竞争优势。目前多式联运服务的对象几乎全部是外贸货物，尤其以进口方向居多。由于广大中西部地区外向型经济发展相对滞后,铁路运能近年十分紧张,再加上来自公路和水路的竞争,集装箱海铁联运发展十分缓慢。

2. 我国多式联运以集装箱联运为主

我国多式联运主要是以外贸货物运输为主,集装箱多式联运是我国主要的联运方式。但目前,我国还没有全社会集装箱多式联运运量的统计数据。从国内最大的集装箱港口——上海港来看,集装箱多式联运主要以江海联运为主,并呈现出较快的增长势头,2006年江海联运量达到200万TEU,占港口集装箱吞吐量的9.2%,而海铁联运由于受到运输体制、铁路运能不足、港铁分离等因素影响,发展步伐一直非常缓慢,2006年海铁联运仅有8.4万TEU,占港口集装箱吞吐量的0.4%。如表8-1所示。①

表8-1 2002—2006年上海集装箱多式联运量　　　（单位：万TEU）

	2002	2003	2004	2005	2006
江海联运	68	89	122	142	200
铁水联运	4.6	7.5	6.4	5.3	8.4

3. 我国多式联运仍存在许多问题

铁路运输能力紧张,不能为多式联运的内陆运输部分提供服务质量的保证;航空运输运力有限,且价格昂贵,只适用于高附加值或鲜活产品等时间价值要求较高的产品;多式联运的参与者过多,从内陆的货代、船代、铁路运输部门到沿海的船舶公司,多式联运经营人和国际货运代理人,整个多式联运的环节过多,不利于成本的降低和竞争力的提高;内陆集装箱办理站过多,没能形成一定数量的大型集装箱办理中心,导致很难形成规模效应。

(二) 我国多式联运的组织形式

我国多式联运的具体组织形式主要有以下几种:

1. 铁水干线联合运输

它是指铁路和水运这两种运输方式之间的货物联合运输。它所运输的对象是大宗的、固定的或者是定期的、季节性的货物。它所采用的运输工具是大型的,收货和发货点是固定的或集中的。这种多式联运一般都是从产地直接运到消费地。铁水干线联合运输制定了统一的联规。

2. 江海联合运输

积极发展江海联合运输,将南、北海区与长江干线联合起来,可缓解华东、华南诸省的运输紧张状况,充分利用现有港口设施和船舶运力,以降低成本,提高效益。开展

---

① 表8-1来自《多式联运发展趋势及我国的对策》,《综合运输》,2007年第10期。

江海联合运输是运输改革的一个重要组成部分，在运输业内部，必须进一步打破地区界限、行业界限和部门界限，修改不适应的规章制度，从有利于货畅其流出发，加强各种形式的联营、联运。

3. 地方干支联合运输

它是指港、站枢纽所在城市组织的铁路、公路、航空及江河相衔接的联合运输。干线一般是指全省或全国性的运输线路，支线一般是指城市与中小城镇、农村之间的地方运输线路。干支联合运输是以枢纽城市为中心，以港、站为依托，以网点为基础，以疏通港站、加快集散、确保畅通为主要任务的"接力式"运输。地方干支联合运输是以联合运输为手段，实现运输线路（航线）的延伸和连接。

4. 城乡集散联合运输

它是指以县城为中心，外接干线，内联乡镇，面向农村，为一个县或一个地区的物资集散而组织的联合运输。它通过铁路、公路、水运运输组成运输网络，为分散在广大农村的乡镇企业服务，起到了任何单一运输方式均不能起到的作用。办理城乡集散联合运输，一般应先在县城建立事业性的联合运输服务公司，并在县城周围的乡镇运输企业成立联合运输服务站。

城乡集散联合运输的特点是：就地托运、就地制票、就地结算、分段计费、一票到底，负责代办托运、代办中转、接取送达。

5. 专用线共管共用联合运输

这是指工矿企业所拥有的铁路专用线。利用这些专用线组织联合运输主要有三种形式：

1）一家管，大家用

专用线由产权单位专管，其他单位租用，并组织机动车力，装卸机械，装卸劳力互相支援。

2）共管共用

由专用线产权单位组成管理委员会，统一受理到达专用线的物资，统一安排调配运力，统一结算运杂费用，将一条专用线变成附近几十家厂矿企事业的装卸货站。

3）统一产权，统一管理

专用线产权统一，实行企业化管理，把分散在各单位的专用线产权归并起来，由一个部门统一管理，使之成为办理地区联合运输业务的独立企业。

在大力开展多式联运中，对多式联运的认识要进一步深化，政府应重视多式联运，并在政策上予以支持，也就是说在税收、投资、贷款等方面给予相应的优惠政策；责、权、利必须一致，使国家、集体和个人利益相统一，才能调动各方面的积极性，开创多式联运的新局面。

四、国际多式联运概述

国际多式联运的发展过程可以追溯到 20 世纪初。当时，远东的货主将货物装上班轮，运往美国西海岸港口，再装上铁路直达列车，直接到达美国中部或东部交货。

这种联运的方式利用了海运班轮运输和铁路直达运输的优点,与过巴拿马运河的单一海运方式相比,缩短了运输距离,也节省了运输时间和运输成本。然而这种海陆联运还不是真正的多式联运,而只是一种分段联运,在全程联运中没有一个经营人对全程运输负责,而是海运与陆运的分段协作,各自签发自己的运输单据,并对自己的运输区段负责。

20世纪50年代中叶,集装箱运输发展,为现代多式联运的发展打下了良好的基础。20世纪60年代末,美国率先开展了国际多式联运,取得了显著的经济效果,受到货主的欢迎。随后,发达国家在集装箱运输技术臻于完善的情况下,针对货主市场的需要,纷纷开展了以集装箱运输为基础的国际多式联运。

(一)国际多式联运的概念

国际多式联运是随着国际经济贸易和集装箱运输的发展而兴旺发达起来的,它是一种以实现货物整体运输的最优化效益为目标的联运组织形式。

国际多式联运一般多为国际集装箱联运,将不同的运输方式有机地组合在一起,构成连续的、综合性的一体化货物运输。通过一次托运、一次计费、一份单证、一次保险由各运输区段的承运人共同完成货物的全程运输,即将货物的全程运输作为一个完整的单一运输过程来安排。国际多式联运承运人的义务是,对货物或旅客的全程运输承担全部责任,货物和旅客在中途换装、换乘,均由承运人或其代理人负责办理有关手续。国家多式联运是国际运输的进一步发展,是由一种运输方式或一程运输工具在国际间的直达运输发展为两种以上运输方式或两种以上运输工具的跨国衔接运输或直通运输,是一种体现整体性的、高效率的、更高级的运输组织形式。

(二)国际多式联运的运输组织形式

国际多式联运是采用两种或两种以上不同运输方式进行联运的运输组织形式。这里所指的至少两种运输方式可以是海陆、陆空、海空等。其组织形式包括:

1. 海陆联运

海陆联运是国际多式联运的主要组织形式,也是远东/欧洲多式联运的主要组织形式之一。目前组织和经营远东/欧洲海陆联运业务的主要有班轮公会的三联集团、北荷、冠航和丹麦的马士基等国际航运公司,以及非班轮公会的中国远洋运输公司、台湾长荣航运公司和德国那亚航运公司等。这种组织形式以航运公司为主体,签发联运提单,与航线两端的内陆运输部门开展联运业务,与大陆桥运输展开竞争。

2. 陆桥运输

在国际多式联运中,陆桥运输(Land Bridge Service)起着非常重要的作用。它是远东/欧洲国际多式联运的主要形式。所谓陆桥运输是指采用集装箱专用列车或卡车,把横贯大陆的铁路或公路作为中间"桥梁",使大陆两端的集装箱海运航线与专用列车或卡车连接起来的一种连贯运输方式。严格地讲,陆桥运输也是一种海陆联运形式,只是因为其在国际多式联运中的独特地位,故在此将其单独作为一种运输组织形式。目前世界上的大陆桥运输线主要有两条：一条是欧亚大陆的西伯利亚大陆桥，它是把欧亚大陆作为连接太平洋和大西洋的桥梁，以西伯利亚大铁路为干线；另一条是北美大陆桥，它是把北美大陆作为连接大西洋和太平洋的桥梁，以横贯美国的铁路作为干线。

3. 海空联运

海空联运又被称为空桥运输（Air Bridge Service）。在运输组织方式上，空桥运输与陆桥运输有所不同：陆桥运输在整个货运过程中使用的是同一个集装箱，不用换装，而空桥运输的货物通常要在航空港换入航空集装箱。不过，两者的目标是一致的，即以低费率提供快捷、可靠的运输服务。

海空联运方式始于20世纪60年代，但到20世纪80年代才得以较大的发展。采用这种运输方式，运输时间比全程海运少，运输费用比全程空运便宜。20世纪60年代，将远东船运至美国西海岸的货物，再通过航空运至美国内陆地区或美国东海岸，从而出现了海空联运。当然，这种联运组织形式是以海运为主，只是最终交货运输区段由空运承担，1960年底，苏联航空公司开辟了经由西伯利亚至欧洲的航空线，1968年，加拿大航空公司参加了国际多式联运，20世纪80年代，出现了经由香港、新加坡、泰国等至欧洲的航空线。

目前，国际海空联运线主要有：远东与欧洲间的航线，有以温哥华、西雅图、洛杉矶为中转地，也有以香港、曼谷、海参崴、旧金山、新加坡为中转地；远东至中南美的海空联运发展较快，因为此处港口和内陆运输不稳定，所以对海空运输的需求很大，该联运线以迈阿密、洛杉矶、温哥华为中转地；以香港、曼谷为中转地至中近东、非洲的运输服务。在特殊情况下，还有经马赛至非洲、经曼谷至印度、经香港至澳洲等联运线，但这些线路货运量较小。

总的来讲，运输距离越远，采用海空联运的优越性就越大，因为同完全采用海运相比，其运输时间更短。同直接采用空运相比，其费率更低。因此，从远东出发，将欧洲、中南美以及非洲作为海空联运的主要市场是合适的。

（三）我国的国际多式联运

目前，我国经营国际多式联运的总承运人是中国对外贸易运输总公司。

中国对外贸易运输总公司是国资委直属管理的外贸、储运相结合的多功能专业化运输公司，是进出口公司的货运总代理，并与许多工贸、技贸公司建立有委托代办关系，办理我国进出口货物、来料加工、补偿贸易物资和各类非贸易物品的海、陆、空、快件、邮运和仓储业务。中国对外贸易运输总公司于1980年末，在国内首先创办了国际多式联运业务。目前承办的有陆—海联运、陆—空联运、空—空联运，还有经过西伯利亚铁路大陆桥至中东、欧洲等地区的大陆桥运输，以及通过朝鲜清津港到日本的小陆桥运输。

近年来，为适应和配合我国对外贸易运输的发展需要，我国对某些国家和地区已开始采用国际多式联运方式。我国已开展的国际多式联运路线可到达欧、美、非洲的港口或内地城市，其中有从我国内地经海运往返日本内地、美国内地、非洲内地、西欧内地、澳洲内地，经蒙古或前苏联地区至伊朗和往返西北欧各国的西伯利亚大陆桥运输线，及东起我国连云港，西至荷兰鹿特丹，途经哈萨克斯坦、乌兹别克斯坦、吉尔吉斯斯坦、塔吉克斯坦、俄罗斯、白俄罗斯、波兰、德国和荷兰等国的新亚欧大陆桥。

多式联运可以实现海陆空运输直达和门到门运输，多式联运所提供的整体性和综合性的运输服务满足了货主对运输质量提出的更高要求，实现了货物运输过程的无缝衔接。同时，作为国际物流链中的重要组成部分——国际集装箱多式联运与现代物流的融合发展更为集装箱多式联运的发展提供了新的契机。

第三节　高速铁路的发展与航空运输

根据国际铁道联盟的定义，高速铁路是指营运速率达每小时200公里的铁路系统（也有250公里的说法）。早在20世初前期，当时火车"最高速率"超过时速200公里者比比皆是。直到1964年日本的新干线系统开通，这是史上第一个实现"营运速率"高于时速200公里的高速铁路系统。高速铁路除了列车在营运速度上达到一定标准外，车辆、路轨、操作都需要配合提升。广义的高速铁路包含使用磁悬浮技术的高速轨道运输系统。

一、中长期铁路网规划

为了适应国民经济社会发展的需求，缓解铁路客运需求状况，铁道部"十一五"规划表明，铁道部开始实施其"四纵四横"的客运专线工程，主要包括：建设北京—上海、北京—郑州—武汉—广州—深圳、哈尔滨—大连、天津—秦皇岛、上海—杭州—宁波、石家庄—太原、济南—青岛、徐州—郑州—西安—宝鸡客运专线，沪汉蓉、甬厦深快速客运通道。建设长三角、珠三角、环渤海经济圈以及其他城镇密集地区的城际轨道交通，主要有北京—天津、上海—南京、南京—杭州、南京—芜湖—安庆、广州—珠海、九江—南昌、青岛—烟台—威海、绵阳—成都—峨眉、长春—吉林、柳州—南宁城际轨道交通系统以及沪杭磁悬浮交通。

2008年，根据形势的发展，铁道部又对其规划做进一步调整，调整方案将客运专线建设目标由1.2万公里调整为1.6万公里以上，加大了繁忙干线客货分线的力度，在维持原"四纵四横"客运专线基础骨架不变的情况下，增加4000公里客运专线，包括杭甬深客运专线向北延伸至上海，杭长客运专线向西延伸至昆明，以及蚌埠—合肥、南京—杭州、锦州—营口、南昌—九江、柳州—南宁、绵阳—成都—乐山、哈尔滨—齐齐哈尔、哈尔滨—牡丹江、长春—吉林、沈阳—丹东等连接线。可以清晰地看出，规划将我国东中南部经济发达地区和人口稠密地区全部覆盖。

二、高铁对民航的影响

从世界各国的情况看,高铁的建成对民航运输的影响是非常大的。高速铁路的实际应用发源于日本,目前全世界已经建成运行的高铁总长约为5000公里,最发达的是日本、法国和德国。1959年,日本国铁开始建造东京至大阪的高速铁路,1964年开通,全长515公里,时速210公里,称为东海新干线。法国高速铁路实际运营开始于1967年,目前分为三部分,即巴黎东南线(巴黎至里昂)、大西洋线(巴黎通往大西洋岸)以及巴黎至布鲁塞尔延伸至阿姆斯特丹、科伦、法兰克福。德国高速铁路计划于1982年开始实施,目前建成1000多公里。以上国家高铁开通后,对与其重叠的航空运输产生了巨大冲击。在日本,新干线开通后,日本航空公司(Japan Airlines International Co., Ltd., 简称"日航")停飞东京至大阪、名古屋等航线;在法国,巴黎至里昂的高速列车于1981年开通,目前客运所占的市场份额高达90%,航空仅为10%。2001年,高铁开通巴黎至马赛,其市场份额由当年的22%上升到2006年的69%;欧洲之星快速列车现在占伦敦—巴黎运输市场份额的70%,占伦敦—布鲁塞尔运输市场的65%,BMI航空公司已经于2007年停飞了伦敦希思罗机场至巴黎戴高乐机场的所有航班。同样的情况是,韩国首尔至釜山,我国台湾的台北至高雄都曾经是民航的黄金航线,高铁开通后,民航的市场份额也在急剧缩减。

根据欧盟委员会的相关研究,运输时间长短是影响不同运输方式市场份额的关键因素。图8.2是欧盟委员会对欧洲主要城市之间的铁路运输时间与铁路运输市场份额的分析,图中数据表明,铁路运输市场份额随着铁路运输时间的缩短而上升。如法兰克福至科隆,2000年时铁路运输需要用时2.4小时,铁路运输市场份额约为87%。到2005年,铁路运输时间缩短为1.2小时,铁路运输市场份额上升为97%。从总体上看,在铁路运输时间小于4小时的城市之间,铁路运输的市场份额占到60%以上;而在铁路运输时间大于4小时的城市之间,铁路运输的市场份额占不到50%。图8.3则进一步说明铁路运输时间与航空运输时间的差距对于市场份额的影响。城市之间铁路旅行时间比航空旅行时间多两个小时以内的,铁路的市场份额一般在60%以上。法兰克福—科隆之间的铁路旅行时间仅比航空旅行多半个小时左右,铁路的市场份额高达97%。由于商务旅客对于旅行的便捷、快速和舒适性要求较高,所以传统上在那些距离较远、不适宜公路运输的大型城市之间,商务旅客一直是航空运输的主要客源。目前,随着铁路运输的不断提速,在同等距离上铁路运输与航空运输所需时间的差距逐步缩小,这对我国的商务航空运输市场形成了巨大的竞争压力。

第八章 综合交通运输体系发展

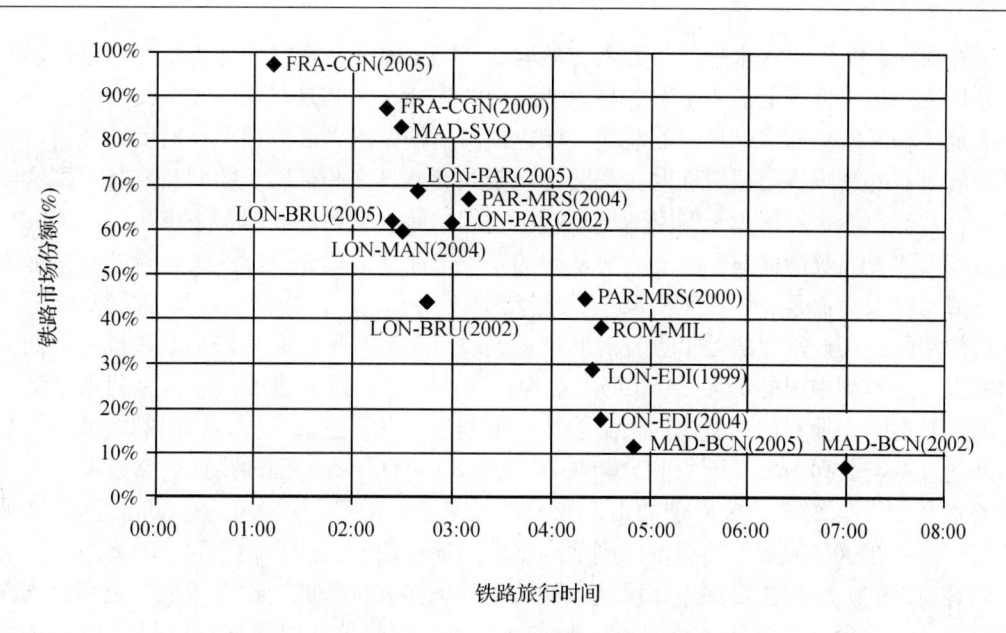

图 8.2 铁路旅行时间与铁路运输市场份额的关系

资料来源：欧盟委员会研究报告。

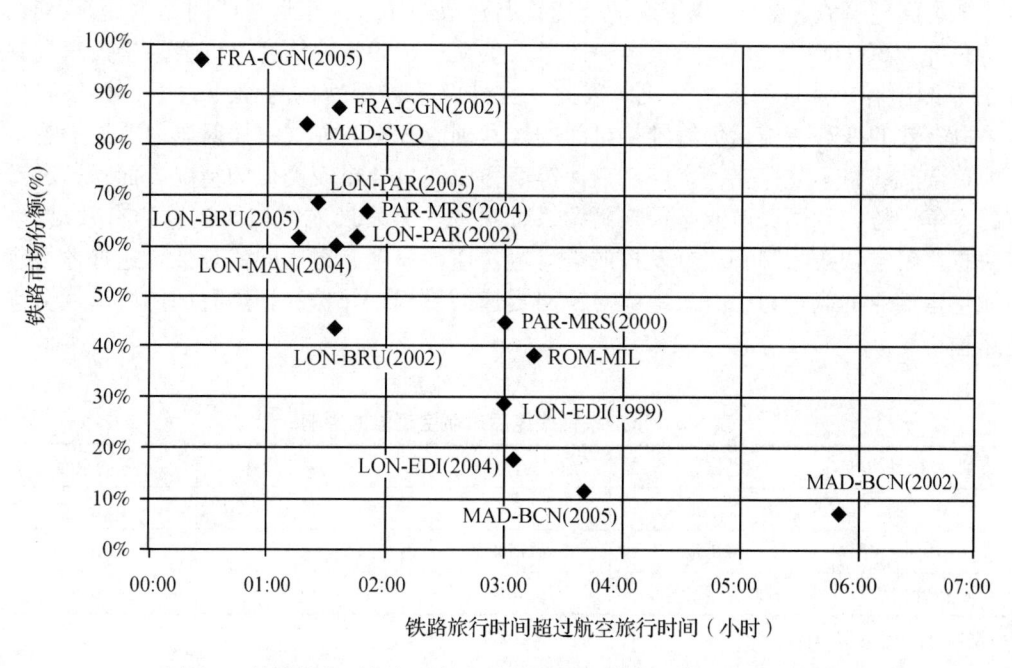

图 8.3 铁路旅行时间超过航空旅行时间与铁路运输市场份额的关系

资料来源：欧盟委员会研究报告。

在我国，由于收入水平低等因素的影响，铁路运输一直占据中远程旅客运输市场的主导地位。随着世界上前所未有的高速铁路网的建成，尤其是在我国经济最活跃、最发达的地区和民航赢利水平最好的航线区域建设高速铁路网，可以预见，对民航经营特别是经济效益的影响将是颠覆性的。我国不同于欧洲、日本和韩国，欧洲及日韩等国家面积小，其航空本来就很少有国家地域概念，它们的航空公司已经习惯于市场化、国际化的运营方式，而我国的航空公司主要从事的是国内航线运输，国际航线运输的竞争能力十分薄弱有限。而且，即便是欧洲，磁悬浮列车也从未投入过商业运营。我国从面积上看更像美国，美国采取的是重点发展航空运输政策，其高速铁路从未形成过规模，而美国的人口还不到中国的1/4。由此可以看到，高铁规划建设完成后，原本赢利水平就不高的民航运输企业目前的所谓的黄金航线和赢利航线几乎悉数失去，国际航线又缺乏与国外先进航空公司一较高下的能力。在20世纪80—90年代，国内高速公路建设对民航1000公里以下航线曾经造成过冲击，如上海—南京、成都—重庆等航线因高速公路通车后，民航在这些航线上的运量急剧下降，但高速铁路与高速公路不同，后者对民航的影响是局部的，而且主要集中在民航本身就不具备多大优势的短途航线上，但高速铁路则不同，这种影响是涉及全局的、根本性的，民航面临着比以往任何时候都要严峻的局面。

早在2006年7月，中国国际航空公司就对此问题进行过调查，10000名航空旅客参加了问卷调查，当2010年京沪高速铁路建成通车，火车运行时间缩短到5小时，软席票价为600元时，46%的旅客会选择乘坐火车，39%的旅客也许会乘坐火车，只有15%的旅客仍然选择乘坐飞机。因此，在铁路不断提速的竞争压力下，如果我们不采取有效的变革措施，仍然维持目前的经营理念和运营模式，届时国内首屈一指的京沪黄金航线将不复存在，京广、京深等商务航线也会出现类似的情况。面对这种严峻的竞争形势，我国民航业必须未雨绸缪，深入探索发展航空快线运输的有效措施，尽快打造航空快线品牌，充分发挥航空运输快速、安全、舒适的优越性，这样才能提高航空运输业的竞争力，有效地应对铁路提速的挑战，保护和拓展我国的国内商务航空运输市场。

表8-2 京沪铁路提速后对航空运输的影响

京沪铁路运行时间	硬卧票价	乘坐火车	可能乘坐火车	不乘坐火车
10小时	330元	5%	34%	61%
7小时	330元	15%	44%	41%
5小时	600元（软座）	46%	39%	15%

数据来源：中国国际航空公司。

三、民航的应对措施

高铁的发展给航空运输带来了严峻的挑战，对航空运输的便捷程度提出了更高的要求。航空公司必须高度重视并认真研究竞争环境的变化，重新审视并适当调整自身的市场定位、航线网络布局、运营模式和营销策略，在航班便捷程度、服务质量和票价水平等方面提升竞争力，才能适应急剧变化的市场环境，紧紧抓住航空运输市场。

（一）加强航线网络建设，提高航空运输通达性

通过解决航空网络通达性问题和发展陆空联运、空铁联运以及优化航班运输服务流程等措施，进一步提高航空运输的便捷程度。消费者对于交通运输的本质需求是便捷，无论对于哪一种交通方式来说，便捷程度都是影响其竞争力的重要因素。铁路正是通过提速改善了其便捷程度，缩小了与民航的速度差距，才对民航形成了竞争压力。民航要应对这种竞争压力，就必须进一步提高航空运输的便捷程度。

提高便捷程度首先要解决航空网络的通达性问题，使消费者通过航空网络能够到达其想要去的任何地方。高铁建设由于投资大、占地多（建设高铁单位运输能力需投资1375元，1公里线路占地3.8平方公里），只能建一些骨干网络，连接大中城市。而民航机场建设投资少、占地少（建设民航机场单位运输能力投资约500元，1公里线路占地可忽略不计），可以建设干线和支线相结合的航空网络，通过枢纽化运营，把旅客运送到目的地。

提高便捷程度还要发展陆空联运、空铁联运，以解决机场与所在城市的地面交通问题。由于机场大都离市区较远，如果没有地面捷运系统，旅客的总旅行时间就不能有效减少。欧洲很多机场都建立了火车站，实行空铁联运，既改善了机场与所在城市的地面交通条件，方便了旅客，又扩展了机场的辐射区域，增强了与高速铁路的竞争能力。我国目前许多机场到市区的交通都不够便捷，需要下大力气进行规划和建设。

提高便捷程度还要解决航班运输服务的流程优化问题，精简服务环节，改善服务设施，加强机场与航空公司、海关、边检等驻场单位的沟通与协调，确保服务流程顺畅，提高服务效率和服务质量。

目前，在"四纵四横"高速铁路客运专线沿线地区，有多条航线的年旅客运量超过百万人次，在这些航线上还可以通过加密航班、优化流程、发展网上订票、自助值机、设立城市候机楼等方式，打造空中快线，彰显航空运输便捷、舒适的优越性。

（二）加强中转能力建设，提高枢纽运行效率

随着航线网络的覆盖面扩大，越来越多的航空旅客会选择通过航空枢纽进行航班中转去往第三地。而转机时间的长短则是枢纽建设的关键指标，也是枢纽效率的主要体现。转机时间通常用最短衔接时间（MCT）表示。表8-3是世界主要枢纽MCT的比较。

表 8-3　主要航空枢纽 MCT 比较　　　　　　　　（单位：分钟）

枢纽机场	国内转国内	国内转国际	国际转国内	国际转国际
韩国仁川机场	40	70	90	60
日本成田机场	20	75	90	50
新加坡樟宜机场	—	—	—	45
香港赤腊角机场	—	—	—	50
法国巴黎戴高乐机场	45	45	45	45
美国亚特兰大机场	55	60	90	90
美国芝加哥机场	50	75	90	90
美国纽约肯尼迪机场	60	75	105	120
美国旧金山机场	50	60	105	105

为了应对高铁挑战，建设有竞争力的 MCT，必须做到以下几点。

1. 完备的中转设施

国外运营较为成功的航空枢纽一般都具有较为完善的中转设施。航空枢纽往往拥有包括多条跑道的飞行区，流程合理的中转设施，先进的航班信息系统，大容量的停机坪、登机桥、候机楼和值机柜台；建有完善的油料供应、航空食品、飞机维修、备件供应等地面服务保障系统；机场的航站区应具备相当面积的中转区域；空域资源和空管能力也能够确保航班集群的质量。对行李分拣、地面运输、中转流程、值机手续、航显系统、旅客服务等方面也有很高的要求，能够在较短的时间内完成旅客、货物的中转或出入境。如美国的丹佛机场，首期工程建有 5 条跑道，可供 3 架飞机在恶劣气候条件下同时起降，以求最大限度地减少相互干扰。在旅客转机方面，为提高效率，机场采用高架中厅主楼结构，并在现有的 3 个候机楼之间采用自动导向人员输送系统，使旅客从中心主楼到达最远的 C 楼所需的时间仅为 4 分 50 秒，充分满足了转机旅客对时间的特殊要求。

为了提高最小中转时间和机场运行效率，各大枢纽机场和各航空联盟还开始实施了"同一屋檐下"计划，即将同一航空公司或同一航空联盟的航班集中到同一航站楼，以缩短转机时间。如星空联盟使用希思罗的第 1 号航站楼，法航和荷兰航空与其联盟成员进驻第 4 号航站楼，英国航空使用第 5 号新建航站楼。这将大大减少各航站楼之间的转机机会，提高地面设备的利用率，缩短转机时间。

2. 满足枢纽运作的业务流程

目前国际各大航空枢纽越来越重视业务流程的设计。这是由于硬件设施在技术先进性上的趋同，航空枢纽间的竞争更多地体现在软件上。业务流程是根据机场服务的市场来设计的，目的就是使机场陆侧的客货（包括中转客货）能够更高效、更安全、更方便地离开或到达。为了简化中转流程，应建立和完善中转与联程旅客、行李的无缝隙服务，尽量减少中转旅客在机场逗留的时间，调整简化中转流程，科学利用候机楼空间，开辟中转区，达到提高国际—国际、国际—国内、国内—国际、国内—国内四种中转质量的目的。各驻场单位根据航空枢纽运作要求改进工作标准和流程，在保证航班安全的前提下，加快旅客通关效率。根据这四种中转流程的调整，修订候机楼内的标识和引导系统。

机场海关、边防、检验检疫等部门在航空枢纽的建设过程中应根据航空枢纽的标准不断提高效率、简化工作流程、提高服务质量，以提高枢纽机场的整体运营效率；其他的民航相关产业部门，如航空配餐、航空油料、货运代理等，在此过程中也应根据航空枢纽的一般标准提高自身的运营水平，以直接或间接促进航空枢纽的建设，同时以此为契机扩大自身业务。

3. 稳定、协调的部门协作关系

航班的准点程度高以及快捷的中转、方便的航班衔接是航空枢纽运作的必要保障。而航空枢纽的运营直接涉及机场、基地航空公司、海关、边检、检疫、公安、国家行业管理部门、地方政府等各个部门，间接涉及的还包括航空配餐、航空油料供应、货运代理、客票代理等相关部门。任何一个部门的细小差错，都会打乱整个航空枢纽运营的正常运行。因此，航空枢纽港的建设需要各部门密切协作关系，通过高效的协同合作营造"多赢"的局面。

机场在航空枢纽的建设过程中担当"筑巢引凤"的角色，其主要工作是建设好、管理好机场，通过先进的设备设施、优良的服务、高效的运营、优惠的价格吸引航空公司以其为枢纽进行中枢营运。在航空枢纽的建设过程中，机场所扮演的角色就如同出租商场摊位的商场业主，其任务就是建好、管好大楼，并通过良好的市场推介、优惠的招商政策吸引更多、更有势力的商家入驻，业主与商家是一荣俱荣、休戚与共的关系，这和机场与航空公司的关系是相同的。机场与航空公司的关系不再是计划经济下的兄弟单位关系，而是市场经济中的供需双方关系。

航空公司在航空枢纽的建设过程中所要做的就是要能够进行卓有成效的中枢营运。航空枢纽的本质特征是高航班频率、高中转比例，作为航线运营者的航空公司是责无旁贷的第一责任者。组织中枢营运、提高航班频率、提高中转比例不仅是航空枢纽建设的必要条件，也是航空公司谋求自身发展的必由之路。

相关管理部门在航空枢纽建设过程中的作用是提供宽松的政策环境和良好的竞争环境。正如航空枢纽和中枢辐射式航线结构的最初形成起源于美国的航空管制放松，政府在其中所起的作用是巨大的。首先，要能使航空枢纽在航权开发、过境免签、价格制定等政策环境方面的优惠不弱于区域内其他国家的同类机场，只有这样才能吸引有实力的航空公司以其为枢纽进行营运；此外，在航空公司运营过程中应给予其在运价制定、航线准入等方面的自主权，以创造良好的竞争环境，使国内航空公司能在同等条件下与国外航空公司进行竞争。

（三）调整与高铁重叠航线的运力和实施更为灵活的价格政策，重视低成本航空的发展

由于枢纽的建设有一个过程，在枢纽没有达成之前，航空与高铁的竞争无疑是不成

立的，因为当旅客成分主要是两个城市之间的旅客时，航空决无挑战高铁的可能，这与民航产品质量或改善服务没有关系，这是由两种运输方式的特点和旅客消费心理决定的。应该遵循市场的原则，有进有退。京沪高铁投入运营后，假如高铁的运力投放为每天24对48次列车，一年的客运量就可达到700万人次以上，目前民航京沪航线每年的旅客流量约为600万人次，这其中除一部分中转客人外，本地客源中的大部分将被高铁所消化。如果我们的网络结构没有变化，两点间的客流特别是中转旅客没有大量增加的情况下，对两个城市间的运力做局部调整应该是不得已的，而且可能不仅仅是京沪线，京沪周边城市相同走向的航班也有调整的必要。与此同时，为了保证在此两点间航空的实际存在，以图今后的实质性变化，应采取更为灵活的运输方式，包括为确保适当的航班密度调整机型、采取更为灵活的价格政策等。要高度重视国际低成本航空的发展趋势，以往我们认为低成本航空在我国不可能发展，这是一个误区。国际民航之间、各种运输方式之间的竞争核心是成本的竞争，谁能提供性价比更合理的产品，谁就处于竞争的领先地位。我们如果认真分析航空公司的成本结构就不难看到，有些旅客付出的成本其实是可以节约的，比如一张数百元机票所含的几十元餐费，适当减少机上服务人员，提高正点率而减少因延误付出的成本，有条件的城市启用二线机场降低起降费、服务费支出，发展互联网销售、降低代理费支出等等。我们应该清醒地看到，在竞争的环境中，只有拥有比竞争对手更强大的成本优势，才可能有能力改善自己、发展自己，不被竞争对手所击垮，这是一个战略性、全局性的问题。

（四）加快培育高铁没有覆盖地区的航空运输市场

由于目前我国的高速铁路建设都规划在经济发达地区，且建设成本巨大，发展必然有一个过程。我国中西部地区面积广大、资源丰富，根据中央关于深入推进西部大开发、全面振兴东北地区等老工业基地、大力促进中部地区崛起的战略部署，广大中西部地区拥有巨大的发展潜力。随着我国工业化、城市化和地区间区域经济一体化进程的加快，航空客流、物流市场需求在这些地区必然有一个快速增长的过程，对此我们应该有足够的认识，应及早规划和安排。首先，要根据区域经济发展的水平、对航空市场潜在的需求以及资源因素等，做好科学的预测，合理布局、布点、布线。其次，加大对中西部地区航空基础设施的投资力度，为下一步大发展打好基础。第三，应认真研究中西部地区航空基础设施投资及建成后的管理和科学的运营模式，研究制定并落实包括中央和地方政府财政在内的对中西部机场等公共服务设施的政策和资金支持。加快培育高铁没有覆盖的地区，即主要是经济相对欠发达的中西部地区的航空运输市场，一方面是应对高铁主要建在我国经济发达地区，更重要的是为经济相对欠发达地区提供现代化的交通方式和运输手段，满足这些地区区域经济发展和改革开放的需要，也是民航行业服务于社会和国家发展大局的理念和责任的一种体现，也为民航的进一步发展奠定基础。

（五）合理划分市场，避免航空公司之间的恶性竞争

合理划分区域是航空公司枢纽航线网络得以建成的一个基本条件，航空公司要做到

"一票到底"和航班的有效衔接，需要相应的组织、信息、结算和网络等平台。建设全国统一的平台是很困难的，而一个强大的基地航空公司联合一个甚至数个航空公司，通过结盟、联营或代码共享等共同完成是完全可以做到的。因此，应该改变目前这种你中有我、我中有你过度竞争的市场状况，从宏观角度合理地划分航空公司特别是主要干线公司的市场区域，把积极应对来自国外和其他运输方式的竞争，保持全行业强有力的竞争态势作为航空资源配置的重要参考。从民航这些年的发展情况看，国内航空公司的经营模式、竞争手段、服务内容等总体趋同，竞争的差异性体现不明显，这就是为什么国内航空公司之间的竞争主要通过"打折"而拿不出更多办法的重要原因，以至于"折"越打越低，客公里收益水平也越来越低。因此，现阶段全行业应该在保持适度的竞争机制的同时，通过调整市场配置，从宏观层面合理划分航空公司的经营区域，使航空公司能在一个相对稳定、相对熟悉的市场环境中从容地整合好自己的市场资源，做好相应的网络设计，以应对更加严峻的市场挑战。前一个时期，中国民用航空局对新成立航空公司做出暂缓审批的决定，这是克服当前航空市场过度竞争的积极做法。还应该对航空公司过多地成立分子公司，特别是跨区域异地成立分子公司予以限制。航空公司过多地成立分子公司和跨区域成立分公司的结果，一是加大航空公司的管理成本，不利于提高安全和服务水平；二是造成航空公司运力分散，不利于枢纽航线网络的形成，削弱自身的核心竞争能力；三是造成竞争进一步加剧，不利于行业整体运输水平和赢利能力的提高，不利于维护良好的市场秩序，对航空公司的自身发展也无益处。

（六）努力开拓国际市场，提高国际航线竞争力

航空的优势在于长距离运输，特别在跨洋、跨洲运输上是其他运输方式无论如何也替代不了的，开拓国际市场，发展国际航线运输，是我国民航人义不容辞的责任。从1978年我国实行改革开放政策以来，随着我国经济的发展，国际地位的提高，对外交往不断扩大，国际贸易不断增长，我国已经成为世界进出口贸易大国，进出境人数连年增长。但现在民航国际航线运输的实际情况是，国际主要航线长年亏损经营，客货运输市场占有率不断下滑，尤其是近年来在与我国通航的国际航线上，我国民航货运所占的市场比率已经降到让人不能理解的程度。我国民航自2005年已连续4年运输总规模位居世界第二，是国际民航组织一类理事国，这种状况与我国民航在国际上的地位极为不相称，必须花大气力改变这种状况。第一，航空公司要改变单纯依靠航线、航班竞争的传统方式，改由通过不断完善和依托自己的国内航线网络建立与外航的竞争优势。为此，要尽快完善北京、上海、广州等主要国际门户机场的枢纽航线网络系统的建设。第二，大力提高国际市场的营销能力，努力培养一支具有国际视野、熟悉国际营销手段、具有良好的语言沟通能力的高素质的营销队伍，不断改进营销手段和信息化水平。第三，积极发展与国际大型航空公司的合作，利用其营销网络和航线网络，拓展国际市场和生存空间。第四，大力改进服务质量，提高航班正常水平。其中，要强调的是，努力构造枢纽航线网络，展开以网络为核心的竞争对航空公司来说是最为重要的，国内三大航空集团谁先在我国主要国际门户机场建立起完备的航线网络，谁就会在未来的国际市

场竞争中占据优势地位。

(七) 重视发展通用航空

通用航空是民航服务国家经济社会发展的另一个重要任务,也是一个有着广阔发展前景的行业经营领域。长期以来,民航的通用航空飞行在促进工农业生产、科学研究、抢险救灾、应急救援等各个方面发挥了重要的作用。但是,目前通用航空发展相对于运输发展严重滞后,作业能力和规模长期停滞不前,队伍老化,后备力量严重缺乏。我国运输航空规模虽居世界第二位,但通用航空与发达国家相比远远落后。发展通用航空是经济社会发展和文明进步的体现,其价值不仅仅是经济上的,更是政治上的,拥有较为发达的通用航空作业规模对于确立民航业在国民经济中的地位十分重要,同时也为运输发展提供了强有力的基础支持和人才储备。因此,应进一步提高对发展通用航空重要性的认识,采取切实措施,包括政策和资金扶持,促使通用航空飞行在较短的时期内有一个较快的发展。

第九章 航空物流

第一节 航空物流的基本理论

一、物流的概念及内涵

物流,就其字面意思而言,可理解为"物的流动",即物流活动,它伴随着人类历史的发展而存在,但是,作为概念,它伴随着物流学科和物流产业的发展而形成。

（一）物流的定义

物流中的"物"是物质资料世界中同时具备物质实体特点和可以进行物理性位移的那一部分物质资料。"流"是物理性运动,这种运动有其限定的含义,就是以地球为参照系,相对于地球而发生的物理性运动,称之为"位移"。"流"的范围可以是地理性的大范围,也可以是在同一地域、同一环境中的微观运动,小范围位移。"物"和"流"的组合,是一种建立在自然运动基础上的高级的运动形式。物流是指为了满足客户的需要,以最低的成本,通过运输、保管、配送等方式,实现原材料、半成品、成品及相关信息由商品的产地到商品的消费地所进行的计划、实施和管理的全过程。在我国国家标准《物流术语》的定义中指出:物流是"物品从供应地到接收地的实体流动过程,根据实际需要,将运输、储存、装卸、搬运、包装、流通加工、配送、信息处理等基本功能实施有机结合"。

（二）物流的基本职能

物流的基本职能从总体上说是从事商品实体运动的,是与商品使用价值运动有关的。因此,建立和健全必要的储存、运输基础设施,是发挥物流职能的前提条件。在此基础上,物流总体功能得以通过商品运输、保管、装卸、包装、配送、流通加工及与此有密切关联的物流情报职能的发挥体现出来。

1. 运输职能

由于商品产地与销地之间存在着空间的背离,有的商品是甲地生产,乙地消费;有的商品是乙地生产,甲地消费;有的商品是国外生产,国内消费;有的商品是城市生产，农村消费；有的商品是农村生产，城市消费。所以要使消费者或用户买到所需商品，必须使商品从产地到达销地，这一职能只有通过商品运输才能发挥。因此，物流的运输职能创造着物流的空间效用，它是物流的核心。不少人说物流就是商品运输，也正是从运输的核心地位角度来分析问题的。

2. 保管职能

商品生产与商品消费存在着时间上的不均衡。农副土特产品大多是季节性生产，常年消费；日用工业品大多是集中生产，分散消费，这就使商品流通的连续进行存在着时间上的矛盾。要克服这个矛盾，必须依靠商业储存来发挥作用。通过商业储存，才能保证商品流通连续地均衡地顺畅进行，才能使商品连续地充足地提供给市场。所以说，保管职能创造物流的时间效用，是物流的支柱，虽然商品储存在商品流通过程中处于一种或长或短的相对停滞状态，但这种停滞状态是由产品的产销方式和产销时间决定的，它是商品流通的物质保证，是商品流通所必需的。

3. 包装职能

要能使商品实体在物流中通过运输、储存环节顺利地到达消费者手中，必须保证商品的使用价值完好无损。因此，商品包装职能十分必要。合适的商品包装，可以维护商品的内在质量和外观质量，使商品在一定条件下不致因外在因素影响而被破坏或散失，保障物流活动的顺利进行。包装职能是运输、储存职能发挥的条件。

4. 流通加工职能

由于商品产销方式的不同，生产性消费一般要求大包装、单花色、大统货、单规格、散装件，而个人生活消费则需要商品小包装、多花色、分规格、组合件等，这就需要在流通中进行必要的流通加工，才能适应商品销售的需要。

5. 配送的职能

配送是指按用户的订货要求，在物流中心进行分货、配货工作，并将配好的货物送交收货人。配送在整个物流过程中，其重要性应与运输、保管、流通加工等并列，而形成物流的基本职能之一。它与运输职能的区别在于，在商品由其生产地通过地区流通中心发送给用户的过程中，由生产地至配送中心之间的商品空间转移，称为"运输"，而从分配中心到用户之间的商品空间转移则称为"配送"。而它又不同于一般的流通加工职能，采取配送方式，通过增加订货批量来达到经济地进货，又通过将用户所需的各种商品配备好，集中起来向用户发货，以及将多个用户的小批量商品集中一起进行一次发货等方式，尤其适应当前各地出现的新的商业经营形式——连锁商店的兴起，提高了物流的经济效益。

6. 信息职能

如果把一个企业的物流活动看作是一个系统的话，那么这个系统中就包括两个子系统：一个是作业子系统，包括上述运输、保管、包装、流通加工、配送等具体的作业功能；另一个则是信息子系统，信息子系统是作业子系统的神经系统。企业物流活动状况要及时收集，商流和物流之间要经常互通信息，各种物流职能要相互衔接，这些都要靠物流信息职能来完成。物流信息职能是由于物流管理活动的需要而产生的，其功能是保证作业子系统的各种职能协调一致地发挥作用,创造协调效用。

二、物流的发展

如果从物体的流动来理解,物流是一种古老又平常的现象。自从人类社会有了商品交换,就有了物流活动(如运输、仓储、装卸搬运等)。而将物流作为一门科学,却仅有几十年的历史,因此说物流是一门新学科。

物流作为一门科学的诞生是社会生产力发展的结果。在长期的社会发展过程中,不少学者们经过长期的理论酝酿,逐渐认识到在生产活动中,过去被人们看成生产过程、生产工艺的组成领域里,详细分析起来有一种活动是没有直接参与实际生产制造过程的,而是与工艺有关但却另有特性,那就是物流。生产活动如果进行专业的细分,又可分成两个组成部分,一部分是生产工艺活动,一部分是物流活动。通过对物流这一概念的起源和发展进行探索,我们可以认识到物流的发展历程。

(一)传统物流(Physical Distribution)

物流的概念是随着交易对象和环境变化而发展的,因此需要从历史的角度来考察。物流在英语中最初为Physical Distribution(传统意义上的物流)。Distribution一词最早出现在美国。1921年,阿奇·萧在《市场流通中的若干问题》(Some Problem in Market Distribution)一书中提出物流是与创造需求不同的一个问题,并提到物资经过时间或空间的转移,会产生附加价值。这里,Market Distribution指的是商流,时间和空间的转移指的是销售过程的物流。

1918年,英国犹尼里佛的利费哈姆勋爵成立了即时送货股份有限公司。其公司的宗旨是在全国范围内把商品及时送到批发商、零售商以及用户的手中,这一举动被一些物流学者誉为有关物流活动的早期文献记载。

20世纪30年代初,在一部关于市场营销的基础教科书中,开始涉及物流运输、物资储存等业务的实物供应(Physical Supply)这一名词,该书将市场营销定义为影响产品所有权转移和产品的实物流通活动。这里所说的所有权转移是指商流,实物流通是指物流。1935年,美国销售协会最早对物流进行了定义:物流(Physical Distribution)是包含于销售之中的物质资料和服务,与从生产地到消费地点流动过程中伴随的种种活动。这一阶段被物流界普遍认为是物流的早期阶段。

日本在20世纪50年代以后,经济已基本恢复到第二次世界大战前的水平。企业进行大规模设备投资和更新改造,技术水平不断提高,生产力大幅度上升。1955年成立了生产性本部,该团体为了改进流通领域的生产效率,确保经济的顺畅运行和发展,组织了一个由伊泽道雄为团长的大型考察团,于1956年秋季考察了美国的物流。当时日本还没有"物流"这个词,代表团的名称为"流通技术专业考察团"。该代表团在美国期间,美国著名教授肯巴斯先生讲到,美国30年来国民经济之所以顺利发展,原因之一就是既重视生产效率又重视流通效率。美国产业界真正认识到物流的重要性基本在1950年前后,在此之前一直只重视销售,仅把运输、保管、包装、装卸等物流活动作为销售的辅助性活动。日本流通技术考察团在美国还发现，原来在日本被称为流通技术的运输、包装等活动，美国人称为 Physical Distribution（PD）。

日本考察团回国后便向政府提出重视物流的建议，并在产业界掀起了 PD 启蒙运动，设立了 PD 研究会，邀请平原直先生（历任装卸研究所所长、日本装卸协会会长，被誉为日本"物流之父"）担任会长，每个月举办 PD 研讨会；在流通经济研究所，日本权威物流学者林周二教授等也组织起 PD 研究会，积极开展各种形式的启蒙教育活动。

经过 8 年的努力，1964 年日本政府终于开始对 PD 进行关注。通产省几次邀请平原直先生去政府机关说明 PD 的重要性，为政府官员们讲课。同年 7 月，通产省决定讨论物流预算案时，担心新闻媒体在报道中讲 PD 日本人听不懂，于是邀请平原直先生同内山九万先生（日本通运株式会社专务董事）商议。内山专务认为 PD 中的"P"，即 Physical 在这里并不是"物质"的意思，而是"物理"的意思，Distribution 是"流通"的意思，所以应把 PD 译为"物理性流通"，但又觉得作为一个名词，"物理性流通"字数过多、过长，只好缩为"物的流通"。于是"物的流通"这一新词在全日本媒体上发表了。

此后，"物的流通"在日本逐渐家喻户晓，人人皆知。产业构造委员会内设立了"物的流通分会"。1970 年成立的日本最大的物流团体之一就叫"日本物的流通协会"。同年成立的另一个日本类似的物流团体日本物流管理协议会每年举行的物流会议也都叫"全国物的流通会议"。1970 年以后很多人又觉得"物的流通"也有点长，于是就干脆简称为"物流"了。"物流"这个词在日本至今仍在使用。

1981 年，日本综合研究所编著的《物流手册》对物流的表述是：物质资料从供给者向需要者的物理性移动，是创造时间性、场所性价值的经济活动。从物流的范畴来看，包括包装、装卸、保管、库存管理、流通加工、运输、配送等诸种活动。

我国开始使用物流一词始于 1979 年。1979 年 6 月，我国物资工作者代表团赴日本参加第三届国际物流会议，回国后在考察报告中第一次引用和使用物流这一术语。但当时有一段小的曲折，当时商业部提出建立物流中心的问题，曾有人认为物流一词来自日本，有崇洋之嫌，乃改为建立储运中心。其实，储存和运输虽是物流的主体，但物流有更广的外延，而且物流是日本引用的汉语，物流作为实物流通的简称，提法既科学合理，又确切易懂，不久仍恢复称为物流中心。1988 年台湾也开始使用物流这一概念。1989 年 4 月，第八届国际物流会议在北京召开，物流一词的使用日益普遍。

（二）现代物流（Logistics）

在第二次世界大战期间，美国对军火等进行的战时供应中，首先采取了后勤管理（Logistics Management）这一名词，对军火的运输、补给、屯驻等进行全面管理。从此，后勤逐渐形成了单独的学科，并不断发展为后勤工程（Logistics Engineering）、后勤管理（Logistics Management）和后勤分配（Logistics of Distribution）。后勤管理的方法后被引入到商业部门，被人称之为商业后勤（Business Logistics）。定义为包括原材料的流通、产品分配、运输、购买与库存控制、储存、用户服务等业务活动，其领域统括原材料物流、生产物流和销售物流。

20 世纪 50 年代到 70 年代期间，人们研究的对象主要是狭义的物流，是与商品销售有关的物流活动，是流通过程中的商品实体运动。因此通常采用的仍是 Physical Distribution 一词。

1986 年，美国物流管理协会（N. C. P. D. M；National Council of Physical Distribution Management）改名为 C. L. M，即 The Council of Logistics Management。将 Physical Distribution 改为 Logistics，其理由是因为 Physical Distribution 的领域较狭窄，Logistics 的概念则较宽广、连贯、整体。改名后的美国物流协会（C. L. M）对 Logistics 所做的定义是：以适合于顾客的要求为目的，对原材料、在制品、制成品与其关联的信息，从产业地点到消费地点之间的流通与保管，为求有效率且最大的对费用的相对效果而进行计划、执行、控制。

（三）Logistics 与 Physical Distribution 的区别

Logistics 与 Physical Distribution 的不同，在于 Logistics 已突破了商品流通的范围，把物流活动扩大到生产领域。物流已不仅仅从产品出厂开始，而是包括从原材料采购、加工生产到产品销售、售后服务，直到废旧物品回收等整个物理性的流通过程。这是因为随着生产的发展，社会分工越来越细，大型的制造商往往把成品零部件的生产任务，包给其他专业性制造商，自己只是把这些零部件进行组装，而这些专业性制造商可能位于世界上劳动力比较便宜的地方。在这种情况下，物流不但与流通系统维持密切的关系，同时与生产系统也产生了密切的关系。这样，将物流、商流和生产三个方面联结在一起，就能产生更高的效率和效益。近年来日、美的进口批发及连锁零售业等，运用这种观念积累了不少成功的经验。

由此可以看出，当前提到的 Logistics 的特点是：一是其外延大于狭义的物流（即销售物流），因为它把起点扩大到了生产领域；二是其外延小于广义的物流（Business Logistics），因为它不包括原材料物流；三是其外延与供应链的外延相一致，因此有人称它为供应链物流。

Logistics 一词的出现，是世界经济和科学技术发展的必然结果。当前物流业正在向全球化、信息化、一体化发展。一个国家的市场开放与发展必将要求物流的开放与发展。随着世界商品市场的形成，从各个市场到最终市场的物流日趋全球化；信息技术的发展，使信息系统得以贯穿于不同的企业之间，使物流的功能发生了质变，大大提高了物流效率，同时也为物流一体化创造了条件；一体化意味着需求、配送和库存管理的一体化。所有这些已成为国际物流业的发展方向。

可以说，进入 20 世纪 80 年代以后，传统物流已向现代物流转变。现代物流是物质资料从供给者到需求者的物理性运动，但不是物和流的简单组合，而是经济、政治、社会和实物运动的统一。它的主要作用是通过时间创造价值，弥补时间差创造价值，延长时间差创造价值。现代物流包括信息业、配送业、多式联运业和商品交易业。现代物流水平是一个国家综合国力的标志。日本物流业每增长 2.6%，会使国民经济增长 1%。

三、航空物流概念

关于物流概念有许多种不同的表述，但其反映的内涵都应该是相同的。按照我国国家标准《物流术语》中物流概念的表述，本文认为航空物流可以定义为：以航空运输为主要运输方式，在物品从供应地向接收地的实体流动过程中，根据实际需要，将运输、储存、装卸、搬运、包装、流通加工、配送、信息处理等基本功能实施有机结合。

航空货运速度快，节约资金占用时间，以及高效和全球性特征保证了商品能抓住最佳价位时机进入市场，因此适用于生产周期短、对运输要求高的行业。这些行业普遍产业集中度高，技术、管理先进，有比较强的使用社会化物流、供应链管理服务的意愿。在探索如何满足货主的物流及供应链管理需求的战略问题上，航空货运业融入到了物流业的发展过程中，航空物流企业逐渐演变产生出来。航空物流企业不是一般的航空货运企业，也不能简单理解为传统航空货运服务的延伸，而是以信息技术为基础，以客户需求为中心，结合企业的供应链管理，配合客户设计出以"一站式"、"门到门"服务为特征的一体化物流解决方案，为企业提供原料和产品的供应、生产、运输、仓储、销售等环节结合成有机整体的优质高效的个性综合物流服务。航空货运业和航空物流业前后相承，航空货运业融入到物流业中，即构成了航空物流业的兴起。在此过程中，一般的航空货物运输企业未必会全消失，都演变成为航空物流企业，它们除了继续提供一般的运输服务产品以外，同时将会以其自身的物流功能性优势，与物流企业形成业务外包关系，构成航空物流服务体系的组成部分。完整的航空物流业务系统将涵盖一般航空货物运输企业的部分业务。

四、航空物流产品及其实现

（一）航空物流产品

航空物流产品，即航空物流企业为客户提供的航空物流服务。航空物流企业的发展符合第三方物流企业发展的要求。根据现代物流的发展要求，物流业务优化的思路不能仅局限于物流业务，还要扩大延伸至周边的关联业务。例如，活用信息系统，通过生产、库存、物流、销售业务的信息共享来提高作业效率；设计产品时，应考虑其便于包装、保管、配送；在生产、物流活动中，充分运用畅销商品的信息。随着现代物流向供应链管理方向的发展，物流业务优化的思路，不仅要考虑企业内部的供应链业务，而且要兼顾企业外部的业务效率化。为此，航空物流企业要想真正实现客户的物流服务要求，就要与客户保持紧密的合作关系，按照第三方物流企业的发展要求加以构建。传统航空运输企业通常为客户提供一次性的运输服务，大多数是一种单纯的委托关系，而现代第三方物流企业则是提供长期的具有契约性的综合物流服务，更加关注客户物流体系的整体运作与效益，与客户是一种长期、稳定的合作关系。同时，传统航空运输企业只注重短期或者一次性的经营效益,客户通常在价格及时间上对航空公司进行选择,而现代第三方物流企业与客户之间是战略同盟的关系,在与客户构成的利益共同体中,第三方物流企业与客户共同努力降低成本,最终达到双赢的目的。

此外,从与客户企业合作的深度和广度上看,第三方物流已经渗透到客户企业的生产和销售领域,可以为客户提供多功能一体化物流服务,而运输所具有的功能单一,相比之下,其深度和广度要小得多。虽然如此,航空物流企业提供的所有产品中,并非都是航空物流产品。从各种运输方式发展而来的物流企业,普遍拥有与现代物流相关的多种传统业务。航空货运物流化是一个长期的发展过程,伴随着货主企业物流业务的逐步外包,运输产品可以满足部分货主企业的单纯的运输服务需求,有其长期存在的必要性。同时,运输服务大多以统一的服务形式面对公众,可以把货主所提出的各种各样的服务需求,按照不同的基准(货物的基准、场地的基准、时间的基准等)统一化,将所有客户在特定的层次上同等对待,从而较易实现规模经济,而物流服务在针对满足特定服务对象与服务需求上,则表现出了较大的优势,运输业务的发展将为物流业务在其所擅长的领域充分发挥其优势创造良好的环境与协作条件,此时运输业务构成物流服务体系的组成部分。

目前世界最知名的航空物流企业有 4 家,即 UPS,FedEx,DHL,TNT,基本上都是从航空快递发展而来的。其业务类型基本上是由货运服务(空运、陆运等)、快递服务(文件、包裹、重货)、综合物流服务、供应链管理咨询服务等组成,可以为客户提供一站式的服务。

(二)航空物流的组织方式

航空物流是以航空运输为主要运输方式,实现物流各功能的有机结合。在组织方式上,航空物流产品的实现不能简单采用不同企业分段接力的形式来完成。能够反映航空物流内涵的组织方式,本文归纳为以下两种:

1. 企业一体化物流服务方式

航空物流服务是通过企业内部一体化方式来实现的,企业通常拥有强大的物流服务网络,通过内部的战略整合,形成一个一体化的架构,客户在这里可以得到一站式的服务。这类方式的航空物流经营人多由实际承运人发展而来。成立于 1973 年的美国联邦快递货运公司,开辟了一体化承运人的先例,即将货物从离开托运人开始一直到送达收货人手中为止,全部由一家公司进行办理运送。如今联邦快递货运公司已演变成为物流企业。国外的其他快递巨头(如 UPS,DHL,TNT 等),也主要以此种方式提供物流服务。

2. 功能性物流业务分包方式

物流业务的全过程按其工作性质的不同,可分为物流功能性作业过程和物流服务组织业务过程两部分。此类方式的航空物流经营人与客户订立物流总承包服务合同,但自己一般不拥有物流主要的功能性服务工具,只是负责组织物流的全程业务,将物流的实际功能性业务通过与其他功能性业务企业订立分包合同分包出去。此类经营人一般由航空货运代理人、无船承运人或其他行业的企业机构发展而成。

这两种方式各有自己的特点，可以同时存在并相互交叉，但从节约交易成本的目的看，企业一体化方式似乎更具有趋势性。跨国公司生产和经营的全球化带来一些大型物流企业经营的全球化，物流企业的规模越来越大。交易成本与内部管理成本的权衡，会因信息等技术的进步而发生变化。航空物流的高效和安全性更趋向于要求在提供航空物流服务产品的同时，尽可能地控制物流生产的全过程。

五、航空物流的特点

航空运输在各种运输方式中具有明显的技术经济特征，运输是物流的核心组成部分，航空物流在物流中所具有的显著优势可以通过以下几点来总结。

1. 快捷

航空物流采用飞机作为运送货物的主要工具，其最大的特点就是速度快。现代喷气式飞机时速都在900公里左右。在现代社会，市场竞争激烈，对于运输距离比较远或者对时间性要求较高的货物来说，航空物流的快速性是增强其市场竞争力的有效手段。鲜活易腐和季节性强的货物，如食品、水果和报刊杂志、时装等等，其性质都比较特殊，对时间极其敏感。采用航空物流则可以争取时间，有利于货物的保鲜成活和占有市场先机。这是其他物流分支所不具备的优势。

2. 高效

"航空式服务"几乎成了高标准服务的代名词，航空物流的高效可以在许多方面有所体现。比如在保障物品的安全性方面，与其他运输方式相比，航空运输的管理制度比较严格、完善，且运输手续简便，运输中间环节较少，在运输过程中发生意外损失机会也就少得多，且现代运输机飞行速度快，运行相当平稳，商品的破损率也比较低。在机动性方面，飞机在空中飞行，受航线条件限制的程度比其他运输方式小得多，它可以将地面上任何距离的两个地方连接起来，可以定期或不定期飞行，尤其对灾区的救援、供应和边远地区的急救等紧急任务，航空物流已成为必不可少的手段。此外，航空物流以其高速而具有全球性特征，在国际物流方面发挥着重要的作用。

3. 节约物流总成本

从表面上看，航空运输的费用要高于其他运输方式，但是空运方式运送货物可节省不少其他运输费用。例如，货物破损率比较低，对包装要求也就比较宽松，可减轻商品的包装费用和保险费用；运输速度快，可以缩短商品的库存期和周转期，加快资金流转的速度，货物可以在几天之内运抵市场，这样就没有必要建立庞大和昂贵的仓储系统，可以节省商品的存储费用和利息费用；运输的手续简便，可以节约一些手续费用。

航空物流的缺点主要在于飞机机舱容积和载重量都比较小，运载成本和运价比其他运输方式高。由于航空物流所具备的显著优势，那些科技含量高、附加价值高、体积小、重量轻、市场敏感度高、交货期短的产品将越来越多地选择空运。无论是国内运输还是国际运输，航空运输在整个运输量中的比例都确实很少，但增长很大，这源于适合于空运的货物增多了。现今中国航空物流主要服务于五个行业：鲜活产品（如水果、鲜花)、精密机械产品（如医疗器械)、电子产品（如计算机)、商务文件、通讯产品（如手机)。以 IT 行业为例，全世界 2/3 的 IT 生产企业已经或正在落户长三角，IT 企业的产品 80% 走空运，在 48 小时或者 72 小时之内把产品运到世界各地。随着对外开放的不断深入，书籍、药品、软件、玩具等逐渐会成为航空物流的服务行业。中国经济的持续增长，使发展航空物流有着巨大的市场需求，航空物流在物流中将会发挥着日益重要的作用，地位会越来越显著。未来随着经济全球化的发展，航空物流的全球性特征会愈发明显，随着供应链管理理念的逐步深入，竞争在高速发展的市场中展开，航空物流也会面临向供应链管理的整合变革。

第二节 航空货运与物流体系运作模式

一、传统货运模式

长期以来，客货兼营的航空公司往往重客轻货，货运只是作为客运的一个补充，航空公司组织机构、硬件设施、计划安排、人员配置都围绕着客运服务，货运没有得到应有的重视。这种"寓货于客"的经营模式已阻碍了航空货运的发展，不能适应货运物流化发展的要求，航空货运公司化改革也因此势在必行。航空货运公司化，是指客货兼营的航空公司将货运业务从客运中独立出来，在货运部的基础上成立航空货运公司，作为原航空公司的控股子公司，采取独立运营、自负盈亏、自主发展的管理模式。航空货运公司化的类型主要有三种。其一，成立航空货运公司。将原航空公司的货运部进行公司化改造，成为具有法人资格的航空货运公司。由此，航空货运公司拥有飞机，自主运营航班，并从母公司购买全部客机腹舱的机腹空间，母公司无需考虑组货销售剩余的机腹舱位。其二，成立营销公司。其做法是，首先从公司购买所有的货机空间和客机机腹空间，然后营销公司通过各种渠道销售所购买的货运空间，并自己承担卖不出舱位的风险。这样，母公司不必自己参与货运业务的经营，从而可以集中精力经营自身的客运业务。但是货运公司并不运营航空公司，即不独立运营自己的货运航线或航班。采用这种方法时，能否赢利要看货运营销公司的组货能力。其三，总代理形式。采用这种方法时，原航空公司成立自己的货运公司，并将其全部的货机舱位和客机机腹空间交给代理销售。货运公司不必承担卖不出舱位的风险。这三种做法各有特色，成立航空货运公司在国际上最为常用，适合于具有相当货运业务规模的航空公司。营销公司和总代理的做法有许多相似之处，航空公司采用这两种方法时所需的资本投入比较少，因而特别适用于中小规模的货运公司。在具体选择时，可根据航空公司自身的特点而定。

传统的航空货运公司主要业务是完成货物的空中运输。航空货运代理通常是指接受航空公司或托运人的委托，专门从事航空货物运输的组织工作，如揽货、接货、订舱、制单、报关、交运或转运等，为货主和航空承运人提供各种服务，从而获取一定的报酬。航空货运代理是社会分工和专业化发展的结果，是伴随着航空货物运输市场的繁荣而发展起来的。早期的货物运输主要依靠航空公司自己开拓市场。如今，航空货物运输代理人已经渗透到航空货物运输的各个角落，成为航空货物运输事业不可缺少的组成部分。航空货运公司和货运代理的组合构成了传统的航空货运供给模式。这种方式按照专业化分工的原则，航空货物运输的最终实现经过了不同层次的依次处理。一方面，可以节省航空公司为组织货源而发生的费用，如人力资源、销售设施和资金等，另一方面，还可使货主得到简便、迅速的专业化服务，对货主和航空公司双方都有利。

（一）客货兼营航空公司货运业务的发展

1. 货运业务发展的内在动因

社会经济贸易的发展为航空货运的发展提供了源动力。在此基础上，从航空运输产业自身来讲，客货兼营航空公司也有发展货运业务的内在动因，可以从以下两个方面来分析。

1）发展航空货运可以提高现有装备和设施的使用效率和效益

运力过剩是航空业界长期存在的一个问题。一方面由于运输产品不能储存，而需求随每年中不同的季节、每星期中不同的日期、每天中不同的时刻不断地发生着变化，为了尽可能满足每一有效需求，不让高峰时期旺盛的需求溢出过多，航空公司总是有根据高峰需求确定运力的趋势。如在经济繁荣的时候，大批订购飞机成为航空业的一大景观，但通常这些飞机到下一个经济萧条期才能交货，届时运力过剩将无法避免。另一方面，由于运力占有率和市场占有率之间的关系，航空公司意图通过提高航班频率去占有较高的市场份额，以争取平均为航空公司创造三分之二收入的高收益商务客人。单一航空公司根据市场状况做出的有利于自己的正确决策，却会导致整个航空市场上运力过剩。运力过剩客观为航空货运的发展提供了空间。同时，目前世界上的一些大型宽体飞机，如空客300-600，波音747，麦道11等，除有较大的客运能力外，也具有较大的货运舱位。例如空客300-600S飞机的客货运力投入比例为1.5:1，货运可利用吨位20吨，即便是在满客的情况下，飞机载运率也仅有60%。此外，大部分机场除高峰小时外，其他时间特别是夜间利用率低，而货运可以灵活安排时间。

2）发展货运是空运市场竞争加剧、提高企业竞争力的必然要求

近年来，空运市场竞争加剧，众多航空公司似乎都处于尴尬的境界，在赢利与亏损的边缘苦苦挣扎。正是因为有了航空货运的收入，许多客运航班才得以生存下来。为此，许多航空公司在寻求生存和发展时，把发展货运作为改善经营、争取主动、增强竞争力的重要手段。目前，全球许多航空公司改变了重客轻货的思想，而采用客货并举的经营战略，纷纷抬高货运业在公司中的地位。在组织上，采取了客货分离的做法，全球较具规模的航空公司都纷纷把货运业务分拆成独立运作的货运航空公司，并额外提供其他相关配套增值的服务，将航空货运塑造成为利润中心。现在已经塑造了一批成功的案例，如汉莎货运航空成立于1994年，是世界上第一个全货运航空公司，目前拥有22架全货机和300多架客机腹舱，提供全球范围的服务。还有新加坡货运航空、英航货运和

日本货运航空等。在运力安排上,许多公司纷纷购买大运力的货机。在收入上,许多公司都努力将货运运营收入提高到占总收入的 20%～30%,台湾的长荣航空公司曾表示它希望成为全球第一家货运收入超过总收入 50% 的客货经营航空公司。

2. 成立航空货运公司的优势

航空货运公司化已席卷全球。目前我国全货运航空公司有 9 家在运营。成立航空货运公司的优势可以从以下几个方面来阐述。

1) 可以从根本上改变航空货物运输的附属地位

一个企业的资源是有限的,如果一个企业内部包含有两个或多个利益可能相互冲突的业务或产品,而企业的决策者在面对企业的发展战略或优先发展问题上不可能面面俱到,厚此薄彼或者顾此失彼将成为不可避免的状况。其结果是,不同的利益中心为了争取共同的有限的资源而互相干扰,往往容易形成内耗,不利于企业整体的发展,更不利于企业的不同产品开拓市场,并考虑其长远发展。而独立的利润中心的根本目的和任务是追求自身利润的最大化,围绕着这一目的,它将竭力改善和提升自己以适应市场的要求。循着这样的发展方向,企业才有可能不断创新,把业务做大、做强,在市场的引导下容易形成规模经营,实现规模效益。将货运从航空公司的客运主业中剥离出来,成立独立的航空货运公司,就是将货运和客运两个不同的甚至存在冲突的业务和产品分离,分立为两个独立的利润中心,从组织结构上防止二者在业务运营、市场开拓和未来发展上互相干扰,便于二者集中力量寻求并拓展各自的发展空间。

2) 在政策上可以享受某些优惠,受到相关法律的保护

新成立的航空货运公司作为一家独立的公司,是独立的经营实体,能够在政策上享受税收等优惠,受到某些国际法律和公约(如《华沙公约》)的保护。目前,民航局对货运已放宽了管理政策,针对当前客运运力过剩的局面,出台了一些政策,可以使一些飞机改装为货机,以补充货机的不足;针对货运航空公司少且规模小的状况,放宽投、融资政策,同时加大货运市场的监管力度和指导政策;针对货运基础设施落后的现状,加大航空货运基础设施的投入,使航空货运综合配套设施逐步完善。

3) 有利于公司的资本运营及货运企业间的合作经营

作为技术、资金密集型行业,航空业对资金有很高的要求,而资金往往是限制其发展的一道屏障,成立航空货运公司后可以借助资本运营拓宽融资渠道,突破这一屏障。同时,也有利于成立后的航空货运公司参与货运企业间的各种合作经营形式,拓展业务空间,如加入货运联盟等。

(二) 运输代理人及其业务的发展

根据业务内容及所处的法律地位的变化,运输代理人的发展一般可分为以下两个阶段。

1) 传统意义的运输代理人阶段

按照多数国家的立法限定以及行业传统或惯例,世界各国的航空货运代理的经营范围通常有以下几种:订舱揽货、货物装卸、货物存储、货物转运、报关等。根据各个代

理公司的规模和能力，有的只限于一项业务，有的则办理多项业务。各个国际组织及各国对于货运代理的法律性质认定为航空货运代理人与航空承运人或货主之间的关系本质上属于委托人和受托人之间的关系。代理人与委托人之间的代理关系，是通过书面合同（委托合同或代理合同）确认的。在业务活动中，由于代理人是作为委托人（被代理人）的代表，以被代理人的名义工作，因此在委托人授权的时间和范围内或按委托人指示进行的代理人的一切行为与不行为的法律后果由被代理人承担。运输代理人只对自己没有执行合同及执行合同过程中失职造成的损失负责。处在这一发展阶段的货运代理人的主要收入是委托人支付的佣金。

2）无船公共承运人

随着专业分工的细化和贸易的全球化，航空货运代理人业务也有了新的变化。仅仅从事纯粹的代理业务已经不再适应时代的需要：第一，不适应市场变化的需求。货运代理揽接货物，但对货差货损并不负责。当货物出现损失后，货主还要找第三人理赔，货主是不欢迎和不愿意接受的。他们更希望代理人能够以承运人的身份直接负责整个运输合同的履行。第二，代理人自身发展的需要。代理人自身也逐渐开始不满足于纯粹代理人的角色定位。尽管传统业务所需投资少、成本低，而且具有风险小、责任轻等优点，但收益不高，不能满足自身生存与发展的需要。同时，通过长期的工作，一些成功的运输代理人以其优质的服务逐渐得到各种委托人的信任，同这些委托人建立起稳定的委托—代理关系，如有的货主通过长期协议的方式把自己的全部运输业务都交给某一代理人，使运输代理人掌握了较大数量货物。这样托运时，代理人对承运人就有一定的选择权。而承运人为了获得这些货物运输合同，则也通过各种方式与这些运输代理人建立了长期、稳定的合作关系。这种状况给运输代理人业务范围的扩展提供了机遇，一些成功的、较有实力的运输代理人相继扩大了自己的业务，采取的方式是：不仅就提供货物运输的服务事宜与货方达成协议，而且以本人名义与货方订立货物运输合同，签发运输单据（提单、运单等）；然后再以本人名义与各种方式的实际承运人订立货物运输合同来完成货物的位移。这种变化标志着运输代理人业务已进入运输经营领域，对发展到这一阶段的运输代理人，一般称为无船（这里泛指各种工具运输）公共承运人或独立从事运输经营业务的运输代理人。

实践中，代理人行使承运人功能的情况已普遍存在。目前美英等国，包括国际货运代理协会都在探索在立法中用更具体的规则对代理人的这两种法律地位及其相应的责任给予明确的界定。1961年，国际民航组织曾专门制定了《瓜达拉哈拉公约》，试图解决这个问题。该公约把航空承运人区分为立约承运人与实际承运人两类，并明确地规定两者在航空运输的过程中的法律地位、法律责任等是相同的。该公约明确了航空货运代理人在以自己的名义与他人签订运输合同时的承运人地位及其法律责任。但是，规定未细化，操作性不强。本书在传统货运模式中的货运代理主要是指处于第一阶段的一般的货运代理人。

(三) 基于 BPR 的航空公司与货运代理之间的关系

供应链管理可以说是使计划、实施、评价的周期循环业务流程再造的活动。航空物流的业务流程是指为了满足客户的需求而进行的，从托运人发货到收件人收货的整个全过程的物流、信息流的实现和控制管理的过程。航空货运的发展是促进航空物流发展的基础。通常，航空货物运输业务流程的环节主要包含有两大部分：航空货物运输代理业务程序和航空公司进出港货物的操作程序。简单的航空货运流程如图 9.1 所示。

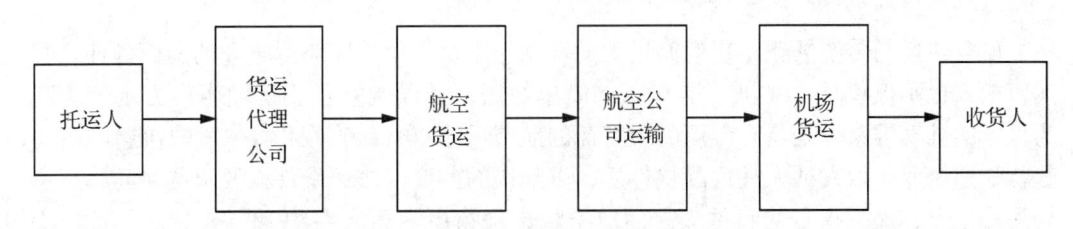

托运人 → 货运代理公司 → 航空货运 → 航空公司运输 → 机场货运 → 收货人

图 9.1 航空物流流程图

当前，航空货运公司仅仅从事货物的航空运输业务，即利用飞机将货物从一个机场运输到另一个机场的业务，而很少从事与之相关的其他业务，所从事业务在整个航空货运流程中仅仅占一小部分。航空货运代理是为航空货物运输服务的，以地面运输为中心，提供包装、仓储、检验等相关的服务。航空货运代理与航空公司之间并非寄生依附关系，而是互利互惠的关系。它在联系航空公司和货源市场方面在逐步发挥着主渠道的作用，已成为发展航空货物运输必不可少的重要环节。据中国国际航空公司的统计，航空货运代理为国航提供的货物占到国航货物运输总量的 80%。在传统的单一运输方式发展为主的阶段，航空货运与航空货运代理形成了不同的分工合作关系，航空货运全过程服务质量的提高，依赖于两者之间的通力合作。然而在进入综合运输与物流发展阶段后，社会经济发展水平及运输市场环境都发生了较大的变化。运输企业在支持与保证货主在生产、销售、采购活动中的物流及信息流的对策问题上，逐渐采取了同货主签订合同契约物流、第三方物流的对应措施及方式。第三方物流可以由运输代理发展的无船承运人派生而来，它们要求在货主的生产、销售及采购过程中，进行全面建设，保护与支持物流和信息流系统的活动。物流为传统运输业的发展提供了更为广阔的空间，吸引着传统运输业的加入，但若货运航空公司从事物流后，将承担一部分地面运输的职能，将要替货主完成现在由代理完成的一些服务，两者之间形成了直接的竞争关系。伴随着货运物流化进程的加快，航空货运与航空货运代理之间的关系面临着重大的调整变革。基于业务流程再造等理论思想的认识，合理整合航空货运与物流资源，重新认识两者之间的关系，以最终提高航空物流的整体竞争力是当务之急。从长远来看，一方面，航空货运可以在未来条件允许的前提下，与大客户和常客户建立稳定和长远的联系，进入物流市场，从事航空物流业务；另一方面，航空货运可以通过完善物流功能性运送业务，与物流企业形成业务外包关系，以自身航空运输的专业化优势，构成航空物流体系的组成部分。此外，从短期来看，改变航空货运、货运代理公司等之间业务割据、盲目竞争的局面，结成供应链合作伙伴关系，形成面向托运人和收货人的利益共同体，在业务流程再造的基础上信息共享，通过企业间的协作，谋求航空运输供应链整体效益最佳化是当前迫切需要解决的问题。

二、综合运输模式

（一）航空快递业的内涵和产品特征

航空快递与传统的航空货运有较大的不同，不是简单的航空运输业的地面延伸，其运营模式也不仅仅是"飞机+卡车"的简单加法，是以航空货物运输生产力水平提高为根本的推动因素，是具有专门品质特征的航空运输"升级产品"。一般的快递的概念是指快递企业收取发件人托运的快件后，以最快的速度，按照发件人要求的时间将其运到另一地点，递交指定的收件人。而航空快递是指由承运人组织专门人员，负责把文件、样品、包裹等快递件以最早的航班或最快的方式运送到收货人手中。快递业自诞生以来，发展速度非常快，现在已经形成了一个规模庞大的稳定的市场。这些概念存在的不足之处在于：其一，没有体现出快递业与传统货运业的本质不同；其二，没有体现出快递业的网络规模化运营模式。为此，从有利于规范和促进快递业发展的角度出发，本书将现代航空快递业的概念界定为以发挥快递运输网络经济效益为基础，以有时限服务的和高效的信息反馈为特征，是为客户提供完整运输产品的产业组织。

航空快递业所提供的"运输产品"，至少应具备以下基本特征：

1. 快捷、安全

现代经济的发展需要快捷、安全的运输组织方式。远距离的快递运输必须建立在航空运输的基础上。快捷的需求使快递公司必须具备快速运输工具和负责集散货物、分发、派送的小型运输工具，而具备这种要求的运输工具显然是飞机和各种类型的专用汽车。安全性，一方面体现在速度上，即要高速度、快捷，尽量减少货物运输中处于"危险"的时间；另一方面，快递公司在货源集散地的各项设施配置及处理程序要充分保证快件的安全性。

2. "门到门"或"桌到桌"的全程服务

航空快递业必须提供门到门或桌到桌的运输产品，只有这样，才能更贴近客户，才能更好地满足客户的个性化需求，在全方位优质服务的基础上留住客户。

3. 高效的信息反馈功能

实现快递物品的门到门或桌到桌服务，必须及时准确地接收到顾客信息，快速处理单证，实现物品的全程跟踪，随时解答顾客查询等。为了实现这些功能，快递公司必须配备先进的计算机网络、通讯网络以及能够满足和实现各种个性化的、特殊的快递服务需求的特有软件和硬件。

（二）航空快递业的形成

发达国家从20世纪70年代起开办了快速运输业务，形成了一种以航空运输为主的快递系统。20世纪50—60年代，随着国际贸易的发展，飞机被广泛用于货物运输，船舶运输业也得到了快速的发展，反过来又促使国际贸易的发展进入了一个新的时期。但是普通的跨国邮政速度和服务质量已与经济的发展不相适应，通过邮局运送的文件、单证、样品和小型行李不仅效率低、速度慢，安全性和准确性也显得不足。例如出现了国际运输船舶已抵达目的港，而所需的单证、文件却未到达的情况，从而增加了船舶的港口使用费。这种局面常常困扰着从事国际贸易和国际交流的各方人士，人们渴望更快捷、更灵活、更安全的运输服务，来满足快节奏的国际贸易和国际交流的服务。1969年，Adrian Dalsey联络Larry Hillblom和Robert Lynn（D，H和L）创立了世界上第一家快递公司——敦豪公司，总部设在旧金山，专门从事银行票据、航运文件、单证的传递业务，后来又将业务扩大到样品等包裹运送服务。由于这种运送方式可以将快件快捷、准确、可靠地送到收货人手中，所以，快递业从一出现就深受从事跨国经营的贸易、金融、运输各界人士的欢迎。20世纪70年代，科技进步和经济发展使产业结构发生了很大变化，产品由长大笨重型逐渐向短小轻巧型转变，商业经营和社会活动趋于快节奏，时间价值越来越重要，托运人对承运人的服务质量提出了多样化、复杂化、严格化的要求，大量的样品、单证、商务函件、资料及高附加值产品需要快速传递，远距离的快递运输必须建立在航空运输的基础上，这一切为航空快递业提供了生存基础及发展空间。同时，从另一个角度来讲，早在20世纪50年代，国外提出了综合运输系统的思想。人们认识到在交通运输的发展过程中，五种运输方式是相互协调、竞争和制约的。在实践中，发达国家已经形成了各种运输方式分工合作、协调发展的综合运输格局。事实表明，每种运输方式都有各自的技术经济特点和合理的使用范围，只有相互配合、取长补短、共同发展，才能最大限度地提供运输能力，更好地满足经济发展需求。国外航空快递系统的形成一方面是适应经济发展、产业结构变化和快速传递信息的需要，另一方面也是综合性运输组织工作的成功实践。当前，航空快递业发展迅速，全球经营额已经超过100亿美元。快运运量也将从1994年占全部国际空运的4%增至2010年的30%。航空快递将成为空运业增长最快和效益最佳的部分。

（三）航空快递业的运营特性分析

1. 运输组织特点

航空快递体系是以航空货物运输先进的生产力水平为基础发展的，与之相适应，航空快递业应以发挥快速运输网络经济效益为基础。运输业网络经济是指运输网络由于其规模经济与范围经济的共同作用，运输总产出扩大引起平均运输成本不断下降的现象。成对的"点对点"的航线产生的规模经济和"轴心—轮辐"航线网络结构的交互作用产生的范围经济，能够最大程度地发挥航空运输的网络经营效益。20世纪80年代，FedEx首创了中心辐射式包裹传输体系，其他国外的快递巨头也相继形成了这样的传输体系。总结其组织过程具有以下特点。

1）运输的全程性

快递业中的"完整运输产品"，是指客户所需要的从起始地到最终目的地的货物位移。简单来说，就是"门到门"、"货架到货架"、"桌面到桌面"的位移服务。伴随着跨国公司生产和经营的全球化，提供完整运输产品已不仅仅是对国内运输的要求，它也早已跨越国界，成为对国际运输的要求。由于一些运输方式基础设施和生产组织的特点，单独不可能提供完整运输产品。道路运输覆盖面广，是唯一具有高度可通达性的运输方式，它单独或者与其他运输方式相联，可以实现货物的全程运输。

2）运输的网络性

远距离的快递运输系统是建立在陆空相连的运输网络基础上的。一方面快递网络的末端需要道路运输的参与，利用道路运输覆盖面广的特点，为货物的空中运输集散货源，扩大航空快递的地区服务范围；另一方面，在支线航空运输尚不发达的地区，可以利用道路运输方式将货物通过网络汇集到干线上来。这一点，在当前又有另外的意义，在美国，随着互联网带来的文件业务量的下降，20世纪90年代呈现出隔夜运送市场饱和的迹象。为此，UPS决定为较重的包裹提供服务，宣布将运送达到150磅的包裹；FedEx进入UPS的传统领域，投资2亿美元购买地面车辆来增加地面服务，将战场从隔夜运送转移至2天和3天送达业务。FedEx模拟了UPS的策略，利用卡车来降低成本。道路运输可以在不提高运输成本的情况下降低库存成本，这是正在经历的变革，客户要求的是航空、道路和铁路的联合运输。国外快递公司多年形成的陆空相连规模庞大的综合运输网络，满足了客户对完整运输产品的需要及运输多样化的需求，同时也奠定了快递公司网络规模化经营的基础。

3）运输的联合性

快递运输属于联合运输，联合运输属于交通运输范畴。联合运输是综合运输思想在运输组织领域的体现，是综合性的运输组织工作。它不是一种新的运输方式，而是一种新的运输组织形式。在联合运输组织业务中，联是核心，衔接与协作是关键。联合运输组织工作过程，实际上是各种运输方式合理运用和分工的过程。

2. 承运方式

按航空快递完整运输产品的不同实现方式，可将快递公司划分为两种类型。

1）陆空一体化承运人

快递运输的完整产品是通过企业方式来实现的，即以组成一体化大型企业内部管理的形式，以便形成覆盖全部或大部分货物位移的大型服务网络。该类承运人拥有陆空两种以上运输工具，资金雄厚，规模庞大，能够直接承担快递物品的全程运输。联邦快递开辟了一体化承运人的先例，即将货物从离开托运人开始一直送达收货人手中为止，全部由一家公司进行办理运送。国外的其他快递巨头，如敦豪（DHL）、联合包裹（UPS）、荷兰（TPG）等，都同时经营定期或不定期全货运航班，能向顾客提供包括快件等货物的一体化航空运输服务。

2）非一体化承运人

该类经营人一般不拥有运输工具,只是组织完成合同规定货物的全程运输,是契约承运人,对货物全程运输负责。这类经营人一般由传统意义上的运输代理人、无船承运人或其他行业的企业机构发展而成。这类公司一般有较强的运输组织能力和相对稳定的货源,在航空货运方面,不时从事包机业务,且多与客货兼营的航空公司有良好的合作关系,如日本的宅急便利用日航和全日空的航空资源,发展快递业务。航空快递业的完整运输产品通过市场方式或联盟方式来实现。

这两种类型各有自己的特点,可以并存和融合,但从节约交易成本的目的看,运输企业的一体化方式似乎更具有趋势性。交易成本与内部管理成本的权衡,会因技术进步而发生变化。因此也可以说,运输业组织结构演进的特点,就是要在提供市场需要的完整运输产品的同时,尽可能地控制运输生产的全过程,只要网络特性所决定的密度经济和幅员经济支持这种一体化,就会出现运输方式内部或跨运输方式的大型运输企业。

三、综合物流模式

(一) 模式内涵

物流为货运的发展提供了广阔的空间,发达国家的航空公司、货运代理、航空快递等企业都以各种形式积极参与其中,形成了多种航空物流体系运营组织模式并存发展的状况,每种运营组织模式都应有其自身的特点,有其存在发展的固有原因,有相对不同的适用范围。

例如美国迈阿密的花卉物流体系,经营花卉保鲜物流配送服务的美国迈阿密农场直达花卉公司,每天都要将从拉丁美洲新收割的玫瑰花,经过相应的航空物流配送体系,运送到美国国内各地的物流配送服务站、超级市场和大卖场,再通过它们飞速传送到北美大陆各大城市的鲜花商店、小贩、小型速递公司和消费者手中。为此,农场直达花卉公司先后采用了三种航空物流体系组织模式来完成相应的操作过程。

第一种模式是农场直达花卉公司最早采用的形式,玫瑰花是从坐落在南美洲厄瓜多尔中部科托帕希(Cotopaxi)山区的几家大型农场定点采购的。为了避免在运输过程中重新包装,所有的玫瑰花在科托帕希农场收割后,立即现场包装,然后装入集装箱,运送到厄瓜多尔首都基多的国际机场。在农场直达花卉公司的统一安排下,这些集装箱连夜运送到美国迈阿密机场,第二天早上,海关当局、检疫所和动植物检验所进行例行检查,然后再把鲜花装载到专程前来接运的集装箱卡车或者国内航空班机上,发往至北美各大城市的配送站。即新鲜玫瑰花先搭乘民航飞机,再聘用卡车公司运送,这是通常所能想到的最常用的模式,然而对于花卉物流来讲,虽然运费低廉,但是由于整个环节参与方过多,难以协调统一控制,风险性很大,往往造成事故索赔不断、误事的严重麻烦。

第二种模式,花卉公司分别与联邦快递和联合包裹服务公司签订有关提供一体化服务的合同,通过它们准时、稳定的物流服务直接把鲜花运送到美国各地,一体化的服务模式能够严格控制整个花卉物流的操作过程,风险失败的情况大大降低,当然快递服务的成本相对较高，但是在鲜花传送行业中，这是难以找到其他替代方法的好方法。根据鲜花种植专家测定，玫瑰花从农场收割后，通常可以在正常情况下保鲜14天。采用第二种模式后，由于花卉运输管理和物流服务稳定可靠，农场直达花卉公司可以向消费者承诺：从他们那里批发销售的新鲜玫瑰花在家里放置至少4天而不败。

第三种模式，由于鲜花最容易变质、枯萎或者腐烂，对于物流的要求非常苛刻，关键是把新鲜花卉运输途中可能遇到的各种障碍和意外风险降低到最低点。为此，2001年1月，在农场直达花卉公司的牵头并加盟下，由赫尔曼国际货运代理公司主持，专门成立了迈阿密赫尔曼保鲜物流公司（HPL），专门从事鲜花的进口运输工作。美国每年进口数亿美元的鲜花，唯缺专业化保鲜物流服务，结果鲜花屡屡在运输途中出事，损失巨大，因此潜力巨大的保鲜物流不仅能够减少不必要的运输挫折，而且能够为物流公司带来更多的利润。为了促进"门到门"保鲜运送业务，HPL公司在迈阿密国际机场建立了一座7万平方米的保鲜仓库，在西雅图国际机场另外又成立专门从事新鲜花卉物流的洲际货运代理公司。开业第二年起，总部仍然设立在美国迈阿密的HPL公司，又相继在智利、澳大利亚、危地马拉、伦敦等地设立物流链办事处，同时把花卉传送业务扩大到海洋水产品传送，扩大了公司的网络规模化经营效益。目前美国进口的花卉中有1/3来自于南美洲，而且几乎全部是专机空运。据美国波音航空公司提供的统计资料，2001年该公司经营的从南美洲到美国的北向航线的50余万吨空运货物中，花卉运量占36%。花卉运输带来的收益是该公司经营的南美洲到美国货物空运航线总收益的1/4。南美洲花卉生产、花卉国际贸易与花卉国际物流业之间相互促进，带来了共同发展的双赢局面。

（二）一般的航空物流企业的形成

航空物流企业构成了综合物流服务模式发展的主体，航空物流企业发展的水平和规模是决定航空物流模式是否最终形成的决定因素。

1. 航空物流企业的分类

航空物流企业也可以按照是自行承担物流业务，还是外包委托他人进行操作，分为资产型和非资产型两种类型。资产型物流企业是指主要以自身拥有的物流设施与工具为客户提供物流服务；反之，主要以向外采购运力提供物流服务时，则为非资产型物流企业。实际上，两种不同类型的物流企业间不存在明显的界限。比如，对于资产型物流企业来说，当其拓展服务空间进入国际市场后，在另一国家或区域内，由于受到各种条件的制约，比如航权、市场准入、业务发展等方面，可能主要会以非资产型类型来发展业务。资产型和非资产型物流企业都有各自的特点。资产型物流企业具备较大的规模，资金实力雄厚，稳定的客户基础，先进的物流业务体系。非资产型的企业在运作上更加灵活，对于客户企业所提出的服务内容可以自由组合，调配整合基础物流业务供应商。但由于非资产型物流企业依赖的最大法宝是良好的管理组织和满足客户需要的物流设计能力，从这一角度来讲，非资产型物流企业面临着比较大的风险。由航空实际承运人发展而来的航空物流企业属于资产型物流企业，由货运代理、无船承运人发展而来的属于非资产型物流企业。

2. 航空快递向综合物流发展的状况

航空快递属于综合运输中的多式联运组织形式，为此航空快递与物流业密切相关。两者之间的不同主要是基于企业与客户的关系定位不同，第三方物流企业是为客户提供一种长期的具有契约性质的服务，与客户是一种战略协作伙伴关系，而一般运输企业与客户之间则是一种短期的市场买卖行为。同时，两者之间的差别体现在功能上则是：快递是以运输为主，为用户提供"门到门"满足其快捷运货需求的个性化服务，它的功能相对来说比较单一，但物流是为用户提供多功能、一体化、综合性服务，它由众多不同的环节组合而成，可以提供多种服务，容易适应现代用户多样化、差异化的需求。从某种意义上讲，快递运输是现代物流的基础和重要环节，快递发展到一定阶段，在一定条件下可以发展物流，两者可以相融，也可以并存。如今，国外的快递巨头已不再是简单的门到门、户到户的货件运送，除了提供快递服务外，还将为客户提供仓储、物流配送方案及其他各具特色的定制服务。

继 1982 年 9 月，UPS 决定与 FedEx 竞争隔夜快递市场后首次改变战略，大量资金投入于飞机和分拣中心的建设上，1985 年在信息技术上的重大投资进行第二次战略改变，投入几十亿美元于技术领域，90 年代初，UPS 第三次战略转变，将公司的业务与客户的关系、信息技术、全球分销网、库存服务、灵活性、分散决策等更加紧密相连。几十年来 UPS 强调质量保证的日子已一去不复返，如今 UPS 强调的是客户的满意。UPS 将业务重点放在企业上，也开始把更多的资源投入营销，对管理人员更多地强调客户服务。2003 年 3 月 25 日，UPS 更换新标识，宣布推出新 LOGO，去掉盾牌标志上方用丝带捆扎的包裹图案，将原来的平面设计转化成"三维的设计"，寓意为"物流、资金流、信息流真正三流合一"。2003 年 8 月，敦豪品牌整合发布会在北京举行，正式启用红黄两色的全新标识。德国邮政将旗下的敦豪快递公司、丹沙国际空运海运公司和德国邮政欧洲快递公司三家统一整合到敦豪的名下。凭借领先的"一站式"综合服务能力，DHL 将成为全球最大的快递与物流公司，其多元化的派送服务涵盖了快递与物流产业的每一个关键环节。

正如 UPS 进入 FedEx 的文件速递领地一样，FedEx 通过各种方式争夺了一部分普通包裹市场。1998 年，FedEx 通过收购 Roadway 包裹公司（RPS）进入普通包裹运递市场，在包裹市场的占有率达到 11%。在过去的 4 年中，FedEx 投资了 5 亿美元，使得 RPS 的处理能力翻了一番。另外 FedEx 在信息技术领域也投入了巨额资金。像 UPS 一样，FedEx 已经开始作为第三方物流服务供应商向外展开营销。世界著名的思科公司宣布让 FedEx 管理其整个物流网络，其目的是完全取消思科在亚洲的仓库，代之以这两家公司共同创立的"飞行仓库"，最终，由 FedEx 直接投递零部件给用户做最终的组装。

这些意味着快递巨头都摆脱了快递单一的模式，将为客户提供完整的物流配送方案和各具特色的定制服务。速递业正在从单纯的货品运输转向物流管理上，从能做物流的快递公司向能做快递的物流公司转化。21 世纪，快递公司的底线是仍在点到点之间移动箱子，增值的服务是信息、综合物流。

3. 快递向物流发展的必然性

世界经济贸易及物流的发展，给交通运输业带来了发展的机遇，同时，也对其经营提出了更高的要求。交通运输业经营者要想在全球市场上生存与发展，就必须打破限制，将服务范围拓展到物流的其他领域。从 20 世纪 80 年代中期开始，世界运输业呈现出将由多式联运进入综合物流时代的特征。其次，航空快递业自身要想具有长久的生命力，也必须向物流方向发展。随着互联网时代的到来，快递业主营的文件速递市场在互联网时代面临着极大的威胁。从全球范围看，速递文件的电子化转移使得纸文件的运输量在逐年下降，而包裹的运输量在不断上升。

当然各国的市场发展状况不尽相同，比如在中国由于电子商务和通信技术的使用还不是很广泛，纸文件的运输量依然保持着很高的增长，这是中国市场独有的特点。而且，由于新的更复杂的软件使得企业能够更好地管理库存，这将降低对于昂贵的物品的速递需求。长期以来，基本的运输费已经成为货主唯一注意的焦点，快递企业间的激烈竞争也加剧了这种趋势，而构成全物流成本的其他费用要素则由于难于控制而使人们较易接受其实际发生的数额。过去客户用速递公司仅限于文件、包裹、样本、高附加值物品的寄送，现在很多客户希望借助于速递公司进行物流的管理。

4. 快递企业发展物流的优势

快递企业具有发展物流的优势，可以从以下几个方面来分析。

1）运输组织优势

在物流各环节中，运输是其主要组成部分、核心环节。同时，运输也与物流的其他环节关系密切，运输可以通过与包装、装卸、储存等的集成，实现物流整体的效率和效益。快递运输所提供的"运输产品"具有快捷、安全，可以实现"门到门"或"桌到桌"的全程服务，高效的信息反馈等特征。为此，快递运输在运输组织方面，比一般的单一运输方式的运输企业优越得多，具有较强优势。快递运输的生产作业流程与物流链管理过程很接近，快递运输的功能性优势将为其发展现代物流提供基础性条件。

2）相关资源累积的优势

快递运输企业不仅具备运输工具、仓储、站场、信息技术等设施设备条件，而且积聚了经验丰富的专业人才。所有这些资源是发展物流的重要物质基础。另外，经过多年的发展，快递企业也已经形成了相对稳定的客户群，占有较为稳固的市场份额，有的还与同行业或跨行业的业务伙伴建立了长期战略合作关系等，这些都是快递企业发展物流的资源优势。

3）网络经济优势

航空快递货运体系凭借其规模庞大的陆空相连的运输网络和高质量的运输服务带来了大量的运量，从而形成了规模经济；而高度协调性的运输过程则大大提高了劳动生产率，从而有效降低了运价。方便、快速、安全、可靠且较为经济的运输服务使国际快递巨头，如 FedEx、UPS 等快递公司不仅几乎垄断了本土的小件包裹运输市场，同时也在国际快运市场上具有较强的竞争力。网络优势奠定了快递发展现代物流的基础，使之具有切入工商领域企业物流的独特优势。

四、供应链管理咨询服务模式

（一）模式内涵

供应链是指商品到达消费者手中之前各相关者的连接或业务的衔接。供应链管理的经营理念是从消费者的角度，通过企业间的协作，谋求供应链整体最佳化。成功的供应链管理能够协调并整合供应链中所有活动，最终成为无缝连接的一体化过程。这种供应链侧重于客户的实际需求，不再以生产为导向，取而代之的是以市场为导向进行生产活动。供应链管理的作用主要表现在：能够有效地消除重复、浪费与不确定性，减少库存总量，创造竞争的成本优势；能够优化链上成员组合，快速反映客户需求，创造竞争的时间和空间优势；通过建立成员企业之间战略合作伙伴关系，充分发挥链上企业的核心能力，创造竞争的整体优势。

供应链管理的本质是业务流程再造活动。在企业实际导入供应链管理时，期望建立关于项目的组织之间的合作伙伴关系，但由于各组织的本位主义的存在，仅靠有关组织人员的实施难以保证项目的顺利完成。这时，就需要经营管理咨询的加盟，凭借供应链管理的丰富经验和知识，发挥调整的作用，从中立且公平的观点对各组织提出要求，并从整体最优出发提出最好的方案，进而充当各关联者间的协调人。寻求经营管理咨询的支持，成为供应链管理成功的绝对条件。通过在供、需、第三方物流之间增加一个新的实体，提供一个全方位的供应链解决方案来满足供应链管理相关公司所面临的广泛而又复杂的需求。这个集成方案关注供应链管理的各个方面，既提供持续更新和优化的技术方案，又能满足客户的独特需求，强调进行供应链协作和过程重新设计。

（二）服务模式的主体条件

供应链管理咨询服务模式前景诱人，其门槛也非常高。美国和欧洲的经验表明，要想进入此领域，企业必须在某一个或几个方面具有很强的核心能力，并且有能力通过战略合作伙伴关系很容易地进入其他领域。作为服务模式的主体必须满足以下一些条件：

1. 不是物流的利益方

作为物流的利益双方，应该把自己从纷繁的物流中解放出来，不断增强其核心能力，在自己的领域内提高竞争力。

2. 有良好的信息共享平台

在物流参与者之间实现信息共享。物流的运作中不断产生的大量信息能有效地强化物流计划、物流作业和物流能力。信息技术的进步和由此形成的信息流又成为提高物流服务水平的关键要素之一。作为供应链管理服务模式的主体，要整合社会物流资源，需要有各参与者都可以共享的信息平台，才能高效地利用各参与者的物流资源。

3. 有足够的供应链管理能力

由于肩负整合所有物流资源的重任，作为供应链管理服务模式的主体，需要有足够的供应链管理能力，以整合所有物流资源。服务模式主体应具有世界水平的供应链策略制定、业务流程再造、技术集成和人力资源管理能力；在集成供应链技术和外包能力方面处于领先地位；在业务流程管理和外包的实施方面有一大批富有经验的供应链管理专业人员；能够同时管理多个不同的供应商，具有良好的关系管理和组织能力；全球化的地域覆盖能力和支持能力；对组织变革问题的深刻理解和管理能力。

（三）模式的形成

第三方物流使企业能够在一定程度上摆脱物流对企业的束缚，而将精力集中于核心业务，因而受到了企业的广泛欢迎。然而，第三方物流还是存在一定的不足，物流的发展使物流系统中增加新的参与者成为必要。第三方物流的优势在于运输、储存、包装、装卸、配送、流通加工等实际的物流业务操作能力，在综合技能、集成技术、战略规划、区域及全球拓展能力等方面存在明显的局限性，特别是缺乏对整个物流系统及供应链进行整合规划的能力，难以满足客户日益苛刻的要求，有必要采取全然不同的新物流运作模式。1998年，安德森咨询公司提出了第四方物流的概念，甚至注册了该术语的商标，定义第四方物流为"一个供应链集成商，它调配和管理组织自己的以及具有互补性的服务提供商的资源、能力和技术，以提供一个综合的供应链解决方案"。

第四方物流是所有服务提供商的管理者，拥有组织、分配、协调的责任与权力。据称第四方物流可以依靠业内最优秀的第三方物流供应商、技术供应商、管理咨询顾问和其他增值服务商，为客户提供独特的和广泛的供应链解决方案，从而能帮助企业实现持续的低成本运作。提出"第四方物流"概念并加以注册的咨询公司宣称已经成功地实施了第四方物流。从该咨询公司的成功案例，可以知道国外一些大的管理咨询公司，由于它们长期为众多的传统企业甚至是物流企业提供管理咨询，对很多企业的运作流程十分熟悉，已具备提供第四方物流的能力。现在有个趋势是一些大型IT企业开始争夺管理咨询公司的市场，它们主要以功能强大的管理软件为突破口涉足管理咨询公司的业务，而且也开始在管理咨询人才方面进行大力投资，兼并收购一些管理咨询公司，像IT巨头IBM收购国际管理咨询公司普华永道就是一个典型的例子。微软最近也开始以针对中小型企业的ERP软件涉足企业的管理咨询业务。ERP管理软件的SAP也在不断地拓展管理咨询方面的业务。实际上，企业要想高速发展必须进行企业信息化建设，要想建设好企业信息化就必须弄清企业的运作流程，优化企业的各个管理职能，进行流程再造。这说明管理咨询的业务和企业信息化技术二者必须进行有机的结合才能使企业信息化取得成功。这些国际性的企业本身在企业信息平台建设上具有优势，如今又开始拓展管理咨询业务，这不仅增强了在信息技术行业中的竞争能力，也为其担当第四方物流提供者的角色提供了可能。第三方在物流专业化操作方面具有不可替代的地位，但缺乏为客户进行职能优化、资源优化、流程再造、企业信息化平台搭建的能力。现在国外的一些大型第三方物流企业不仅在纵向上扩大它们的物流领域的业务范围，也开始在横向上为客户进行物流总体规划。尽管目前的一些运作还只是针对单个的企业客户，还没有出现对整个供应链进行规划的例子，但这说明第三方物流企业已经开始大力提高自己物流整体的规划能力。由于长期承担客户的外包物流运作，第三方物流企业在与客户的沟通、相互信任方面具有优势，一些企业也开始乐意把它们内部的规划或者说把更多的物流运作交给与它们长期合作的第三方物流企业。随着一些大的第三方物流企业在信息技术方面的投入以及在物流规划方面的管理经验的积累，第三方物流企业成为第四方物流的提供者也是可能的。当然，管理咨询公司、信息技术企业、第三方物流企业在各自领域里提高竞争力的基础上，然后针对第四方物流客户形成战略联盟，可以较快具备提供第四方物流的实力，同时也大大地降低了投入。

现在很多客户希望物流快递巨头逐渐承担起客户供应链管理的职能。国外的快递巨头将发展成为集快递、物流、供应链管理于一身的整合型公司。竞争在高速发展的市场中展开，越来越多的航空运营商将被卷入从物流向供应链的整合变革中。2003年，UPS和敦豪相继更换企业标志，也意味着未来其将会向第四方物流服务商的方向发展。供应链管理服务将成为航空物流商未来增长的源泉。

第三节　世界航空物流发展现状

不管是什么模式的航空物流，其产品的最终实现都离不开航空运输企业，本节将着重介绍在世界航空物流中扮演重要角色的航空运输企业，以及与航空物流发展息息相关的机场与航空城的发展情况。

一、世界著名航空物流运输企业

据国际航协2009年8月公布的数据，2008年世界主要航空运输企业，以货邮运输周转量统计，前10名排名如表9-1所示。

表9-1　2008年世界主要航空公司货邮周转量排名

排名	航空公司	百万吨公里
1	Federal Express	15122
2	UPS Airlines	10977
3	Korean Air	8890
4	Cathay Pacific Airways	8245
5	Lufthansa	8206
6	Singapore Airlines	7486
7	Emirates	6013
8	Air France	5820
9	Cargolux	5334
10	China Airlines	5261

这些航空公司的组织与运营模式不一而同，下面将简要介绍其中一些公司的情况。

(一) 联邦快递（FedEx Express）

联邦快递是全球最具规模的快递运输公司，为全球超过 235 个国家及地区提供快捷、可靠的快递服务。联邦快递隶属于美国联邦快递集团（FedEx Corp.），是集团快递运输业务的中坚力量。联邦快递集团为遍及全球的顾客和企业提供涵盖运输、电子商务和商业运作等一系列的全面服务。作为一个久负盛名的企业品牌，联邦快递集团通过相互竞争和协调管理的运营模式，提供了一套综合的商务应用解决方案，使其年收入高达 320 亿美元。

联邦快递公司于 1973 年在美国的田纳西州孟菲斯市成立，当初筹集资金 4200 万美元，有雇员 300 多人，从法国引进 6 架破旧的猎鹰式小型机，购置车辆 40 多台。公司开创了一种全新的高速可靠的包裹递送业务，开辟了一体化承运人的先例，即将货物从离开托运人开始一直送达收货人手中为止，全部由一家公司进行办理运送。联邦快递创立伊始的目标就是对包裹货物和重要文件提供门到门的送达服务。联邦快递创始人史密斯坚持认为点对点、无限时的航空货运和效率低下的邮政运输不能适应现代工业和国际商贸迅速发展的需要，早在 1971 年就开始构想用网络式的、有时限的和闭环式的快速运输方式代替传统的航空货运。为此构思了地面（包括集散）、信息反馈、空中航线三个网络的布局和建设，使货件一环扣一环运送并与客户进行信息沟通。联邦快递在成长过程中，面临着外部的激烈竞争。联邦快递始终掌握着先人一步的做法，在全美国首创隔夜递服务，首家提出三个百分之百（即百分之百按时派送，百分之百信息反馈，百分之百用户满意），首家承诺"若没按时送达，原银送还"，首家推出按货件缓急时间决定收费标准。经过努力，联邦快递的形象在客户心目中树立了起来，保持了航空快递上的优势，机器制造、商贸、银行、汽车制造、飞机零部件、电子产品、电气设备、光学仪器、精密仪器、医疗设备、服装鞋业等高附加值的企业和紧急文件、资料、样品，逐渐成了快递的服务对象。联邦快递的品牌，按重量和时间划分，已有几十种。快件在其总运量的比例达 90.396%。平均每个包裹重量 8.5 磅（相当于 3.86 公斤），平均每个包裹收入 15.7 美元，平均每磅收入 1.84 美元，相当于每公斤收入人民币 33.5 元（不计距离远近）。

联邦快递目前主要的运营枢纽有美国本土田纳西州孟菲斯、欧洲比利时的布鲁塞尔以及我国的广州。全球约 14 万名员工。日处理能力约 330 万件包裹。运营机队 677 架，地面专用货车大致有 44000 辆。

美国联邦快递是较早看准中国这个庞大市场的外资公司之一，它于 1984 年进入中国，近 20 年来，联邦快递发展迅速，一年一个台阶，取得了骄人的业绩，创造了诸多世界之最：当初的每周两次变为现在每周有 11 个班机进出中国，是拥有直飞中国航班数目最多的国际快递公司；快递服务城市 1996 年只有 60 个，现在发展到 220 个城市；1999 年，联邦快递与天津大田集团在北京成立合资企业大田—联邦快递有限公司，双方合作顺利，配合密切，进一步推动了中国快递业务的发展。2009 年 2 月，联邦快递亚太转运中心在广州正式投产运营，截至 2009 年 8 月底，转运中心共处理货物 11.9 万吨，普通货物 0.15 万吨。据预计，到 2010 年，该转运中心将给华南地区带来 110 亿美元的年产值和 11.3 万人的就业机会。

（二）联合包裹服务公司（United Parcel Service, Inc., 缩写为 UPS）

UPS 是世界最大的包裹快递公司。总部位于美国佐治亚州亚特兰大，每天在全世界 200 多个国家递送的包裹超过 1480 万个。最近，UPS 将其业务范围扩大到了物流和其他与运输相关的领域，例如为 Nike 提供仓储服务和对 TOSHIBA 提供维修支援服务。

UPS 以其褐色的卡车而闻名，在美国，它就是包裹车的代名词。UPS 使用在其车辆和制服上的这种褐色被称为"普式褐"，这个称号的来由是因为乔治·普尔曼创建的普式公司的卧铺车厢使用的就是这种颜色。UPS 还拥有自己的航空公司。

2008 年，UPS 营业收入 515 亿美元，员工人数 415000 人，自有飞机数量 228 架，包机数量 314 架；地面包裹递送车、货车、拖车 99869 辆；每日航线数量美国国内 959 条，国际 763 条；服务机场数量美国国内 400 个，国际 435 个；服务遍及 200 多个国家和地区及北美和欧洲的各个角落。

（三）大韩航空（Korean Air）

1969 年大韩航空公司实现私有化，并且开始了航空货运业务。很快，大韩航空公司就明白了航空货运作为一种贸易力量，其发展和国家的发展紧密相连。大韩航空货运的发展是与韩国经济发展同步的。大韩航空货运的现任总裁崔健指出：30 多年前，除了纺织品，韩国什么都没有，而现在韩国的经济实力已经排在全球的 10 到 12 位。大韩航空公司已经在货运业务发展方面投入大量的资金和管理。从一开始大韩航空就把自己当作运输公司，而不仅仅是客运航空公司。因此大韩航空也把注意力放在货运方面。

2009 年 8 月，国际航空运输协会发布了世界航空运输统计报告，大韩航空有限公司（Korean Air Lines Co. Ltd）连续第五年在国际航空货运上保持第一。2008 年达到了 88.2200 亿吨公里。为了保证货运运输的迅速和稳定，大韩航空采用货机波音 747-400ERF 当作单一运输机种，并通过完善的品质管理来满足客户的需求。

大韩航空每周运营 125 个货运航班飞往世界 26 个国家的 46 个城市，其中包括 7 个中国城市，11 个北美城市以及 11 个欧洲城市。每天运营将近 400 个客运航班，飞往世界 31 个国家的 98 个城市，并且提供大量的客机行李舱空间。货物运输的收入已占大韩航空公司总财政收入的 35% 和国际运输收入的 40%。

（四）国泰航空（Cathay Pacific Airways）

国泰航空公司于 1946 年成立时，仅有一架小型货机飞行亚洲区域。时至今日，国泰已跻身全球十大货运航空公司之一，货运业务约占国泰营运收益的 30%，亦对香港国际机场能成为全球最繁忙的航空货运枢纽之一做出了重大贡献。2006 年 9 月，港龙航空正式成为国泰航空的一分子。所有国泰航空的货运运作皆由国泰货运部管辖。

国泰长途货运始于 1981 年，与德国航空合作每周开出两班往来香港—法兰克福—伦敦的航线。目前国泰货运服务覆盖全球 38 个航点，包括阿姆斯特丹、亚特兰大、北京、布鲁塞尔、钦奈、芝加哥、达拉斯、德里、达卡、杜拜、法兰克福、河内、胡志明市、香港、休斯敦、雅加达、伦敦、洛杉矶、曼彻斯特、墨尔本、迈阿密、米兰、孟买、纽约、大阪、巴黎、槟城、旧金山、首尔、上海、新加坡、斯德哥尔摩、悉尼、台北、东京、多伦多、温哥华及厦门。

国泰全球货运量庞大，而货运订位及数据系统 Cathay Unisys Booking and Information for Cargo（CUBIC）提供了高水平技术支援，以确保货物能准确及准时运抵目的地。该系统自 1984 年起投入服务，为推动国泰货运服务全盘计算机化担当了重要角色。每一货运提单皆可预订指定的日期及位置，并可以立即获得确认。订位手续一经办妥，货物的运送行程，由离开或转运直至送抵目的地期间，每一程序皆清楚记录。货运代理可随时查阅货物的所在位置。货运详情亦可预先传送至最后目的地，以便为货物进行清关。现时的国泰网络中，已有逾 426 个货运订位及信息系统显示器分布于 65 个地点。系统亦不断增强，并可实时及自动打印货运单，提供产品销售报告及管理数据。

国泰航空目前拥有 22 架波音 747 货机，包括一架波音 747-200F、6 架波音 747-400F、9 架 747-400 由波音改装货机（BCF）以及 6 架波音 747-400 延长型货机（ERF）。国泰货运同时亦应用其 97 架客机腹舱部分付运。时至今天，国泰的货运量每月高达 10 万吨以上，其中逾五成乃由客机所运载。

（五）汉莎航空（Lufthansa）

德国汉莎货运航空公司成立于 1995 年，总部设在德国法兰克福，是隶属于德国汉莎航空集团的一家独立子公司。2006 年，汉莎货运航空公司承运货邮总量超过 176 万吨，是全球最大的货运航空公司之一。

汉莎货运航空公司的全球网络雇员超过 4768 名。除了拥有由 19 架麦道 11 全货机组成的货机机队外（截止到 2006 年 12 月），汉莎货运航空公司还利用汉莎客机和马德里航空的腹舱进行货物运输。汉莎的航空货运、客运以及卡车服务网络覆盖 500 多个城市。大多数航空货物在公司的主要空港——法兰克福汉莎空运中心进行操作，其他两个空港为科隆和慕尼黑。

汉莎航空的货运服务包括普通货物应用时限优先，快件应用时限加速，特种货物应用定制增值服务。

2004 年 10 月 21 日，中国深圳航空公司、德国汉莎货运航空公司以及德国投资与开发有限公司（简称 DEG）三方签署了组建翡翠国际货运航空有限责任公司的协议。深圳航空公司将拥有合资公司 51% 的股份，汉莎货运拥有 25% 的股份，余下的 24% 股份由 DEG 持有。

翡翠航空货运公司计划总投资 9000 万美元，初期投资与注册资本 3000 万美元。三方股东分别以人民币、美元和欧元现金出资，深圳航空公司、德国汉莎货运航空公司、DEG 折合分别投入 1530 万美元、750 万美元、720 万美元。

(六) 新加坡航空公司（Singapore Airlines）

新加坡航空货运，简称"新航货运"，是新加坡航空公司的全资附属公司，成立于 2001 年。其货运网络遍及全球 18 个国家的 37 个城市，该公司以 14 架全货机及新加坡航空公司的 96 架客机，运载超过 80 亿吨货物。

该公司是航空货运联盟 WOW 联盟成员之一，联盟其他成员包括德国汉莎航空货运、北欧航空货运集团，及日本航空货运。新航货运拥有长城航空 25% 的股权。长城航空现租有 2 架来自新航货运的波音 747-412F 全货机型，营运的航线包括由上海浦东机场至阿姆斯特丹机场的货运航班。

新加坡航空在 2001 年 7 月 1 日分拆出新加坡航空货运，全权负责新航的货运业务，包括客机货物，其机队是以租借方式营运。在 10 月 1 日，它与汉莎航空货运、北欧航空货运创立了 WOW 联盟，日本航空货运亦在 2002 年 7 月 5 日加入。

新加坡航空货运网络遍及全球 18 个国家的 37 个城市，其中 25 个城市也是新加坡航空的目的地，另外 12 个城市是新加坡航空暂时未有服务的，分别为澳门、奈洛比、天津、厦门、格拉斯哥、科威特城、安克拉治、夏尔迦、芝加哥、达拉斯和布鲁塞尔。夏尔迦和布鲁塞尔分别为中东和欧洲的地区枢纽之一。

新加坡航空货运在 2001 年成立时，其 9 架波音 747"MegaArk"货机由新加坡航空改为新加坡航空货运操作，此后新的货机订单亦会落到新加坡航空货运操作。同时，客机的货物亦会改由新加坡航空货运负责处理，客机的货物载重量为 9~23 吨（视飞机型号）。

新加坡航空货运目前有 14 架波音 747-400F"MegaArk"货机。MegaArk 货机的载重量为 110 公吨，载重量比任何先前一架货机都要高，航程达 8245 公里，设有可掀起的机鼻舱门，能够控制货舱温度和进行货舱压力调整。截至 2008 年 3 月 31 日，新加坡航空货运的平均机龄为 6 年 5 个月。

(七) 阿联酋航空货运（Emirates Sky Cargo）

阿联酋航空货运是屡获殊荣的阿联酋航空公司的空中货运部门，成立于 1985 年。自成立以来，很快就建立了领先的创新性、灵活性和服务行业的声誉。

阿联酋航空以年轻、优越的机队著称于世，是第一家订了空中客车 380 的大航空公司，目的地遍及全球 100 多个城市。

截至 2008 年，阿联酋航空货运连续 21 年来被英国航空货运新闻评为最好的中东货运航空公司。2009 年 4 月 7 日，阿联酋航空货运部在年度卓越货运航空公司评选中斩获头奖，超越分别位列亚、季军的行业大鳄汉莎航空和新加坡航空，从去年的第三名跃居榜首。此次评选由美国《航空货运世界》杂志主办，对各航空公司的客户针对价值、信息技术、客户服务和整体表现四个指标进行评分。其中，阿航货运部在价值指标上最具优势。价值指标以航空公司的性价比及其提供的增值服务为评分基础，获得 6 分满分的阿航货运部遥遥领先于第二名。阿航在信息技术指标上也得到了高分，其根据客户不同需求量身定制的系统受到货运代理公司的一致好评。阿航货运部最近在所有航线上启用了新一代地面处理系统——Sky Chain3.0。自从 2008 年 11 月推出电子货运订单服务以来，阿航货运部成为全球每周收到电子货运委托最多的航空公司。据估计，通过减少库存和文档处理成本，电子订单每年可为货运行业节省 49 亿美元。客户服务和整体表现的评分是基于承运公司履行合同的能力、按时完成运输的能力、灵活应对索赔的能力、迅速解决问题的能力和以礼待客的服务态度，以及专业博识的销售团队。

（八）敦豪环球速递公司（DHL World Wide Express）

1969 年敦豪的成立开创了一个崭新的行业，此后敦豪一直是国际航空快递业的先行者。DHL 服务网络覆盖了全球 220 多个国家和地区，设立了 4070 个办事处，拥有逾 7.1 万名员工，有 1.7 万辆运输车辆往返于 12 万多个目的地之间，满足全球 l00 多万客户的需求，每年的快件处理量达 1.6 亿件；同时，DHL 拥有 251 架飞机，固定航班数量达到 714 架次；此外，每天还会有 2335 架次的商业航班被 DHL 用于运输服务。DHL 的基本战略是以市场为中心，反对进行风险投资。只要有可能，DHL 就通过联合或协议的形式对别人的资产加以利用。最为显著的例子是在亚洲空运方面，它几乎完全依靠 Cathay Pacific Airways；在美国，它和美国西北航空公司有着紧密的合作伙伴关系。规模庞大的运输网络造就了 DHL2001 年全球 65 亿欧元的销售业绩，国际间商务快件传递中的很大一部分（30% 以上）就是沿着 DHL 构建起来的这个网络相互流通。DHL 全球一致的高品质服务极大地推动了全球商业的往来，成为真正意义上的商业脉动。2000 年德国邮政收购了敦豪 75% 的股份，2003 年购买剩余的 25% 股份，使 DHL 完全成为德国邮政的全资子公司。

二、世界主要货运机场

航空物流离不开机场，世界上的一些主要机场一般都是大型的航空物流中转站，这些机场吞吐的货物在世界航空物流运输中的比重相当大。表 9-2 是 2008 年世界主要机场的货运排名。本节将对这些机场进行简要的介绍。

表 9-2 2008 年世界主要机场货运排名

排名	城市（机场）	货物吞吐量（吨）
1	MEMPHIS TN（MEM）	3695438
2	HONG KONG（HKG）	3660901
3	SHANGHAI（PVG）	2602916
4	INCHEON（ICN）	2423717
5	ANCHORAGE AK（ANC）*	2339831
6	PARIS（CDG）	2280050
7	FRANKFURT（FRA）	2111031

续表

排名	城市（机场）	货物吞吐量（吨）
8	TOKYO（NRT）	2100448
9	LOUISVILLE KY（SDF）	1974276
10	SINGAPORE（SIN）	1883894
11	DUBAI（DXB）	1824992
12	MIAMI FL（MIA）	1806770
13	LOS ANGELES CA（LAX）	1629525
14	AMSTERDAM（AMS）	1602585
15	TAIPEI（TPE）	1493120
16	LONDON（LHR）	1486260
17	NEW YORK NY（JFK）	1450605
18	BEIJING（PEK）	1365768
19	CHICAGO IL（ORD）	1332123
20	BANGKOK（BKK）	1173084
21	INDIANAPOLIS IN（IND）	1039993
22	NEWARK NJ（EWR）	887053
23	TOKYO（HND）	852444
24	OSAKA（KIX）	845497
25	LUXEMBOURG（LUX）	788224
26	GUANGZHOU（CAN）	685868
27	KUALA LUMPUR（KUL）	667495
28	DALLAS/FORT WORTH TX（DFW）	660036
29	BRUSSELS（BRU）	659054
30	ATLANTA GA（ATL）	655277

1. 孟菲斯机场

孟菲斯机场是联邦快递公司（FedEx）的世界枢纽及联邦快递的总部所在地，拥有世界最大的邮件处理中心。孟菲斯机场是孟菲斯城唯一的经济引擎，超过一半的孟菲斯地区商业活动的未来发展都与机场相关。

孟菲斯市（MEMPHIS，TN）是田纳西州最大的城市，位于田纳西州西南端，正好在田纳西、密西西比和阿肯色三州的夹角处，密西西比河穿城而过，总面积为662.8平方公里，总人口为113万人（2000年）。历史上孟菲斯的支柱产业为农业，至今该地区仍是世界上最大的棉花和硬木现货市场。

孟菲斯市于1929年建成孟菲斯市机场，1969年该机场更名为孟菲斯国际机场（国际简称MEM）。该机场距离孟菲斯市中心14公里，目前共有4条跑道（最长跑道为

3389米)和A、B、C三个航站区及多个货物中心。虽然机场规模在美国并不在前十名之列,但自1992年起,孟菲斯国际机场一直是全球第一大货运吞吐量空港(2005年货物吞吐量为3598500吨)。

孟菲斯国际机场的货物和旅客流量给孟菲斯带来了巨大的经济效应。根据2004年统计,该机场为孟菲斯创造了166000个工作岗位(占该地区所有工作岗位的27%)和207亿美元的直接经济产值。2004年,孟菲斯国际机场货运吞吐量为地区带来了195亿美元的经济产值和155872个就业岗位(共56亿美元收入),旅客流量为地区带来了12亿美元的经济产值和9487个就业岗位(共3.4亿美元收入)。2004年,孟菲斯机场为孟菲斯运送了1197912名游客,这些游客在孟菲斯共花费4亿美元,创造了7.79亿美元的经济产出和11000个就业机会。

2. 香港国际机场

自1996年以来,香港国际机场一直是全球最繁忙的国际航空货运机场之一。2008年,机场的货运量共360万吨。尽管香港的航空货运量仅占香港总货运量的约1.3%,但货物总值却占外贸总值的35.5%,达到20750亿港元。

自2002年以来香港国际机场因在航空货运表现出色,屡获国际殊荣,包括:

Air Cargo World颁发的2007—2009年航空货运卓越奖

亚太航空中心颁发的2007年全球杰出机场荣誉

航空运输学会颁发的2007年亚太区机场效率奖

亚太航空货运协会颁发的2007年最便捷货运机场荣誉

亚太航空货运协会颁发的2005年最便捷货运机场荣誉

国际航空运输协会颁发的2004年特别燃料管理嘉许奖

Air Cargo News颁发的2002—2004年最杰出货运机场奖(远东区)

Air Cargo News颁发的2002—2003年最杰出货运机场奖

香港国际机场之所以在航空物流方面表现出色,成为航空货运枢纽,是因为以下优势:奉行自由港政策;地理位置优越;交通网络强大,四通八达;广泛应用资讯科技;高度安全、保安严密;货物处理能力充裕;货物处理效率卓越;成本极具竞争优势。同时,机场管理方与航空货运业协作无间。机场在货运促进委员会中担当积极角色,该会每季度定期举行会议,回顾航空货运的运作与表现。优化通关流程也是香港国际机场在竞争中胜出的要素。快速高效的通关流程对于香港及其经济尤其重要。香港国际机场以综合电子数据与七个主要货运营办商及香港海关的系统相连,以加快清关程序,其主要优势包括:所有货物都可在运抵之前办理清关手续,并可推展至分单层面拆货程序;提供"优先货物"设施,自动编定预设的限制代码;协助特许运营商提供往中国内地的跨境转关货车服务。

3. 仁川国际机场

仁川国际机场以其在东北亚的位置以及仁川连接海港的便利性,成为一个理想的物流枢纽。大韩航空和韩亚航空的货运运输量占到仁川机场货运总量的70%。机场的物流园和货运航站楼占地200万平方米,约有700家物流运营商使用这些设施。

据研究，北亚地区的航空货运量占全世界的30%。韩国是这个区域的中心，同时韩国也是许多尖端高科技行业的所在地。这些高科技行业占有航空货运市场相当大的部分。一般而言，货运业务产生的价值约是客运的两倍。2008年，仁川国际机场货物的流通价值达1850亿美元，相当于全韩贸易额的25%。

未来，仁川机场还有一个更加庞大的计划，那就是将机场打造成东北亚最大的航空枢纽，以及世界领先的超级运营枢纽之一。

4. 安克雷奇国际机场

安克雷奇国际机场仅有3条跑道、两座主候机楼。占地4500英亩的安克雷奇国际机场，仰仗着得天独厚的地理位置，凭借专业化的物流设施，依赖高效率的优质服务，迅速成长壮大为北半球航空货运的空中走廊，货运吞吐量仅次于美国的孟菲斯国际机场和香港国际机场，位居全球第三，货物落地重量高居世界各大机场榜首。从安克雷奇国际机场出发，向四周直航可以快速到达伦敦（9小时）、法兰克福、莫斯科、纽约（8小时）、洛杉矶、北京、上海、香港、东京（7小时）和首尔等世界级大都市。可以毫不夸张地断言，从安克雷奇国际机场起飞的直航飞机，在9.5小时内可以到达全球95%以上的工业化国家。

一流设施、优质服务、低廉费用的"梧桐树"，才使得环球航空界的各路货运"凤凰"，不约而同地把安克雷奇国际机场当成歇脚的"高枝"，你来我往地以降落在亚洲至北美货运航线的"关节点"上为乐事。各大航空公司纷纷在安克雷奇国际机场抢滩登陆，近30家航空公司开设了货运航线，每周起降的货运飞机多达660余班，其中既有美国联邦快递公司（FedEx）、美国联合包裹运送公司（UPS）等世界物流业巨头，又有美国联合航空公司、美国三角航空公司等美国航空业巨头，还有日本航空公司、全日空航空公司、大韩航空公司、韩亚航空公司、新加坡航空公司、台湾长荣航空公司、台湾中华航空公司、香港国泰航空公司、中国国际航空公司、中国货运航空公司、中国南方航空公司等亚洲著名航空公司；有58家航空公司借道安克雷奇国际机场，或中途加油或运转货物，其中一半为全球著名的货运航空公司；有20余家航空物流企业把安克雷奇国际机场当作货运集散基地，不惜斥巨资建立了各自的货运仓储中心。如美国西北航空公司，专门在安克雷奇国际机场建立了太平洋枢纽运营中心，使用12架飞机开通了途经此地飞往亚洲各国的客运货运航班，其中4～5个航班由波音747大型货运飞机担纲。

如今，中国各大航空公司的航班，已经成为安克雷奇国际机场的常客。中国国际航空公司、中国货运航空公司和中国南方航空公司，每周都有货运航班经停此地，年经停次数超过了1100次。就拿中国货运航空公司来说，几年前在美国只有洛杉矶国际机场一个起降点，现在则有了除洛杉矶国际机场之外的7个起降点；从美国前往上海和北京等地的航班一增再增，时下已达到了每周22班；从中国大陆飞往美国的货机班班满载，近年来货物吞吐量增长率一直保持在20%以上的高速度；自从中美航线经停安克雷奇国际机场后，由于可在此地加油装货，每架飞机的载货量由60吨直线上升到了75吨。

5. 法兰克福国际机场

法兰克福国际机场位于市中心西南 16 公里，是德国最大的机场。法兰克福机场是欧洲最大的航空货运机场，欧洲 67% 的航空货物运输、54% 的邮件流转是在法兰克福机场进行的。近年来，空港在规模和运输能力上保持了稳定的发展。

法兰克福机场附近一片 100 个足球场大小的土地是法兰克福货运城，总面积达 149 公顷，聚集了 80 家航空运输公司、100 家运输服务公司专业从事物流服务。由北向南，货运已发展成为南、北两个货运城，面积各为 98 公顷和 51 公顷。预计到 2015 年，货运城的货物周转量将达到 274.5 万吨。

作为世界领先的航空枢纽港之一，位于欧洲大陆腹地的法兰克福国际机场与世界各地建立起了紧密的联系。飞机、火车、汽车等多种交通方式的一体化运作使得法兰克福国际机场的灵活性和应变能力得到大大增强。

法兰克福机场货运中心始终保持快速发展，是世界货运行业的成功典范。货运中心地理位置优越，航空、公路、铁路的货运和物流管理有序到位。更重要的是货运中心服务范围广，包括专业的客户和企业咨询等。几乎所有著名的物流公司、航空公司、货运公司等都选择在法兰克福机场货运中心投资。投资商和使用者对货运中心的满意率超过 75%。

三、航空物流与临空经济

"临空经济"作为一个新的概念日益引起人们的关注。临空经济发展对区域经济的巨大影响与推动作用不可估量。临空经济区的形成与发展有助于提升中心城市的功能，提升城市在区域经济中的竞争力，也必将成为整个区域经济发展的巨大推动力量。"临空经济区"的产业发展，现代物流无疑是重中之重。在经济全球化、全球信息化的背景下，发展航空物流有着巨大的市场需求。在国内外"临空经济区"的形成和发展过程中，航空物流的发展起着引擎作用。空运是高科技物流的主要手段，那些科技含量高、附加价值高、体积小、重量轻、市场敏感度高、交货期短的产品将越来越多地选择空运，而航空物流的发展势必吸引高科技产业在机场周边地区聚集。可以说航空物流与临空经济发展相辅相成，密不可分。

1. 高科技产业催生哥本哈根机场空港经济

哥本哈根国际机场位于市区东南 10 公里的卡斯楚普，建在厄勒海峡边上。每年运载 1600 万乘客，是北欧最大的航空港。哥本哈根国际机场是北欧最重要的空中交通枢纽，拥有 113 条国际直达航线，60 多家国际航空公司使用该机场，来自世界各地 140 个城市的飞机直飞到此地。

哥本哈根机场是连接哥本哈根市和瑞典第三大城市马尔默的厄勒海峡大桥的西部起点。从哥本哈根机场到市中心只有 8 公里，距斯德哥尔摩 40 公里，距伦敦 24 公里，距巴黎 23 公里。机场的地理位置优越，同时又拥有大范围的国际航线，其货运量位于欧洲第九。独特的地理优势、发达的多式联运网络等都驱动着丹麦东部地区和瑞典南部地区的经济发展。空港经济辐射厄勒海峡两岸，推动该地区成为国际性都市群最密集、经济最活跃、文化交流最频繁的地区之一。

哥本哈根机场商业园区被誉为"开启世界的钥匙（key to the world）"，坐落在机场极具吸引力的区域内，占地418000平方米，建筑潜力大约220000平方米。机场商业园区规划基于最新的物流理念，建筑设计水准高，给从事物流、快递、货运代理、仓储、航空集散、配送等业务的公司带来了巨大的发展契机。

机场商业园区建在机场东部的一个人工岛上，该岛是修建厄勒海峡大桥时形成的。机场商业园区紧邻哥本哈根机场的货运区，是整个厄勒地区的地理中心，从机场商业园区到哥本哈根市中心、瑞典马尔默分别都只有几分钟的路程。因此，这种良好的地面物流通道优势，以及哥本哈根机场良好的国际航线可达性，使得很多跨国企业都选择这里作为它们拓展欧洲业务的基地。所有的这一切，都为其经济发展提供了坚实的支撑。

到达机场商业园区非常方便，可以采用航空运输、铁路运输、公路等多种方式。机场商务园区的基础设施设计精良，有直达的公路网和铁路网，距离各大主要港口都比较近。例如，乘坐火车或汽车从这里到达哥本哈根市中心只需要10~15分钟。哥本哈根E20高速公路恰好通过机场商业园区，这条公路一端通往瑞典，而另一端通往欧洲。机场商业园区内部的基础设施都直接与哥本哈根机场的货运区相连，运输通道的距离都比较短，比较直接，尤其适合一些易腐货物的运输。

整个机场商业园区是经济集聚、依托机场发展起来的一个空港经济区的缩影，而空港经济的辐射范围要远远超出这一商业园区。航空运输带来的经济影响，不仅局限在通过机场和机场附近企业带动的GDP和就业增长，而对地区的国际贸易、旅游观光、生产力、供应链效率、投资偏好、改革创新都有不可忽视的催化作用。

2. 法兰克福空港经济：带动法兰克福地区繁荣

法兰克福，是德国最国际化的城市、欧洲第一大金融中心。德国最大的100家工业企业中，有20家的总部积聚在这里。法兰克福是德国乃至欧洲的工商业中心（工业以化工、机电、电子、制药等为龙头，向外向型、国际化的方向发展）、金融业中心之一，而且是著名的国际会议中心。这些都与法兰克福机场有很大的关联。

法兰克福机场是德国最重要的航空交通枢纽，每隔几分钟就会有来自世界各地的飞机降落在法兰克福机场，每年约有5200万名乘客在法兰克福机场起飞降落，100多家航空公司连接着110个国家的300多个目的地。法兰克福机场客运量居欧洲第二，是全球第七大机场，货运量位居欧洲前列，是全球十大机场之一。

法兰克福机场位于德国中部黑森州境内、法兰克福市的西南方向，它已成为全球最重要的国际机场、航空运输中转枢纽之一，是中欧、北欧和东欧之间的航空交通的交叉口，机场、铁路及高速公路网连成一体，从法兰克福地区出发可以迅速到达德国和欧洲的所有中心地区。由于欧洲大陆便捷的可达性，法兰克福地区成为众多大型跨国企业的青睐之址，于是这里就成为了德国经济的中心区，城市密度最高，企业也最多。在44000多家企业总量中比例最大的是各类服务性企业，而在这些企业中，很多是与航空业相关的行业。世界各国的航空公司、航空货运公司在法兰克福都有其分支机构。其中，这里不仅是欧洲的央行（EZB），也是德意志银行、亚洲发展银行和世界银行集团的所在地，这样领先的国际金融地位是大型国际企业投资的保障。

因为法兰克福机场的原因，法兰克福四周有数百家物流运输公司，这些公司将世界各地的产品运进德国，也将德国的产品送往世界各地。德国之所以能成为世界出口冠军，高度发达的航空运输业功不可没。以机械设备为例，德国是世界上最主要的机械设备出口国，世界各国使用的大量的机械设备常年需要从德国进口各种零配件，正是因为德国有一张以法兰克福为中心的遍及全球的空中运输网，加上高效的配送系统，才能使德国制造的机械设备在世界各地都能得到及时的配件供应，保证设备正常运转，提高了德国产品在国际市场上的声誉及竞争力。

法兰克福地区有飞往世界及德国各主要城市的空中客运航线、四通八达的货运航线、密如蛛网的地面交通网、交织的铁路网络、高覆盖率的高速公路网，法兰克福地区成为德国基础设施最好的地区之一，而法兰克福机场是综合性的交通枢纽。同时，地区铁路网和国家铁路均经过这个机场，在航空站中央大楼底下有一火车站，从1972年开始营运，汇集了多条地区性铁路交通线路。从法兰克福机场至法兰克福火车总站约11分钟，从机场搭出租车去法兰克福市中心需要大约25分钟。

去年年底，在航空铁路中心的附近，又启动了一个全新的重大项目——国际商务中心，面积达2.5万平方米。一期工程包括建设一个拥有561个房间的希尔顿酒店，全部工程将于2009年年底竣工。工程耗资60亿欧元，该项目是由波恩IVG的股份公司和法兰克福机场股份公司共同投资建设的。虽然现在法兰克福机场周围交织的只是区域性铁路网，但一旦全欧洲高速铁路网络建设成功，法兰克福机场将必定成为一个主要的国际铁路运输枢纽，可以到达北欧、波兰、俄罗斯、英国和意大利，更突出显示其在多式联运中的重要地位。

随着法兰克福机场航空网络越来越发达，以及其在铁路网络中节点作用的进一步提升，法兰克福机场周边区域的临空经济发展势如破竹，这种空铁联运的模式也正逐步推动着法兰克福地区的经济繁荣。

3. 机场就是一个城市：荷兰史基浦机场

荷兰是世界最发达的国家之一，首都阿姆斯特丹市是荷兰最大的工业城市和经济中心。史基浦机场位于阿姆斯特丹城西南部15公里，是相当重要的北欧空中门户，北欧的航空网络中心，拥有100多条航线和超过200多个目的地。阿姆斯特丹史基浦机场年旅客吞吐量居全球第四，货运吞吐能力列欧洲第三，其运营效率和整体服务水平很高。

阿姆斯特丹史基浦机场一直被认为是荷兰经济增长的主要推动力。国家政策特别扶持机场和荷兰皇家航空公司的发展，以使史基浦机场成为全球航空运输的枢纽，进而最大限度地增加该机场的客货流量。依靠这种方式，荷兰网络的连通性得以维持和加强，并在高科技企业的带动下实现经济向现代产业结构的过渡。以航空业为基础，史基浦机场本身已发展成为了"机场城市"，成为了阿姆斯特丹市的平衡增长极。这些都主要建立在人口的大规模聚集和货物的仓储和转运活动的基础上。空港经济的发展将史基浦机场作为一个航空枢纽，为当地市场更高效地执行更广泛的服务网络，机场已经与知识经济的其他因素联系起来形成了"Brainport"。据估计，阿姆斯特丹史基浦机场的相关活动为荷兰全国的经济增加了260万欧元的价值。

荷兰阿姆斯特丹机场商务区（Amsterdam Airport Area，缩写为AAA）被誉为"欧洲商业界的神经中枢"（Nerve center of The European Business World）。阿姆斯特丹史基浦机场正日益成为高质量商业园区的发展中心。这里对于国际商界来说极富神奇魅力，吸引了众多国际大公司前来投资。与欧洲其他地区的超便捷连接，让你感觉置身在史基浦机场中，就好比身处四海，能感受到欧洲最大、最成功机场的动态气息。

阿姆斯特丹机场商务区是由11家公司合伙，集结了它们在国际市场营销、推广和收购的优势联合经营的，并对机场商务区进行合作规划、开发销售和办公地点选址等活动。阿姆斯特丹机场商务区包括阿姆斯特丹机场，部分阿姆斯特丹城区及其周围地区。阿姆斯特丹机场商务区是一个重要的物流、商业枢纽，直接导致许多欧洲公司，无论是本土企业还是跨国企业，把它们的欧洲总部、营销部门、训练中心、零件中心（后备）、共享服务及研发中心等都设在这里。阿姆斯特丹机场商务区拥有熟练灵活、多语言的劳动力，多元化的枢纽，良好的通信设施，为商务区内现有的1200家国际公司目前和未来发展提供了必要的网络技术支持。阿姆斯特丹机场商务区经过十几年的发展，现已成为欧洲物流和商务活动中心，吸引了300多家国际公司入驻，如荷兰航空、优利系统、日本三菱、摩托罗拉、BMC软件等。

阿姆斯特丹机场商务区内环境优美、交通便利，距离机场5至10分钟，15至20分钟就能达到阿姆斯特丹市中心，光纤、通讯网络等基础设施建设完善。此外，区内还建有四星级、五星级酒店，托儿中心，高尔夫球场等娱乐设施，为区内工作人员提供了便利的休闲活动场所。

史基浦机场计划在紧临机场的周边地区建设一个5平方公里的物流园区，积极吸引大型汽车制造企业、电子通讯企业、航空企业、生物制药企业、IT企业进驻物流园区，同时预留了3平方公里的土地作为未来发展用地。机场北翼，是史基浦地区主要的海港中心，也是荷兰经济发展的主要引擎。该发展区域包括史基浦机场南部区，紧临机场国际货运区，还包括A4高速公路周边区域。该区域为新的物流公司，为扩建史基浦机场的相关活动提供了发展空间。随着这一发展计划的推广，齐集在空港和海港周围的各类功能园区将大力助推临空经济的腾飞，该地区作为荷兰门户的地位将再一次凸显。其中，阿姆斯特丹机场商务区是引致许多公司到"WerkstadA4"投资的主要原因。该发展计划也使得阿姆斯特丹机场商务区的发展呈现出与欧洲其他区域显著的不同。

充分地利用双港联动的优势，加之便捷的地面交通设施，阿姆斯特丹史基浦机场正逐渐成为多式联运的中转节点，其网络定位能够创造战略优势，使得其成为更广泛经济活动的吸引子（attractors）和增长极——城市中心旁边的"机场城市"。

像史基浦机场这样的机场正在发展机场内部和邻近的土地来吸引更多的国际商业投资，形成多个多功能特色园区。机场地带的计划也需要与城区整体计划保持一致，这样才能使城市的发展潜力达到最大。

4. 空港经济加速城市的形成：达拉斯国际机场城

距得克萨斯州达拉斯西北15英里、沃思堡东北18英里的达拉斯沃思堡国际机场是一个国际门户机场，提供飞往达加拿大、墨西哥、中南美、加勒比海、欧洲和亚洲的服务。而且，从达拉斯沃思堡国际机场出发不到4个小时就可以到达覆盖美国95%的人口的地区，构成全美的地理中心。

这里有一个动态城区，分布着无数的餐馆、购物商业街、现代商贸，集聚着众多高新科技企业，许多大公司的总部和大规模的批发零售市场都设在这里，因此形成了得克萨斯州最大的都市圈——达拉斯沃思堡综合大都市（DFW Metroplex），是美国最繁荣、经济增长最快的地方之一。达拉斯沃思堡综合大都市占地9106平方英里，自然资源丰富，处于北美洲四个主要商业区——纽约、洛杉矶、多伦多和墨西哥城的中心，因此推动、拉紧了北美洲各商业圈之间频繁的经贸往来。

达拉斯沃思堡综合大都市重要的地理位置优势，企业享有的各种税收优惠，完善高效的交通运输网络以及达拉斯沃思堡国际机场的重要枢纽地位，为高科技企业的发展带来了广阔的发展空间。另外，高效的物流业对高质量的数据交换网和其他技术的依赖性越来越强。作为美国主要的电信和技术集中的地区，达拉斯沃思堡综合大都市拥有足够的基础设施支持，这里的协同优势给企业开创了发挥自身优势的舞台。

随着空港经济模式的发展和成熟，达拉斯沃思堡综合大都市的产业布局将全面综合发展。目前达拉斯沃思堡国际机场周围的临空产业主要以第三产业，特别是以信息和通讯等高科技行业以及物流业为主，其中贸易和运输占22.3%，商务服务占13.1%，教育和健康占10.2%，休闲娱乐占9.2%，金融业占8.0%，其他服务占3.9%。

达拉斯沃思堡综合大都市的各种资源优势，尤其是达拉斯沃思堡国际机场带来的显著的全球易到达性、不断提升的金融资本聚集程度等吸引力，促使世界财富500强企业中有19家的总部设在这里。按行业大致可分为：制造业，包括世界排名第二的埃克森美孚公司总部、BNSF铁路公司总部、弗来明公司总部、美国雷诺士国际集团冷藏机器设备公司总部、Centex建筑材料公司总部、霍顿（D. R. Horton）建筑公司总部；百货零售业，有世界便利店零售业的领袖7-Eleven美国总部、全美连锁百货公司J. C. Penney总部、金伯莱—克拉克家居个人用品公司总部、内曼马可斯百货公司总部；电信业，包括电子数据系统公司总部、得州电力公司总部、联盟计算机服务公司总部，以及医疗卫生、食品业的AdvancePCS医疗保健计划服务公司总部、Triad Hospitals医院总部、Dean Foods公司总部，还包括航空公司的总部，主要有AMR集团和美西南航空公司总部，其中，AMR集团旗下包括美利坚航空（American Airlines）和Sabre集团，主要从事航空运输服务。美利坚航空公司是世界第二大航空公司，目前飞抵全球近180个城市，同时也提供航空货运服务。

第四节 我国航空物流的发展现状

随着经济全球化进程的加快和市场竞争的日益激烈，航空货运因其所具有的快速、总成本节约等优势，已成为世界经济持续增长的重要推动力量，加快发展航空货运已被普遍视为提升经济发展水平和增强竞争实力的有效手段。

一、我国航空物流业发展概况

（一）总量迅速增长

1978年以来，我国航空货邮运输总量年均增速达15.3%，远高于同期我国GDP以及世界航空货运总量的年均增速。截至2006年底，在国际民航组织各缔约国排名中，我国航空定期航班货邮周转量已跃居为第二位。2007年，我国航空货运业继续高速增长，统计数据显示，全年航空货邮运输总量达394.9万吨，比上年增长了13%；航空货邮运输周转量完成114.7亿吨公里，比上年增长21.6%。

（二）政策导向更趋开放

随着我国民航管理体制改革的深入发展，近年来，民航管理部门逐步放松了对国内航空货运业的经济管制，极大降低了国内航空货运市场的准入门槛，同时还积极扩大国际航空货运业的对外开放，实施一系列的扶持政策，有效地促进了我国航空货运的快速发展。

在此前对货运业持续制定支持性政策的基础上，2007年，民航总局对全行业实施航班总量、市场准入等方面的宏观调控，但仍对从事货运的航空公司继续予以支持和鼓励。

在国际航空货运业的对外开放方面，早在2002年民航总局就颁布了《外商投资民用航空业规定》，该规定对外商投资公共航空运输企业给出了明确的规定，2005年、2007年又连续颁布了《外商投资民用航空业规定》的补充规定、补充规定（二）和补充规定（三），对香港、澳门的航空服务供应者在中小机场托管服务、机场管理培训与咨询服务以及包括代理服务、机坪服务等在内的七项航空地面服务给出更为优惠的政策。在航权开放方面，近年来我国加大了与外国航空运输安排的灵活度，与欧美等国就航线、运力、第五航权、代码共享、包机等事项签订了较为宽松的双边运输协定。特别是2004年7月签署了《中美航空运输协定议定书》之后，2007年7月，中美政府双方再次签署新的中美民航运输协定议定书，此次协议将中国中部六省至美国的直达航空运输市场完全开放。除此之外，目前我国还在海口、三亚、厦门、南京、上海、天津等城市开放货运的第五航权，吸引了众多外国航空公司，开辟了至第三国的国际货运航线。与此同时，我国国内航空公司也充分利用航权对等开放的时机，通过第五航权的开辟，极大丰富了我国航空公司的航线网络。

（三）运营水平逐步提高

随着我国航空运输企业竞争力的不断增强，我国航空货运在货运能力、基础设施建设、枢纽机场形成、国际货运运营环境等方面都有了较显著提高。

首先，航空货运能力明显增强。据统计，截至2007年底，我国民航全行业拥有运输飞机 1131 架，其中，全货运飞机约 50 架，总载吨位约达 3154 吨；客机腹舱货运吨位约 6300 吨；已开辟至 15 个国家 25 个城市的全货运航班，每周航班 237 班。有 9 家全货运公司从事航空货运运营，933 家代理企业从事国际、国内航空货运的一类代理业务，1124 家代理企业从事国内航空货运的二类代理业务，另有 90 余家境外航空公司开展了至中国大陆的国际货邮运输业务。

其次，货运基础设施建设步伐加快。目前我国机场布局和建设已初具规模，机场密度加大，机场等级提高，现代化程度增强，初步形成以北京、上海、广州、深圳、成都、西安等城市机场为中心，其余省会和重点城市为骨干，中小城市支线机场相配合的格局。截止到 2007 年底，全国共有民用运输机场（含军民合用机场）152 个，运输机场密度约为每 10 万平方公里 2.0 个。根据 2006 年全球机场排名的情况，在全球十大货运机场排行榜中，我国的香港和上海浦东两大机场分别位居第二和第六位。

随着传统航空货运模式向航空物流模式的转型，空港物流园区以其对空港物流的集散效应，已经成为航空货运发展的重要基础设施。目前，我国的三大枢纽机场北京、广州、上海以及深圳、天津、杭州、南京等机场都已规划和正在建设空港物流园区或物流集散中心，作为依托机场航空运输资源的新型物流园区，其建设的热度正在不断升温。

第三，航空枢纽机场逐渐形成。2006 年我国各机场货邮吞吐量表明，仅北京、上海和广州三大城市机场货邮吞吐量即占全部机场货邮吞吐量的 58.2%，由此可见，我国航空货运市场已呈现出"三极"格局。据有关研究表明，上海浦东、北京首都、广州白云、深圳宝安、厦门高崎和天津滨海机场等作为国际性航空货运枢纽已经基本形成，成都双流、昆明巫家坝、杭州萧山、南京禄口、重庆江北等作为全国性航空货运枢纽也正在加紧建设中。

第四，"卡车航班"模式日渐成熟。卡车航班是一种空陆联运方式，在欧美地区较为盛行。卡车航班以其简化出运环节、节省通关时间，已经成为我国空运航线在陆地上延伸的"快速通道"。从 2001 年国航首次开通北京至天津和北京至青岛的两条卡车航班之后，该模式已经得到其他航空公司的广泛应用，同时也使得受益于卡车航班的机场通过"虚拟空港"的设立，极大地增强了其对周边城市或地区的辐射力。

最后，国际货运运营环境日渐改善。为进一步改善我国航空货运业中国际货运的运营环境，近年来我国海关总署及各地海关积极采取了各种有效的服务措施，支持我国国际航空货运的快速发展。以广州海关为例，2004 年广州海关颁布了支持新白云国际机场全面提升运行效率的 12 项服务措施，包括 24 小时便捷通关、空中报关、多点报关、卡车航班直通式通关服务、保税监管通道、区港联动、网上一站式服务等。2005 年，深圳海关开通了"空港物流快线"，真正实现了深港两地机场的无缝链接和无障碍通关。

（四）竞争日益激烈

我国的航空货运市场竞争日益激烈。在三大航空集团加大货运发展的同时，一些地方航空公司与民营航空公司也加快发展步伐，积极参与到航空货运市场中去。与此同时，一些外国航空货运巨头也以合资、联盟、联运等各种方式进入我国市场。从国内航空货运市场来看，除了传统客机腹舱的竞争之外，原属于海航集团的扬子江快运、隶属于国家邮政局的货运邮政航空，以及民营资本的东海航空与奥凯航空，纷纷以全货机方式进入国内航空货运市场，使得国内航空货运市场的运营日益规范，竞争也日益激烈。尤其值得关注的是奥凯航空，进入航空货运市场之初，就显现出良好的发展态势，借助FedEx杭州国内转运中心，开通了以杭州机场为中心的国内货运航线。从国际航空货运市场来看，得益于中美2004年的航空运输协定，UPS、FedEx、美西北纷纷加大了在我国的航空货运投入，除了在长三角地区加大航班频率之外，还把触角伸向了我国的珠三角地区与京、津、鲁地区。即使是新加入的美国博立货运航空也直接进入了我国航空货运主市场——浦东国际机场。与美国航空货运公司直接进入的方式不同，欧洲的航空货运巨头以及我国周边地区的航空巨头则是选择曲线进入的方式。如2005年国际航空货运排名第一的大韩航空，除了全货机（拥有19架波音747F）与大量客机腹舱的竞争方式之外，还在我国的山东沿海地区开通了空海快运服务，通过海上快艇将山东沿海经济发达地区的货物运抵韩国仁川机场，转而运到欧美等地。汉莎航空、新加坡航空分别以合资的方式，与我国的深圳航空公司（我国最大的民营航空公司）、长城工业总公司（货运代理）合作，成立了以深圳机场、浦东机场为基地的翡翠货运航空（未来拥有6架波音747ERF）和长城货运航空（未来拥有5架波音747ERF），占据了我国两大国际航空货运市场中心。而运力日益过剩、机队规模强大的我国台湾地区的中华航空（拥有全球最大的波音747F机队，21架）和长荣航空，则都以上海浦东机场为基地，分别与扬子江快运、上海航空（即新成立的上海国际航空货运公司）合作，加入国内航空货运市场的竞争。

未来几年，航空公司间的竞争会越来越激烈。如三大集团的中国货运航空公司，早期订购的两架图204和空客300F很快会投入运营。中国国际货运航空公司除了新飞机（也有两架图204）加入之外，一直在努力地寻求战略合作伙伴，以期能够快速提升其竞争能力。三大集团中的南航，虽然起步较晚，但是其发展力度却是最大的，一方面积极引入战略合作伙伴，另一方面则加大运力的投入，除了开始改装的6架空客300-600型飞机之外，到2010年还将有6架全新的波音777-200F到位，届时，加上现有的两架波音747-400F，其货机机队规划将达到14架。再加上其占有珠三角主要机场——深圳机场与白云机场两个主要基地市场，其竞争能力将非同一般。

不过，从运营能力与市场份额占有情况来看，在未来一段时间内，受益于我国航空运输市场货运优先的开放政策，我国国际航空货运市场仍然是国外航空公司占主导地位。目前，外国航空公司大约占有我国国际航空货运四分之三的份额。

二、主要航空物流运输企业

（一）中国国际货运航空有限公司

中国国际货运航空有限公司成立于2003年3月3日，由中国国际航空股份有限公司、中信泰富有限公司、首都机场集团公司三家投资组建。中国国际货运航空有限公司投资总额为35亿元人民币，注册资本22亿元人民币，其中中国国际航空股份有限公司占全部注册资本的51%，为控股股东。

  2003年，中国国航联合了中信泰富（行情，资讯，评论）、首都机场注册成立国货航，注册资本为22亿元，其中航占合资公司全部注册资本的51%，以飞机、发动机、库房及地面设备等资产出资；中信泰富有限公司、首都机场集团公司均以现金出资，分别占总资本的25%和24%。2008年1月3日，中国国航全资子公司中航兴业有限公司出资8.57亿元，收购中信泰富全资子公司全部股份，从而间接获得Gold Leaf所持有的25%的国货航股份。中国国航所持有的国货航股份由51%增至76%。2009年4月，中国国航出资7亿元，从首都机场集团手中收购中国国际货运航空有限公司（下称"国货航"）24%的股权，该收购完成后，国货航将成为中国国航的全资子公司。

  目前中国国际航空公司使用的货运计算机系统已覆盖北京机场货运，上海、广州、大连营业部，天津分公司，以及纽约、东京、新加坡、法兰克福、罗马等办事处，随着外站货运计算机系统的使用，货运系统信息越来越完善，用户可对运单进行查询，掌握自己的货物去向。

  中国国际货运航空有限公司拥有4架波音747-200货机和8架波音747-400大型客货混型飞机，60架波音747、波音767、空客340等全客机的腹舱容积，提供充裕的航空货运能力，更拥有由北京、上海发至美国洛杉矶、旧金山、纽约、芝加哥、波特兰，德国的法兰克福，法国巴黎，英国伦敦等国际货运航线的经营权。

  （二）中国货运航空有限公司

  中国货运航空有限公司（China Cargo Airlines LTD.，简称中货航）成立于1998年7月30日，是中国民航总局批准成立的首家专营航空货邮的专业货运航空公司，由中国东方航空公司和中国远洋运输总公司共同投资成立，中国东方航空占有其70%的股份，中国远洋运输总公司占30%的股份。总部位于中国上海。

  中国货运航空有限公司是中国大陆最早成立的一家全货运航空承运人。2003年开始以CK代码独立运行美国航线并成功加入国际航协组织。2004年，中国货运航空有限公司被选为中国民用航空总局对危险品运输许可进行试点审定的单位，并成功成为中国首家获得危险品运输许可的航空承运人。

  中货航总部设立于虹桥机场，并同时在浦东机场设有基地。中国货运航空拥有多条自身的专线货运航班，经营专线货运航班的同时还经营着上海始发的部分航线的中国东方航空客机货舱的国际、国内货运业务，拥有东航航线网络的优势，提供货物运输、处理、中转等服务；通过上海中心枢纽形成国内转国内、国内转国际、国际转国际、国际转国内的货运中转体系；在美国、欧洲、日本等地均设有多个办事处；与亚洲、美洲及欧洲多家航空公司建立了互换舱位、代码共享、签订联运协议等合作关系。中国货运航空经营上海至北京、纽约、芝加哥、洛杉矶、西雅图、旧金山、巴黎、卢森堡、东京、大阪、新加坡、曼谷、香港、青岛、厦门等十几条国际、地区和国内航班。

中货航现有6架麦道11货机，2架波音747-400货机，湿租2架空客300-600货机。随着中货航的不断发展，中货航将在保证运力增长的前提下逐步用波音777货机替代麦道11货机。至2015年，中货航将形成以波音777货机为主、波音747-400货机为辅的远程货机机队和以空客300-600货机为主的地区型货机机队，届时中货航的机队规模和运输能力将在上海保持优势并在国内名列前茅。

中货航投资参股企业上海东方远航物流有限公司为客户提供航班进出口货物的组装、分拣、中转、仓储等业务，共同完成航班的进出港货物操作，拥有配套的海关监管区、信息中心、大型停车场等供航空公司及货运代理人使用，海关监管区可对航空货物进行报验、查验等。

（三）扬子江快运航空有限公司

扬子江快运航空有限公司（通常简称扬子江快运）于2002年7月成立，是中国民用航空总局批准成立的第二家专业货运航空公司。扬子江快运航空有限公司主营国际、国内航空货运、综合物流。2004年正式取得国际航线运营权，相继开通亚洲地区以及部分欧美地区航线。扬子江快运的总部位于中国上海，运营基地为上海浦东国际机场。

2002年，海南航空集团创立扬子江快运航空有限公司。其中海南航空集团持有85%的股权，海南航空公司持有5%的股权，上海机场集团持有10%的股权。2006年，海南航空集团与中华航空公司、阳明海运、万海航运以及China Container Express Lines Inc.达成合作协议，海南航空集团拥有51%的股权，而由中华航空等四家公司取得扬子江快运49%的股权：其中中华航空持股25%，阳明海运持股12%，万海航运持股6%，China Container Express Lines持股6%。

扬子江快运航空有限公司依靠海南航空的实力和中华航空遍布全球的货运服务网络，并与多家航空公司有舱位共享协议。扬子江快运航空除自身拥有的全货机执飞货运航线，经营专线货运航班，其资源还包括海南航空旗下客机货舱。扬子江快运航空已经建成了由中国大陆、东南亚、美国、欧洲构成的航线网络。现已开通的国内航线覆盖全国20多个主要的大中城市，国际货运航线包括新加坡，韩国首尔，菲律宾马尼拉，克拉克，孟加拉国达卡，泰国曼谷，美国波士顿、纽约、洛杉矶，法兰克福，卢森堡等。

至2009年，扬子江快运在国内航线上运行6架中短程货机（波音737-300），实际稳定执行的国内航线分别是沈阳、青岛、杭州、厦门、深圳、上海6个城市。国际航线上运行3架远程货机（波音747-400），实际稳定执行的国际航线是卢森堡、洛杉矶，以及由波音737-300执行的克拉克。

预计至2011年，扬子江快运货机规模将达到15架，以逐步构建从上海出发、覆盖国内主要城市、连接欧亚大陆的世界性航空服务网络。

（四）中国邮政航空公司

中国邮政航空公司于1995年11月25日成立，1997年2月27日正式投入运营，是国内首家专营特快邮件和货物运输的航空公司。

企业标识为 EMS 标志，体现了立体、全方位的快速运输目标，寓意真诚服务社会和对速度、安全的追求。

邮政航空公司机队以波音 737 全货机为主，采用"全夜航"集散模式，形成了以南京为枢纽中心，上海、武汉为辅助中心，连接国内外 16 个节点城市，形成覆盖华北、华东、东北、华中、华南、西南、西北 7 个地区的集散式航线网络，在国内 304 个城市间实现 EMS 邮件"限时递"以及"次日递"和"次晨达"等业务品牌，形成了"人无我有，人有我优，领先一步"的竞争优势，为中国邮政航空快速网提供了可靠的运力支撑。

（五）翡翠航空

翡翠航空由深圳航空公司、德国汉莎货运航空公司和德国投资与开发有限公司共同投资成立，计划总投资为 9000 万美元，初期投资与注册资本为 3000 万美元。其中，深航出资 1530 万美元，汉莎货运、德国投资与开发有限公司分别出资 750 万和 720 万美元，股权比例分别为 51%、25% 和 24%。公司总部和基地都设在深圳宝安国际机场。

翡翠航空以深圳为基地，全货机运营，主要经营国际定期与非定期航空货物运输服务，还将广泛开展国内外航空货物运输销售与代理服务，同时兼营进出口服务、飞机租赁服务、货物仓储服务、地面操作服务、货站建设与经营等，航线网络可以覆盖亚洲和欧美地区。目前翡翠航空运营 6 架波音 747 宽体货机。翡翠航空对深圳物流转运中心的形成和我国进出口贸易的发展都将有着重要的推动作用。

三、主要航空物流园介绍

在传统意义上的机场货运功能已不再适应现代物流要求的情况下，拥有高效率并能提供综合性物流服务的航空物流园将发挥重要作用。

航空物流园区以航空飞行器及机场地面配套物流设施为核心，为多家航空公司、航空货运代理、综合物流企业提供公共物流设施、物流信息服务及综合物流服务。航空物流园区主要包括三大功能平台：物流核心功能平台、物流增值功能平台和航空物流服务支持平台。物流核心功能平台是航空物流园区的核心功能部分，包括货站、仓库、地勤、航空快递中心；物流增值功能平台用于为园区的参与者提供增值服务，如对货物进行简单的加工、分拣等；信息平台为物流园区的参与者提供多方的信息支持服务，是航空物流园区的重要组成部分。

航空货运作为现代物流中的重要环节，正得到各方的高度重视，获得新的发展机遇。为提高机场竞争力，许多地区将物流园区作为发展航空货运的主要战略之一。

（一）顺义空港物流园

北京顺义空港物流园区是适应中国加入 WTO，推进城市商业信息化、现代化进程，改善城市环境、完善城市功能、提高城市综合竞争能力，为北京市向国际化大都市迈进，以国家经济贸易委员会、交通部、外经贸部等六部委联合发出《关于加快我国现代物流发展的若干意见》、北京市商业物流"十五"发展规划及顺义区提出"空港国际化，顺义空港化，发展融合化"的运行机制为依据建立的北京市级开发区。2002年11月13日，经北京市商委批准，顺义空港物流园区成为北京市物流基地中唯一重点建设的试点园区。

北京顺义空港物流园区位于首都国际机场北侧，总占地面积6.2平方公里，是北京市规划的三大物流基地之一。园区建设以规范化、规模化、网络化、系统化、国际化为标准，以物流产业园区的开发建设和招商引资为载体，利用航空运输优势和各种有利条件，通过物流企业的集聚、扩散、辐射，构建为全国和国际第三产业密集区服务的物流配送中心的基本框架，力争在未来将其建设成为规划科学、功能完善、技术先进、运转高效、管理规范的航空—公路国际货运枢纽型、国际一流的现代化物流园区。

空港物流园区周边紧临天竺出口加工区、空港工业区、林河工业区、北京现代汽车城及奥运会场馆，区域经济环境商机无限。日本JVC、SONY、松下通信、西铁城（中国）钟表，韩国LG电子，欧美的摩托罗拉、空中客车、爱立信移动通信、皇冠制罐，以及中国国际航空公司、万科城市花园、空港国际仓储和人类基因研发中心——华大基因等30余个国家的百余家著名企业在周边熠熠生辉。东部顺义新城、西部空港城的建设，与物流园区的发展相得益彰。

(二) *天津空港物流园*

物流园区于1999年开始启动，2002年8月奠基，位于天津滨海国际机场西北端，紧靠京哈铁路动脉，临近京津塘、津滨高速公路和外环线，距市中心13公里，距天津港及开发区、保税区30余公里，距首都北京140公里。

空港国际物流园区依托天津滨海国际机场，地处东北亚的中心，背靠中国北方广大腹地，面向太平洋，是国家民航局重点培养的两大航空货运基地和快件集散中心，是现代航空物流的重要节点。

园区规划面积0.95平方公里，主要吸引企业从事国际、国内航空货运的仓储、分拨、配送、整理、加工、展示、展销等业务。按照总体规划，空港国际物流园区分为六大功能区，即物流分拨区、仓储服务区、加工增值区、展览展销区、管理办公区及配套服务区。

空港国际物流园区由天津港保税区管委会实施行政管理，区内注册企业享受保税区的税收、财政及外汇等优惠政策。海关运用EDI等现代技术，采取简便的"一次报关、预约报关、24小时验收"的管理方式，对进出空港国际物流园区的货物实施监管，使整个物流过程快捷、方便、流畅、高效。

(三) *广州空港物流园区*

广州空港物流园区是国家三大国际航空物流园区之一，已列入《广州现代物流发展实施纲要》，是广州市政府重点扶持和发展的三大国际性枢纽物流园区之一，在广州现代物流业发展战略规划中占有十分重要的位置。

园区地处广州新白云机场北区，北至花都大道，西近106国道、机场高速公路北延线，南靠新机场货运区，东临新机场北主进场路，用地面积6000余亩，交通便利，地理位置优越。园区包括综合货运站、仓储、加工、包装、快递、配送、物流信息咨询、第三方物流、物流增值服务、海关、查验中心、检疫、银行、商业中心等设施，为国际、国内航空高附加值货物的仓储、转运、加工、包装、快递、配送、报关、保税、信息提供全程物流服务，大力发展航空货运和航空快递物流。

广州空港物流园唯一的经营主体——广州白云国际物流有限公司是国家计委立项批准的独立法人实体，已于2002年7月注册成立，由中国南方航空股份有限公司、广州白云国际机场股份有限公司、深圳盈信投资发展有限公司三家股东合资组建。广州白云国际物流有限公司本着"一次规划、分期建设、滚动发展"的建设原则，已征地1000亩，投资约7亿元人民币，开发物流园区的首期建设项目——新机场海关监管区，监管区综合报关业务楼（为国内外航空公司、国际货运代理、物流企业、快递企业、报关公司、银行提供办公场所和办理海关清关手续）、公共保税区、货运代理服务仓库、快件监管中心、海关查验中心、生活服务配套设施等12项单体项目。该监管区的主要功能为保障新机场国际航空物流运作，完善和发挥新机场整体功能。目前，海关监管区即将完工。白云物流随即将大规模开发空港物流园区二期、三期项目，重点发展以国际航空物流和第三方物流为主的现代物流业。

园区通过建立以信息流为纽带，将物流、资金流融为一体的管理体系，不断完善园区配套基础设施，包括物流园区信息门户网站；通过吸引、培养一支具有超前服务意识、熟练运作知识的经营管理团队和以市场、客户为导向的营销策略，为客户提供最安全、最快捷、最经济的服务，力争将园区建设成为起点高、规模大、辐射力强的华南物流基地。

（四）上海浦东国际空港物流园区

上海浦东国际空港物流加工综合基地（以下简称物流基地），毗邻浦东国际机场，占地500余亩，建造保税仓库和普通仓库17万平方米，高标准工业厂房13万平方米以及4万平方米研发办公用房，于2007年底正式投入使用。

物流基地毗邻浦东国际机场，距候机楼仅5分钟车程，园区紧临机场货运大道，货物可及时转往浦东国际机场，位于浦东国际机场临空物流产业区的中心位置。基地北部靠外高桥，南部接临港新城、大小洋山港，西临张江高科技园区、金桥加工出口区，处于上海进出口贸易前沿阵地的中心位置，而上海又处在整个长三角地区极其重要的战略位置，这就更凸显了物流基地的地理优势。

（五）成都航空物流园区

近年来，成都市航空运输业呈现出加快发展的良好态势，双流国际机场已经发展成为我国内地第四大航空港，为西南地区日益增长的货物流通提供了一条更为方便和快捷的空中通道。巨大的空中货物流通必然需求一个专业化的航空物流平台，成都航空物流园区便应运而生。

　　园区根据实际情况,坚持科学开发发展理念,以专业园区建设为载体,构建以"质量和服务"为核心的服务成都、辐射西部的现代化物流园区。围绕率先建成辐射中西部地区的国际航空物流园区这一目标,采用地面服务区、货代区、整合商区、第三方物流区四大功能分区的全新模式,最大限度地提高服务质量,满足客户的各方面需求。

　　成都航空物流园区作为成都市"一网两平台三园区四中心、若干物流站"的现代物流框架体系中的重要一环,直接关系着成都整个物流体系配套的完善性,园区建设状况将在很大程度上决定着成都物流发展状况。航空物流园区的最终建成将直接拉动成都高、精、尖科技,高附加值产品和特色产业的发展,同时也直接带动双流地区经济的发展,进而提升成都城市品位,丰富成都城市名片。

附录一

中国航空运输协会章程

第一章 总 则

第一条 本协会名称：中国航空运输协会，简称：中国航协。英文译名：CHINA AIR TRANSPORT ASSOCIATION，缩写：CATA。

第二条 本协会是依据我国有关法律规定，以民用航空公司为主体，由企、事业法人和社团法人自愿参加结成的、行业性的、不以营利为目的、经中华人民共和国民政部核准登记注册的全国性社团法人。

第三条 本协会的宗旨是：遵守宪法、法律法规和国家的方针政策。按照社会主义市场经济体制要求，努力为航空运输企业服务，维护行业和航空运输企业的合法权利，为会员单位之间及会员单位与政府部门之间的沟通，发挥桥梁和纽带作用。

第四条 本协会的业务主管单位是中国民用航空局，接受民航局的业务指导和国家社会团体登记机关的监督管理。

第五条 本协会会址设在北京市。

第二章 业务范围

第六条 本协会的业务范围：

（一）宣传、贯彻党和国家关于民航业的路线方针政策、法律法规、标准制度及有关文件精神。

（二）研究国际国内民航市场发展形势、经济形势和世界动向，探讨航空运输企业建设、改革和发展中的理论与实践问题，在改革开放、发展战略、产业政策、科技进步、市场开拓、技术标准、行业立法等方面，为政府提供信息，并及时向政府有关部门反映会员单位的意见和建议。通过政策性建议，争取政府有关部门的指导和支持，为航空运输企业提供管理咨询等。

（三）根据民航局的授权、政府部门的委托及会员单位的要求，组织对有关专业人员进行培训和资质、资格认证。

（四）传播国际国内航空运输企业先进文化，组织举办航展、会展。

（五）编辑出版协会刊物，为会员单位及航空理论专家、学者、业内人士提供知识、经验、学术交流平台。

（六）组织国内外培训考察活动，开展会员单位间的业务交流与合作，促进航空运输企业核心竞争力的提高和持续发展。

（七）协调会员单位之间各方面的关系，建立起公平竞争、相互发展的经济关系。

（八）为了祖国的统一，早日实现与台湾直航，积极协助政府主管部门，加强海峡两岸民航界的联系。

（九）督导做好航空销售代理人的自律工作，监督并约束会员单位业务代理的行为规范，反对不正当竞争，维护航空运输企业的合法权益。

（十）在飞机引进、市场准入、基地设置等资源配置方面，为业务主管单位和航空运输企业提供评估报告，作为其决策依据之一。

（十一）中国民航局委托承办的其他业务。

第三章　会　员

第七条　企、事业法人，社团法人均可成为本协会的单位会员。

第八条　申请加入本协会的条件：

（一）拥护本协会的章程；

（二）有加入本团体的意愿，提出书面申请；

（三）在本协会的业务领域内具有一定的影响。

第九条　会员入会的程序：

（一）提交入会申请书；

（二）经理事会讨论通过；

（三）协会履行有关手续；

（四）协会秘书处发给会员证。

第十条　本协会会员享有以下权利：

（一）行使表决权和选举权，有被选举权；

（二）参加协会组织的活动；

（三）优先获得协会提供的服务；

（四）对协会工作进行批评和监督，提出意见和建议；

（五）入会自愿，退会自由。

第十一条　本协会会员履行以下义务：

（一）遵守章程，执行决议；

（二）维护本协会的合法权益；

（三）完成本协会委托和交办的各项工作；

（四）按时交纳会费；

（五）向协会提供有关信息和数据资料。

第十二条　会员退会应事先书面通知协会，并交回会员证。会员两年不缴纳会费，经催缴仍不缴纳的单位或已经依法注销的单位，视为自动退会。

第十三条　会员如有严重违反本协会章程的行为，经理事会决定予以除名。

第四章　组织机构和负责人的产生、罢免

第十四条　本协会的最高权力机构是会员大会。会员大会的职权是：

（一）制定和修改章程；

（二）选举和罢免理事；

（三）审议和通过会徽；

（四）审议理事会的工作报告和财务报告；

（五）决定终止事项；

（六）决定其他重大事宜。

第十五条　会员大会须有三分之二以上的会员出席方能召开，其决议须经到会会员半数以上表决通过方能生效。

第十六条　会员大会每届三年。因特殊情况需提前或延期换届的，需由理事会表决通过，报业务主管单位审查，并经社团登记管理机关批准同意。但延期换届最长不超过一年。

第十七条　理事会是会员大会的执行机构。在会员大会闭会期间，领导协会工作，对会员大会负责。

第十八条　理事会的职权是：

（一）执行会员大会的决议；

（二）选举和罢免理事长、副理事长、秘书长；

（三）筹备召开会员大会；

（四）向会员大会报告工作和财务状况；

（五）决定会员的吸收和除名；

（六）决定设立办事机构、分支机构（专业委员会）、代表机构和实体机构。

（七）制定协会内部管理制度；

（八）领导本协会各机构开展工作；

（九）决定其他重大事项。

第十九条　理事会须有三分之二以上理事出席方能召开，其决议须经到会理事三分之二以上表决通过方能生效。

第二十条　理事会每年至少召开一次会议，必要时可提前或延期召开，情况特殊时可采用其他形式召开。

第二十一条　本协会设理事长、常务副理事长、副理事长。理事长、常务副理事长由理事长、副理事长单位依次轮流担任。

（一）理事长或常务副理事长主持协会工作。

（二）协会有必要设名誉理事长和顾问时，由理事会聘任。

（三）遇有必要递补理事时，由理事会确定人选，会员代表大会予以确认。

（四）理事已离退休或准备调离原工作单位，会员单位可推荐新的人选，报会员代表大会通过。

（五）协会设秘书处，由秘书长和办事机构组成，负责处理协会的日常工作。

第二十二条　本协会理事长、副理事长、秘书长必须具备以下条件：

（一）坚持党的路线、方针、政策，政治素质好；

（二）在行业领域内，具有较大的影响和组织协调能力；

（三）身体健康，能坚持正常工作；

（四）理事长、副理事长、秘书长，最高任职年龄不超过70周岁，秘书长为专职。

（五）未受过剥夺政治权利和刑事处罚；

（六）具有完全民事行为能力。

第二十三条　本协会理事长、副理事长、秘书长，如超过最高任职年龄的，须经理事会表决通过，报业务主管单位和社团登记管理机关批准同意后，方可任职。

第二十四条　本协会理事长、副理事长、秘书长，每届任期3年。原则上不超过两届，需延长任期的，须经会员大会三分之二以上表决通过。报业务主管单位和社团登记管理机关批准同意后，方可任职。

第二十五条　秘书长为本协会的法定代表人。

本协会法定代表人不兼任其他社团的法定代表人。

第二十六条　本协会理事长行使下列职权：

（一）召开和主持理事会；

（二）检查会员大会、理事会决议的落实情况。

第二十七条　协会秘书长行使下列职权：

（一）代表协会签署重要文件；

（二）主持办事机构开展日常工作，组织实施年度工作计划；

（三）协调各分支机构、代表机构开展工作；

（四）提名各办事机构、代表机构负责人，报理事会决定（必要时提名兼职副秘书长，报理事会决定）；

（五）决定办事机构、代表机构专职工作人员的聘用；

（六）处理协会的其他日常工作。

第五章　资产管理、使用原则

第二十八条　本协会经费来源：

（一）会费；

（二）捐赠；

（三）政府资助；

（四）在核准的业务范围内，开展经营活动或其他服务收入；

（五）利息；

（六）其他合法收入。

第二十九条　本协会按照国家有关规章收取会员会费。

第三十条　本协会经费必须用于本章程规定的业务范围和事业的发展，不得在会员中分配。

第三十一条　本协会建立严格的财务管理制度，保证会计资料合法、真实、准确、完整。

第三十二条　本协会配备具有专业资格的会计人员。会计不得兼任出纳。会计人员必须进行会计核算，实行会计监督。会计人员调动工作或离职时，必须与接管人员办清交接手续。

第三十三条　本协会的资产管理必须执行国家规定的财务规章制度，接受会员大会和财政部门的监督。资产来源属于国家拨款或者社会捐赠、资助的，必须接受审计机关的监督，并将有关情况以适当方式向社会公布。

第三十四条　本协会换届或更换法定代表人之前必须接受社团登记管理机关和业务主管单位组织的财务审计。

第三十五条　本协会的资产，任何单位、个人不得侵占、私分和挪用。

第三十六条　本协会专职工作人员的工资和保险、福利待遇参照国家对事业单位的有关规定执行。

第六章　章程的修改程序

第三十七条　对本协会章程的修改，须经理事会表决通过后提交会员大会审议。

第三十八条　本协会修改的章程，须在会员大会通过后 15 个工作日内，经业务主管单位同意，并报社团登记管理机关核准后生效。

第七章　终止程序及终止后的财产处理

第三十九条　本协会完成宗旨或自行解散或由于分立、合并等原因需要注销的，经业务主管单位同意，由理事会或常务理事会提出终止动议。

第四十条　本协会终止动议须经会员大会表决通过，并报业务主管单位同意。

第四十一条　本协会终止前，须在有关部门指导下成立清算组织，清理债权债务，处理善后事宜。清算期间，不开展清算以外的活动。

第四十二条　本协会经社团登记管理机关办理注销登记手续后即为终止。

第四十三条　本协会终止后的剩余财产，在社团登记管理机关的监督下，按照国家有关规定，用于发展与本团体宗旨相关的事业。

第八章　附　则

第四十四条　本章程经 2005 年 9 月 9 日第一届会员大会表决通过。

第四十五条　本章程的解释权属本协会的理事会。

第四十六条　本章程自业务主管单位审查同意，社团登记管理机关核准之日起生效。

附录二

中国民用航空旅客、行李国内运输规则

中国民用航空总局令（第49号）
一九九六年二月二十八日

第一章 总 则

第一条 为了加强对旅客、行李国内航空运输的管理，保护承运人和旅客的合法权益，维护正常的航空运输秩序，根据《中华人民共和国民用航空法》制定本规则。

第二条 本规则适用于以民用航空器运送旅客、行李而收取报酬的国内航空运输及经承运人同意而办理的免费国内航空运输。

本规则所称"国内航空运输"，是指根据旅客运输合同，其出发地、约定经停地和目的地均在中华人民共和国境内的航空运输。

第三条 本规则中下列用语，除具体条款中有其他要求或另有明确规定外，含义如下：

（一）"承运人"指包括填开客票的航空承运人和承运或约定承运该客票所列旅客及其行李的所有航空承运人。

（二）"销售代理人"指从事民用航空运输销售代理业的企业。

（三）"地面服务代理人"指从事民用航空运输地面服务代理业务的企业。

（四）"旅客"指经承运人同意在民用航空器上载运除机组成员以外的任何人。

（五）"团体旅客"指统一组织的人数在10人以上（含10人），航程、乘机日期和航班相同的旅客。

（六）"儿童"指年龄满两周岁但不满十二周岁的人。

（七）"婴儿"指年龄不满两周岁的人。

（八）"订座"指对旅客预订的座位、舱位等级或对行李的重量、体积的预留。

（九）"合同单位"指与承运人签订订座、购票合同的单位。

（十）"航班"指飞机按规定的航线、日期、时刻的定期飞行。

（十一）"旅客订座单"指旅客购票前必须填写的供承运人或其销售代理人据以办理订座和填开客票的业务单据。

（十二）"有效身份证件"指旅客购票和乘机时必须出示的由政府主管部门规定的证明其身份的证件。如：居民身份证、按规定可使用的有效护照、军官证、警官证、士兵证、文职干部或离退休干部证明，16周岁以下未成年人的学生证、户口簿等证件。

（十三）"客票"指由承运人或代表承运人所填开的被称为"客票及行李票"的凭证，包括运输合同条件、声明、通知以及乘机联和旅客联等内容。

（十四）"联程客票"指列明有两个（含）以上航班的客票。

（十五）"来回程客票"指从出发地至目的地并按原航程返回原出发地的客票。

（十六）"定期客票"指列明航班、乘机日期和订妥座位的客票。

（十七）"不定期客票"指未列明航班、乘机日期和未订妥座位的客票。

（十八）"乘机联"指客票中标明"适用于运输"的部分，表示该乘机联适用于指定的两个地点之间的运输。

（十九）"旅客联"指客票中标明"旅客联"的部分，始终由旅客持有。

（二十）"误机"指旅客未按规定时间办妥乘机手续或因旅行证件不符合规定而未能乘机。

（二十一）"漏乘"指旅客在航班始发站办理乘机手续后或在经停站过站时未搭乘上指定的航班。

（二十二）"错乘"指旅客乘坐了不是客票上列明的航班。

（二十三）"行李"指旅客在旅行中为了穿着、使用、舒适或方便的需要而携带的物品和其他个人财物。除另有规定者外，包括旅客的托运行李和自理行李。

（二十四）"托运行李"指旅客交由承运人负责照管和运输并填开行李票的行李。

（二十五）"自理行李"指经承运人同意由旅客自行负责照管的行李。

（二十六）"随身携带物品"指经承运人同意由旅客自行携带乘机的零星小件物品。

（二十七）"行李牌"指识别行李的标志和旅客领取托运行李的凭证。

（二十八）"离站时间"指航班旅客登机后，关机门的时间。

第四条　承运人的航班班期时刻应在实施前对外公布。承运人的航班班期时刻不得任意变更。但承运人为保证飞行安全、急救等特殊需要，可依照规定的程序进行调整。

第二章　订　座

第五条　旅客在订妥座位后，凭该订妥座位的客票乘机。

承运人可规定航班开始和截止接受订座的时限，必要时可暂停接受某一航班的订座。

不定期客票应在向承运人订妥座位后才能使用。

合同单位应按合同的约定订座。

第六条　已经订妥的座位，旅客应在承运人规定或预先约定的时限内购买客票，承运人对所订座位在规定或预先约定的时限内应予以保留。

承运人应按旅客已经订妥的航班和舱位等级提供座位。

第七条　旅客持有订妥座位的联程或来回程客票，如在该联程或回程地点停留72

小时以上，须在联程或回程航班离站前两天中午 12 点以前，办理座位再证实手续，否则原订座位不予保留。如旅客到达联程或回程地点的时间离航班离站时间不超过 72 小时，则不需办理座位再证实手续。

第三章 客 票

第八条　客票为记名式，只限客票上所列姓名的旅客本人使用，不得转让和涂改，否则客票无效，票款不退。

客票应当至少包括下列内容：

（一）承运人名称；
（二）出票人名称、时间和地点；
（三）旅客姓名；
（四）航班始发地点、经停地点和目的地点；
（五）航班号、舱位等级、日期和离站时间；
（六）票价和付款方式；
（七）票号；
（八）运输说明事项。

第九条　旅客应在客票有效期内，完成客票上列明的全部航程。

旅客使用客票时，应交验有效客票，包括乘机航段的乘机联和全部未使用并保留在客票上的其他乘机联和旅客联，缺少上述任何一联，客票即为无效。

国际和国内联程客票，其国内联程段的乘机联可在国内联程航段使用，不需换开成国内客票；旅客在我国境外购买的用国际客票填开的国内航空运输客票，应换开成我国国内客票后才能使用。

承运人及其销售代理人不得在我国境外使用国内航空运输客票进行销售。

定期客票只适用于客票中列明的乘机日期和航班。

第十条　客票的有效期为：

（一）客票自旅行开始之日起，一年内运输有效。如果客票全部未使用，则从填开客票之日起，一年内运输有效。

（二）有效期的计算，从旅行开始或填开客票之日的次日零时起至有效期满之日的次日零时为止。

第十一条　承运人及其代理人售票时应该认真负责。

由于承运人的原因，造成旅客未能在客票有效期内旅行，其客票有效期将延长到承运人能够安排旅客乘机为止。

第四章 票 价

第十二条　客票价指旅客由出发地机场至目的地机场的航空运输价格，不包括机场与市区之间的地面运输费用。

客票价为旅客开始乘机之日适用的票价。客票出售后,如票价调整,票款不作变动。

运价表中公布的票价,适用于直达航班运输。如旅客要求经停或转乘其他航班时,应按实际航段分段相加计算票价。

第十三条　旅客应按国家规定的货币和付款方式交付票款,除承运人与旅客另有协议外,票款一律现付。

第五章　购　票

第十四条　旅客应在承运人或其销售代理人的售票处购票。

旅客购票凭本人有效身份证件或公安机关出具的其他身份证件,并填写《旅客订座单》。

购买儿童票、婴儿票,应提供儿童、婴儿出生年月的有效证明。

重病旅客购票,应持有医疗单位出具的适于乘机的证明,经承运人同意后方可购票。

每一旅客均应单独填开一本客票。

第十五条　革命残废军人凭革命残废军人抚恤证,按适用票价的80%购票。

儿童按适用成人票价的50%购买儿童票,提供座位。

婴儿按适用成人票价的10%购买婴儿票,不提供座位;如需要单独占用座位时,应购买儿童票。

每一成人旅客携带婴儿超过一名时,超过的人数应购儿童票。

第十六条　承运人或其销售代理人应根据旅客的要求,出售联程、来回旅客票。

第十七条　售票场所应设置班期时刻表、航线图、航空运价表和旅客须知等必备资料。

第六章　客票变更

第十八条　旅客购票后,如要求改变航班、日期、舱位等级,承运人及其销售代理人应根据实际可能积极办理。

第十九条　航班取消、提前、延误、航程改变或不能提供原订座位时,承运人应优先安排旅客乘坐后续航班或签转其他承运人的航班。

因承运人的原因,旅客的舱位等级变更时,票款的差额多退少不补。

第二十条　旅客要求改变承运人,应征得原承运人或出票人的同意,并在新的承运人航班座位允许的条件下予以签转。

本规则第十九条第一款所列情况要求旅客变更承运人时,应征得旅客及被签转承运人的同意后,方可签转。

第七章 退 票

第二十一条 由于承运人或旅客原因，旅客不能在客票有效期内完成部分或全部航程，可以在客票有效期内要求退票。

旅客要求退票，应凭客票或客票未使用部分的"乘机联"和"旅客联"办理。

退票只限在出票地、航班始发地、终止旅行地的承运人或其销售代理人售票处办理。

票款只能退给客票上列明的旅客本人或客票的付款人。

第二十二条 旅客自愿退票，除凭有效客票外，还应提供旅客本人的有效身份证件，分别按下列条款办理：

（一）旅客在航班规定离站时间 24 小时以内、两小时以前要求退票，收取客票价 10% 的退票费；在航班规定离站时间前两小时以内要求退票，收取客票价 20% 的退票费；在航班规定离站时间后要求退票，按误机处理。

（二）持联程、来回程客票的旅客要求退票，按本条第一款规定办理。

（三）革命残废军人要求退票，免收退票费。

（四）持婴儿客票的旅客要求退票，免收退票费。

（五）持不定期客票的旅客要求退票，应在客票的有效期内到原购票地点办理退票手续。

（六）旅客在航班的经停地自动终止旅行，该航班未使用航段的票款不退。

第二十三条 航班取消、提前、延误、航程改变或承运人不能提供原订座位时，旅客要求退票，始发站应退还全部票款，经停地应退还未使用航段的全部票款，均不收取退票费。

第二十四条 旅客因病要求退票，需提供医疗单位的证明，始发地应退还全部票款，经停地应退还未使用航段的全部票款，均不收取退票费。

患病旅客的陪伴人员要求退票，按本条第一款规定办理。

第八章 客票遗失

第二十五条 旅客遗失客票，应以书面形式向承运人或其销售代理人申请挂失。

在旅客申请挂失前，客票如已被冒用或冒退，承运人不承担责任。

第二十六条 定期客票遗失，旅客应在所乘航班规定离站时间一小时前向承运人提供证明后，承运人可以补发原订航班的新客票。补开的客票不能办理退票。

第二十七条 不定期客票遗失，旅客应及时向原购票的售票地点提供证明后申请挂失，该售票点应及时通告各有关承运人。经查证客票未被冒用、冒退，待客票有效期满后的 30 天内，办理退款手续。

第九章　团体旅客

第二十八条　团体旅客订妥座位后，应在规定或预先约定的时限内购票，否则，所订座位不予保留。

第二十九条　团体旅客购票后自愿退票，按下列规定收取退票费：

（一）团体旅客在航班规定离站时间 72 小时以前要求退票，收取客票价 10% 的退票费。

（二）团体旅客在航班规定离站时间 72 小时以内至规定离站时间前一天中午 12 点前要求退票，收取客票价 30% 的退票费。

（三）团体旅客在航班规定离站时间前一天中午 12 点以后至航班离站前要求退票，收取客票价 50% 的退票款。

（四）持联程、来回旅客票的团体旅客要求退票，分别按本条第（一）、（二）、（三）项的规定办理。

（五）团体旅客误机，客票作废，票款不退。

第三十条　团体旅客中部分成员要求退票，按照本规则第二十九条的规定收取该部分成员的退票费。

第三十一条　团体旅客非自愿或团体旅客中部分成员因病要求变更或退票，分别按照本规则第十九条、第二十三条或第二十四条的规定办理。

第十章　乘　机

第三十二条　旅客应当在承运人规定的时限内到达机场，凭客票及本人有效身份证件按时办理客票查验、托运行李、领取登机牌等乘机手续。

承运人规定的停止办理乘机手续的时间，应以适当方式告知旅客。

承运人应按时开放值机柜台，按规定接受旅客出具的客票，快速、准确地办理值机手续。

第三十三条　乘机前，旅客及其行李必须经过安全检查。

第三十四条　无成人陪伴儿童、病残旅客、孕妇、盲人、聋人或犯人等特殊旅客，只有在符合承运人规定的条件下经承运人预先同意并在必要时做出安排后方予载运。

传染病患者、精神病患者或健康状况可能危及自身或影响其他旅客安全的旅客，承运人不予承运。

根据国家有关规定不能乘机的旅客，承运人有权拒绝其乘机，已购客票按自愿退票处理。

第三十五条　旅客误机按下列规定处理：

（一）旅客如发生误机，应到乘机机场或原购票地点办理改乘航班、退票手续。

（二）旅客误机后，如要求改乘后续航班，在后续航班有空余座位的情况下，承运人应积极予以安排，不收误机费。

（三）旅客误机后，如要求退票，承运人可以收取适当的误机费。

旅客漏乘按下列规定处理：

（一）由于旅客原因发生漏乘，旅客要求退票，按本条第一款的有关规定办理。

（二）由于承运人原因旅客漏乘，承运人应尽早安排旅客乘坐后续航班成行。如旅客要求退票，按本规则第二十三条规定办理。

旅客错乘按下列规定处理：

（一）旅客错乘飞机，承运人应安排错乘旅客搭乘最早的航班飞往旅客客票上的目的地，票款不补不退。

（二）由于承运人原因旅客错乘，承运人应早安排旅客乘坐后续航班成行。如旅客要求退票，按本规则第二十三条规定办理。

第十一章　行李运输

第三十六条　承运人承运的行李，只限于符合本规则第三条第二十三项定义范围内的物品。

承运人承运的行李，按照运输责任分为托运行李、自理行李和随身携带物品。

重要文件和资料、外交信袋、证券、货币、汇票、贵重物品、易碎易腐物品，以及其他需要专人照管的物品，不得夹入行李内托运。承运人对托运行李内夹带上述物品的遗失或损坏按一般托运行李承担赔偿责任。

国家规定的禁运物品、限制运输物品、危险物品，以及具有异味或容易污损飞机的其他物品，不能作为行李或夹入行李内托运。承运人在收运行李前或在运输过程中，发现行李中装有不得作为行李或夹入行李内运输的任何物品，可以拒绝收运或随时终止运输。

旅客不得携带管制刀具乘机。管制刀具以外的利器或钝器应随托运行李托运，不能随身携带。

第三十七条　托运行李必须包装完善、锁扣完好、捆扎牢固，能承受一定的压力，能够在正常的操作条件下安排装卸和运输，并应符合下列条件，否则，承运人可以拒绝收运：

（一）旅行箱、旅行袋和手提包等必须加锁；

（二）两件以上的包件，不能捆为一件；

（三）行李上不能附插其他物品；

（四）竹篮、网兜、草绳、草袋等不能作为行李的外包装物；

（五）行李上应写明旅客的姓名、详细地址、电话号码。

托运行李的重量每年不能超过50公斤，体积不能超过40厘米×60厘米×100厘米，超过上述规定的行李，须事先征得承运人的同意才能托运。

自理行李的重量不能超过10公斤，体积每件不超过20厘米×40厘米×55厘米。

随身携带物品的重量，每位旅客以5公斤为限。持头等舱客票的旅客，每人可随身携带两件物品；持公务舱或经济舱客票的旅客，每人只能随身携带一件物品。每件随身携带物品的体积均不得超过 20 厘米×40 厘米×50 厘米。超过上述重量、件数或体积限制的随身携带物品，应作为托运行李托运。

第三十八条　每位旅客的免费行李额（包括托运和自理行李）：持成人或儿童票的头等舱旅客为 40 公斤，公务舱旅客为 30 公斤，经济舱旅客为 20 公斤。持婴儿票的旅客，无免费行李额。

搭乘同一航班前往同一目的地的两个以上的同行旅客，如在同一时间、同一地点办理行李托运手续，其免费行李额可以按照各自的客票价等级标准合并计算。

构成国际运输的国内航段，每位旅客的免费行李额按适用的国际航线免费行李额计算。

第三十九条　旅客必须凭有效客票托运行李。承运人应在客票及行李票上注明托运行李的件数和重量。

承运人一般应在航班离站当日办理乘机手续时收运行李；如团体旅客的行李过多，或因其他原因需要提前托运时，可与旅客约定时间、地点收运。

承运人对旅客托运的每件行李应拴挂行李牌，并将其中的识别联交给旅客。经承运人同意的自理行李应与托运行李合并计重后，交由旅客带入客舱自行照管，并在行李上拴挂自理行李牌。

不属于行李的物品应按货物托运，不能作为行李托运。

第四十条　旅客的逾重行李在其所乘飞机载量允许的情况下，应与旅客同机运送。旅客应对逾重行李付逾重行李费，逾重行李费率以每公斤按经济舱票价的 1.5% 计算，金额以元为单位。

第四十一条　承运人为了运输安全，可以会同旅客对其行李进行检查；必要时，可会同有关部门进行检查。如果旅客拒绝接受检查，承运人对该行李有权拒绝运输。

第四十二条　旅客的托运行李，应与旅客同机运送，特殊情况下不能同机运送时，承运人应向旅客说明，并优先安排在后续的航班上运送。

第四十三条　旅客的托运行李，每公斤价值超过人民币 50 元时，可办理行李的声明价值。

承运人应按旅客声明的价值中超过本条第一款规定限额部分的价值的 5‰ 收支声明价值附加费。金额以元为单位。

托运行李的声明价值不能超过行李本身的实际价值。每一旅客的行李声明价值最高限额人民币 8000 元。如承运人对声明价值有异议而旅客又拒绝接受检查时，承运人有权拒绝收运。

第四十四条　小动物是指家庭饲养的猫、狗或其他小动物。小动物运输，应按下列规定办理：

旅客必须在订座或购票时提出，并提供运输检疫证明，经承运人同意后方可托运。

旅客应在乘机的当日，按承运人指定的时间，将小动物自行运到机场办理托运手续。

装运小动物的容器应符合下列要求：

（一）能防止小动物破坏、逃逸和伸出容器以外损伤旅客、行李或货物。

（二）保证空气流通，不致使小动物窒息。

（三）能防止粪便渗溢，以免污染飞机、机上设备及其他物品。

旅客携带的小动物，除经承运人特许外，一律不能放在客舱内运输。

小动物及其容器的重量应按逾重行李费的标准单独收费。

第四十五条　外交信袋应当由外交信使随身携带，自行照管。根据外交信使的要求，承运人也可以按照托运行李办理，但承运人只承担一般托运行李的责任。

外交信使携带的外交信袋和行李，可以合并计重或计件，超过免费行李额部分，按照逾重行李的规定办理。

外交信袋运输需要占用座位时，必须在订座时提出，并经承运人同意。

外交信袋占用每一座位的重量限额不得超过75公斤，每件体积和重量的限制与行李相同。占用座位的外交信袋没有免费行李额，运费按下列两种办法计算，取其高者：

（一）根据占用座位的外交信袋实际重量，按照逾重行李费率计算运费；

（二）根据占用座位的外交信袋占用的座位数，按照运输起讫地点之间，与该外交信使所持客票票价级别相同的票价计算运费。

第四十六条　旅客的托运行李、自理行李和随身携带物品中，凡夹带国家规定的禁运物品、限制携带物品或危险物品等，其整件行李称为违章行李。对违章行李的处理规定如下：

（一）在始发地发现违章行李，应拒绝收运；如已承运，应取消运输，或将违章夹带物品取出后运输，已收逾重行李费不退。

（二）在经停地发现违章行李，应立即停运，已收逾重行李费不退。

（三）对违章行李中夹带的国家规定的禁运物品、限制携带物品或危险物品，交有关部门处理。

第四十七条　由于承运人的原因，需要安排旅客改乘其他航班，行李运输应随旅客作相应的变更，已收逾重行李费多退少不补；已交付的声明价值附加费不退。

行李的退运按如下规定办理：

（一）旅客在始发地要求退运行李，必须在行李装机前提出。如旅客退票，已托运的行李也必须同时退运。以上退运，均应退还已收逾重行李费。

（二）旅客在经停地退运行李，该航班未使用航段的已收逾重行李费不退。

（三）办理声明价值的行李退运时，在始发地退还已交付的声明价值附加费，在经停地不退已交付的声明价值附加费。

第四十八条　旅客应在航班到达后立即在机场凭行李牌的识别联领取行李。必要时，应交验客票。

承运人凭行李牌的识别联交付行李，对于领取行李的人是否确系旅客本人，以及由此造成的损失及费用，不承担责任。

旅客行李延误到达后，承运人应立即通知旅客领取，也可直接送达旅客。

旅客在领取行李时，如果没有提出异议，即为托运行李已经完好交付。

旅客遗失行李牌的识别联，应立即向承运人挂失。旅客如要求领取行李，应向承运人提供足够的证明，并在领取行李时出具收据。如在声明挂失前行李已被申领，承运人不承担责任。

第四十九条　无法交付的行李，自行李到达的次日起，超过90天仍无人领取，承运人可按照无法交付行李的有关规定处理。

第五十条　行李运输发生延误、丢失或损坏，该航班经停地或目的地的承运人或其代理人应会同旅客填写《行李运输事故记录》，尽快查明情况和原因，并将调查结果答复旅客和有关单位。如发生行李赔偿，在经停地或目的地办理。

因承运人原因使旅客的托运行李未能与旅客同机到达，造成旅客旅途生活的不便，在经停地或目的地应给予旅客适当的临时生活用品补偿费。

第五十一条　旅客的托运行李全部或部分损坏、丢失，赔偿金额每公斤不超过人民币50元。如行李的价值每公斤低于50元时，按实际价值赔偿。已收逾重行李费退还。

旅客丢失行李的重量按实际托运行李的重量计算，无法确定重量时，每一旅客的丢失行李最多只能按该旅客享受的免费行李额赔偿。

旅客的丢失行李如已办理行李声明价值，应按声明的价值赔偿，声明价值附加费不退。行李的声明价值高于实际价值时，应按实际价值赔偿。

行李损坏时，按照行李降低的价值赔偿或负担修理费用。

由于发生在上、下航空器期间或航空器上的事件造成旅客的自理行李和随身携带物品灭失，承运人承担的最高赔偿金额每位旅客不超过人民币2000元。

构成国际运输的国内航段，行李赔偿按适用的国际运输行李赔偿规定办理。

已赔偿的旅客丢失行李找到后，承运人应迅速通知旅客领取，旅客应将自己的行李领回，退回全部赔款。临时生活用品补偿费不退。发现旅客有明显的欺诈行为，承运人有权追回全部赔偿。

第五十二条　旅客的托运行李丢失或损坏，应按法定时限向承运人或其代理人提出赔偿要求，并随附客票（或影印件）、行李牌的识别联、《行李运输事故记录》、证明行李内容和价值的凭证以及其他有关的证明。

第十二章　旅客服务

第一节　一般服务

第五十三条　承运人应当以保证飞行安全和航班正常，提供良好服务为准则，以文明礼貌、热情周到的服务态度，认真做好空中和地面的旅客运输的各项服务工作。

第五十四条　从事航空运输旅客服务的人员应当经过相应的培训，取得上岗合格证书。未取得上岗合格证书的人员不得从事航空运输旅客服务工作。

第五十五条　在航空运输过程中，旅客发生疾病时，承运人应积极采取措施，尽力救护。

第五十六条　空中飞行过程中，承运人应根据飞行时间向旅客提供饮料或餐食。

第二节 不正常航班的服务

第五十七条 由于机务维护、航班调配、商务、机组等原因，造成航班在始发地延误或取消，承运人应当向旅客提供餐食或住宿等服务。

第五十八条 由于天气、突发事件、空中交通管制、安检以及旅客等非承运人原因，造成航班在始发地延误或取消，承运人应协助旅客安排餐食和住宿，费用可由旅客自理。

第五十九条 航班在经停地延误和取消，无论何种原因，承运人均应负责向经停旅客提供膳宿服务。

第六十条 航班延误或取消时，承运人应迅速及时将航班延误或取消等信息通知旅客，做好解释工作。

第六十一条 承运人和其他各保障部门应相互配合，各司其职，认真负责，共同保障航班正常，避免不必要的航班延误。

第六十二条 航班延误或取消时，承运人应根据旅客的要求，按本规则第十九条、第二十三条的规定认真做好后续航班安排或退票工作。

第十三章 附 则

第六十三条 本规则自1996年3月3日起施行。中国民用航空局1985年1月1日制定施行的《旅客、行李国内运输规则》同时废止。

参考文献

[1] 沈志云，邓学钧．交通运输工程学．北京：人民交通出版社，2006
[2] 刘南．现代运输管理．北京：高等教育出版社，2006
[3] （美）希恩．公务航空运营与管理．北京：航空工业出版社，2006
[4] 中国民航局政策法规司编写．中国民航改革开放三十年．北京：中国民航出版社，2008
[5] 轩余恩．中国民航运输市场发展与创新．北京：中国民航出版社，2003
[6] 赖怀南，彭巍．公共航空运输概论．北京：中国民航出版社，2003
[7] 李骏．现代交通运输与载运工具．成都：西南交通大学出版社，2006
[8] 佟立本．交通运输概论．北京：中国铁道出版社，2001
[9] 江少文．运输实务．北京：中国时代经济出版社，2006
[10] 中国国际货运代理协会编．国际多式联运与现代物流理论与实务．北京：中国对外经济贸易出版社，2003
[11] （英）阿诺德·菲尔德．国际空中交通管制——世界空域管理．李春锦，张林吕，陈正译．北京：北京航空航天大学出版社，1990
[12] 徐大振，刘红，沈志江．水运概论．北京：人民交通出版社，2005
[13] 屠由瑞，张有民．当代中国经济大辞库·交通运输经济卷．北京：中国经济出版社，1993
[14] 全国经济专业技术资格考试用书编．运输经济（民航）专业知识与实务初级．北京：中国人事出版社，2008
[15] 李国．民用航空服务与运营管理实用手册．合肥：安徽文化音像出版社，2004
[16] 耿建华等．通用航空概论．北京：航空工业出版社，2007
[17] （美）理查德·德·纽弗威尔，阿米第·R·欧都尼．机场系统——规划设计和管理．北京：中国民航出版社，2006
[18] 张军．现代空中交通管理．北京：北京航空航天大学出版社，2005
[19] 刘得一．民航概论（修订版）．北京：中国民航出版社，2005
[20] 余群英．运输组织与管理．北京：机械工业出版社，2009
[21] 中国民用航空总局规划发展司编．从统计看民航（1997—2008）．北京：中国民航出版社
[22] （希）福罗瑞斯，（美）奥斯瓦尔多．航空运输管理中战略的制定与执行．北京：

中国民航出版社，2007

[23] 潘卫军．空中交通管理基础．成都：西南交通大学出版社，2005
[24] 施鼎豪，梁馨．中国民航业发展报告（2008）．北京：中国物资出版社，2008
[25] 朱志愚．民航机场管理．成都：西南交通大学出版社，2008
[26] 孙宏，文军．航空公司生产组织与计划．成都：西南交通大学出版社，2008
[27] （英）斯蒂芬·萧．航空公司市场营销与管理（第5版）．北京：中国民航出版社，2007
[28] 耿淑香．航空公司运营管理方略．北京：中国民航出版社，2000
[29] （美）Taneja Nawal K．航空公司生存之道．北京：中国民航出版社，2007
[30] 杨思梁．航空公司的经营与管理．北京：中国民航出版社，2008
[31] （美）马扎尔甘．航空公司规划与管理．北京：中国民航出版社，2006
[32] 孟昭蓉等．世界著名航空公司经营之道．北京：中国民航出版社，1998
[33] 黎群．论航空公司的战略联盟．北京：经济科学出版社，2003
[34] 中国航空运输协会编．2008中国航空运输业发展蓝皮书．2008
[35] 中国航空运输协会编．2007中国航空运输业发展蓝皮书．2007
[36] 中国民用航空总局编．全国民用机场布局规划．2007
[37] 陆锡明．综合交通规划．上海：同济大学出版社，2003
[38] 赵义平．综合交通运输概论，成都：西南交通大学出版社，2006
[39] 张戎，黄科．多式联运发展趋势及我国的对策．综合运输，2007（10）
[40] 丁跃．对民航运输行业如何应对"高铁冲击"的分析．中国民航报，2009-04-17
[41] 林晓言，李欣．中美航空运输业国际竞争力比较研究．生产力研究，2006（5）：153-157
[42] Cento, Alessandro. The airline industry: Challenges in the 21st century. Heidelberg, 2009
[43] Morrell, Peter S. Airline finance. Ashgate, 2007
[44] Doganis, Rigas. The airline business. Routledge, 2006
[45] Doganis, Rigas. Flying off course. Routledge, 2002
[46] Luis Monteiroa, Stuart Macdonald, From efficiency to flexibility: the strategic use of information in the airline industry, Journal of Strategic Information Systems, 1996（5）：169-188
[47] Tae Noon Oum, Chunyan Yu, Anming Zhang. Global airline alliances: international regulatory issues, Journal of Air Transport Management 2001：57-62
[48] Tae Hoon Oum, Xiaowen Fu, Chunyan Yu, New evidences on airline efficiency and yields: a comparative analysis of major North American air carriers and its implications, Transport Policy, 2005（12）：153-164
[49] 沈滨，伍青生．提高中国航空公司竞争力的分析．大连理工大学学报（社会科学

版），2003（12）：33-37

[50] 包随义. 加快培育和提升我国航空运输企业的核心竞争力. 中国民用航空，2005（11）：23-26

[51] 刘少成，郑兴无，颜明池. 中国民航企业竞争力研究. 中国民用航空，2005（7）：10-18

[52] 吴显扬，吴远开. 运用 AHP 方法研究上海浦东空港的亚太竞争力. 物流技术，2005（9）：22-25

[53] 张越，胡华清. 区域机场整合：机场业的发展战略和趋势. 综合运输，2006（5）

[54] 沈滨，伍青生. 提高中国航空公司竞争力的分析. 大连理工大学学报（社会科学版），2003（12）：33-37

[55] 李艳伟，于剑. 世界航空公司商业模式及对中国的启示. 综合运输，2007（6）：63-66

[56] 丘勇. 民航放松价格管制之比较及中国民航管制政策选择. 民航管理，2004（9）

[57] 任曙明. 我国民用航空运输市场结构分析. 中国工业经济，1998（6）：60-63

[58] 刘世锦，张文魁. 我国民航运输企业改革与重组的思路研究. 管理世界，2000（4）：66-77

[59] 海霞. 论中国民航业的放松管制与再管制. 经济评论，2003（3）：122-127

[60] 江可申，李文绅. 从美国航空市场的发展看市场竞争形态的演变. 世界经济研究，2000（4）：59-63

[61] 李堃. 关于加快我国民航业发展的政策建议. 经济研究参考，2006（38）：14-15

[62] 解兴权. 中国民用航空运输业产业政策研究. 经济社会体制比较，2002（4）：105-110

[63] 杨英宝. "十一五"期间我国民航业产业政策思考. 中国民航航空，2004（46）：68-70

[64] 李智忠. 我国航空运输市场现状、问题及对策. 郑州航空工业管理学院学报（社会科学版），2006（4）：137-139

[65] 刘建强. 交通运输业与国民经济发展的实证研究. 交通运输系统工程与信息，2002（1）：82-86

[66] 何秋钊. 航空运输业人才需求状况分析. 中国民航飞行学院学报. 2006（1）：3-6

[67] 张景峰. 民航机场规划若干问题探讨. 中国民用航空，2004（7）：23-24

[68] 徐肖豪. 完善国家空域资源利用政策的建议. 综合运输，2007（6）：28-30

[69] 徐晓东. 我国机场综合发展战略初探. 中国民用航空，2006（6）：16-18

[70] 赵民合. 我国民航机场建设的热点与策略. 综合运输，2005（4）：22-23

[71] 赵民合. 我国民航机场建设发展趋势分析. 中国民用航空，2006（6）：19-22

[72] 陈卫. 机场、航空公司、空管的关系与政府管理. 中国民用航空，2002（12）：

24-28

[73] 赵书博．航空燃油市场的发展趋势．中国工业经济，2002（5）：43-49

[74] 余英．从垄断走向竞争：放松航空公司管制背景下机场产业的变化．暨南学报（哲学社会科学版），2007（3）：54-59

[75] 彭明田．中国民航信息系统现状及发展展望．计算机工程，2005（7）：61-63

[76] 杨小环．透过航材浅析国内航空公司关键成本要素．中国民航飞行学院学报，2001（12）：2-5

[77] 王志清．美国机场投资管理体制的借鉴意义．中国民用航空，2005（4）：70-72

[78] 荣朝和．西方运输经济学，北京：经济科学出版社，2002

[79] 蒋祝平．中国民航的改革开放，北京：国际文化出版公司，1992

[80] 刘功仕．航空运输与市场化改革，北京：航空工业出版社，1998

[81] 中国民用航空总局．中国航空运输发展报告（2007/2008）．2007

[82] 秦岩．我国航空物流体系发展研究．西安：长安大学（博士论文），2006

[83] 吴清一．现代物流概论．北京：中国物资出版社，2005

[84] 朱新民．物流运输管理．大连：东北财经大学出版社，2004

后 记

　　交通运输是人类社会生产、经济、生活中一个不可缺少的重要环节。随着社会的发展，人们对交通运输的需求迅速增长，从而形成了现代的交通运输业。交通运输业是国民经济的重要组成部分，在整个社会机制中起着纽带作用。交通运输既能满足工农业生产和人民生活的需要，保证人们在政治、经济、文化、军事等方面的联系交往，也是衔接生产和消费的一个重要环节。因此，交通运输业在现代社会的各个方面起着十分重要的作用。现代交通运输主要包括铁路、水路、公路、航空和管道五种基本运输方式，各有其不同的技术经济特征与使用范围。

　　航空运输是现代交通运输方式之一，是综合交通运输体系的重要组成部分。由于航空运输具有速度快、机动性大、舒适、安全、基本建设周期短、投资少等特点和优势，因此在世界各国实现了快速发展。

　　航空运输是随着社会、经济发展和技术进步发展起来的，而它的发展又促进了全球经济、文化的交流和发展，促进了物资流通和经济增长，推动了人类社会文明进步。它的发展，带动和促进了制造业、运输业、旅游业、服务业等许多经济领域的发展。航空运输与其他交通运输方式分工协作、相辅相成，共同满足社会对运输的各种要求。

　　本书共分为九章，几乎涵盖了航空运输生产与管理方面的基础理论的所有内容，突出了系统性、综合性、时代性与实务性等特点。它既可作为航空运输相关专业学生学习航空运输基础理论的教材，亦可作为航空运输从业人员的培训教材和必备参考书。

　　本书由中国民航大学孙继湖教授担任主编，中国民航大学朱新华担任副主编。本书由孙继湖提出编写提纲，参加编写的人员有：孙继湖、朱新华、胡建琦（中国国际货运航空有限公司）、李楠（中国民航大学）、陈燕（中国航空运输协会）、张会云（中国民航大学）。全书由孙继湖、朱新华总纂并最终定稿。

　　在本书的编写过程中，我们曾参考甚至直接引用、借鉴了国内外许多文献资料和成果，在此，谨向这些文献资料的作者和出版单位表示衷心的感谢。同时，对中国航空运输协会秘书长魏振中的大力支持和帮助也一并致谢。

　　限于编者的水平，书中的疏漏和错误在所难免，敬请广大读者给予批评、指正。

编　者
2009 年 8 月于中国民航大学